자연어 처리 기초부터 BERT, RoBERTa, 코파일럿, GPT-4 모델까지

트랜스포머로
시작하는
자연어 처리

Denis Rothman 저

김윤기, 박지성, 임창대, 하헌규 역

YoungJin.com Y.
영진닷컴

자연어 처리 기초부터 BERT, RoBERTa, 코파일럿, GPT-4 모델까지

트랜스포머로 시작하는 자연어 처리

Transformers for Natural Language Processing – Second Edition: Build, train, and fine-tune deep neural network architectures for NLP with Python, Hugging Face, and OpenAI's GPT-3, ChatGPT, and GPT-4
Copyright ©Packt Publishing 2022.
First published in the English language under the title
'Transformers for Natural Language Processing – Second Edition –(9781803247335)'
All rights reserved.
KOREAN language edition © 2024 by YOUNGJIN.COM INC.
KOREAN translation rights arranged with Packt Publishing Ltd
through Lee&Lee Foreign Rights Agency, Korea.

ISBN : 978-89-314-7586-9

독자님의 의견을 받습니다.
이 책을 구입한 독자님은 영진닷컴의 가장 중요한 비평가이자 조언가입니다. 저희 책의 장점과 문제점이 무엇인지, 어떤 책이 출판되기를 바라는지, 책을 더욱 알차게 꾸밀 수 있는 아이디어가 있으면 팩스나 이메일, 또는 우편으로 연락주시기 바랍니다. 의견을 주실 때에는 책 제목 및 독자님의 성함과 연락처(전화번호나 이메일)를 꼭 남겨 주시기 바랍니다. 독자님의 의견에 대해 바로 답변을 드리고, 또 독자님의 의견을 다음 책에 충분히 반영하도록 늘 노력하겠습니다.

이메일 : support@youngjin.com
주 소 : (우)08507 서울특별시 금천구 가산디지털1로 128 STX-V타워 4층 401호 (주)영진닷컴 기획1팀
등 록 : 2007. 4. 27. 제16-4189호

파본이나 잘못된 도서는 구입하신 곳에서 교환해 드립니다.

STAFF
저자 Denis Rothman | **역자** 김윤기, 박지성, 임창대, 하헌규 | **총괄** 김태경 | **기획** 김용기 | **디자인·편집** 김소연
영업 박준용, 임용수, 김도현, 이윤철 | **마케팅** 이승희, 김근주, 조민영, 김민지, 김진희, 이현아
제작 황장협 | **인쇄** 제이엠

추천사

트랜스포머는 4년도 채 되지 않아 NLP 커뮤니티를 강타하며 지난 30년 동안 달성한 모든 기록을 경신했다. 이제 컴퓨터 비전부터 음성 인식, 번역, 단백질 시퀀싱, 코드 작성에 이르기까지 모든 분야에서 새로운 애플리케이션을 위한 기본 구성 요소로 BERT, T5, GPT와 같은 모델을 사용하고 있다. 이러한 이유로 최근 스탠포드는 사전 학습된 트랜스포머 기반의 거대 언어 모델 집합을 일컫는 '파운데이션 모델'이라는 용어를 도입했다. 이러한 발전은 몇 가지 간단한 아이디어 덕분에 가능했다.

이 책은 트랜스포머의 동작 원리를 실용적인 관점과 이론적인 관점 모두 제공한다. 저자는 단계별로 코드를 실습하는 방식으로 트랜스포머 사용 방법을 탁월하게 설명한다. 이 책을 읽은 후, 최신 기술을 딥러닝 애플리케이션에 접목해 개선할 수 있을 것이다. 특히 이 책은 트랜스포머의 아키텍처에 대한 탄탄한 배경 지식을 제공한 후 BERT, RoBERTa, T5, GPT-3과 같은 인기 모델을 자세히 다룬다. 또한, 트랜스포머로 해결할 수 있는 다양한 사용 사례(텍스트 요약, 이미지 라벨링, 질의 응답, 감성 분석 및 가짜 뉴스 분석)를 살펴본다.

이러한 주제에 관심이 있다면 이 책은 확실히 가치 있는 책이다. 초판은 항상 책상 위에 놓여 있고, 2판도 마찬가지일 것이다.

안토니오 걸리 Antonio Gulli
구글 CTO 사무소 소속 엔지니어링 디렉터

역자의 말

최근 머신러닝에 대한 관심이 높아지고 기술이 발전함에 따라, 사람이 직접 수행하던 반복적인 작업들이 자동화되고 해결하지 못했던 문제들이 해결되고 있습니다. 시간이 지남에 따라 데이터는 계속해서 축적되고 있습니다. 이 방대한 양의 데이터를 학습하기 위해 더 크고 더 복잡한 모델이 계속해서 제안되었으며, 트랜스포머는 그중 가장 큰 혁신을 일으켰습니다. 이제 트랜스포머는 모든 인공지능 분야의 기본 소양입니다.

이 책은 트랜스포머의 기본 개념과 작동 방식에 대한 풍부한 정보를 제공합니다. 이 책을 통해 BERT, RoBERTa, GPT-3 등 다양한 트랜스포머 모델의 장단점과 사용 사례를 탐색하여 기계 번역, 감정 분석, 가짜 뉴스 탐지 등의 문제에 활용하는 방법을 이해할 수 있습니다. 또한 블랙박스처럼 감춰진 트랜스포머 모델을 해석하는 방법을 배우고, 모델이 어떻게 결정을 내리는지 이해하면서 모델의 신뢰성을 높일 수 있습니다. 마지막으로 초인간 트랜스포머의 등장과 OpenAI의 ChatGPT 및 GPT-4와 같은 트랜스포머 기술의 최신 동향에 대해 알아볼 수 있습니다.

첫 번역인 만큼 부족한 점이 있을 수 있습니다. 한글은 제 모국어이지만, 짧은 문장에서도 문법적 의미와 언어학적 의미를 살려 번역하는 것은 정말 어려운 일이었습니다. 그러나 원문의 내용을 최대한 보존하고, 계속해서 진화하는 트랜스포머 모델 생태계를 최대한 반영하고자 노력했습니다.

마지막으로, 번역 과정에서 저를 지지해 준 동료, 친구, 가족 등 모든 분들께 깊은 감사의 말씀을 전합니다. 독자 여러분이 이 책을 읽으면서 트랜스포머와 자연어 처리의 매혹적인 세계로 여행하며 통찰력과 영감을 받을 수 있으시길 진심으로 바랍니다.

서문

자연어 처리(Natural Language Processing, NLP)는 글로벌 디지털 시장에서 인공지능을 대표하고 있으며, 트랜스포머(transformer)는 **자연어 이해(Natural Language Understanding, NLU)**의 판도를 바꾸고 있다.

트랜스포머 모델은 인공지능의 새로운 시대를 알렸다. 자연어 이해는 언어 모델링, 챗봇, 개인 비서, 질문 답변, 텍스트 요약, 음성 인식, 감성 분석, 기계 번역 등의 기반이 되었다. 우리는 소셜 네트워크, 이커머스, 디지털 신문, 스트리밍 서비스, 원격 진료, 재택근무 등 수백 개의 도메인에서 디지털 전환이 이뤄지는 시대를 살고 있다. 언어를 이해하는 인공지능이 없다면 웹브라우저, 스트리밍 서비스 등 언어와 관련된 모든 디지털 활동이 어려워진다. 디지털 전환이라는 패러다임 속에서 인공지능의 발전은 필수적이었다. 인공지능은 조 단위의 단어로 구성된 데이터셋을 학습하기 위해 수십억 이상의 파라미터를 가지도록 진화했다.

트랜스포머의 구조는 매우 혁신적이다. 기존의 RNN과 CNN을 탈피하고 과거의 기술로 만들었다. BERT와 GPT는 순환 네트워크를 셀프-어텐션(self-attention)으로 대체했다. 트랜스포머는 RNN 및 CNN 보다 좋은 성능을 보였다. 2020년대의 AI는 큰 변화를 겪고 있다.

트랜스포머의 인코더와 디코더의 어텐션 헤드(attention head)는 최첨단 하드웨어를 병렬로 활용할 수 있다. 또한 어텐션 헤드는 여러 GPU로도 연산할 수 있기 때문에 수십억 또는 수조 개의 파라미터를 가진 모델도 학습할 수 있다. OpenAI는 GPU 10,000개와 CPU 코어 285,000개로 구성된 슈퍼컴퓨터를 사용해 1,750억 개의 파라미터를 가진 GPT-3 트랜스포머 모델을 학습했다.

데이터가 증가함에 따라 대용량 AI 모델이 필요해졌고, 트랜스포머는 파라미터 기반 AI의 시대를 열었다. 수억 개의 단어가 문장에서 어떻게 어울리는지 이해하려면 엄청난 수의 파라미터가 필요하다.

구글의 BERT나 OpenAI의 GPT-3같은 트랜스포머 기반 모델은 더 높은 차원의 성능을 보여주었다. 트랜스포머는 학습하지 않은 수많은 NLP 작업도 수행할 수 있다.

트랜스포머는 이미지를 단어 시퀀스처럼 임베딩하여 이미지를 분류하거나 재구성 할 수있다. 컴퓨터 비전(computer vision)에서 사용하는 최신 트랜스포머인 **ViT(Vision Transformer)**, CLIP, DALL-E 또한 이 책에서 살펴볼 것이다.

미세 조정(fine-tuning) 없이도 수백 가지 작업을 할 수 있는, 학습된 트랜스포머 모델을 파운데이션 모델(foundation model)이라고 한다. 파운데이션 모델은 방대한 정보 시대의 유용한 도구이다.

소셜 네트워크에 올라오는 메시지 수십억 개가 합법적이고 윤리적인지 판단하려면 몇 명이 필요할지 생각해보자.

하루에 수백만 개가 생성되는 웹페이지를 모두 번역하려면 몇 명의 사람이 필요할까. 또는, 분당 수백만 개가 생성되는 메시지를 사람이 직접 분류한다면 몇 명이 필요할까!

마지막으로, 인터넷에 있는 방대한 스트리밍 데이터에 자막을 달거나 수십억 이미지에 캡션을 달아야 할 때 AI가 없다면 정말 많은 인적 자원이 필요하다.

이 책은 코드 개발부터 프롬프트(prompt)를 디자인하는 방법까지 다룬다. 프롬프트는 트랜스포머의 동작을 제어하는 새로운 "프로그래밍" 기술이다. 각 챕터에서 파이썬(Python), 파이토치(PyTorch), 텐서플로우(TensorFlow) 등을 사용하여 언어 이해의 핵심 요소를 다룰 것이다.

오리지널 트랜스포머와, 구글 BERT, OpenAI GPT-3, T5 등 다양한 모델의 아키텍처를 살펴볼 것이다. 트랜스포머를 학습하고, 미세 조정하고 강력한 API를 사용하는 방법 또한 배울 것이다. 페이스북(Facebook), 구글, 마이크로소프트(Microsoft)와 같은 빅테크 기업이 공개한 거대한 데이터셋도 살펴볼 것이다.

미디어, 소셜 미디어, 연구 논문 등 다양한 분야에서 언어 이해 기술에 대한 시장의 요구를 파악할 것이다. 수백 가지의 AI 작업 중에서도 방대한 양의 데이터를 요약하거나, 모든 경제 분야의 문서를 번역하거나, 윤리적 및 법적으로 소셜 미디어 게시물을 검토하는 작업이 중요하다.

이 책에서는 파이썬, 파이토치, 텐서플로우를 직접 다룰 것이다. 먼저 언어 이해를 위한 주요 신경망 모델을 소개하고, 트랜스포머를 구현하는 방법을 배울 것이다.

이 혁신적인 4차 산업시대에서 AI 전문가에게 필요한 새로운 기술도 알아볼 것이다. 이 책으로 자연어 이해 모델을 효과적으로 개발하는데 필요한 딥러닝 지식과 도구를 제공하고자 한다.

이 책의 예상 독자

이 책은 파이썬 프로그래밍이나 기계 학습의 기초를 다루지 않는다. 대신 기계 번역, 음성 인식, 텍스트 음성 변환, 언어 모델링, 질문 답변 등 NLP 분야의 딥러닝 방법론에 집중한다.

이 책으로 가장 많은 도움을 얻을 수 있는 독자는 다음과 같다.

- 파이썬 프로그래밍에 익숙한 딥러닝 및 NLP 실무자
- 점점 증가하는 언어 데이터를 처리하기 위해 자연어 이해 도입을 원하는 데이터 분석가와 데이터 과학자

이 책에서 다루는 내용

1장, 트랜스포머란 무엇인가?는 트랜스포머를 높은 수준에서 설명한다. 트랜스포머의 생태계와 파운데이션 모델의 속성을 살펴볼 것이다. 4차 산업시대 AI 전문가의 역할과 사용 가능한 플랫폼 또한 알아볼 것이다.

2장, 트랜스포머 모델 아키텍처 살펴보기는 NLP의 배경 지식을 확인하며 트랜스포머 아키텍처가 어떻게 RNN, LSTM, CNN 등을 대체했는지 알아본다. 구글 리서치(Google Research)와 구글 브레인(Google Brain)이 독자적으로 개발하고 「Attention Is All You Need」에서 소개한 트랜스포머 아키텍처를 살펴볼 것이다. 트랜스포머의 이론 역시 알아본다. 멀티-헤드 어텐션(multi-head attention)의 동작 방식을 파이썬으로 직접 실행해 본다. 장이 끝나면 트랜스포머의 아키텍처를 이해하게 된다. 이어지는 챕터들에 등장하는 다양한 트랜스포머 응용사례를 살펴볼 준비가 되는 것이다.

3장, BERT 모델 미세 조정하기는 트랜스포머 아키텍처를 기반으로 시작한다. **BERT(Bidirectional Encoder Representations from Transformers)**는 NLP의 새로운 접근 방식을 보여준다. 다음 시퀀스를 예측하기 위해 이전 시퀀스만 고려하던 이전 방식 대신 BERT는 전체 시퀀스를 고려한다. BERT 아키텍처의 핵심 요소를 확인하고 구글 코랩(Google Colaboratory)에서 미세 조정을 단계별로 수행해 볼 것이다. 마치 인간처럼, BERT는 새로운 내용을 학습할 때 밑바닥부터 학습하지 않아도 된다.

4장, RoBERTa 모델 처음부터 사전 학습하기에서는 허깅페이스(Hugging Face) 파이토치 모듈을 사용하여 RoBERTa 모델을 밑바닥부터 학습해본다. RoBERTa는 BERT 및 DistilBERT와 유사하다. 먼저 커스텀 데이터셋으로 토크나이저를 학습할 것이다. 모델 학습이 완료되면 마스크드 언어 모델링(masked language modeling) 작업을 수행해본다.

5장, 트랜스포머를 사용한 다운스트림 NLP 작업에서는 다운스트림(downstream) NLP 작업(task)으로 트랜스포머의 마법 같은 성능을 확인한다. 사전 학습된 트랜스포머를 미세 조정하여 BoolQ, CB, MultiRC, RTE, WiC 등의 NLP 작업을 수행한다. 트랜스포머는 GLUE와 SuperGLUE의 순위표를 점령했다. 여러 작업과 데이터셋, 지표 등과 함께 트랜스포머를 평가하는 과정을 알아볼 것이다.

6장, 트랜스포머를 사용한 기계 번역은 인간 기준값과 기계 트랜스덕션(transduction) 방법을 살펴보며 기계 번역 문제를 정의한다. 그런 다음 유럽 의회의 WMT 프랑스어-영어 데이터셋을 전처리할 것이다. 기계 번역에는 정확한 평가 방법이 필요하다. 이 장에서는 BLEU 방법을 사용한다. 마지막에는 트랙스(Trax)를 사용하여 트랜스포머 기계 번역 모델을 구현해 볼 것이다.

7장, GPT-3 엔진을 사용한 초인간 트랜스포머 등장은 OpenAI의 GPT-2와 GPT-3의 다양한 측면을 살펴본다. 다양한 GPT-3 모델을 확인하기 전에, 먼저 GPT의 구조를 알아볼 것이다. 그 후 345M 파라미터의 GPT-2 모델과 상호 작용 하며 텍스트를 생성해 볼 것이다. 다음으로, GPT-3 플레이그라운드(playground)로 GPT-2의 결과를 비교한 후, GPT-3 모델을 구현하여 NLP 작업을 수행할 것이다.

8장, 법률 및 금융 문서에 트랜스포머를 적용하여 요약하기는 T5 모델의 컨셉과 아키텍처를 다룬다. 허깅페이스로 T5 모델을 초기화하고 문서를 요약할 것이다. T5 모델로 **권리장전(Bill of Rights)** 등을 비롯한 다양한 문서를 요약하고 전이학습(transfer learning)의 성공과 한계를 알아본다. 마지막에는 GPT-3를 사용하여 초등학교 2학년이 이해할 수 있는 수준으로 회사법을 요약할 것이다.

9장, 데이터셋에 적합한 토크나이저에서는 토크나이저의 한계를 분석하고 데이터의 인코딩(encoding) 품질을 개선하기 위한 방법을 알아본다. 먼저 파이썬 프로그램을 만들어서 Word2Vec 토크나이저가 몇몇 단어를 누락하거나 잘못 해석하는 이유를 찾을 것이다. 이를 기반으로 학습된 토크나이저의 한계를 확인한다. 토큰화 과정을 발전 시킬 수 있는 여러 아이디어를 적용하여 T5의 요약 성능을 개선해 볼 것이다. 마지막에는, GPT-3의 언어 이해 성능의 한계를 시험해본다.

10장, BERT 기반 트랜스포머를 사용한 SRL에서는 트랜스포머가 텍스트의 내용을 어떻게 이해하는지 살펴본다. 의미역결정(Semantic Role Labeling, SRL)은 사람에게도 쉽지 않은 과제이지만 트랜스포머는 놀라운 결과를 보인다. 앨런 인공지능 연구소(Allen Institute for AI)가 설계한 BERT 기반의 모델을 구글 코랩으로 실행할 것이다. SRL 결과를 시각화하는 온라인 도구 또한 사용할 것이다. 마지막에는 SRL의 한계와 원인에 대해 생각해본다.

11장, 데이터가 말하게 하기: 스토리, 질문, 답변에서는 트랜스포머가 어떻게 추론 능력을 학습하는지 알아본다. 트랜스포머는 텍스트와 스토리를 이해하고 추론 능력을 발휘해야 한다. NER과 SRL을 이용하여 질문-답변 능력을 강화해 볼 것이다. 트랜스포머를 학습하는 데 사용하기 위한 질문 생성기 또한 설계해 볼 것이다.

12장, 고객 감정을 감지해 예측하기는 트랜스포머로 감성을 분석하는 방법을 보여준다. STT(Stanford Sentiment Treebank) 데이터셋으로 복잡한 문장을 분석하며, 여러 가지 트랜스포머 모델이 문장 구조뿐만 아니라 논리 형식을 파악하도록 할 것이다. 감성 분석 결과에 따른 행동을 예측하기 위해 트랜스포머를 사용하는 방법도 살펴볼 것이다. 챕터의 마지막에는 GPT-3로 엣지 케이스(edge case)를 확인한다.

13장, 트랜스포머로 가짜 뉴스 분석하기에서는 가짜 뉴스의 다양한 주제를 탐구하고 우리가 매일 마주하는 다양한 관점의 온라인 콘텐츠를 이해하기 위해 트랜스포머를 활용하는 방법을 알아본다. 소셜 미디어, 웹사이트 등 다양한 실시간 커뮤니케이션이 가능한 다양한 곳에서 매일 수십억 개의 메시지, 게시물, 아티클 등이 발행된다. 이전 챕터들에서 살펴본 기술들을 활용하여 기후 변화와 총기 규제에 대한 논쟁과 전직 대통령의 트윗을 분석할 것이다. 주관적인 뉴스와 합리적 의심을 넘는 가짜 뉴스를 판단하는 도덕적이고 윤리적인 문제를 살펴볼 것이다.

14장, 블랙박스 트랜스포머 모델 해석하기에서는 트랜스포머의 행동을 시각화하여 블랙박스의 뚜껑을 열어본다. BertViz로 어텐션 헤드를 시각화하고 **LIT(Language Interpretability Tool)**로 **PCA(Principal Component Analysis)**를 적용할 것이다. 마지막에는 LIME과 딕셔너리 러닝을 활용하여 트랜스포머를 시각화한다.

15장, NLP부터 범용 트랜스포머 모델까지에서는 허깅페이스의 예제를 실행해보며 심화 모델인 리포머(Reformer)와 DeBERTa를 탐구한다. 트랜스포머는 이미지를 단어의 시퀀스처럼 처리 할 수 있다. ViT, CLIP, DALL-E 같은 다양한 비전 트랜스포머 또한 알아보고 이미지 생성 등 컴퓨터 비전 과제를 테스트할 것이다.

16장, 트랜스포머 기반 코파일럿의 등장는 4차 산업의 성숙도를 확인한다. 먼저 비공식적이고 케쥬얼한 영어로 프롬프트 엔지니어링을 시도할 것이다. 그리고 나서, 깃허브(GitHub)의 코파일럿(Copilot)과 OpenAI의 코덱스(Codex)를 사용하여 몇 줄의 명령어만으로 코드를 생성해본다. 비전 트랜스포머의 도움으로 NLP 트랜스포머가 세상을 시각화 하는 것도 볼 수 있다. 메타버스 속 디지털 휴먼을 위한 트랜스포머 기반 추천 시스템도 만들 것이다!

17장, 초인간 트랜스포머를 사용한 OpenAI의 ChatGPT와 GPT-4는 이전 챕터에서 배운 내용들을 바탕으로 OpenAI의 최신 모델들을 살펴본다. ChatGPT로 대화형 AI를 만들고 설명 가능한 AI로 활용하는 방법을 배운다. GPT-4를 활용하여 간단한 프롬프트로 k-means 클러스터링을 수행하는 프로그램도 만들어 본다. 앞서 배운 프롬프트 엔지니어링을 바탕으로 고급 프롬프트 엔지니어링 또한 알아본다. 마지막으로 DALL-E 2를 활용하여 다양한 이미지를 만들어 볼 것이다.

부록 I, 트랜스포머 용어 설명은 스택(stack), 서브 층(sublayer), 어텐션 헤드의 전체 구조를 살펴본다.

부록 II, 트랜스포머 모델의 하드웨어 제약사항은 트랜스포머를 실행하는 CPU와 GPU를 살펴본다. 구글 코랩에서 CPU, 무료 GPU, 프로 GPU로 실험을 진행하며 GPU가 트랜스포머에 적합한 이유를 확인할 것이다.

부록 III, GPT-2를 사용한 일반 텍스트 완성은 7장, GPT-3 엔진을 사용한 초인간 트랜스포머 등장에서 사용한 GPT-2로 일반 텍스트 완성에 대해 좀 더 자세히 설명한다.

부록 IV, GPT-2를 사용해 커스텀 텍스트 완성하기은 7장, GPT-3 엔진을 사용한 초인간 트랜스포머 등장의 내용을 보완한다. GPT-2를 구축하고 학습시킨 후 커스텀 텍스트로 상호 작용한다.

부록 V, 문제 정답은 각 장 마지막에 있는 문제의 정답이다.

이 책을 최대한 활용하려면

이 책에 등장하는 프로그램은 대부분 코랩 노트북(Colaboratory notebook)이다. 구글의 지메일(Gmail) 무료계정만 있다면 코랩의 가상머신에서 노트북을 실행할 수 있다.

몇몇 프로그램은 파이썬이 설치된 환경이 필요하다.

시간을 들여서 2장, 트랜스포머 모델 아키텍처 살펴보기와 부록 I, 트랜스포머 용어 설명를 읽어보길 권장한다. 2장은 부록 I, 트랜스포머 용어 설명에서 설명하는 블록으로 구축한 오리지널 트랜스포머를 소개한다. 오리지널 트랜스포머는 책 전반에 걸쳐 등장할 것이다. 만약 어렵게 느껴진다면, 장에서 소개하는 직관적인 아이디어를 위주로 살펴보자. 다른 장들을 더 공부하고 트랜스포머가 익숙해진 후에 한번 더 읽어보는 것도 좋다.

각 장을 읽고 나면, 요구사항에 맞는 트랜스포머를 어떻게 구현할 수 있을지 또는 어떻게 활용하여 참신한 아이디어로 커리어를 발전시킬 수 있을지 생각해보자.

예제 코드 다운받기

깃허브 주소 https://github.com/Denis2054/Transformers-for-NLP-2nd-Edition에서 이 책의 코드를 확인할 수 있다. https://github.com/PacktPublishing/에도 다양한 책과 비디오와 함께 코드를 제공하고 있다.

영진닷컴 자료실(https://youngjin.com/reader/pds/pds.asp (영진닷컴 〉 고객센터 〉 부록CD 다운로드))도 다운로드가 가능하다.

그림 내려받기

이 책의 스크린샷과 다이어그램 이미지를 PDF로 다음 주소에서 다운받을 수 있다.
https://static.packt-cdn.com/downloads/9781803247335_ColorImages.pdf.

목차

01장

트랜스포머란
무엇인가?

트랜스포머는 산업적인 단일화(homogenized)된 포스트-딥러닝(post-deep learning)[1] 모델로, 슈퍼 컴퓨터가 병렬로 처리할 수 있게 고안됐다. 트랜스포머의 단일화된 특성 덕분에 별도 미세 조정없이도 다양한 작업에 모델을 활용할 수 있고, 수십억 파라미터로 라벨링되지 않은 수십억 원시데이터(raw data)에 대해 자기 지도 학습(self-supervised learning)을 수행할 수 있다.

포스트 딥러닝의 이와 같은 아키텍처를 **파운데이션 모델(foundation model)**이라고 한다. 2015년도에 시작된 4차 산업혁명은 모든 것을 연결함으로써 기계 간 자동화를 실현했다. 파운데이션 모델인 트랜스포머는 4차 산업혁명을 대표한다. 인공지능 전반에서, 특히 자연어 처리(NLP, Natural Language Process)에서 전통적인 과거 소프트웨어 보다 비약적 발전을 이뤘다.

5년도 채 지나지 않아, AI는 효과적인 클라우드 서비스로 자리 잡았다. 과거와 같이 로컬(local) 환경에서 라이브러리들을 다운로드하여 개발하는 형태는 이제 교과서 연습문제에서나 보일 뿐, 현업에서는 클라우드 환경에서 개발하는 것이 일반적이다.

4차 산업 시대의 프로젝트 매니저는 OpenAI 클라우드 플랫폼에 접속하여 가입하고 API Key를 얻어 몇 분 안에 작업을 시작할 수 있다. 해당 서비스의 사용자는 원하는 NLP 작업을 선택하고 분석하고자 하는 문장을 입력하여 결과를 받아볼 수 있다. 또한, GPT-3 코덱스(Codex)와 같은 서비스를 이용해 프로그래밍 지식 없이도 애플리케이션을 만들 수 있다. 이런 상황에 태어난 신기술이 바로 프롬프트 엔지니어링(prompt engineering)이다.

물론 GPT-3가 적합하지 않은 작업도 있으며, GPT-3를 적용하기 힘들 때 프로젝트 매니저, 컨설턴트, 개발자 등은 구글 AI, **Amazon Web Services(AWS)**, 앨런 인공지능 연구소(Allen Institute for AI), 허깅페이스(Hugging Face)에서 제공하는 다른 시스템을 사용할 수 있다.

그렇다면 프로젝트 매니저는 로컬에서 개발해야 할까? 아니면 구글 클라우드(Google Cloud), 마이크로소프트 애저(Microsoft Azure), 혹은 아마존 웹 서비스(AWS) 상에서 직접 개발해야 할까? 개발팀이 허깅페이스나 구글 트랙스(Google Trax), OpenAI, AllenNLP를 선택해야 할까? 인공지능 전문가나 데이터 과학자는 실질적인 AI 개발이 필요없는 서비스형 API를 사용해야 할까?

---

1   역주. 포스트 딥러닝 모델은 딥러닝 이론과 기술의 발전을 바탕으로 초기 딥러닝 모델보다 더 발전된 모델을 가리킨다. 더 깊거나 넓은 신경망 구조, 보다 효율적인 학습 알고리즘, 데이터 효율성 향상을 위한 기술적 발전 등이 있다.

앞의 모든 경우가 정답이 될 수 있다. 미래에 회사나 고객들이 어떤 기능을 요구할지 모르기 때문에 어떠한 요구사항에도 대비해야 한다. 이 책은 현재 시장에 존재하는 모든 기능을 서술하지는 않지만 4차 산업 시대 NLP 문제를 해결하기 위한 충분한 솔루션을 제공한다.

이번 장에서는 먼저 트랜스포머에 대해 개략적으로 설명한다. 그리고 다양한 트랜스포머 구현 방법론을 알아야 하는 이유를 설명한다. 플랫폼, 프레임워크, 라이브러리, 언어의 경계는 시장에 존재하는 많은 자동화 기술과 API로 인해 모호해졌다.

장의 마지막 부분에서는, 임베디드 트랜스포머의 발전에 따른 4차 산업혁명에서 AI 전문가의 역할을 소개하겠다.

다양한 트랜스포머 구현체를 살펴보기 전에 이러한 중요한 개념들을 짚고 넘어갈 필요가 있다.

이 장에서는 다음 주제들을 다룬다.

- 4차 산업 혁명의 등장
- 파운데이션 모델의 패러다임 전환
- 새로운 기술, 프롬프트 엔지니어링
- 트랜스포머의 등장 배경
- 트랜스포머 구현을 위한 과제들
- 시장의 판도를 바꾼 트랜스포머 모델 API
- 트랜스포머 라이브러리 선택의 어려움
- 트랜스포머 모델 선택의 어려움
- 4차 산업 시대에서 인공지능 전문가의 새로운 역할
- 임베디드 트랜스포머

먼저 트랜스포머 생태계에 대해 알아보자.

1.1 트랜스포머 생태계

트랜스포머 모델은 패러다임 전환을 대표하기에 이것들을 묘사할 새로운 이름이 필요했다. 바로 **파운데이션 모델**(foundation models)이다. 스탠퍼드 대학은 파운데이션 모델 연구소인 **CRFM(Center for Research on Foundation Models)**을 설립했다. 2021년 8월에 CRFM은 백 명 이상의 과학자와 전문가가 함께 이백여 페이지의 논문 「On the Opportunities and Risks of Foundation Models」를 발간했다.

파운데이션 모델은 학계가 아닌 빅테크 산업에 의해 만들어졌다. 예를 들면 구글은 트랜스포머 모델에 이어 BERT(Bidirectional Encoder Representations from Transformer)를 발명했고 마이크로소프트는 OpenAI와 협력하여 GPT-3를 만들었다.

빅테크 기업은 데이터 센터로 유입되는 페타바이트급 데이터에 대응하기 위해 더 나은 모델을 찾아야 했고, 그 결과 트랜스포머가 탄생했다.

산업화된 인공지능 모델의 필요성을 이해하기 위해, 4차 산업혁명에 대해 먼저 이야기해 보겠다.

1.1.1 4차 산업혁명(Industry 4.0)

농업혁명은 1차 산업혁명으로 이어졌고 그 결과 기계가 탄생했다. 2차 산업혁명에선 전기, 전화, 비행기가 탄생했고, 3차 산업혁명에선 디지털이 탄생했다.

4차 산업혁명은 봇(bots), 로봇(robots), 커넥티드 기기(connected devices), 자율 주행 자동차(autonomous cars), 스마트폰, 소셜 미디어 데이터를 수집하는 사동화봇 간의 연결들을 탄생시켰다.

결과적으로 수백만 기계와 봇들이 매일 이미지, 소리, 단어, 이벤트 등의 수십억 데이터를 생성하고 있다.

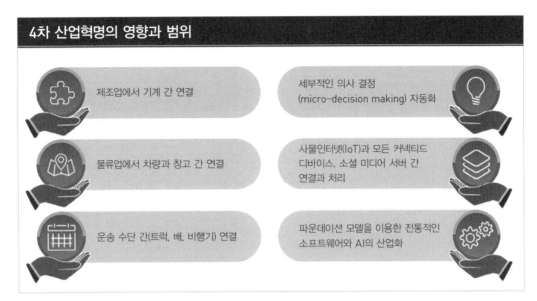

4차 산업혁명의 영향과 범위

제조업에서 기계 간 연결

물류업에서 차량과 창고 간 연결

운송 수단 간(트럭, 배, 비행기) 연결

세부적인 의사 결정
(micro-decision making) 자동화

사물인터넷(IoT)과 모든 커넥티드
디바이스, 소셜 미디어 서버 간
연결과 처리

파운데이션 모델을 이용한 전통적인
소프트웨어와 AI의 산업화

그림 1.1 4차 산업혁명의 영향과 범위

4차 산업혁명에서 역사상 가장 방대한 데이터를 처리하기 위해, 인간 개입 없이도 데이터를 처리하고 결정을 내릴 수 있는 지능형 알고리즘이 필요했고, 빅테크 기업은 과거 여러 알고리즘으로 해결하던 다양한 작업을 수행할 수 있는 단일 AI 모델을 찾아야 했다.

1.1.2 파운데이션 모델

트랜스포머 모델은 두 가지 고유한 특징이 있다. 바로 고차원의 단일화와 놀라운 수준의 이머전스 (Emergence)[2]이다. "단일화"는 하나의 모델이 다양한 작업을 수행할 수 있게 만드는 특징으로, 슈퍼 컴퓨터로 수십억 파라미터를 학습하여 생긴다.

그림 1.2에서 파운데이션 모델 등장으로 인한 포스트 딥러닝 생태계의 패러다임 전환을 보여준다.

---

2   역주. 이머전스란 시스템 행동이 프로그래밍으로 결정되지 않고 데이터를 통해 유추되는 특징이다.

AI의 새로운 패러다임

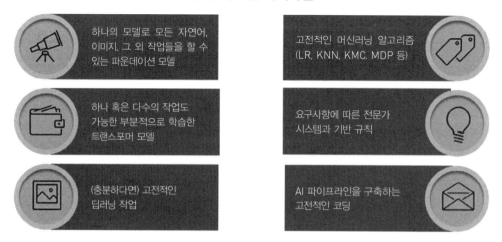

그림 1.2 4차 산업혁명 시대 AI 전문가의 범위

파운데이션 모델은 혁신적인 아키텍처로 AI의 역사를 쓰고 있다. 그 결과 인공지능 전문가 기술 영역은 현재에도 계속 늘어나고 있다.

트랜스포머 생태계는 지금까지의 인공지능 발전과는 다른 4가지 특징이 있다.

● 모델 아키텍처

각 층이 병렬 처리 시 모든 프로세스에 동일하게 동작하도록 고안하여 산업에 활용하기 적합하다. **2장, 트랜스포머 모델 아키텍처 살펴보기**에서 보다 자세하게 트랜스포머의 아키텍처를 알아볼 예정이다.

● 데이터

3차 산업혁명(디지털)에서 등장한 데이터는 4차 산업혁명에서 가늠할 수 없을 수준으로 방대해졌다. 빅테크 기업은 이런 거대한 데이터를 보유하고 있다.

● 컴퓨팅 파워

빅테크 기업은 이전에는 볼 수 없었던 규모의 컴퓨팅 파워를 보유하고 있다. 예를 들어, GPT-3는 초당 50 페타플롭스(PetaFlops) 속도로 학습되었으며, 현재 구글은 초당 80 페타플롭스를 초과하는 도메인 특화 슈퍼컴퓨터를 보유하고 있다.

● 프롬프트 엔지니어링

고도로 학습된 트랜스포머는 프롬프트(prompt)를 이용해 작업을 수행할 수 있다. 프롬프트에 자연어(natural language)를 입력할 수 있다. 그러나, 입력한 단어들은 어떤 구조를 필요로 하기에 프롬프트는 일종의 메타 언어(meta language)이다.

따라서, 파운데이션 모델은 슈퍼컴퓨터로 수십억 데이터를 학습한 수십억 파라미터를 가진 트랜스포머 모델이다. 그런 다음 이 모델은 추가 미세 조정(fine-tuning) 없이 다양한 작업을 수행할 수 있다. 이렇게 완전히 학습한 모델을 흔히 엔진이라고 부른다. 따라서, GPT-3, BERT, 그리고 소수 트랜스포머 엔진만이 파운데이션 모델로 인정된다.

NOTE

이 책에서는 파운데이션 모델은 OpanAI GPT-3 또는 BERT 모델만을 가리킨다. 그 이유는 GPT-3와 BERT가 슈퍼컴퓨터에서 완전히 학습됐기 때문이다. 다른 모델이 제한적인 용도에서 흥미롭고 효과적일지라도, 리소스 부족으로 파운데이션 모델의 단일화 수준에 도달하지 못하기 때문이다.

이제 파운데이션 모델이 어떻게 동작하고 프로그램 개발 방식을 어떻게 변화시켰는지 살펴보자.

1.1.2.1 프로그래밍이 NLP의 하위 영역이 되고 있나?

2021년 8월 "첸(Chen et al.)"은 자연어를 소스 코드로 변환할 수 있는 GPT-3 코덱스에 관한 기막힌 논문을 발표했다. 코덱스는 깃허브 공개 레포지토리 5400만 개를 학습했다. 코덱스는 소스 코드에 흥미로운 자연어를 추가할 수 있다. 이는 **16장, 트랜스포머 기반 코파일럿의 등장**에서 살펴보자.

이제 프로그래밍은 자연어를 소스 코드로 번역하는 작업이 된 것인가?

프로그래밍이 GPT-3 엔진 사용을 위한 NLP 작업이 되고 있나?

질문에 답하기 앞서 한 예시를 살펴보자.

코덱스는 확률적 알고리즘으로 메타 언어는 까다롭다는 점을 유의하자. 프롬프트를 올바르게 설계하지 않으면 예상한 결과를 얻을 수 없다.

필자는 코덱스를 실험하면서 몇 가지 프롬프트를 만들었다. 이 예는 코덱스 동작 원리 아이디어를 제공할 순전히 교육 목적으로 작성됐다.

필자의 프롬프트는 다음과 같다.

- "generate a random distribution of 200 integers between 1 and 100" in Python
  (파이썬으로 1에서 100 사이의 무작위 정수 200개를 생성하라)
- "plot the data using matplotlib"(matplotlib로 데이터를 그려라)
- "create a k-means clustering model with 3 centroids and fit the model"
  (3개의 중심점으로 k-means 클러스터링 모델을 학습시켜라)
- "print the cluster labels"(클러스터 라벨을 출력하라)
- "plot the clusters"(클러스터를 시각화하라)
- "plot the clusters with centroids"(클러스터를 중심과 함께 시각화하라)

코덱스는 필자의 메타 언어를 파이썬 소스 코드로 번역해 주었다.

코덱스는 확률적 모델이므로 시도할 때마다 정확히 동일한 소스 코드를 재현하지 않을 수 있다. 여러분은 여러 차례 시도해 자유자재로 구사할 때까지 메타 언어를 배워야 할 것이다.

다음 코드는 자동으로 생성된 것이며 복사하여 테스트할 수 있다.

```python
import numpy as np
import matplotlib.pyplot as plt
from sklearn.cluster import KMeans
from sklearn.datasets.samples_generator import make_blobs

# 무작위 데이터 생성
np.random.seed(0)
X, y = make_blobs(n_samples=200, centers=3, n_features=2, cluster_std=2,
random_state=0)

# 데이터를 그래프로 표현
plt.scatter(X[:, 0], X[:, 1], s=50)
plt.show()

# k-means 모델 생성
kmeans = KMeans(n_clusters=3, random_state=0)

# 데이터로 모델 학습
kmeans.fit(X)

# 클러스터 라벨 출력
print(kmeans.labels_)

# 클러스터 시각화
plt.scatter(X[:, 0], X[:, 1], c=kmeans.labels_, cmap='rainbow')
plt.show()

# 클러스터와 중심점을 시각화
plt.scatter(X[:, 0], X[:, 1], c=kmeans.labels_, cmap='rainbow')
plt.scatter(kmeans.cluster_centers_[:, 0], kmeans.cluster_centers_[:, 1],
c='black', s=100, alpha=0.5)
plt.show()
```

여러분은 앞의 코드를 복사하고 붙여 넣어 동작을 확인할 수 있다.[3] 자바스크립트나 다른 언어로 실험을 할 수도 있다.

깃허브 코파일럿(GitHub Copilot)은 마이크로소프트 개발 도구를 이용해 현재 사용할 수 있다. 이는 **16장. 트랜스포머 기반 코파일럿의 등장**에서 살펴보자. 여러분이 프롬프트 엔지니어링을 위한 메타 언어를 익힌다면 개발 시간을 단축할 수 있다.

최종 사용자가 메타 언어를 마스터하면 프로토타입이나 작은 작업들을 만들 수 있다. 미래에는 코딩 코파일럿 사용이 확대될 것이다.

인공지능의 미래에 코덱스가 어떤 역할을 할 수 있을지 16장에서 확인해 볼 수 있다.

여기서는 인공지능 전문가의 밝은 미래를 조망해 보자.

1.1.2.2 인공지능 전문가의 미래

파운데이션 모델의 사회적 영향력을 과소평가해서는 안된다. 프롬프트 엔지니어링은 인공지능 전문가에게 필요한 기술이 되었다. 그러나 인공지능 전문가의 미래는 트랜스포머에만 국한될 수는 없다. 4차 산업혁명에서 인공지능과 데이터 과학은 공통점이 있다.

AI 전문가는 고전적인 AI, IoT, 에지 컴퓨팅(edge computing) 등을 사용하는 기계 간(machine-to-machine) 알고리즘에 참여하게 될 것이다. 또한 고전적인 알고리즘을 사용하는 봇, 로봇, 서버 및 모든 유형의 커넥티드 기기 간의 흥미로운 연결을 설계하고 개발할 것이다.

이 책은 프롬프트 엔지니어링에 국한하지 않고 4차 산업혁명 인공지능 전문가가 필요로 하는 광범위한 설계 기술을 다루고 있다. 프롬프트 엔지니어링은 AI 전문가가 익혀야 할 설계 기술의 부분 집합이다. 이 책에서 미래 인공지능 전문가는 4차 산업혁명 인공지능 전문가를 가리킨다.

이제 트랜스포머가 NLP 모델을 최적화하는 방법을 알아보자.

---

3   역주:"sklearn.datasets.samples_generator"는 scikit-learn 0.22에서 제거됐다. 해당 코드를 실행하기 위해선 "from sklearn.datasets import make_blobs"와 같이 수정이 필요하다.

1.2 트랜스포머로 NLP 모델 최적화

수십 년 동안 NLP 시퀀스 모델에 LSTM을 포함한 **순환 신경망(RNN, Recurrent Neural Networks)** 을 적용해 왔다. 그러나 긴 시퀀스와 많은 파라미터에 직면하면 순환 신경망의 순환부는 한계에 도달한다. 따라서 첨단 트랜스포머가 대세가 됐다.

이 섹션에서 트랜스포머로 이어진 NLP의 간략한 배경을 살펴보자. 트랜스포머 모델 아키텍처는 **2장. 트랜스포머 모델 아키텍처 살펴보기**에서 살펴보자. 먼저 NLP 신경망의 RNN 층을 대체한 트랜스포머의 어텐션 헤드(attention head)를 직관적으로 살펴보자.

트랜스포머 핵심 개념을 대략적으로 요약하면 "토큰을 섞는 것"이라 할 수 있다. NLP 모델은 먼저 단어 시퀀스를 토큰으로 변환한다. RNN은 토큰들을 순환부(recurrent functions)에서 분석한다. 트랜스포머는 각 토큰을 시퀀스에 존재하는 다른 토큰들과 연관시킨다. 그림 1.3을 보자.

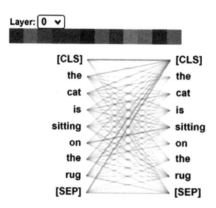

그림 1.3 트랜스포머 층의 어텐션헤드

2장에서 어텐션 헤드를 자세히 살펴볼 것이다. 그림 1.3의 핵심은 시퀀스의 각 단어(토큰)는 동일 시퀀스의 다른 모든 단어와 연관되어 있다는 점이다. 이 모델이 4차 산업혁명인 NLP로 가는 문을 열어준다.

트랜스포머의 배경에 대해 간단히 살펴보자.

1.2.1 트랜스포머의 배경

많은 천재들이 지난 100년 이상 동안 시퀀스 패턴 및 언어 모델링을 연구해 왔다. 그 결과 기계는 가능한 단어 시퀀스를 예측하는 방법을 점진적으로 학습할 수 있었다. 이를 가능하게 한 거인들을 모두 인용하려면 책 한 권 분량이 될 것이다.

이 섹션에서는 트랜스포머 등장 근거를 소개하기 위해 필자가 가장 좋아하는 연구자들을 독자에게 소개하겠다. 20세기 초, 안드레이 마르코프(Andrey Markov)는 무작위 값(random values) 개념을 도입하고 확률적 프로세스(stochastic processes) 이론을 만들었다. AI에서 우리는 이를 **마르코프 의사 결정 과정(Markov Decision Process, MDP), 마르코프 체인(Markov Chains), 마르코프 프로세스(Markov Processes)**라 부른다. 20세기 초, 마르코프는 시퀀스의 마지막 요소만으로 다음 요소 예측이 가능하다는 것을 보였다. 그는 수천 개의 문자들을 포함하는 과거 시퀀스 데이터셋에 자신의 기법을 적용하여 문장의 다음 문자를 예측했다. 기억할 점은 그는 컴퓨터가 없었음에도 오늘날 인공지능 분야에서 여전히 사용하는 이론을 증명했다는 점이다.

1948년, 클로드 섀넌(Claude Shannon)이 「통신의 수학적 이론(The Mathematical Theory of Communication)」을 발간했다. 클로드 섀넌은 소스 인코더(source encoder), 수신기(transmitter), 시맨틱 디코더(semantic decoder) 기반의 통신 모델 근거를 마련했다. 그는 오늘날 우리가 알고 있는 정보 이론(Information Theory)을 창안했다.

1950년, 앨런 튜링(Alan Turing)이 「컴퓨팅 기계와 지능(Computing Machinery and Intelligence)」 논문을 발간했다. 앨런 튜링은 2차 세계대전 중 독일군의 암호화된 메시지를 해독한 튜링 머신의 성공을 바탕으로 기계 지능에 대해 설명했다. 메시지는 단어와 숫자의 시퀀스로 이뤄져 있었다.

1954년, 조지타운-IBM 실험에서 컴퓨터로 규칙 시스템(rule system)을 사용한 번역 실험을 했다. 러시아어 문장을 영어로 번역한 실험이었다. 규칙 시스템은 언어 구조를 분석하는 규칙 목록을 실행하는 프로그램이다. 오늘날에도 규칙 시스템은 어디에나 존재한다. 그러나 경우에 따라서는 인공지능이 수십억 개의 언어 조합에 대한 규칙 목록을 자동으로 학습하여 규칙 목록을 대체할 수 있다.

1956년, 기계가 학습할 수 있다는 사실이 밝혀지면서 존 매카시(John McCarthy)가 "인공지능"이라는 표현을 처음 사용했다.

1982년, 존 홉필드(John Hopfield)는 홉필드 네트워크(Hopfield networks) 또는 "연관"(associative) 신경망으로 알려진 RNN을 소개했다. 존 홉필드는 1974년 수십 년간 학습 과정 이론적 토대를 마련한 「뇌에 지속적 상태 존재성(The existence of persistent states in the brain)」을 저술한 W.A. Little로부터 영감을 받았다. RNN은 진화했고 오늘날 우리가 알고 있는 LSTM이 등장했다.

그림 1.4에서 볼 수 있듯이 RNN은 시퀀스의 지속 상태(persistent states)를 효율적으로 기억한다.

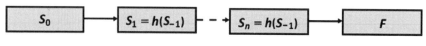

그림 1.4 RNN 과정

각 상태 s_n은 s_{n-1}의 상태를 포착한다. 네트워크의 끝에 도달하면 함수 F가 트랜스덕션(transduction)[4], 모델링, 그리고 기타 시퀀스 기반 작업을 수행할 것이다.

1980년대에 얀 르쿤(Yann LeCun)은 다목적 컨볼루션 신경망(Convolutional Neural Network, CNN)을 설계했다. 그는 텍스트 시퀀스에 CNN을 적용했다. 오늘날 시퀀스 트랜스덕션 및 모델링에도 CNN이 적용된다. CNN 또한 정보를 계층별로 처리하는 W.A Little의 지속적 상태를 기반으로 한다. 1990년대에 얀 르쿤은 수년간의 작업을 요약하여 오늘날 우리가 알고 있는 많은 CNN 모델을 낳은 LeNet-5를 개발했다. 그러나 CNN의 효율적인 아키텍처는 길고 복잡한 시퀀스에서 장기 의존성[5] 처리 시 문제가 발생한다.

그 외 AI 전문가라면 누구나 인정할 만한 훌륭한 이름, 논문, 모델을 더 언급할 수 있다. 지난 몇 년 동안 AI 분야에서 모두가 올바른 방향으로 나아가고 있는 것처럼 보였다. 마르코프 필드, RNN, CNN은 여러 다른 모델로 발전했다. 마지막 토큰뿐만 아니라 시퀀스 내의 다른 토큰도 살펴보는 어텐션 개념이 등장했다. 어텐션 개념은 RNN과 CNN 모델에 추가됐다.

그 후, AI 모델이 컴퓨팅 성능을 더 요구하는 긴 시퀀스를 분석해야 하는 경우 AI 개발자는 더 강력한 컴퓨터를 사용하고 파라미터를 최적화하는 방법을 찾았다.

시퀀스-투-시퀀스(sequence-to-sequence) 모델 연구가 일부 있었지만 기대에 미치지 못했다.

더 이상 진전을 이루기 위해 할 수 있는 일은 없는 것처럼 보였다. 그렇게 30년이 흘렀다. 그러다 2017년 말부터 산업화된 어텐션 헤드 서브 층 등을 갖춘 최첨단 트랜스포머가 등장했다. RNN은 더 이상 시퀀스 모델링에 꼭 필요해 보이지 않았다.

2장, 트랜스포머 모델 아키텍처 살펴보기에서 다룰 초기 트랜스포머 아키텍처에 대해 자세히 알아보기 전에, 트랜스포머 모델을 학습하고 구현하는 데 사용해야하는 소프트웨어 리소스의 패러다임 변화를 간략하게 살펴보자.

---

4   역주. 이 책에서 등장하는 트랜스덕션은 두 가지를 의미한다. 첫째로, 시퀀스를 다른 시퀀스로 변환하는 것을 의미한다. 둘째로, 인지하는 구조를 패턴 등으로 표현하는 것을 말한다. 여기서는 첫 번째 의미의 트랜스덕션을 가리킨다. 두 번째 의미의 트랜스덕션은 5.1.1에서 등장한다.

5   역주. 장기 의존성 문제(the problem of long-term dependencies)란, 길고 복잡한 입력 시퀀스를 처리할 때 시퀀스 뒷부분에서 시퀀스의 앞부분 정보를 잃는 문제를 가리킨다. 즉, 장기 의존성을 잃는 문제를 가리킨다.

어떤 리소스를 사용해야 하나요?

4차 산업혁명 AI는 클라우드 플랫폼, 프레임워크, 라이브러리, 프로그래밍 언어, 모델 간 경계를 허물었다. 트랜스포머는 새로운 개념이며, 생태계의 범위와 수는 놀라운 수준이다. 구글 클라우드는 바로 사용할 수 있는 트랜스포머 모델을 제공한다.

OpenAI는 프로그래밍이 거의 필요 없는 "트랜스포머" API를 배포했다. 허깅페이스는 수많은 클라우드 라이브러리 서비스를 제공한다.

이 챕터에서는 이 책에서 구현할 몇 가지 트랜스포머 생태계에 대한 대략적인 분석을 살펴본다.

자연어 처리용 트랜스포머를 구현하기 위한 리소스 선택은 매우 중요하다. 이는 프로젝트의 생존이 걸린 문제다. 실제 면접, 발표를 상상해 보라. 독자의 미래나 현재 고용주, 팀, 고객과 대화하고 있다고 상상해 보라.

예를 들어 허깅페이스가 포함된 멋진 파워포인트로 발표한다고 가정하자. 한 매니저가 "죄송하지만 우리는 이런 유형의 프로젝트에는 허깅페이스가 아닌 구글 트랙스를 사용해야 합니다. 혹시 구글 트랙스를 구현해 주시겠어요?" 라며 부정적인 반응을 보일 수 있다. 구현할 수 없다고 말하면, 게임은 끝난 것이다.

매니저가 구글 트랙스 전문가인 당신에게 API만 있는 OpenAI GPT-3 엔진 사용을 요구할 수도 있다. 반대로 OpenAI GPT-3 엔진 API 전문가인데, 허깅페이스의 AutoML API를 선호하는 매니저를 마주할 수 있다. 가장 최악은 매니저가 독자의 솔루션을 받아들였지만, 결국 해당 프로젝트의 NLP 작업에는 작동하지 않는 것이다.

TIP

명심해야 할 점은 자신이 좋아하는 솔루션에만 집중하면 언젠가는 침몰할 가능성이 크다는 것이다.
마음에 드는 시스템이 아닌, 필요한 시스템에 집중해야 한다.
이 책은 시중에 나와 있는 모든 트랜스포머 솔루션을 설명하기 위한 책은 아니다. 대신, NLP 프로젝트에서 직면하는 모든 상황에 유연하게 적응할 수 있도록 충분한 트랜스포머 생태계를 설명하는 것을 목표로 한다.

이 섹션에서 독자가 직면하게 될 몇 가지 챌린지를 살펴보자. 먼저 API부터 시작하자.

1.3.1 트랜스포머 4.0 끊김 없는(seamless) API의 등장

오늘날 우리는 인공지능의 산업화 시대에 접어들었다. 마이크로소프트, 구글, 아마존 웹 서비스 (**AWS**), IBM 등은 어떤 개발자, 개발자 팀도 능가할 수 없는 AI 서비스를 제공한다. 빅테크 기업은 트랜스포머 모델과 일반적인 AI 모델을 학습하기 위해 방대한 데이터셋을 갖춘 수백만 달러짜리 슈퍼컴퓨터를 보유하고 있다.

빅테크 기업은 이미 클라우드 서비스를 사용하는 다양한 기업 고객을 보유하고 있다. 따라서, 기존 클라우드 아키텍처에 트랜스포머 API를 추가하는 데 다른 어떤 솔루션보다 적은 노력이 든다.

소규모 회사나 개인도 개발에 거의 투자하지 않고 API를 통해 가장 강력한 트랜스포머 모델 사용이 가능하다. 인턴도 며칠이면 API를 구현할 수 있다. 이러한 간단한 구현에 박사 학위자나 엔지니어가 필요 없다.

OpenAI 플랫폼은 이제 시장에서 가장 효과적인 트랜스포머 일부 모델 API를 **SaaS(Software as a Service)** 형태로 제공한다.

OpenAI 트랜스포머 모델은 매우 효과적이고 인간과 유사하기에 지금은 정책상 사용을 위해 먼저 요청 양식을 작성해야 한다.[6] 일단 요청이 수락되면 사용자는 자연어 처리 세계로 진입할 수 있다.

사용자를 놀라게 하는 OpenAI API의 간소한 사용 방법은 다음과 같다.

1. 한 번의 클릭으로 API Key을 얻는다.
2. Jupyter notebook에서 소스 코드 한 줄로 OpenAI를 불러온다.
3. 프롬프트에 원하는 NLP 작업을 입력한다.
4. 요청 작업의 토큰 완성(completion) 응답을 받는다.

이게 전부다! 4차 산업혁명에 온 걸 환영한다!

소스 코드 솔루션에 집중했던 3차 산업혁명 속 개발자는 여러 분야를 넘나드는 4차 산업혁명 개발자로 진화할 것이다.

> **NOTE**
>
> 3차 산업혁명 개발자가 해왔던 트랜스포머 모델에 직관적으로 무엇을 해야 하는지 알려주는 방식이 아닌, 트랜스포머 모델에 무엇을 기대하는지 보여주는 방식을 설계하는 법을 4차 산업혁명 개발자는 배울 것이다. **7장, GPT-3 엔진을 사용한 초인간 트랜스포머 등장**에서 GPT-2 및 GPT-3 모델을 통해 이 새로운 접근 방식을 살펴볼 것이다.

---

[6] 역주. 2024년 3월 기준 OpenAI API를 사용하기 위해서는 결제 정보(payment methods)를 입력하면 사용할 수 있다.

AllenNLP는 트랜스포머 온라인 교육 인터페이스를 무료로 제공한다. AllenNLP는 노트북에 설치할 수 있는 라이브러리도 제공한다. 예를 들어 상호참조해결(coreference resolution) 구현 요청을 받았다고 해보자. 온라인에서 예제를 실행하는 것으로 시작할 수 있다.

상호참조해결 작업은 그림 1.5에 표시된 문장과 같이 단어가 참조하는 개체를 찾는 작업을 의미한다.

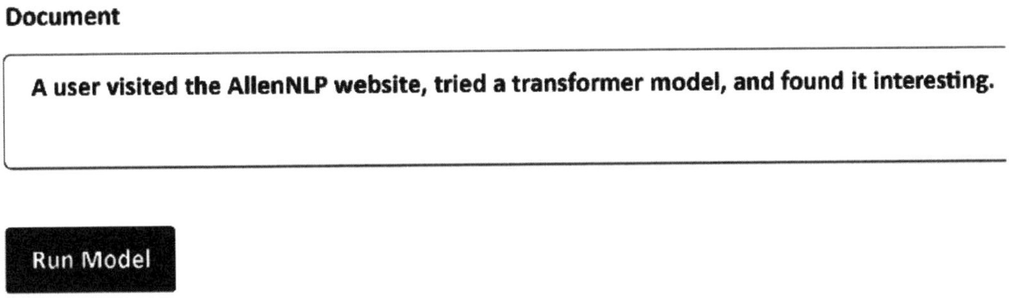

Document

A user visited the AllenNLP website, tried a transformer model, and found it interesting.

Run Model

그림 1.5 NLP작업 온라인으로 실행하기

단어 "it"은 웹사이트 또는 트랜스포머 모델을 가리킬 수 있다. 이 경우 BERT(Bidirectional Encoder Representations from Transformers) 같은 모델은 "it"이 트랜스포머 모델(a transformer model)을 참조하는 것으로 결과를 반환한다. AllenNLP는 그림 1.6과 같이 형식화된 출력을 제공한다.

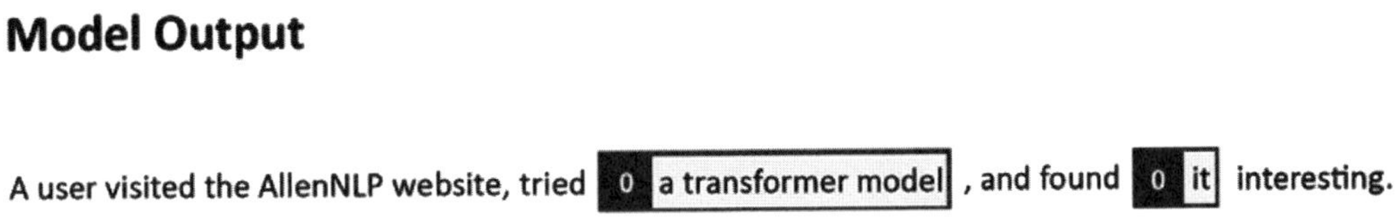

Model Output

A user visited the AllenNLP website, tried 0 a transformer model , and found 0 it interesting.

그림 1.6 AllenNLP 트랜스포머 모델의 출력

https://demo.allennlp.org/coreference−resolution[7]에서 이 예제를 실행할 수 있다. 트랜스포머 모델이 지속적으로 업데이트되므로 독자가 실행하는 시점에는 다른 결과를 얻을 수도 있다.

API는 많은 요구 사항을 충족시킬 수도 있지만 한계도 존재한다. 다목적 API는 모든 작업에 적합할 수 있지만 특정 자연어 처리 작업에는 충분하지 않을 수 있다. 트랜스포머를 사용해 번역하는 작업은 쉬운 일이 아니다. 이 경우, 개발자, 컨설턴트, 혹은 프로젝트 관리자는 API만으로는 필요한 특정 NLP 작업을 해결할 수 없음을 증명해야 한다. 적합한 라이브러리를 찾아야 한다.

---

[7] 역주. allennlp 데모의 서비스가 종료되었다. 대신 https://corener−demo.aiola−lab.com의 Coreference Resolution 항목에서 테스트를 수행할 수 있다.

1.3.2 바로 사용할 수 있는 API 기반 라이브러리 선택하기

이 책에서는 몇 가지 라이브러리를 살펴볼 것이다. 예를 들어, 구글은 세계에서 가장 진보된 AI 연구소를 보유하고 있다. 구글 트랙스는 구글 코랩에서 단 몇 줄로 설치할 수 있다. 무료 또는 유료 서비스를 선택할 수 있다. 구글 클라우드나 보유하고 있는 서버에서 직접 소스 코드를 작성하고 모델을 수정하고 학습까지도 가능하다. 예를 들어, 바로 사용할 수 있는 API에서 한 단계 더 나아가 번역 작업용 트랜스포머 모델을 커스터마이징할 수 있다.

경우에 따라서 API 사용과 커스터마이징 과정은 교육적이고 효과적일 수가 있다. **6장, 트랜스포머를 사용한 기계 번역**에서 번역 분야에서 구글의 최근 발전과 구글 트랙스 구현에 대해 살펴보자.

OpenAI와 같은 API는 약간의 개발 기술을 필요로 하고, 구글 트랙스와 같은 라이브러리는 코드를 좀 더 깊이 파고들어야 한다는 것을 알 수 있었다. 두 가지 접근 방식 모두 API 수정 측면에서 더 많은 개발을 필요로 하지만 트랜스포머 구현에는 훨씬 적은 노력이 필요하다는 것을 보여준다.

트랜스포머를 사용하는 가장 유명한 온라인 애플리케이션 중 하나는 구글 번역이다. 구글 번역은 온라인 또는 API로 사용할 수 있다.

구글 번역을 사용해 상호참조해결이 필요한 문장을 영어에서 한국어로 번역해 보자.

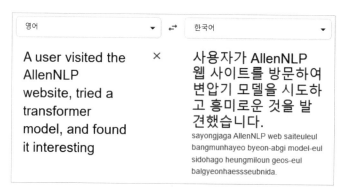

그림 1.7 구글 번역과 상호참조해결

구글 번역이 상호참조해결을 잘 해결한 것으로 보이지만, 단어 "transformer"를 "변압기"로 번역했다. 여기서의 "transformer"는 "트랜스포머"라는 신조어를 의미한다. 특정 프로젝트는 인공지능 전문가에게 언어적인 능력을 요구한다. 이 경우는 엄청난 개발 능력보다 번역기에 적절한 맥락(context)을 넣어주는 것이 더 중요하다.

앞 예는 맥락 입력 작업을 위해 언어학자와 팀을 구성하거나 언어 능력을 습득해야 할 수도 있음을 보여준다. 또한 맥락 입력 인터페이스로 입력을 개선하려면 많은 개발이 필요할 수 있다.

따라서 구글 번역을 사용하기 위해 소스 코드를 추가하는 번거로운 일이 따를 수 있다. BERT, T5, 또는 기타 모델과 같이 특정 번역 요구 사항에 맞는 트랜스포머 모델을 찾아야 할 수도 있다. 이 책에서는 이러한 모델을 살펴볼 것이다.

솔루션의 종류가 다양해지면서 모델 선택이 쉽지 않게 됐다.

1.3.3 트랜스포머 모델 선택하기

빅테크 기업이 NLP 시장을 장악하고 있다. 구글, 메타, 마이크로소프트는 하루에 수십억 개 NLP 루틴(routines)을 실행하여 막강한 성능을 가진 AI 모델을 개선하고 있다. 이러한 거대 기업은 이제 광범위하게 트랜스포머 모델을 제공하며 최고 수준 파운데이션 모델을 보유하고 있다.

하지만 방대한 NLP 시장에 주목한 소규모 회사들도 이 시장에 뛰어들었다. 허깅페이스는 현재 무료 또는 유료 서비스를 제공한다. 마이크로소프트와 구글 연구소가 수십억 달러를 쏟아부어 달성한 수준에 허깅페이스가 도달하기는 어려울 것이다. 파운데이션 모델의 시작점은 GPT-3 또는 구글 BERT와 같은 슈퍼컴퓨터에서 완전히 학습한 트랜스포머이다.

허깅페이스는 다른 접근 방식을 갖고 있다. 작업에 맞는 다양한 트랜스포머를 제공하는데, 이는 흥미로운 철학이다. 허깅페이스는 유연한(flexible) 모델을 제공한다. 게다가 허깅페이스는 개발자가 제어 가능한 쉬운 API를 제공한다. 이 책의 여러 챕터에서 교육용 도구이자 특정 작업의 솔루션 후보로서 허깅페이스를 살펴볼 것이다.

지금까지 OpenAI는 전 세계적으로 가장 강력한 소수의 트랜스포머 엔진에 집중해 왔으며, 인간 수준의 많은 NLP 작업을 수행할 수 있다. **7장, GPT-3 엔진을 사용한 초인간 트랜스포머 등장**에서 OpenAI의 GPT-3 엔진의 강력한 성능을 확인할 수 있다.

이러한 상반되고 종종 상충하는 전략은 우리에게 수많은 구현 방법을 남긴다. 따라서 4차 산업혁명에서 인공지능 전문가의 역할을 정의해야 한다.

1.3.4 4차 산업혁명에서 인공지능 전문가의 역할

4차 산업혁명은 모든 것을 모든 곳에서 연결한다. 기계가 다른 기계와 직접 통신한다. AI 기반 IoT 신호는 사람의 개입 없이 자동으로 의사 결정을 내린다. NLP 알고리즘은 자동화된 보고서, 요약, 이메일, 광고 등을 전송한다.

인공지능 전문가는 트랜스포머 모델 구현을 포함하여 점점 더 자동화되는 새로운 시대에 적응해야 한다. 인공지능 전문가는 새로운 능력을 갖게 될 것이다. 인공지능 전문가가 수행해야 하는 트랜스포머 NLP 작업을 나열해 보면 일부 간단한 작업은 인공지능 전문가의 개발이 거의 또는 전혀 필요하지 않은 것으로 보인다. AI 전문가는 설계 아이디어, 설명 및 구현을 제공하는 전문가가 될 수 있다.

> **NOTE**
>
> 인공지능 전문가에게 트랜스포머가 무엇을 의미하는지에 대한 실용적인 정의는 생태계에 따라 달라질 수 있다.

몇 가지 예를 살펴보자.

- **API**: OpenAI API는 AI 개발자가 필요하지 않다. 웹 디자이너가 입력 양식을 만들면 언어학자나 주제별 전문가(Subject Matter Expert, SME)가 프롬프트 입력 텍스트를 준비할 수 있다. AI 전문가의 주요 역할은 GPT-3 엔진에 작업을 수행하는 방법을 알려주는 것이 아니라 보여줄 수 있는 언어적 기술이 필요하다. 예를 들어, 보여줄 수 있는 언어적 기술로는 입력의 맥락에 대한 작업이 포함된다. 이 새로운 작업을 프롬프트 엔지니어링이라고 불린다. 프롬프트 엔지니어는 AI분야에서 미래가 밝다.

- **라이브러리**: 구글 트랙스 라이브러리는 바로 사용할 수 있는 모델로 시작하기 위해 약간의 개발을 요구한다. 언어학 및 NLP 작업을 숙달한 AI 전문가는 데이터셋과 출력에 대한 작업을 할 수 있다.

- **학습과 미세 조정**: 미세 조정작업 중 일부는 API와 라이브러리를 모두 제공하므로 약간의 개발을 필요로 한다. 그러나 어떤 경우에는 개발을 많이 해야 할 때도 있다. 이 경우 모델을 학습하고, 미세 조정하고, 올바른 하이퍼파라미터를 찾으려면 인공지능 전문 지식이 필요하다.

- **개발 수준의 기술**: 9장, 데이터셋에 적합한 토크나이저에서 설명하겠지만, 일부 프로젝트에서는 토크나이저와 데이터셋이 일치하지 않을 수 있다. 이 경우, 예를 들어 언어학자와 함께 일하는 인공지능 개발자가 중요한 역할을 할 수 있다. 따라서 전산언어학(computational linguistics) 학습은 매우 유용할 수 있다.

최근 NLP AI의 진화는 "임베디드 트랜스포머"라 할 수 있다. 이는 AI 개발 생태계를 혼란에 빠뜨리고 있다.

- 예를 들어, GPT-3 트랜스포머는 현재 여러 마이크로소프트 Azure 애플리케이션에 깃허브 코파일럿과 함께 내장되어 있다. 이번 챕터의 파운데이션 모델 섹션에서 소개한 것처럼, 코덱스는 **16장, 트랜스포머 기반 코파일럿의 등장**에서 살펴볼 예이다.

- 임베디드 트랜스포머는 직접 접근할 수는 없지만 자동 코드 생성과 같은 자동 개발 지원을 제공한다.

- 최종 사용자는 텍스트 완성 지원 기능으로 임베디드 트랜스포머를 원활하게 사용할 수 있다.

> **NOTE**
>
> GPT-3 엔진에 직접 접근하려면 먼저 OpenAI 계정을 만들어야 한다. 그런 다음 API를 사용하거나 OpenAI 사용자 인터페이스에서 예제를 직접 실행할 수 있다.

16장에서 이 매력적인 임베디드 트랜스포머의 새로운 세계를 살펴볼 것이다. 16장을 최대한 활용하려면 먼저 이전 장의 개념, 예제 및 프로그램을 숙지해야 한다.

4차 산업혁명 AI 전문가는 유연성, 여러 분야에 걸친 지식, 그리고 무엇보다도 융통성이 필요하다. 이 책은 시장의 인공지능 전문가가 새로운 패러다임에 적응할 수 있도록 다양한 트랜스포머 생태계를 제공한다.

2장에서 초기 트랜스포머 아키텍처를 살펴보기 전에 이번 장의 내용을 정리해 보자.

1.4 정리하기

4차 산업혁명으로 인해 인공지능은 엄청난 진화를 거듭하고 있다. 3차 산업혁명은 디지털이었다. 4차 산업혁명은 모든 것을 모든 곳에 연결하는 디지털 혁명을 기반으로 한다. 자동화된 프로세스가 자연어 처리 등 중요한 영역에서 인간의 의사 결정을 대체하고 있다.

RNN은 빠르게 변화하는 세상이 요구하는 자동화된 NLP 작업의 발전 속도를 따라가지 못하는 한계가 있었다. 트랜스포머가 그 공백을 메웠다. 기업은 4차 산업혁명의 도전 과제 해결을 위해 요약, 번역과 같은 많은 NLP 도구가 필요하다.

4차 산업혁명은 인공지능 산업화 시대에 박차를 가하고 있다. 플랫폼, 프레임워크, 언어, 모델 개념의 진화는 4차 산업혁명 개발에게는 도전 과제이다. 파운데이션 모델은 추가 학습이나 미세 조정없이 다양한 작업을 수행할 수 있는 단일화된 모델을 제공함으로써 3차 산업혁명과 4차 산업혁명 사이를 이어준다.

예를 들어 AllenNLP와 같은 웹사이트는 설치 없이도 교육용 NLP 작업을 제공할 뿐만 아니라 맞춤형 프로그램으로 트랜스포머 모델을 구현할 수 있는 리소스도 제공한다. OpenAI는 몇 줄의 코드만으로 강력한 GPT-3 엔진을 실행할 수 있는 API를 제공한다. 구글 트랙스는 엔드-투-엔드(end-to-end) 라이브러리를 제공하며, 허깅페이스는 다양한 트랜스포머 모델과 구현을 제공한다. 이 책에서는 이러한 생태계를 살펴볼 것이다.

4차 산업혁명은 광범위한 기술을 갖춘 점에서 이전의 AI와 근본적으로 다르다. 예를 들어, 프로젝트 관리자는 웹 디자이너에게 프롬프트 엔지니어링을 통해 OpenAI의 API용 인터페이스를 만들어 달라고 요청하여 트랜스포머를 구현하기로 결정할 수 있다. 또는 필요한 경우 프로젝트 관리자는 인공지능 전문가에게 구글 트랙스(Trax)나 허깅페이스를 다운로드하여 맞춤형 트랜스포머 모델로 본격적인 프로젝트를 개발하도록 요청할 수 있다.

4차 산업혁명은 개발자의 역할이 확장되고 프로그래밍보다 설계 능력을 필요하도록 판도를 바꿀 것이다. 또한 임베디드 트랜스포머는 코드 개발 및 사용을 지원할 것이다. 이러한 새로운 기술셋은 하나의 도전이지만 새롭고 흥미로운 지평을 열어준다.

2장, 트랜스포머 모델 아키텍처 살펴보기에서는 오리지널 트랜스포머 아키텍처에 대해 살펴보자.

1.5 문제

01. 우리는 3차 산업혁명 시대에 살고 있다. 참 / 거짓

02. 4차 산업혁명은 모든 것을 연결한다. 참 / 거짓

03. 4차 산업혁명 개발자는 때로는 해야 할 AI 개발이 없다. 참 / 거짓

04. 4차 산업혁명 개발자는 트랜스포머 구현을 처음부터 해야 할 수도 있다. 참 / 거짓

05. 허깅페이스와 같은 트랜스포머 생태계를 두 개 이상 익힐 필요가 없다. 참 / 거짓

06. 바로 사용할 수 있는 트랜스포머 API는 모든 요구 사항을 충족한다. 참 / 거짓

07. 회사는 개발자가 가장 잘 알고 있는 트랜스포머 생태계를 채택할 것이다. 참 / 거짓

08. 클라우드 트랜스포머는 주류가 되고 있다. 참 / 거짓

09. 트랜스포머 프로젝트는 노트북(laptop)에서 실행될 수 있다. 참 / 거짓

10. 4차 산업혁명 인공지능 전문가는 좀 더 유연해질 것이다. 참 / 거짓

1.6 참고 문헌

- 2021, 파운데이션 모델의 기회와 위험에 대해, https://arxiv.org/abs/2108.07258
- 2021, 소스 코드를 학습한 대규모 언어 모델 평가, https://arxiv.org/abs/2107.03374
- **마이크로소프트 AI**: https://innovation.microsoft.com/en-us/ai-at-scale
- **OpenAI**: https://openai.com/
- **구글 AI**: https://ai.google/
- **구글 트랙스**: https://github.com/google/trax
- **AllenNLP**: https://allennlp.org/
- **허깅페이스**: https://huggingface.co/

02장

트랜스포머 모델
아키텍처 살펴보기

언어는 커뮤니케이션의 핵심이다. 언어를 구성하는 단어 시퀀스(sequence)가 없었다면 문명은 탄생하지 못했을 것이다. 이제 우리는 언어를 디지털로 표현하는 세상에 살고 있고 우리의 일상은 디지털화된 언어 기능인 NLP에 의존하고 있다. 검색엔진, 이메일, 소셜 네트워크, 게시물, 트윗, 스마트폰 메시지, 번역, 웹페이지, 스트리밍 사이트의 음성 대본 변환, 자동 응답기의 음성 합성 등 다양한 기능을 일상에서 사용 중이다.

1장, 트랜스포머란 무엇인가?에서는 RNN의 한계와 설계 및 개발의 상당 부분을 차지하는 클라우드 AI 트랜스포머에 대해 알아보았다. 4차 산업 시대 개발자의 역할은 트랜스포머의 아키텍처와 그 뒤를 잇는 다양한 트랜스포머 생태계를 이해하는 것이다.

2017년 12월, 바스와니(Vaswani)는 구글 브레인과 구글 리서치 동료와 함께 쓴 기념비적인 논문, 「Attention is All You Need」를 발표했다. 트랜스포머가 탄생한 것이다. 트랜스포머는 기존 최고의 성능(state-of-the-art)을 가진 NLP 모델을 능가했다. 트랜스포머를 사용하면 이전보다 더 빠르게 학습하며 더 좋은 성능을 얻을 수 있었다. 그 결과 트랜스포머는 NLP의 핵심 요소가 되었다.

트랜스포머의 어텐션 헤드(attention head) 아이디어는 순환 신경망을 대체해 나갔다. 이번 장에서는 바스와니가 설명하는 트랜스포머를 들여다보며 구성 요소를 살펴보겠다. 매력적인 어텐션의 세계를 탐험하며 핵심 요소를 설명하고자 한다.

이 장에서는 다음 주제들을 다룬다.

- 트랜스포머 아키텍처
- 트랜스포머의 셀프-어텐션(self-attention) 모델
- 인코딩(encoding) 및 디코딩(decoding) 스택(stack)
- 입력 및 출력 임베딩
- 위치 임베딩(positional embedding)
- 셀프-어텐션
- 멀티-헤드 어텐션(multi-head attention)
- 마스크드 멀티 어텐션(masked multi-attention)
- 잔차 연결(residual connections)
- 정규화
- 순방향 네트워크(feedforward network)
- 출력 확률

이제 트랜스포머의 아키텍처를 살펴보자.

트랜스포머의 시작:
Attention is All You Need

2017년 12월, 바스와니 등의 기념비적인 논문, 「Attention is All You Need」를 발표한다. 이들은 구글 리서치와 구글 브레인에서 연구를 수행했다. 앞으로 이 책에서는, 「Attention is All You Need」에서 설명한 트랜스포머를 "오리지널 트랜스포머 모델"이라고 부르겠다.

> **NOTE**
>
> **부록 I, 트랜스포머 용어 설명**을 참고하면 기존의 딥러닝 용어를 트랜스포머 어휘로 전환하는 데 도움이 될 것이다. 부록 I은 신경망 모델 관련 용어의 변화를 요약하여 보여준다.

이번 섹션에서는 논문에서 소개한 트랜스포머 모델의 구조를 확인해 보고, 이후 이어지는 섹션으로 각 구성 요소를 살펴보겠다.

오리지널 트랜스포머는 층 여섯 개를 쌓아 올린 스택 형태로 되어있다. 마지막 층을 제외하고, N번째 층의 출력은 N+1번째 층의 입력이 된다. 왼쪽에는 여섯 개의 층을 가진 인코더 스택(encoder stack)이 있고, 오른쪽에는 여섯 개의 층을 가진 디코더 스택(decoder stack)이 있다.

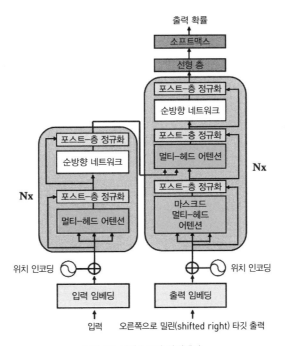

그림 2.1 트랜스포머 아키텍처

그림 2.1의 왼쪽은 트랜스포머의 인코더 부분으로, 입력값이 들어오는 부분이다. 어텐션 층과 순방향 (feedforward) 층으로 이루어져 있다. 오른쪽은 두 어텐션 층과 하나의 순방향 층으로 이루어진 트랜스포머의 디코더 부분으로, 타깃(target) 출력값을 입력받는다. RNN, LSTM, CNN 등은 전혀 사용하지 않았다. 트랜스포머에는 재귀적(recurrence) 구조가 없다.

단어 간 거리가 멀어질수록 더 많은 파라미터가 필요했던 재귀적 구조 대신 어텐션을 사용했다. 어텐션은 "단어–투–단어(word to word)" 연산이다. 실제로는 토큰–투–토큰(token to token) 연산이지만 이해를 돕기 위해 단어 수준으로 설명하겠다. 어텐션 메커니즘은 한 단어가 자신을 포함한 시퀀스 내 모든 단어들과 각각 어떻게 연관되어 있는지 계산한다.

다음 시퀀스(문장)를 살펴보자.

```
The cat sat on the mat.
```

어텐션은 단어 벡터 간의 내적(dot product)을 사용하여 한 단어와 가장 밀접한 관계를 가지는 단어를 찾는다. 이때 탐색 대상에는 자기 자신도 포함된다.("cat"과 "cat" 사이의 관계)

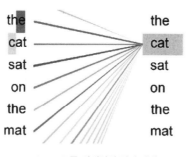

그림 2.2 모든 단어와의 관계 계산

어텐션 메커니즘을 사용하면 단어 간의 관계를 더 깊게 파악하고 더 좋은 성능을 얻을 수 있다.

오리지널 트랜스포머 모델은 계산 속도를 높이기 위해 각 어텐션 층마다 여덟 번의 어텐션 메커니즘을 병렬로 처리한다. 이어지는 "인코더 스택" 섹션에서 더 자세히 알아보겠다. 이 구조는 "멀티–헤드 어텐션"이라고 불리며 다음과 같은 기능을 제공한다.

- 시퀀스에 대한 더 심층적인 분석
- 재귀적 구조를 없애 계산량 감소
- 병렬화로 인한 학습 시간 단축
- 동일한 입력 시퀀스를 다른 관점으로 학습하는 각각의 어텐션 메커니즘

어텐션 메커니즘은 재귀적 구조를 대체하였다. 하지만 트랜스포머에는 어텐션 메커니즘만큼 중요하고 창의적인 부분들이 더 있다. 내부 아키텍처를 살펴보며 점차 알 수 있을 것이다.

지금까지는 트랜스포머의 겉모습을 살펴보았다. 이제 트랜스포머 각 구성 요소의 내부를 살펴보자. 인코더부터 시작하겠다.

2.1.1 인코더 스택

오리지널 트랜스포머 모델의 인코더와 디코더는 층을 쌓아 올린 스택 형태(stack of layer)로 되어있다. 각 인코더 층의 구조는 다음과 같다.

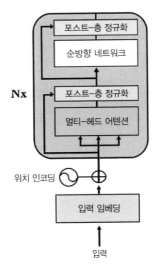

그림 2.3 트랜스포머 인코더 스택의 층

오리지널 트랜스포머 모델의 인코더 층은 총 N=6개이고 모두 동일한 구조이다. 각각의 층에 멀티-헤드 어텐션 메커니즘, 완전 연결 위치별 순방향 네트워크(fully connected position-wise feed-forward network)인 두 서브 층을 가지고 있다.

잔차 연결(residual connection)이 트랜스포머 모델의 각 서브 층을 둘러싸고 있다. 잔차 연결은 서브 층의 입력 x를 층 정규화(layer normalization) 함수에 전달하여, 위치 인코딩(positional encoding)과 같은 중요한 정보가 손실되지 않도록 보장한다. 각 층의 정규화된 출력은 다음과 같다.

$$LayerNormalization(x + Sublayer(x))$$

인코더의 N=6개 층이 모두 완전히 동일한 구조일지라도, 각 층은 서로 다른 내용을 담고 있다.

예를 들어, 임베딩 서브 층은 스택의 가장 아래에만 위치한다. 다른 다섯 층은 임베딩 층을 포함하고 있지 않고, 이 덕분에 인코딩된 입력이 모든 층에 걸쳐 안정적으로 유지된다.

멀티-헤드 어텐션 메커니즘 또한 여섯 개의 층에 동일하게 적용되지만 각자 다른 역할을 수행한다. 각 층은 이전 층의 출력을 토대로 시퀀스 내 토큰들의 관계를 파악할 다양한 방법들을 학습한다. 마치 우리가 글자와 단어 사이의 연관성을 찾으며 십자말풀이 퍼즐을 푸는 것처럼, 멀티-헤드 어텐션 메커니즘은 단어 사이의 다양한 연관성을 찾는다.

트랜스포머의 설계자는 매우 효율적인 제약 조건을 도입했다. 임베딩 층과 잔차 연결을 포함해서 모델을 구성하는 모든 서브 층의 출력 차원을 일정하게 했다. 이 차원(d_{model})은 목적에 따라 다른 값으로 설정할 수 있으며 오리지널 트랜스포머 모델에서는 $d_{model}=512$로 설정하고 있다.

출력 차원 d_{model}을 일정하게 유지하면 강력한 이점이 있다. 사실상 모든 주요 연산은 벡터의 내적이다. 결과적으로 차원을 항상 일정하게 유지할 수 있게 됨에 따라, 연산량과 리소스의 사용량을 줄이고 모델에 흐르는 정보를 쉽게 추적할 수 있다.

이처럼 인코더를 전체적인 관점에서 바라보면 트랜스포머의 아키텍처가 고도로 최적화되어 있음을 알 수 있다. 이어지는 섹션에서는 각 서브 층과 메커니즘을 자세히 들여다보겠다.

임베딩 서브 층부터 시작해 보자.

2.1.1.1 입력 임베딩

입력 임베딩 서브 층은 오리지널 트랜스포머 모델의 학습된 임베딩을 사용하여 입력 토큰을 $d_{model}=512$ 차원의 벡터로 변환한다. 입력 임베딩은 고전적인 구조를 가지고 있다.

그림 2.4 트랜스포머의 입력 임베딩 서브 층

임베딩 서브 층은 일반적인 트랜스덕션(transduction) 모델과 동일하게 동작한다. 먼저 BPE(Byte-Pair Encoding) 워드 피스(word piece), 센텐스 피스(sentence piece)와 같은 토크나이저가 문장을 토큰으로 분리한다. 오리지널 트랜스포머는 BPE를 사용했지만, 모델마다 다른 토크나이저를 사용하기도 한다. 모델에 따른 선택일 뿐 목적은 동일하다. "the Transformer is an innovative NLP model!"이란 문장에 토크나이저를 적용하면 다음과 같이 토큰을 생성한다.

```
['the', 'transform', 'er', 'is', 'an', 'innovative', 'n', 'l', 'p', 'model', '!']
```

토크나이저가 대문자를 소문자로 변경하고 문장을 하위 부분들로 잘라낸 것을 볼 수 있다. 일반적으로 토크나이저는 다음과 같이 임베딩 과정에 사용될 정수 표현까지 제공한다.

```
text = "The cat slept on the couch. It was too tired to get up."
tokenized text= [1996, 4937, 7771, 2006, 1996, 6411, 1012, 2009, 2001, 2205, 5458, 2000, 2131, 2039, 1012]
```

현재 토큰화된 텍스트에는 활용할 정보가 충분하지 않다. 토큰화된 텍스트를 임베딩해야 한다.

트랜스포머는 학습된 임베딩 서브 층을 포함하는데, 토큰화된 입력에 다양한 임베딩 방법들을 적용할 수 있다.

트랜스포머의 임베딩 서브 층을 묘사하기 위해, 구글이 2013년에 발표한 스킵 그램(skip-gram) 아키텍처를 설명해 보겠다. 스킵 그램은 주어진 단어에 기초하여 주변(context) 단어를 예측하도록 학습하는 모델이다. 스탭 크기가 2인 윈도우(window)의 중심에 단어 word(i)가 있다면 word(i-2), word(i-1), word(i+1), word(i+2)를 학습하고, 윈도우를 한 칸씩 움직이며 과정을 반복한다. 스킵 그램 모델은 일반적으로 입력 층, 가중치, 은닉 층, 토큰화된 입력단어에 대한 임베딩 출력 층으로 구성된다.

다음 문장을 임베딩한다고 가정해 보자.

```
The black cat sat on the couch and the brown dog slept on the rug.
```

'black'과 'brown' 두 단어를 살펴보면, 두 단어의 임베딩 벡터는 비슷할 것이다.

우리는 각 단어에 대한 d_{model}=512차원의 벡터를 생성해야 하므로, 각 단어마다 512차원의 임베딩 벡터를 얻을 것이다.

```
black=[[-0.01206071 0.11632373 0.06206119 0.01403395 0.09541149
0.10695464 0.02560172 0.00185677 -0.04284821 0.06146432 0.09466285
0.04642421 0.08680347 0.05684567 -0.00717266 -0.03163519 0.03292002
-0.11397766 0.01304929 0.01964396  0.01902409 0.02831945 0.05870414
0.03390711 -0.06204525 0.06173197 -0.08613958 -0.04654748 0.02728105
-0.07830904
  ...
0.04340003 -0.13192849 -0.00945092 -0.00835463 -0.06487109 0.05862355
-0.03407936 -0.00059001 -0.01640179  0.04123065
-0.04756588  0.08812257  0.00200338 -0.0931043 -0.03507337  0.02153351
-0.02621627 -0.02492662 -0.05771535 -0.01164199
-0.03879078 -0.05506947  0.01693138 -0.04124579 -0.03779858
-0.01950983 -0.05398201  0.07582296  0.00038318 -0.04639162
-0.06819214  0.01366171  0.01411388  0.00853774  0.02183574
-0.03016279 -0.03184025 -0.04273562]]
```

단어 'black'을 512차원으로 표현했다. 다른 임베딩 방법을 사용할 수도 있고 d_{model}을 더 높은 값으로 설정할 수도 있다.

단어 'brown' 또한 512차원으로 표현할 수 있다.

```
brown=[[ 1.35794589e-02 -2.18823571e-02 1.34526128e-02 6.74355254e-02
1.04376070e-01   1.09921647e-02 -5.46298288e-02 -1.18385479e-02
4.41223830e-02 -1.84863899e-02 -6.84073642e-02   3.21860164e-02
4.09143828e-02 -2.74433400e-02 -2.47369967e-02   7.74542615e-02
9.80964210e-03   2.94299088e-02   2.93895267e-02 -3.29437815e-02
...
7.20389187e-02 1.57317147e-02 -3.10291946e-02 -5.51304631e-02
 -7.03861639e-02   7.40829483e-02   1.04319192e-02 -2.01565702e-03
 2.43322570e-02   1.92969330e-02   2.57341694e-02 -1.13280728e-01
 8.45847875e-02   4.90090018e-03   5.33546880e-02 -2.31553353e-02
 3.87288055e-05   3.31782512e-02 -4.00604047e-02 -1.02028981e-01
 3.49597558e-02 -1.71501152e-02   3.55573371e-02 -1.77437533e-02
-5.94457164e-02 2.21221056e-02   9.73121971e-02 -4.90022525e-02]]
```

코사인 유사도(cosine similarity)로 'black'과 'brown'의 임베딩이 유사한지 확인하면, 두 단어의 임베딩 결과를 검증할 수 있다.

코사인 유사도는 단위구면(unit sphere)에 벡터를 표현하기 위해 유클리드 노름(Euclidean norm)을 사용한다. 비교하려는 두 벡터의 내적으로 두 벡터 사이의 코사인 값을 나타낼 수 있다. 코사인 유사도에 대한 더 자세한 내용은 사이킷런(scikit-learn)의 문서에서 확인할 수 있다. https://scikit-learn.org/stable/modules/metrics.html#cosine-similarity.

예시로 들었던, 'black'과 'brown'에 대한 두 d_{model}=512차원 임베딩 벡터의 코사인 유사도를 구해보면 다음과 같다.

```
cosine_similarity(black,brown)= [[0.9998901]]
```

스킵 그램이 서로 유사한 두 벡터를 생성했음을 알 수 있다. 스킵 그램이 'black'과 'brown'이 모두 색상의 하위 집합임을 감지해 낸 것이다.

이제 이어지는 트랜스포머의 층은 유용한 정보를 가지고 시작한다. 단어들이 어떻게 연관되는지 단어 임베딩으로 이미 학습했기 때문이다. 그런데, 아직 중요한 정보가 누락되었다. 단어가 시퀀스의 어디에 위치하는지 전달하지 않았다.

트랜스포머의 설계자는 위치 인코딩이라는 혁신적인 방법을 생각해 냈다.

위치 인코딩이 어떻게 동작하는지 알아보자.

위치 인코딩

단어가 어디에 위치하는지 고려하지 않고, 트랜스포머의 위치 인코딩 함수를 다음과 같이 그대로 적용한다.

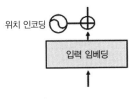

그림 2.5 위치 인코딩

위치 벡터를 별개로 학습하면 트랜스포머의 학습 속도가 매우 느려질 수 있고 어텐션의 서브 층이 너무 복잡해질 위험이 있다. 따라서 추가적인 벡터를 사용하는 대신, 입력 임베딩에 위치 인코딩 값을 더하여 시퀀스 내 토큰의 위치를 표현하였다.

위치 임베딩 함수의 출력 벡터는 d_{model}=512(또는 설정한 다른 상수)의 고정된 크기로 트랜스포머에 전달되어야 한다.

단어 임베딩 서브 층에 사용한 문장을 돌아보면, 'black'과 'brown'이 의미적으로 비슷하지만, 문장 내에선 멀리 떨어져 있음을 볼 수 있다.

The **black** cat sat on the couch and the **brown** dog slept on the rug.

'black'이라는 단어는 두 번째(pos=2) 위치에 있으며 'brown'은 열 번째(pos=10)에 위치한다.

우리는 각각의 단어 임베딩에 적절한 값을 더해 정보를 추가해야 한다. 정보가 더해져야 할 벡터의 크기는 d_{model}=512차원이므로, 512개의 숫자를 사용해 'black'과 'brown'의 단어 임베딩 벡터에 위치 정보를 주어야 한다.

위치 임베딩을 구현하는 방법에는 여러 가지가 있다. 이번 섹션에서는 단위구와 사인(sin) 및 코사인으로 위치 임베딩을 구현한 트랜스포머 설계자의 방식에 초점을 맞추려 한다.

바스와니(Vaswani et al.)는 사인과 코사인으로 각 위치와, 단어 임베딩의 각 차원 d_{model}=512개에 서로 다른 주기를 가지는 위치 인코딩(PE) 값을 생성했다.

$$PE_{(pos\ 2i)} = \sin(\frac{pos}{10000^{\frac{2i}{d_{model}}}})$$

$$PE_{(pos\ 2i+1)} = \cos(\frac{pos}{10000^{\frac{2i}{d_{model}}}})$$

단어 임베딩의 맨 앞 차원부터 시작해서, i=0부터 i=511까지 순서대로 적용한다. 이때, 짝수 번째는 사인 함수를, 홀수 번째는 코사인 함수를 적용한다. 어떤 구현체에선 사인 함수의 적용 영역을 $i \in$ [0,255]로 코사인 함수의 영역을 $i \in$[256,512]로 다르게 적용하기도 하지만 결과적으론 유사하다.

이번 섹션에서는, 바스와니(Vaswani et al.)가 서술한 방식을 사용한다. 위치 pos에 대한 위치 벡터 pe[0][i]를 파이썬 의사 코드(pseudo code)로 표현하면 다음과 같다.

```
def positional_encoding(pos, pe):
for i in range(0, 512, 2):
        pe[0][i] = math.sin(pos / (10000 ** ((2 * i)/d_model)))
        pe[0][i+1] = math.cos(pos / (10000 ** ((2 * i)/d_model)))
return pe
```

NOTE

구글 브레인 트랙스(Google Brain Trax)와 허깅페이스(Hugging Face)는 단어 임베딩과 위치 인코딩 라이브러리를 제공한다. 따라서, 이번 섹션에서 소개한 코드들을 직접 실행할 필요는 없다. 코드를 더 살펴보기 원한다면, 이번 챕터의 깃 허브(GitHub) 저장소에 있는 구글 코랩(Google Colaboratory) positional_encoding.ipynb 노트북과 text.txt에서 확인할 수 있다.

다음으로 넘어가기 전에, pos=2에 대한 사인 그래프를 확인해 보자.

구글 검색으로 그래프를 그려볼 수 있다.

```
plot y=sin(2/10000^(2*x/512))
```

그래프 요청을 입력하기만 하면 된다.

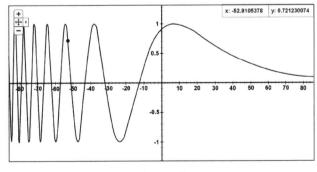

그림 2.6 구글에서 그래프 그리기

그래프 결과는 다음과 같다.

그림 2.7 그래프

이번 섹션에서 분석 중인 문장으로 돌아가면, 'black'은 pos=2에 위치하고 'brown'은 pos=10에 위치했다.

사인과 코사인에 대한 함수를 pos=2로 대입하면, 다음과 같은 512차원의 위치 벡터를 얻는다.

```
PE(2)=
[[ 9.09297407e−01 −4.16146845e−01   9.58144367e−01 −2.86285430e−01
   9.87046242e−01 −1.60435960e−01   9.99164224e−01 −4.08766568e−02
   9.97479975e−01  7.09482506e−02   9.84703004e−01  1.74241230e−01
   9.63226616e−01  2.68690288e−01   9.35118318e−01  3.54335666e−01
   9.02130723e−01  4.31462824e−01   8.65725577e−01  5.00518918e−01
   8.27103794e−01  5.62049210e−01   7.87237823e−01  6.16649508e−01
   7.46903539e−01  6.64932430e−01   7.06710517e−01  7.07502782e−01
...

   5.47683925e−08  1.00000000e+00   5.09659337e−08  1.00000000e+00
   4.74274735e−08  1.00000000e+00   4.41346799e−08  1.00000000e+00
   4.10704999e−08  1.00000000e+00   3.82190599e−08  1.00000000e+00
   3.55655878e−08  1.00000000e+00   3.30963417e−08  1.00000000e+00
   3.07985317e−08  1.00000000e+00   2.86602511e−08  1.00000000e+00
   2.66704294e−08  1.00000000e+00   2.48187551e−08  1.00000000e+00
   2.30956392e−08  1.00000000e+00   2.14921574e−08  1.00000000e+00]]
```

pos=10에 대한 512차원의 위치 인코딩 벡터는 다음과 같다.

```
PE(10)=
[[−5.44021130e−01 −8.39071512e−01   1.18776485e−01 −9.92920995e−01
   6.92634165e−01 −7.21289039e−01   9.79174793e−01 −2.03019097e−01
   9.37632740e−01  3.47627431e−01   6.40478015e−01  7.67976522e−01
   2.09077001e−01  9.77899194e−01 −2.37917677e−01  9.71285343e−01
  −6.12936735e−01  7.90131986e−01 −8.67519796e−01  4.97402608e−01
  −9.87655997e−01  1.56638563e−01 −9.83699203e−01 −1.79821849e−01
...

   2.73841977e−07 1.00000000e+00 2.54829672e−07 1.00000000e+00
   2.37137371e−07 1.00000000e+00 2.20673414e−07 1.00000000e+00
   2.05352507e−07 1.00000000e+00 1.91095296e−07 1.00000000e+00
   1.77827943e−07 1.00000000e+00 1.65481708e−07 1.00000000e+00
   1.53992659e−07 1.00000000e+00 1.43301250e−07 1.00000000e+00
   1.33352145e−07 1.00000000e+00 1.24093773e−07 1.00000000e+00
   1.15478201e−07 1.00000000e+00 1.07460785e−07 1.00000000e+00]]
```

파이썬으로 바스와니(Vaswani et al.)의 설명을 그대로 적용한 결과가 유의미한지 확인해 보자.

단어 임베딩에 사용했던 코사인 유사도 함수는 위치의 근접성을 시각화할 때도 유용하다.

cosine_similarity(PE(2), PE(10))= [[0.8600013]]

'black'과 'brown'의 위치적 유사도는 어휘적 유사도(단어가 같은 그룹에 속하는지)와는 차이가 있다.

cosine_similarity(black, brown)= [[0.9998901]]

두 위치 벡터의 유사도는 단어 임베딩의 유사도보다 낮은 값을 보여준다.

위치 벡터로 두 단어를 서로 떨어뜨릴 수 있는 것이다. 단어 임베딩은 학습에 사용되었던 말뭉치에 따라 달라짐에 유의하자. 이제 위치 인코딩을 단어 임베딩 벡터와 어떻게 합칠지 알아보겠다.

임베딩 벡터에 위치 인코딩 더하기

트랜스포머 설계자는 단순하게 위치 정보를 단어 임베딩 벡터와 더했다.

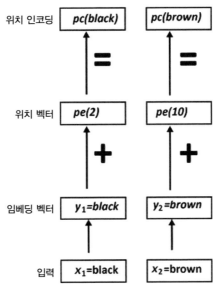

그림 2.8 위치 인코딩

예를 들어 'black'의 단어 임베딩 y1=black을, 인코딩 함수로 얻은 위치 벡터 pe(2)와 더한다고 하자. 입력 단어 'black'에 대한 위치 인코딩 pc(black)은 다음과 같이 얻는다.

$$pc(black) = y1 + pe(2)$$

매우 간단한 방법이다. 그런데, 이렇게 더하기만 한다면 위치 정보로 인해 단어 임베딩의 정보가 훼손될 위험이 있다.

단어 임베딩 층의 정보를 이어지는 층에 더 확실하게 전달하기 위해, y1의 값을 키우는 다양한 방법이 있다.

그중 한 가지는, 'black'의 임베딩 y1에 임의의 값을 곱하는 것이다.

$$y1 * math.\,sqrt(d\_model)$$

이제 동일한 512 크기의 두 벡터, 'black'의 단어 임베딩과 위치 벡터를 더해보자.

```
for i in range(0, 512, 2):
        pe[0][i] = math.sin(pos / (10000 ** ((2 * i)/d_model)))
        pc[0][i] = (y[0][i]*math.sqrt(d_model))+ pe[0][i]

        pe[0][i+1] = math.cos(pos / (10000 ** ((2 * i)/d_model)))
        pc[0][i+1] = (y[0][i+1]*math.sqrt(d_model))+ pe[0][i+1]
```

다음과 같이 d_{model}=512차원의 최종 위치 인코딩 벡터를 얻을 수 있다.

```
pc(black)=
[[ 9.09297407e-01 -4.16146845e-01 9.58144367e-01 -2.86285430e-01
   9.87046242e-01 -1.60435960e-01 9.99164224e-01 -4.08766568e-02
...
 4.74274735e-08 1.00000000e+00 4.41346799e-08 1.00000000e+00
 4.10704999e-08 1.00000000e+00 3.82190599e-08 1.00000000e+00
 2.66704294e-08 1.00000000e+00 2.48187551e-08 1.00000000e+00
 2.30956392e-08 1.00000000e+00 2.14921574e-08 1.00000000e+00]]
```

'brown'을 비롯한 시퀀스 내 모든 단어에 대해서도 동일한 연산이 적용된다.

'black'과 'brown'의 최종 위치 인코딩 벡터를 코사인 유사도 함수로 비교하면 다음과 같다.

```
cosine_similarity(pc(black), pc(brown))= [[0.9627094]]
```

'black'과 'brown'으로 비교했던 각 단계의 코사인 유사도 결과로, 위치 인코딩 프로세스를 명확하게 볼 수 있다.

[[0.99987495]] 단어 유사도
[[0.8600013]] 위치 벡터 유사도
[[0.9627094]] 최종적인 위치 인코딩의 유사도

처음에 0.99에 달하는 코사인 유사도로, 두 단어의 임베딩이 매우 유사함을 확인했었다. 그리고 나서 위치 벡터가 두 번째와 열 번째의 두 단어를 0.86의 더 낮은 유사도로 구분하는 것을 확인했다.

마지막으로, 각각의 단어 임베딩 벡터를 해당 위치의 위치 인코딩 벡터와 더한 후 코사인 유사도가 0.96이 되었음을 확인했다.

이제 각 단어의 위치 인코딩은 처음에 보았던 단어 임베딩 정보와 위치 정보를 모두 담고 있다.

위치 인코딩 결과는 멀티-헤드 어텐션으로 전달된다.

2.1.1.2 서브 층 1: 멀티-헤드 어텐션

멀티-헤드 어텐션 서브 층에는 여덟 개의 헤드(heads)가 있으며, 포스트-층 정규화(post-layer normalization)와 이어져있다. 포스트-층 정규화는 서브 층의 출력을 잔차 연결과 더한 후 정규화한다.

그림 2.9 멀티-헤드 어텐션 서브 층

이번 섹션에서는 어텐션의 아키텍처를 먼저 확인하고 간단한 멀티-헤드 어텐션 파이썬 예제를 살펴본다. 마지막에는 포스트-층 정규화를 설명할 것이다.

이제 멀티-헤드 어텐션의 아키텍처를 확인해 보자.

2.1.1.3 멀티-헤드 어텐션 아키텍처

인코더 스택 첫 번째 층의 멀티 어텐션 서브 층으로 각 단어의 임베딩과 위치가 담겨있는 벡터가 입력된다. 인코더 스택의 이어지는 층에는 이 정보들이 다시 입력되지 않는다.

입력 시퀀스의 각 단어 x_n을 표현하는 벡터의 크기는 d_{model}=512이다.

$$pe(x_n) = [d_1 = 9.09297407e01, d_2 = -4.16146845e01, .., d_{512} = 1.00000000e + 00]$$

이제 각 단어 x_n을 d_{model}=512차원의 벡터로 표현할 수 있다. 각각의 단어를 다른 모든 단어와 비교하며 시퀀스에 얼마나 적합한지 결정할 것이다.

다음 문장에서, 'it'은 'cat'일 수도 또는 'rug'일 수도 있다.

    Sequence =The cat sat on the rug and it was dry-cleaned.

모델은 학습과정에서 'it'이 'cat'과 연관되어 있는지 아니면 'rug'와 연관되어 있는지 찾으려 할 것이다. 설정해 둔 d_{model}=512차원의 모델로 대규모 학습을 수행하면 된다.

그런데 하나의 d_{model} 차원 블록만 사용하면 한 번에 하나의 관점으로만 시퀀스를 분석하게 된다. 만약 다양한 관점으로 분석하려면 상당한 계산 시간이 필요하다.

대신, 시퀀스 내 단어 집합 x의 각 단어 x_n을 표현하는 d_{model}=512차원을 여덟 개로 나누어 d_k=64차원으로 만들면 더 효과적이다.

"헤드" 여덟 개를 병렬로 연산하면 학습 속도를 높이면서 단어 간의 관계를 표현하는 서로 다른 여덟 개의 표현 공간(representation subspace)을 얻게 된다.

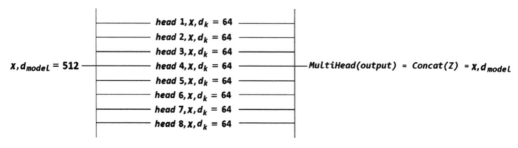

그림 2.10 멀티-헤드에 대한 표현

이제 헤드 여덟 개를 병렬로 실행할 수 있다. 하나의 헤드는 'it'이 'cat'과, 어떤 헤드는 'it'이 'rug'와, 또 다른 헤드는 'rug'가 'dry-cleaned'와 연관되어 있음을 알아낼 것이다.

각 헤드의 출력을 $x * d_k$ 모양의 행렬 Z_i라고 한다면, 멀티-헤드 어텐션의 출력 Z는 다음과 같다.

$$Z = (Z_0, Z_1, Z_2, Z_3, Z_4, Z_5, Z_6, Z_7)$$

멀티-헤드 서브 층의 출력이 벡터 시퀀스가 아니라 $x_m * d_{model}$ 형태의 행렬이 될 수 있도록 연결 (concatenate)해야 한다.[8]

멀티-헤드 어텐션 서브 층을 벗어나기 전에, Z의 요소들을 연결하면 다음과 같다.

$$MultiHead(output) = Concat(Z_0, Z_1, Z_2, Z_3, Z_4, Z_5, Z_6, Z_7) = x, d_{model}$$

각각의 헤드를 서로 연결하여 d_{model}=512차원이 되었다. 이제 멀티-헤드 층의 출력은 오리지널 트랜스포머의 제약 조건을 지키고 있다.

어텐션 메커니즘 헤드 h_n의 내부에서는 "단어"를 세 가지 행렬로 표현한다.

- 다른 "단어" 행렬의 모든 키-밸류 쌍(key-value pair)을 탐색하는, d_q=64차원의 쿼리(query) 행렬 (Q)
- 어텐션 점수를 구하기 위해 학습한, d_k=64차원의 키(key) 행렬 (K)
- 또 다른 어텐션 점수를 구하기 위해 학습한, d_v=64차원의 밸류(value) 행렬 (V)

"스케일드 내적 어텐션(Scaled Dot-Product Attention)"이라고도 불리는 이 어텐션 메커니즘은 다음과 같이 Q, K, V로 표현할 수 있다.

$$Attention(Q, K, V) = softmax(\frac{QK^T}{\sqrt{d_k}})V$$

Q, K, V는 동일한 차원을 가지므로, 내적 연산으로 여덟 개의 헤드에서 어텐션 값을 계산하고 서로 연결하여 출력 Z를 얻는 과정이 비교적 간단하다.

Q, K, V를 얻기 위해서는, d_{model}=512개의 행과 d_k=64개의 열을 가진 가중치 행렬 Q_w, K_w, V_w를 학습해야 한다. Q는 x와 Q_w의 내적으로 얻을 수 있고, 결과적으로 Q의 차원은 d_k=64가 된다.

---

8   역주. 여기서 x_m의 m은 멀티-헤드 층의 출력임을 표시한 것으로, x_m을 그냥 x로 이해해도 무방하다.

층과 헤드의 개수, d_{model}, d_k 등 모든 트랜스포머의 파라미터는 원하는 대로 변경할 수 있다. 이번 장은 바스와니(Vaswani et al.)가 소개한 오리지널 트랜스포머의 파라미터를 그대로 사용했다. 기존 모델을 수정하거나 다른 변형 모델들을 살펴보기 전에 원본 모델을 아는 것이 중요하다.

구글 브레인 트랙스와 OpenAI, 허깅페이스 등에는 이 책이 다루는 내용과 관련한 라이브러리가 준비 되어 있다.

하지만, 방금 살펴본 아키텍처를 좀 더 설명하기 위해 파이썬 코드로 시각화하고 중간 과정을 이미지 로 보이고자 한다.

어텐션 메커니즘의 주요 부분을 실행하기 위해, 기본 파이썬 코드에 넘파이와 소프트맥스(softmax) 함수만 사용하여 10단계로 나타낼 것이다.

4차 산업혁명 개발자는 동일 알고리즘에 대한 다양한 아키텍처를 사용할 수 있어야 함을 명심하자.

모델의 입력을 표현하는 1단계 과정부터 시작하자.

2.1.1.4 1단계: 입력 표현

Multi_Head_Attention_Sub_Layer.ipynb 파일을 구글 드라이브에 저장하고(지메일 계정 필요) 구글 코랩에서 열어보자. 해당 노트북 파일은 이번 챕터의 깃허브 저장소에 있다.

최소한의 파이썬 함수를 사용해서 트랜스포머 어텐션 헤드의 내부 동작을 간단하게 알아보자. 기본 코드를 사용해서 멀티-헤드 어텐션 서브 층의 내부를 살펴보겠다.

```
import numpy as np
from scipy.special import softmax
```

어텐션 메커니즘의 입력을 $d_{model}=512$에서 $d_{model}=4$로 축소하였다. 입력 벡터의 차원을 $d_{model}=4$로 만들어 쉽게 시각화하고자 한다.

x는 512차원 대신 4차원을 가진 입력 세 개로 구성했다.

```
print("Step 1: Input : 3 inputs, d_model=4")
x =np.array([[1.0, 0.0, 1.0, 0.0],      # 입력1

            [0.0, 2.0, 0.0, 2.0],      # 입력2

            [1.0, 1.0, 1.0, 1.0]])     # 입력3
print(x)
```

출력 결과로 d_{model}=4인 벡터 세 개를 확인할 수 있다.

```
Step 1: Input : 3 inputs, d_model=4
[[1. 0. 1. 0.]
 [0. 2. 0. 2.]
 [1. 1. 1. 1.]]
```

모델의 첫 단계를 완성했다.

그림 2.11 멀티-헤드 어텐션 서브 층의 입력

이제 모델에 가중치 행렬을 추가하자.

2.1.1.5 2단계: 가중치 행렬 초기화

각 입력에는 세 개의 가중치 행렬이 관여한다.

- 쿼리를 얻기 위한 Q_w
- 키를 얻기 위한 K_w
- 밸류를 얻기 위한 V_w

세 가지 가중치 행렬은 모델의 모든 입력에 적용된다.

바스와니(Vaswani et al.)가 설명한 가중치 행렬은 d_k=64차원이다. 하지만 d_k=3차원으로 축소해서 표현할 것이다. 가중치 행렬을 3*4로 축소하여 중간 결과를 더 쉽게 표현하면서 입력 x와 내적을 수행할수 있도록 하였다.

사용 중인 교육용 노트북에서 설정한 행렬 크기와 모양은 임의의 값이다. 목표는 어텐션 메커니즘의 전반적인 과정을 수행해 보는 것이다.

세 가지 가중치 행렬 중 쿼리 가중치 행렬부터 초기화한다.

```
print("Step 2: weights 3 dimensions x d_model=4")
print("w_query")
w_query =np.array([[1, 0, 1],
 [1, 0, 0],
 [0, 0, 1],
 [0, 1, 1]])
print(w_query)
```

다음은 가중치 행렬 w_query의 출력 결과이다.

```
w_query
[[1 0 1]
 [1 0 0]
 [0 0 1]
 [0 1 1]]
```

이어서 키 가중치 행렬을 초기화한다.

```
print("w_key")
w_key = np.array([[0, 0, 1],
 [1, 1, 0],
 [0, 1, 0],
 [1, 1, 0]])
print(w_key)
```

키 가중치 행렬의 출력 결과는 다음과 같다.

```
w_key
[[0 0 1]
 [1 1 0]
 [0 1 0]
 [1 1 0]]
```

마지막으로 밸류 가중치 행렬을 초기화한다.

```
print("w_value")
w_value = np.array([[0, 2, 0],
 [0, 3, 0],
 [1, 0, 3],
 [1, 1, 0]])
print(w_value)
```

밸류 가중치 행렬은 다음과 같다.

```
w_value
[[0 2 0]
 [0 3 0]
 [1 0 3]
 [1 1 0]]
```

모델의 두 번째 단계를 완성했다.

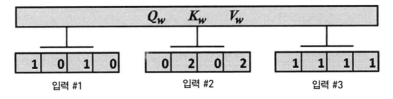

그림 2.12 모델에 세 가지 가중치 행렬을 추가했다

이제 가중치에 입력 벡터를 곱해 Q, K, V를 구해보자.

2.1.1.6 3단계: Q, K, V를 얻기 위한 행렬 곱

입력 벡터에 가중치 행렬을 곱해 각 입력에 대한 쿼리, 키, 밸류 벡터를 얻는다.

이 모델에서는 모든 입력에 대해 w_query, w_key, w_value 가중치 행렬을 하나씩만 사용한다고 가정한다. 다른 방식도 있을 수 있다.

먼저 입력 벡터를 w_query 가중치 행렬과 곱한다.

```
print("Step 3: Matrix multiplication to obtain Q, K, V")
print("Query: x * w_query")
Q=np.matmul(x, w_query)
print(Q)
```

결과 벡터는 Q_1=[1, 0, 2], Q_2=[2, 2, 2], Q_3=[2, 1, 3]으로 다음과 같다.

```
Step 3: Matrix multiplication to obtain Q, K, V
Query: x * w_query
[[1. 0. 2.]
 [2. 2. 2.]
 [2. 1. 3.]]
```

다음으로 입력 벡터를 w_key 가중치 행렬과 곱한다.

```
print("Key: x * w_key")
K=np.matmul(x, w_key)
print(K)
```

벡터 K_1=[0, 1, 1], K_2=[4, 4, 0], K_3=[2, 3, 1]을 얻을 수 있다.

```
Key: x * w_key
[[0. 1. 1.]
 [4. 4. 0.]
 [2. 3. 1.]]
```

마지막으로 입력 벡터를 w_value 가중치 행렬과 곱한다.

```
print("Value: x * w_value")
V=np.matmul(x, w_value)
print(V)
```

벡터 V_1=[1, 2, 3], V_2=[2, 8, 0], V_3=[2, 6, 3]을 얻을 수 있다.

```
Value: x * w_value
[[1. 2. 3.]
 [2. 8. 0.]
 [2. 6. 3.]]
```

세 번째 단계를 완료했다.

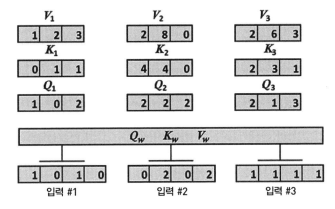

그림 2.13 Q, K, V를 생성했다

어텐션 점수를 계산하기 위한 Q, K, V를 확보했다.

2.1.1.7 4단계: 스케일드 어텐션 점수

오리지널 트랜스포머의 어텐션 헤드에 구현된 식은 다음과 같다.

$$\mathrm{Attention}(Q, K, V) \;=\; \mathrm{softmax}\left(\frac{QK^T}{\sqrt{d_k}}\right)V$$

4단계는 Q와 K에 집중하겠다.

$$\left(\frac{QK^T}{\sqrt{d_k}}\right)$$

이 모델에선 $\sqrt{d_k} = \sqrt{3} = 1.75$ 대신 1을 사용하고 이전에 구한 Q와 K를 대입한다.

```
print("Step 4: Scaled Attention Scores")
k_d=1 # 이번 예제에서는 k_d=3의 제곱근을 내림하여 1을 사용한다
attention_scores = (Q @ K.transpose())/k_d
print(attention_scores)
```

어텐션 점수의 중간 결과는 다음과 같다.

```
Step 4: Scaled Attention Scores
[[ 2. 4. 4.]
 [ 4. 16. 12.]
 [ 4. 12. 10.]]
```

4단계를 완료했다. x_1에 대해서 K를 따라 계산한 중간 결과는 [2, 4, 4]이다.

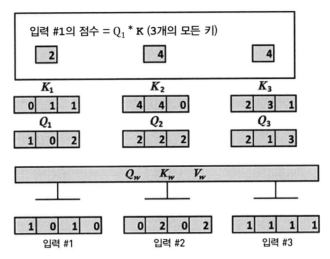

그림 2.14 입력 #1에 대한 스케일드 어텐션 점수

이제, 어텐션 계산식에 따라, 어텐션 점수의 중간 결과에 소프트맥스를 적용하자.

2.1.1.8 5단계: 각 벡터의 스케일드 소프트맥스 어텐션 점수

각 어텐션 중간 결과에 소프트맥스 함수를 적용한다. 행렬 곱셈을 수행하는 대신, 개별 벡터를 직접 계산하겠다.

```
print("Step 5: Scaled softmax attention_scores for each vector")
attention_scores[0]=softmax(attention_scores[0])
attention_scores[1]=softmax(attention_scores[1])
attention_scores[2]=softmax(attention_scores[2])
print(attention_scores[0])
print(attention_scores[1])
print(attention_scores[2])
```

다음과 같이 각 벡터에 대한 스케일드 소프트맥스 어텐션 점수를 얻었다.

```
Step 5: Scaled softmax attention_scores for each vector
[0.06337894 0.46831053 0.46831053]
[6.03366485e-06 9.82007865e-01 1.79861014e-02]
[2.95387223e-04 8.80536902e-01 1.19167711e-01]
```

5단계를 완료했다. x_1과 모든 키 행렬에 대해 계산한 소프트맥스 점수는 다음과 같다.

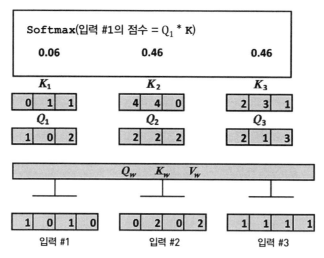

그림 2.15 입력 #1과 모든 키에 대한 소프트맥스 점수

이제, 방정식으로 표현했던, 최종적인 어텐션 점수를 구할 수 있다.

2.1.1.9 6단계: 어텐션을 표현하기 위한 마지막 과정

이제 어텐션 방정식에 V를 대입하기만 하면 된다.

$$\text{Attention}(Q, K, V) = \text{softmax}(\frac{QK^T}{\sqrt{d_k}})V$$

6단계와 7단계에선 x_1에 대한 어텐션 점수를 먼저 계산한다. 하나의 단어 벡터에 대해 하나의 어텐션 값을 구하는 것이다. 8단계에서는 다른 두 입력 벡터에 대해 어텐션 계산 과정을 일반화할 것이다.

x_1에 대한 $\text{Attention}(Q, K, V)$를 구하기 위해, 중간 결과에 밸류 벡터 세 개를 하나씩 곱한다. 내부 과정을 자세히 나타내면 다음과 같다.

```
print("Step 6: attention value obtained by score1/k_d * V")
print(V[0])
print(V[1])
print(V[2])
print("Attention 1")
attention1=attention_scores[0].reshape(-1,1)
attention1=attention_scores[0][0]*V[0]
print(attention1)

print("Attention 2")
attention2=attention_scores[0][1]*V[1]
print(attention2)

print("Attention 3")
attention3=attention_scores[0][2]*V[2]
print(attention3)
```

```
Step 6: attention value obtained by score1/k_d * V
[1. 2. 3.]
[2. 8. 0.]
[2. 6. 3.]

Attention 1
[0.06337894 0.12675788 0.19013681]
Attention 2
[0.93662106 3.74648425 0. ]
Attention 3
[0.93662106 2.80986319 1.40493159]
```

6단계를 완료했다. x_1의 세 입력으로부터, 어텐션 값 세 개를 구했다.

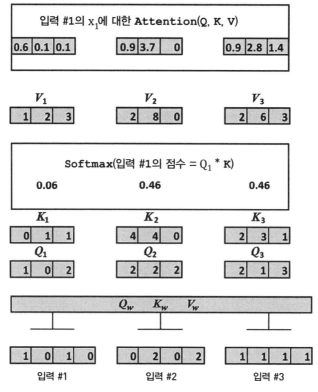

그림 2.16 최종적인 어텐션의 표현

이제 어텐션 결과를 하나로 합칠 것이다.

2.1.1.10 7단계: 결과 합산하기

입력 #1로부터 계산한 세 어텐션 값을 합산하면 출력 행렬의 첫 줄을 얻을 수 있다.

```
print("Step 7: summed the results to create the first line of the output
matrix")
attention_input1=attention1+attention2+attention3
print(attention_input1)
```

다음은 출력 행렬의 첫 줄이자 입력 #1에 대응하는 결과이다.

```
Step 7: summed the results to create the first line of the output matrix
[1.93662106 6.68310531 1.59506841]]
```

두 번째 줄은, 그다음 입력인, 입력 #2에 대한 결과가 된다.

그림 2.17에서 x_1의 어텐션을 모두 합산한 것을 볼 수 있다.

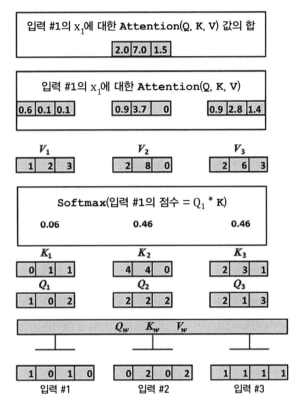

그림 2.17 하나의 입력에 대해 결과를 합산했다

입력 #1에 대한 모든 단계를 완료했다. 이제 모든 입력에 대해서도 결과를 합산해야 한다.

2.1.1.11 8단계: 1단계부터 7단계까지의 과정을 모든 입력에 적용

입력 #2와 입력 #3에 대해 "1단계~7단계"의 과정을 적용해서, 하나의 어텐션 헤드에 대해, 트랜스포머 어텐션 값을 구할 수 있다.

이번 단계부터는, d_{model}=64로 학습한 가중치로 어텐션 값 세 개를 구했다고 가정하겠다. 이제 오리지널 모델에서 서브 층의 출력이 어떻게 보이는지 확인해 보자.

지금까지 어텐션을 표현하는 과정을 작은 모델로 자세히 확인했다. d_{model}=64차원에서 어텐션 표현 세 개를 얻었다고 가정하고 결과를 만들어 보자.

```
print("Step 8: Step 1 to 7 for inputs 1 to 3")
```
#학습된 가중치로 결과 세 개를 얻었다고 가정한다.(이 예제에서 학습하진 않았다)
#오리지널 트랜스포머 논문대로 구현했다고 가정한다. 64 차원의 결과 세 개를 만든다
```
attention_head1=np.random.random((3, 64))
print(attention_head1)
```

다음은 헤드 하나로부터 d_{model}=64차원의 출력 세 개를 얻는, 시뮬레이션 Z_0의 결과이다.

```
Step 8: Step 1 to 7 for inputs 1 to 3
[[0.31982626 0.99175996…(61 squeezed values)…0.16233212]
 [0.99584327 0.55528662…(61 squeezed values)…0.70160307]
 [0.14811583 0.50875291…(61 squeezed values)…0.83141355]]
```

랜덤함수로 벡터를 생성했기 때문에 노트북의 실행 결과는 다를 수 있다.

이제 각 입력으로부터 트랜스포머 헤드 한 개의 결과를 얻었다. 다음 단계는 헤드 여덟 개로 결과를 얻고 어텐션 서브 층의 최종 결과를 만드는 것이다.

2.1.1.12 9단계: 어텐션 서브 층 헤드의 출력

어텐션 서브 층의 여덟 헤드를 이미 학습했다고 가정한다. 각 트랜스포머 헤드는(세 개의 단어 또는 워드피스에 대해) d_{model}=64차원의 벡터 세 개를 출력한다.

```
print("Step 9: We assume we have trained the 8 heads of the attention
sublayer")
z0h1=np.random.random((3, 64))
z1h2=np.random.random((3, 64))
z2h3=np.random.random((3, 64))
z3h4=np.random.random((3, 64))
z4h5=np.random.random((3, 64))
z5h6=np.random.random((3, 64))
z6h7=np.random.random((3, 64))
z7h8=np.random.random((3, 64))
print("shape of one head",z0h1.shape,"dimension of 8 heads",64*8)
```

다음 결과는 하나의 헤드에 대한 출력의 모양을 보여준다.

```
Step 9: We assume we have trained the 8 heads of the attention sublayer
shape of one head (3, 64) dimension of 8 heads 512
```

여덟 개의 헤드가 이제 Z를 형성한다.

$$Z = (Z_0, Z_1, Z_2, Z_3, Z_4, Z_5, Z_6, Z_7)$$

이제 트랜스포머는 Z의 여덟 개의 요소를 연결해서 멀티-헤드 어텐션 서브 층의 최종 결과를 만들 것이다.

2.1.1.13 10단계: 각 헤드의 출력 연결하기

트랜스포머는 다음과 같이 Z의 여덟 개의 요소를 연결한다.

$$\text{MultiHead(Output)} = \text{Concat}(Z_0, Z_1, Z_2, Z_3, Z_4, Z_5, Z_6, Z_7)W^0 = x, d_{\text{model}}$$

Z를 또 다른 학습된 가중치 행렬 W^0와 곱하고 있음에 유의하자. 이 모델에선 W^0를 곱하는 과정이 연결 함수에 안에 통합되어 있다고 가정하겠다.

다음으로 Z_0부터 Z_7까지 연결한다.

```
print("Step 10: Concatenation of heads 1 to 8 to obtain the original
8x64=512 ouput dimension of the model")
output_attention=np.hstack((z0h1, z1h2, z2h3, z3h4, z4h5, z5h6, z6h7, z7h8))
print(output_attention)
```

출력값은 Z를 모두 연결한 형태이다.

```
Step 10: Concatenation of heads 1 to 8 to obtain the original 8x64=512
output dimension of the model
[[0.65218495 0.11961095 0.9555153 ... 0.48399266 0.80186221 0.16486792]
 [0.95510952 0.29918492 0.7010377 ... 0.20682832 0.4123836 0.90879359]
 [0.20211378 0.86541746 0.01557758 ... 0.69449636 0.02458972 0.889699 ]]
```

시각화하면 Z의 요소들을 나란히 쌓아놓은 모습이 된다.

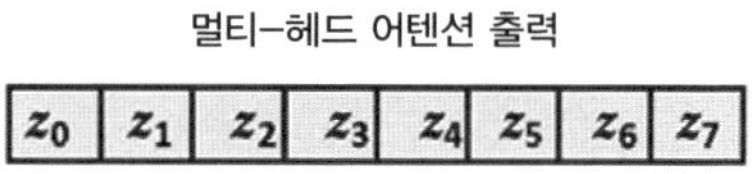

멀티-헤드 어텐션 출력

| z_0 | z_1 | z_2 | z_3 | z_4 | z_5 | z_6 | z_7 |

그림 2.18 어텐션 서브 층의 출력

연결 작업으로 d_{model}=512차원의 표준 출력을 만들었다.

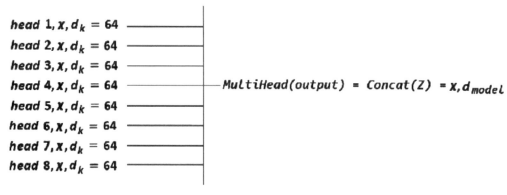

그림 2.19 헤드 출력 여덟 개의 연결

이제 어텐션 서브 층의 결과에 층 정규화를 적용할 것이다.

2.1.1.14 포스트-층 정규화

트랜스포머의 각 어텐션 서브 층과, 순방향 서브 층 뒤에는 포스트-층 정규화(Post-LN)가 이어 진다.

그림 2.20 포스트-층 정규화

포스트-층 정규화는 덧셈 함수와 층 정규화 작업으로 구성된다. 덧셈 함수는 서브 층의 입력과 이어 진 잔차 연결을 처리한다. 잔차 연결은 중요한 정보들을 잃어버리지 않도록 방지한다. 포스트-층 정규 화를 식으로 표현하면 다음과 같다.

$$LayerNormalization(x + Sublayer(x))$$

Sublayer(x)는 서브 층을 의미한다. x는 서브 층에 입력된 정보이다.

x + Sublayer(x)의 결과인 벡터 **v**가 LayerNormalization의 입력이 된다. 트랜스포머의 모든 입력과 출력은 모든 과정에서 d_{model}=512차원으로 표준화(standardize)된다.

층 정규화에는 많은 방법이 있으며, 모델마다 다양하게 변형하여 사용한다. 벡터 **v**에 대한 층 정규화 LayerNormalization(**v**)의 기본 개념은 다음과 같다.

$$LayerNormalization(v) = \gamma \frac{v - \mu}{\sigma} + \beta$$

변수들을 설명하자면, μ는 **d**차원 벡터 **v**에 대한 평균이다.

$$\mu = \frac{1}{d} \sum_{k=1}^{d} v_k$$

σ는 **d**차원 벡터 **v**에 대한 분산이다. $\sigma^2 = \frac{1}{d}\sum_{k=1}^{d}(v_{k-\mu})$

γ는 스케일링을 위한 파라미터이다.

β는 편향(bias) 벡터이다.

앞서 확인한 LayerNormalization(**v**)의 내용은 다양한 포스트-층 정규화 방법 중 가장 일반적인 방식이다. 다음 서브 층은 순방향 네트워크로, LayerNormalization(**v**)의 출력과 이어진다.

2.1.1.15 서브 층 2: 순방향 네트워크

순방향 네트워크 (FFN)의 입력은 d_{model}=512차원으로, 앞선 서브 층에 대한 포스트-층 정규화의 출력이다.

그림 2.21 순방향 서브 층

다음은 순방향 네트워크 서브 층에 대한 설명이다.

- 인코더와 디코더의 순방향 네트워크는 완전 연결(fully connected) 되어있다.
- 순방향 네트워크는 위치별(position-wise) 네트워크이다. 동일한 연산을 위치별로 각각 수행한다.
- 순방향 네트워크는 층 두 개와 ReLU 활성화 함수로 이루어져 있다.
- 순방향 네트워크 층의 입력과 출력은 d_{model}=512차원이지만, 내부 층은 d_{ff}=2048로 더 크다
- 순방향 네트워크는 크기가 1인 커널로 두 번의 컨볼루션 연산을 수행하는 것으로 볼 수 있다.

설명들을 바탕으로, 최적화되고 표준화된 순방향 네트워크를 나타내면 다음과 같다.

$$FFN(x) = max(0, xW_1 + b_1)W_2 + b_2$$

이전 섹션에서 설명한 대로, 순방향 네트워크의 출력은 포스트-층 정규화로 이어진다. 그리고 나서, 결과 값은 인코더 스택의 다음 층과 디코더 스택의 멀티-헤드 어텐션 층으로 전달된다.

이제 디코더 스택을 살펴보자.

2.1.2 디코더 스택

트랜스포머의 디코더 역시 인코더처럼 층을 쌓아 올린 스택 형태이다. 디코더 스택의 각 층의 구조는 다음과 같다.

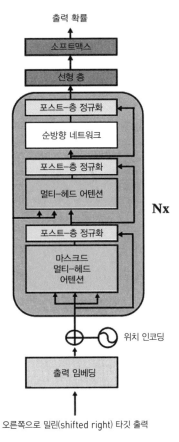

그림 2.22 트랜스포머 디코더 스택의 층

트랜스포머의 인코더처럼, N=6개 디코더 층의 구조는 모두 동일하다. 각 층은 3개의 서브 층으로 이루어져 있는데, 멀티-헤드 마스크드 어텐션(multi-head masked attention) 메커니즘, 멀티-헤드 어텐션 메커니즘, 완전 연결 위치별 순방향 네트워크이다.

디코더에는 세 번째 주요 서브 층인 마스크드 멀티-헤드 어텐션이 있다. 마스크드 멀티-헤드 어텐션 서브 층에서는, 주어진 위치 이후의 모든 단어를 마스킹 함으로써, 트랜스포머가 나머지 시퀀스를 보지 않고 스스로의 추론에 근거하여 연산하도록 한다.

인코더 스택처럼, 세 개의 주요 서브 층 각각을 잔차 연결과 Sublayer(x)가 감싸고 있다.

$$LayerNormalization(x + Sublayer(x))$$

또한 인코더 스택에서처럼, 임베딩 서브 층은 디코더 스택의 가장 아래층과 연결되어 있으며 임베딩 층과 잔차 연결을 포함한 모든 서브 층의 출력은 d_{model} 차원으로 일정하다.

설계자들이 인코더와 디코더를 대칭적으로 만들기 위해 열심히 노력했음을 알 수 있다.

디코더의 각 서브 층과 함수의 구조는 인코더와 유사하다. 이번 챕터에서는, 디코더와 인코더의 차이점을 위주로 설명하겠다. 동일 기능에 대한 설명이 필요하면 인코더의 내용을 참조하자.

2.1.2.1 출력 임베딩과 위치 인코딩

디코더 서브 층의 구조는 인코더 서브 층의 구조와 대부분 동일하다. 출력 임베딩 층과 위치 인코딩 함수는 인코더 스택에서와 같다.

바스와니(Vaswani et al.)의 트랜스포머 활용 사례를 살펴보면, 번역 결과를 출력하도록 학습하고 있다. 다음 프랑스어가 출력이라면,

```
Output=Le chat noir était assis sur le canapé et le chien marron dormait sur
le tapis
```

이에 대한 영어 입력은 다음과 같다.

```
Input=The black cat sat on the couch and the brown dog slept on the rug.
```

인코더 스택의 첫 부분처럼, 출력 단어는 단어 임베딩 층과 위치 인코딩 함수를 통과한다. 다음으로, 디코더 스택에 있는 멀티-헤드 어텐션 층의 특징을 확인해 보자.

2.1.2.2 어텐션 층

트랜스포머는 자기 회귀(auto-regressive) 모델로, 이전 출력 시퀀스를 추가 입력으로 사용한다. 디코더에 있는 멀티-헤드 어텐션 층의 동작은 인코더와 동일하지만, 마스크드 멀티-헤드 어텐션은 현재 위치를 포함한 모든 앞쪽 단어에만 어텐션을 적용한다. 이렇게 하면 뒤쪽 단어들은 트랜스포머에서 가려지고, 이들을 예측하는 방법을 학습할 수 있다.

인코더에서처럼, 마스크드 멀티-헤드 어텐션 서브 층 이후에는 포스트-층 정규화 과정이 이어진다.

멀티-헤드 어텐션 서브 층 또한, 트랜스포머가 예측 중인 위치까지만 어텐션을 적용해서 예측해야 할 시퀀스를 미리 볼 수 없도록 한다.

멀티-헤드 어텐션 서브 층은 어텐션 내적 연산에 인코더의 K와 V를 활용함으로써 인코더로부터 정보를 얻고, 마스크드 멀티-헤드 어텐션 서브 층의 정보를 가져오기 위해 해당 층(sublayer 1)의 Q를 어텐션 내적에 사용한다. 결과적으로 디코더는 인코더에 학습된 정보를 사용한다. 디코더의 멀티-헤드 어텐션 서브 층은 다음과 같이 정의할 수 있다.

$$\text{Input\_Attention} = (\text{Output\_decoder\_sub\_layer} - 1(Q), \text{Output\_encoder\_layer}(K, V))$$

마스크드 멀티-헤드 어텐션 서브 층 이후에는, 인코더에서처럼, 포스트-층 정규화 과정이 이어진다.

다음으로 트랜스포머는 순방향 네트워크 서브 층으로 이동하고, 포스트-층 정규화와 선형 층(linear layer)으로 이어진다.

2.1.2.3 순방향 서브 층, 포스트-층 정규화 그리고 선형 층

순방향 네트워크 서브 층의 구조는 인코더 스택의 순방향 네트워크와 동일하며, 포스트-층 정규화도 인코더 스택의 층 정규화와 동일하다.

트랜스포머는 한 번에 하나의 출력 시퀀스만 생성한다.

$$\text{Output sequence} = (y_1, y_2, \dots y_n)$$

선형 층의 출력을 생성하는 선형 함수(linear function)는 모델마다 다르지만, 표준 식은 다음과 같다.

$$y = w * x + b$$

w와 b는 학습된 파라미터이다.

선형 층은 시퀀스의 다음으로 등장할 법한 요소들을 예측하고, 소프트맥스 함수로 가장 가능성 있는 요소가 정해진다. 인코더 층과 마찬가지로 디코더 층 또한 l번째 층에서 l+1번째 층으로 N=6개 중 최상위 층까지 이어진다.

이제 트랜스포머가 어떻게 학습되었고 어떤 성능을 얻었는지 살펴보겠다.

오리지널 트랜스포머는 450만 개의 영어-독일어 문장 쌍과 3,600만 개의 영어-프랑스어 문장 쌍으로 학습되었다.

데이터셋은 **WMT(Workshops on Machine Translation)**에서 가져온 것으로, 자세히 보기 원한다면 다음 링크를 확인하자. (http://www.statmt.org/wmt14/)

오리지널 트랜스포머 기본 모델의 학습은 8개의 NVIDIA P100 GPU가 장착된 머신에서 100,000 스텝 동안 12시간이 걸렸다. 빅 모델의 경우에는 300,000 스텝 동안 3.5일이 소요되었다.

오리지널 트랜스포머는 WMT 영어-프랑스어 데이터셋에서 BLEU 점수 41.8점을 달성하며 이전의 모든 기계 번역 모델을 능가했다. BLEU는 Bilingual Evaluation Understudy의 약자로, 기계 번역 결과의 품질을 평가하는 알고리즘이다.

구글 리서치와 구글 브레인 팀은 트랜스포머의 성능을 개선하기 위해 최적화 전략을 사용했다. 예를 들어, 아담 옵티마이저(Adam optimizer)를 사용했지만, 워밍업 단계에서 학습률을 일정하게 증가시키고 이후 조금씩 감소시키는 방식으로 차이를 두었다.

임베딩을 합치는 과정에는 드롭아웃(dropout) 및 잔차 드롭아웃(residual dropout) 같은 다양한 정규화 기법이 적용되었다. 또한, 원-핫(one-hot)에 대한 과신(overconfident)과 오버피팅(overfitting)을 방지하기 위해 라벨 스무딩(label smoothing)이 적용되었다. 라벨 스무딩을 사용하면 평가 과정의 정확도가 낮아지지만, 모델이 더 많이 더 잘 학습하게 된다.

이렇게 트랜스포머와 관련된 여러 시도로 인해 다양한 용도의 다른 모델이 생겨났다. 이어지는 장에서 더 자세히 살펴볼 것이다.

이번 장을 마무리하기 전에, 허깅페이스를 예시로, 바로 사용할 수 있는(ready to use) 트랜스포머의 단순함을 느껴보자.

2.3 | 허깅페이스의 트랜스포머 모델

이번 챕터에서 본 모든 내용은 바로 사용할 수 있는 허깅페이스 트랜스포머에 압축되어있다. 허깅페이스를 사용하면, 기계 번역을 단 세 줄로 구현할 수 있다! 구글 코랩에서 Multi_Head_Attention_Sub_Layer.ipynb 파일을 열어보자. 노트북을 구글 드라이브에 저장하고(지메일 계정 필요) 마지막 두 셀로 이동하자.

먼저 허깅페이스 트랜스포머를 설치한다.

```
!pip -q install transformers
```

그리고 다양한 트랜스포머 사용법이 포함된 허깅페이스 파이프라인을 임포트한다.

```
#@title pipeline 모듈을 불러오고 영어 프랑스어 번역을 선택한다
from transformers import pipeline
```

다음으로, 바로 사용할 수 있는 다양한 기능들이 있는, 허깅페이스 파이프라인을 생성한다. 이번에는 번역 모델을 활성화하고 영어에서 프랑스어로 번역하기 위한 문장을 입력한다.

```
translator = pipeline("translation_en_to_fr") #한 줄의 코드면 충분하다!
print(translator("It is easy to translate languages with transformers", max_length=40))
```

그리고 놀랍게도 다음과 같이 번역 내용이 표시된다.

```
[{'translation_text': 'Il est facile de traduire des langues à l'aide de transformateurs.'}]   #트랜스포머로 언어를 쉽게 번역할 수 있습니다.
```

2.4 정리하기

이번 장에서는 먼저 트랜스포머 아키텍처가 먼 거리의 단어들을 연관짓는 놀라운 방법을 살펴보았다. 트랜스포머는 **자연어 이해(Natural Language Understanding, NLU)** 역사상 전례 없는 방식으로 문자 시퀀스를 의미있는 표현으로 트랜스덕션한다.

트랜스덕션의 확장과 구현의 단순화는 인공지능을 이전에 볼 수 없던 수준으로 끌어올렸다.

RNN, LSTM, CNN 등이 없이도 트랜스덕션과 시퀀스 모델링이 가능하게 한 트랜스포머 아키텍처의 대담한 접근 방식도 살펴보았다. 인코더와 디코더의 크기를 표준화하고 대칭적인 설계를 한 덕분에 여러 서브 층을 매끄럽게 연결할 수 있었다.

트랜스포머가 순환 신경망을 제거하는 것 외에도 병렬화를 적극 도입하여 학습 시간을 단축했음을 확인했고, 위치 인코딩이나 마스크드 멀티–헤드 어텐션 같은 혁신적인 내용도 살펴보았다. 유연하고 독창적인 트랜스포머 아키텍처는 다른 많은 혁신적인 변형 모델들의 기반이 되었고, 이 변형 모델들은 더욱 강력한 트랜스덕션과 언어 모델링을 위한 길을 열었다.

다른 장에서 다양한 변형 모델을 설명할 때 트랜스포머 아키텍처의 여러 측면을 더 자세히 살펴보겠다.

트랜스포머의 출시는 바로 사용할 수 있는 인공지능 모델 시대의 시작을 의미한다. 허깅페이스와 구글 브레인은 몇 줄의 코드만으로 인공지능을 구현할 수 있게 했다.

이어지는 **3장, BERT 모델 미세 조정하기**에서 오리지널 트랜스포머 모델의 강력한 진화를 확인하자.

2.5 문제

01. NLP 트랜스덕션은 텍스트 표현을 인코딩 또는 디코딩할 수 있다. 참 / 거짓

02. 자연어 이해는 자연어 처리의 하위 분야이다. 참 / 거짓

03. 언어 모델링 알고리즘은 입력 시퀀스에 기반하여 단어를 생성한다. 참 / 거짓

04. 트랜스포머는 LSTM에 CNN을 추가한 모델이다. 참 / 거짓

05. 트랜스포머에는 LSTM층 또는 CNN 층이 없다. 참 / 거짓

06. 어텐션은 시퀀스의 마지막 토큰뿐만 아니라 모든 토큰을 검사한다. 참 / 거짓

07. 트랜스포머는 위치 인코딩 대신 고정된 위치 벡터를 사용한다. 참 / 거짓

08. 트랜스포머에는 순방향 네트워크를 가지고있다. 참 / 거짓

09. 트랜스포머 디코더의 마스크드 멀티-헤드 어텐션은 처리중인 시퀀스의 참 / 거짓
나머지 뒷 부분을 알고리즘이 볼 수 없도록 한다.

10. 트랜스포머는 멀리 떨어진 단어간의 관계를 LSTM보다 잘 파악한다. 참 / 거짓

2.6 참고 문헌

- Ashish Vaswani, Noam Shazeer, Niki Parmar, Jakob Uszkoreit, Llion Jones, Aidan N. Gomez, Lukasz Kaiser, Illia Polosukhin, 2017, Attention Is All YouNeed, https://arxiv.org/abs/1706.03762
- **허깅페이스 트랜스포머 사용법**: https://huggingface.co/transformers/usage.html
- **Tensor2Tensor (T2T) 소개**: https://colab.research.google.com/github/tensorflow/tensor2tensor/blob/master/tensor2tensor/notebooks/hello_t2t.ipynb?hl=en
- **라이미 카림(Raimi Karim)의 설명을 기반으로 마누엘 로메로(Manuel Romero)가 구성한 코랩 노트북**: https://colab.research.google.com/drive/1rPk3ohrmVclqhH7uQ7qys4oznDdAhpzF
- **구글 언어 리서치**: https://research.google/teams/language/
- **허깅페이스 트랜스포머**: https://huggingface.co/transformers/index.html
- **주석이 포함된 트랜스포머 논문**: http://nlp.seas.harvard.edu/2018/04/03/attention.html
- **제이 알라마르(Jay Alammar)의 그림으로 설명한 트랜스포머(The Illustrated Transformer)**: http://jalammar.github.io/illustratedtransformer/

03장

BERT 모델
미세 조정하기

2장, 트랜스포머 모델 아키텍처 살펴보기에서 오리지널 트랜스포머 아키텍처의 구성 요소에 대해 알아보았다. 오리지널 트랜스포머를 레고 조각으로 조립된 모델이라고 생각해 보자. 구성품으로는 인코더(encoders), 디코더(decoders), 임베딩 층(embedding layers), 위치 인코딩 메서드(positional encoding methods), 멀티 헤드 어텐션 층(multi-head attention layers), 마스크드 멀티 헤드 어텐션 층(masked multi-head attention layers), 포스트-층 정규화(post-layer normalization), 순방향 서브 층(feed-forward sub-layers), 선형 출력 층(linear output layers) 등이 있다.

조각은 다양한 크기와 형태로 출시되므로 같은 조립 키트를 이용해 몇 시간이고 다양한 모델을 만들어 볼 수 있다! 그중 어떤 모델은 전체 부품의 일부만 필요할 수도 있고 반대로 추가 부품이 필요한 경우 새로운 레고 조각을 구매할 수도 있다.

BERT는 트랜스포머 조립 키트에 양방향 멀티 헤드 어텐션 서브 층(bidirectional multi-head attention sub-layer)이라는 새로운 부품을 추가했다. 인간은 문장을 이해하는 데 어려움을 겪을 때 단순히 앞의 단어만 보지 않는다. BERT는 우리와 마찬가지로 같은 문장의 모든 단어를 동시에 살펴본다.

이 장에서는 먼저 **Bidirectional Encoder Representations from Transformers(BERT)**의 아키텍처를 살펴본다. BERT는 트랜스포머의 인코더 블록만 새로운 방식으로 사용하고 디코더 스택은 사용하지 않는다.

서드 파티(third party)에 의해 사전 학습되고 허깅페이스(Hugging Face)에 업로드된 BERT 모델을 미세 조정(fine-tune)할 것이다. 사전 학습된 BERT는 미세 조정하여 여러 NLP 작업에 사용하게 된다. 마지막에는 허깅페이스 모듈을 사용한 매력적인 다운스트림(downstream) 트랜스포머의 예시들을 살펴볼 것이다.

이 장에서는 다음 주제들을 다룬다.

- Bidirectional Encoder Representations from Transformers (BERT)
- BERT 아키텍처
- 두 단계 BERT 프레임워크
- 사전 학습 환경 준비하기
- 사전 학습 인코더 층 정의하기
- 미세 조정정의하기
- 다운스트림 멀티태스킹
- 미세 조정된 BERT 모델 구축하기
- 적합성 판단(acceptability judgment) 데이터셋(dataset) 불러오기
- 어텐션 마스크(attention masks) 생성하기
- BERT 모델 설정하기
- 미세 조정된 모델의 성능 측정하기

첫 번째 단계로 BERT 모델의 배경을 살펴보자.

3.1 BERT 아키텍처

BERT는 트랜스포머 모델에 양방향 어텐션을 적용했다. 기존 트랜스포머 모델에 양방향 어텐션을 적용하려면 많은 변경이 필요하다.

여기서는 **2장, 트랜스포머 모델 아키텍처 살펴보기**에서 설명한 트랜스포머의 구성 요소는 다루지 않는다. 트랜스포머의 구성 요소에 대해서는 2장을 복습하기 바란다. 이 섹션에서는 BERT 모델의 구체적인 측면에 초점을 맞춘다.

먼저 인코더 스택을 설명하는 2018년 데블린(Devlin et al.)의 설계가 진화하는 과정을 살펴본 다음 사전 학습 입력 환경을 준비해 본다. 그런 다음 BERT의 두 단계 프레임워크인 사전 학습과 미세 조정에 대해 알아보도록 하자.

첫 번째로 인코더 스택을 살펴보자.

3.1.1 인코더 스택

오리지널 트랜스포머 모델에서 가져올 첫 번째 구성 요소는 인코더 층이다. **2장, 트랜스포머 모델 아키텍처 살펴보기**에서 설명한 대로 인코더 층은 그림 3.1과 같다.

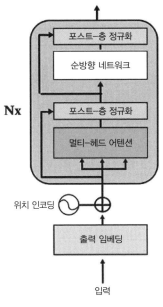

그림 3.1 인코더 층

BERT 모델은 디코더 층을 사용하지 않는다. 마스크드 토큰(예측할 토큰을 숨김)은 인코더의 어텐션 층에 있고 이는 다음 섹션에서 BERT 인코더 층을 보며 자세히 살펴보도록 한다.

오리지널 트랜스포머의 스택은 N=6층이다. 오리지널 트랜스포머의 차원(dimensions) 수는 d_{model}=512 이다. 오리지널 트랜스포머의 어텐션 헤드(attention heads) 수는 A=8이다. 오리지널 트랜스포머 헤드 의 차원은 다음과 같다.

$$d_k = \frac{d_{model}}{A} = \frac{512}{8} = 64$$

BERT의 인코더 층은 오리지널 트랜스포머 모델보다 더 크다.

인코더 층으로 두 가지 BERT 모델을 구축할 수 있다.

- BERT$_{BASE}$의 인코더 스택은 N=12개 층으로 이루어져 있다. d_{model}=768이며 BERT 논문에서와 같이 H=768로 표현할 수 있다. 멀티 헤드 어텐션 서브 층의 헤드는 A=12개다. 각 헤드 z_A의 차원은 오리지 널 트랜스포머 모델과 같이 64로 유지된다.

$$d_k = \frac{d_{model}}{A} = \frac{768}{12} = 64$$

- 연결(concatenate)하기 이전 각 멀티 헤드 어텐션 서브 층의 출력은 헤드 12개의 출력과 같다.

$$\text{output\_multi-head\_attention} = \{z_0, z_1, z_2, \ldots, z_{11}\}$$

- BERT$_{LARGE}$의 인코더 스택은 N=24개 층으로 이루어져 있다. d_{model}=1024이며 멀티 헤드 어텐션 서 브 층에는 헤드 A=16개가 포함된다. 각 헤드 z_A의 차원도 오리지널 트랜스포머 모델과 같이 64로 유지 된다.

$$d_k = \frac{d_{model}}{A} = \frac{768}{12} = 64$$

- 연결하기 전의 각 멀티 헤드 어텐션 서브 층의 출력은 헤드 16개의 출력과 같다.

$$\text{output\_multi-head\_attention} = \{z_0, z_1, z_2, \ldots, z_{15}\}$$

모델 크기는 다음과 같이 요약할 수 있다.

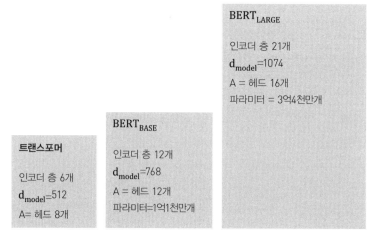

그림 3.2 트랜스포머 모델

크기와 차원은 BERT 스타일의 사전 학습의 본질이다. BERT 모델은 인간과 같다. BERT 모델은 더 많은 작업 메모리(차원)와 더 많은 지식(데이터)으로 더 나은 결과를 생성한다. 즉, 대량의 데이터를 사전 학습한 대형 트랜스포머 모델이 다운스트림 NLP 작업을 더 잘한다.

이제 첫 번째 서브 층을 보며 BERT 모델의 입력 임베딩과 위치 인코딩의 기본에 대해 살펴보자.

3.1.2 사전 학습 입력 환경 준비하기

BERT 모델에는 디코더 스택 층이 없다. 따라서 마스크드 멀티 헤드 어텐션 서브 층이 없다. BERT 설계자들은 나머지 시퀀스(sequence)를 마스킹하는 마스크드 멀티 헤드 어텐션 층이 어텐션 프로세스를 방해한다고 말한다.

마스크드 멀티 헤드 어텐션 층은 현재 위치 이후의 모든 토큰을 마스킹한다. 다음 예시 문장을 살펴보자.

```
The cat sat on it because it was a nice rug.
```

'it'라는 단어에 도달했을 때 인코더의 입력은 다음처럼 될 수 있다.

```
The cat sat on it<masked sequence>
```

이 접근 방식의 동기(motivation)는 모델이 예측해야 하는 출력을 보지 못하도록 하는 것이다. 이렇게 왼쪽에서 오른쪽으로 접근하는 방식(left-to-right approach)은 비교적 좋은 결과를 만들 수 있다.

하지만 이런 방식으로는 모델이 많은 것을 학습할 수 없다. 'it'이 무엇을 가리키는지 알기 위해서는 전체 문장을 보고 'rug'에 도달하여 'it'이 'rug'라는 것을 알아내야 한다.

이를 위해 BERT 엔지니어(authors)는 모델을 다른 방식으로 사전 학습시켜 보면 어떨까? 라는 아이디어를 떠올렸다.

BERT 엔지니어는 어텐션 헤드가 왼쪽에서 오른쪽으로, 오른쪽에서 왼쪽으로 모든 단어에 어텐션하는 양방향 어텐션 방식을 생각해냈다. 이로써 인코더의 셀프 어텐션 마스크는 디코더의 마스크드 멀티 헤드 어텐션 서브 층의 방해를 받지 않고도 예측할 수 있게 되었다.

이 모델은 두 가지 방법으로 학습된다. 첫 번째 방법은 **Masked Language Modeling(MLM, 마스크드 언어 모델링)**이고, 두 번째 방법은 **Next Sentence Prediction(NSP, 다음 문장 예측하기)**이다.

마스크드 언어 모델링부터 살펴보자

3.1.2.1 마스크드 언어 모델링

마스크드 언어 모델링은 예측하기 위해 가시(visible) 단어 시퀀스와 마스크된 시퀀스로 이어진 시퀀스로 모델을 학습할 필요가 없다.

BERT는 무작위로 문장의 한 단어에 마스크를 씌운 후 양방향으로 분석하는 방식을 사용했다.

BERT는 입력에 단어 분할(subword segmentation) 토큰화 방법인 워드피스(WordPiece)를 적용하고, 사인-코사인(sine-cosine) 방식이 아닌 학습된 위치 인코딩(learned positional encoding)을 사용한다.

다음 입력 시퀀스 예시를 보자.

The cat sat on it because it was a nice rug.

디코더는 모델이 'it'에 도달한 이후의 어텐션 시퀀스를 다음처럼 마스킹한다.

The cat sat on it(masked sequence)

하지만 BERT 인코더는 예측을 하기 위한 무작위 토큰 하나를 마스킹한다.

The cat sat on it because it was a nice rug.

이제 멀티 어텐션 서브 층은 전체 시퀀스를 보고 셀프 어텐션 프로세스를 실행하고 마스크드 토큰을 예측한다.

이에 더해 입력 토큰을 세 가지 까다로운 방식으로 마스킹하여 모델이 더 오래 학습하지만 더 나은 결과를 생성하게 한다.

데이터셋의 10%에 토큰 마스킹을 하지 않는다.

The cat sat on it [because] it was a nice rug.

데이터셋의 10%에 단일 토큰을 무작위 토큰으로 교체한다.

The cat sat on it [often] it was a nice rug.

데이터셋의 80%에서 단일 토큰을 [MASK] 토큰으로 바꾼다.

The cat sat on it [MASK] it was a nice rug.

엔지니어들의 이 대담한 방식은 모델의 과적합(overfitting)을 피하고 더 효율적으로 학습시킨다.

또한 BERT는 다음 문장을 예측하는 방식으로 학습한다.

3.1.2.2 다음 문장 예측하기

BERT를 학습하기 위해 고안된 두 번째 방법은 **다음 문장 예측(Next Sentence Prediction, NSP)**이다. 다음 문장 예측의 입력은 문장 2개다. 이때 입력 데이터셋의 절반은 두 번째 문장이 문서의 실제 두 번째 문장이고, 나머지 절반은 두 번째 문장이 첫 번째 문장과 상관없는 무작위 문장이다.

새로운 토큰 두 가지가 추가된다.

- [CLS]는 첫 번째 시퀀스의 시작 부분에 추가되는 이진 분류(binary classification) 토큰으로, 두 번째 시퀀스가 첫 번째 시퀀스와 연속되는지 예측하기 위해 사용된다. 양성 샘플은 일반적인 한 쌍의 연속된 문장이고, 음성 샘플은 서로 다른 문서에서 가져온 문장이다.
- [SEP]는 시퀀스의 끝을 알리는 분리(separation) 토큰이다.

다음 예시를 보자.

The cat slept on the rug. It likes sleeping all day.

이 두 문장은 다음처럼 하나의 완전한 입력 시퀀스로 바꿀 수 있다.

[CLS] the cat slept on the rug [SEP] it likes sleep ##ing all day[SEP]

이 방식은 시퀀스 A와 시퀀스 B를 구분하기 위한 추가 인코딩 정보가 필요하다. 전체 임베딩 프로세스를 합쳐보면 다음과 같은 결과를 얻을 수 있다.

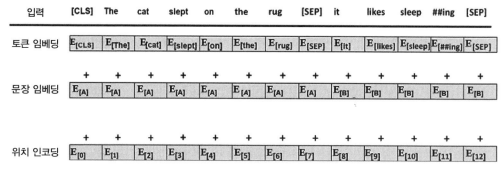

그림 3.3 입력 임베딩

입력 임베딩은 토큰 임베딩, 문장(문장, 구문, 단어) 임베딩, 위치 인코딩 임베딩을 합하여 얻는다.

BERT 모델의 입력 임베딩 및 위치 인코딩 서브 층은 다음과 같이 요약할 수 있다.

- 단어 시퀀스를 워드피스 토큰으로 분해한다.
- 마스크드 언어 모델링 학습을 위해 무작위 단어 토큰을 [MASK] 토큰으로 대체한다.
- [CLS] 분류 토큰을 입력 시퀀스의 시작 부분에 추가한다.
- [SEP] 토큰을 NSP 학습을 위해 두 문장(세그먼트, 구문) 사이에 추가한다.
- 토큰 임베딩에 더해지는 문장 임베딩은 문장 A와 문장 B가 다른 임베딩 값을 갖도록 한다.
- 위치 인코딩이 학습될 때, 오리지널 트랜스포머의 사인–코사인 위치 인코딩 방식은 적용되지 않는다.

몇 가지 추가 특징은 다음과 같다.

- BERT는 멀티 헤드 어텐션 서브 층에서 양방향 어텐션을 사용하여 토큰 간의 관계를 학습하고 이해하는 데 방대한 지평을 열어준다.
- BERT는 라벨링되지 않은 텍스트를 비지도 방식으로 사전 학습한다. 비지도 방식은 모델이 멀티 헤드 어텐션 학습 과정에서 더 열심히 생각하도록 한다. BERT는 언어가 어떻게 구축되는지 학습하게 되고 매번 사전 학습할 필요 없이 이 지식을 다운스트림 작업에 적용한다.
- 또한 BERT는 사전 학습 과정의 모든 단계를 포괄하는 지도 학습도 사용한다.

지금까지 BERT가 개선한 트랜스포머의 학습환경을 알아보았다. 이제 BERT를 사전 학습하게 된 동기와 BERT가 미세 조정과정에 어떤 도움이 되는지 살펴보자.

3.1.3 BERT 모델 사전 학습 및 미세 조정하기

BERT는 두 단계 프레임워크이다. 첫 번째 단계는 사전 학습이고 두 번째 단계는 그림 3.4와 같은 미세 조정이다.

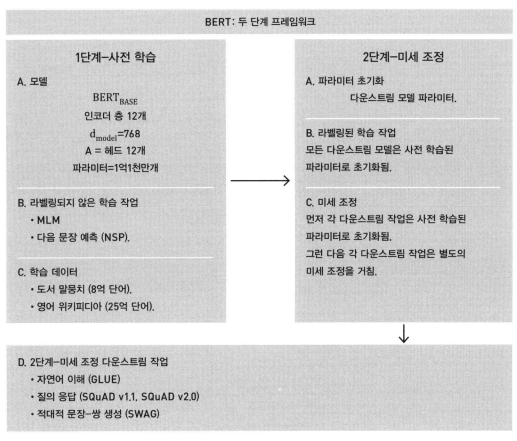

그림 3.4 BERT 프레임워크

트랜스포머 모델을 학습하는 데는 며칠은 아니더라도 몇 시간이 걸릴 수 있다. 아키텍처와 파라미터(parameter)를 엔지니어링하고 트랜스포머 모델을 학습하기 위한 적절한 데이터셋을 선택하는 데는 상당한 시간이 걸린다.

사전 학습은 BERT 프레임워크의 첫 번째 단계로, 두 가지 서브 단계로 나눌 수 있다.

* 모델 아키텍처 정의하기: 층 수, 헤드 수, 차원 및 기타 모델의 구성 요소 정의
* **MLM** 및 **NSP**로 모델 학습하기

BERT 프레임워크의 두 번째 단계는 미세 조정이며, 이 단계도 두 가지 서브 단계로 나눌 수 있다.

- 사전 학습된 BERT 모델의 파라미터로 선택한 다운스트림 모델 초기화하기
- **Recognizing Textual Entailment(RTE)**, question answering(SQuAD v1.1, SQuAD v2.0), **Situations With Adversarial Generations(SWAG)**과 같은 특정 다운스트림 작업을 위해 파라미터 미세 조정하기

이 섹션에서는 BERT 모델을 미세 조정하는 데 필요한 정보만 다루었다. 더 자세한 내용은 다음 장에서 살펴보도록 하자.

- **4장, RoBERTa 모델 처음부터 사전 학습하기**에서 열다섯 단계에 걸쳐 BERT와 유사한 모델을 처음부터 사전 학습해 본다. 데이터를 컴파일하고 토크나이저를 학습하고 모델을 학습하는 과정까지 살펴본다. 그러기 위해 먼저 BERT 구성 요소를 구체적으로 살펴보고 기존 모델을 미세 조정하는 것을 목표로 한다.
- **5장, 트랜스포머를 사용한 다운스트림 NLP 작업**에서 여러 다운스트림 작업과 함께 GLUE, SQuAD v1.1, SQuAD, SWAG 같은 NLP 평가 데이터셋을 살펴본다. 또한 몇 가지 다운스트림 트랜스포머 모델을 실행해 본다. 이 챕터의 목표는 다운스트림 모델을 미세 조정하는 것이다.
- **7장, GPT-3 엔진을 사용한 초인간 트랜스포머 등장**에서 OpenAI GPT-2 및 GPT-3 트랜스포머의 아키텍처와 활용에 대해 살펴본다. $BERT_{BASE}$의 더 나은 성능을 위해 OpenAI GPT에 가깝게 구성하게 된다. 하지만 OpenAI 트랜스포머는 계속 진화하고 있다. 어떻게 초인간적인 NLP 수준에 도달했는지 살펴볼 것이다.

이번 장에서는 **The Corpus of Linguistic Acceptability(CoLA, 언어 적합성 말뭉치)**를 기반으로 BERT 모델을 미세 조정해 본다. 이 다운스트림 작업은 알렉스 바르슈타트(Alex Warstadt), 아만프리트 싱(Amanpreet Singh), 사무엘 R. 보우먼(Samuel R. Bowman)의 Neural Network Acceptability Judgments를 기반으로 한다.

문장이 문법적으로 적합한지 판단하는 BERT 모델을 미세 조정해 볼 것이다. 이 미세 조정된 모델은 상당한 수준의 언어 능력을 갖추게 될 것이다.

지금까지 우리는 BERT 아키텍처와 사전 학습 및 미세 조정프레임워크를 살펴보았다. 이제 BERT 모델을 미세 조정해 보도록 하자.

3.2 BERT 미세 조정하기

이 섹션에서는 BERT 모델을 미세 조정하여 적합성 판단 다운스트림 작업을 예측하고, Matthews Correlation Coefficient(MCC, 매튜 상관 계수)로 성능을 측정해 본다. 이에 대해서는 이 챕터의 매튜 상관 계수를 사용하여 평가하기 섹션에서 설명한다.

구글 코랩에서 BERT_Fine_Tuning_Sentence_Classification_GPU.ipynb 파일을 연다(이메일 계정이 있는지 확인하자). 노트북은 이 책의 깃허브 저장소에 있는 Chapter03에 있다.

노트북의 각 셀 제목은 이 장의 각 하위 섹션 제목과 같거나 매우 유사하다. 먼저 트랜스포머 모델에서 하드웨어 제약을 고려해야 하는 이유를 살펴보자.

3.2.1 하드웨어 제약사항

트랜스포머 모델에는 멀티 프로세싱 하드웨어가 필요하다. 구글 코랩의 **런타임(Runtime)** 메뉴에서 **런타임 유형 변경(Change runtime type)**을 선택한 다음 하드웨어 가속기(Hardware accelerator) 드롭다운 목록에서 GPU를 선택한다.

트랜스포머 모델은 하드웨어 성능에 영향을 받는다. 이 장을 계속하기 전에 **부록 II, 트랜스포머 모델의 하드웨어 제약사항**을 읽어보는 것을 권장한다.

이 프로그램에서는 다음에 설치하게 될 허깅페이스의 모듈을 사용한다.

3.2.2 BERT를 위한 허깅페이스 파이토치 인터페이스 설치하기

허깅페이스는 사전 학습된 BERT 모델을 제공한다. 허깅페이스는 PreTrainedModel이라는 기본 클래스를 개발했다. 이 클래스를 설치하면 사전 학습된 모델 설정에서 모델을 불러올 수 있다.

허깅페이스는 텐서플로우 또는 파이토치를 위한 모듈을 제공한다. 개발자는 두 가지 환경 모두에 익숙한 것이 좋다. 우수한 AI 연구팀은 이 중 하나 또는 두 가지 모두를 사용한다.

이번 장에서 필요한 모듈을 다음처럼 설치한다.

#@title 모델 사용을 위해 허깅페이스 파이토치(PyTorch) 인터페이스 설치하기

```
!pip install -q transformers
```

설치가 실행되거나 요구 사항이 충족되었다는 메시지가 표시된다. 이제 프로그램에 필요한 모듈을 가져올 수 있다.

3.2.3 모듈 불러오기

사전 학습된 BERT tokenizer 및 BERT 모델 설정과 같이 필요한 사전 학습된 모듈을 불러온다. 시퀀스 분류 모듈과 함께 BERTAdam 옵티마이저가 불러와진다.

#@title 모듈 가져오기

```
import torch
import torch.nn as nn
from torch.utils.data import TensorDataset, DataLoader, RandomSampler,
SequentialSampler
from sklearn.model_selection import train_test_split
from transformers import BertTokenizer, BertConfig
from transformers import AdamW, BertForSequenceClassification, get_linear_
schedule_with_warmup
```

진행률 표시줄 모듈은 tqdm에서 가져온다.

```
from tqdm import tqdm, trange
```

이제 널리 사용되는 표준 파이썬 모듈을 가져온다.

```
import pandas as pd
import io
import numpy as np
import matplotlib.pyplot as plt
```

모든 것이 정상적으로 진행되면 구글 코랩에서 사용 중인 VM에 아무런 메시지가 표시되지 않을 것이다.

3.2.4 토치용 장치로 CUDA 지정하기

이제 토치가 **Compute Unified Device Architecture(CUDA, 컴퓨팅 통합 장치 아키텍처)**를 사용하여 멀티 헤드 어텐션 모델 작업에 NVIDIA 카드의 병렬 컴퓨팅 성능을 활용하도록 지정한다.

```
#@제목 하드웨어 검증 및 장치 속성 확인하기
device = torch.device("cuda" if torch.cuda.is_available() else "cpu")
!nvidia-smi
```

출력은 구글 코랩 설정에 따라 다를 수 있다. 자세한 설명과 스크린샷은 **부록 II, 트랜스포머 모델의 하드웨어 제약사항**을 참조하자.

이제 데이터셋을 불러오자.

3.2.5 데이터셋 불러오기

이제 2018년 바르슈타트(Warstadt et al.)의 논문을 기반으로 한 CoLA를 불러온다.

General Language Understanding Evaluation(GLUE, 일반 언어 이해 평가)는 언어 적합성을 최우선 순위 NLP 작업으로 간주한다. **5장, 트랜스포머를 사용한 다운스트림 NLP 작업**에서는 트랜스포머의 효율성을 입증하기 위해 수행해야 하는 주요 작업을 살펴본다.

노트북의 다음 셀은 필요한 파일을 자동으로 다운로드한다.

```
import os
!curl -L https://raw.githubusercontent.com/Denis2054/Transformers-for-
NLP-2nd-Edition/master/Chapter03/in_domain_train.tsv --output "in_domain_
train.tsv"
!curl -L https://raw.githubusercontent.com/Denis2054/Transformers-for-
NLP-2nd-Edition/master/Chapter03/out_of_domain_dev.tsv --output "out_of_
domain_dev.tsv"
```

파일 관리자에 해당 파일이 표시되는 것을 볼 수 있다.

그림 3.5 데이터셋 업로드하기

이제 프로그램이 데이터셋을 불러온다.

#@title 데이터셋 불러오기
#데이터셋 출처: https://nyu-mll.github.io/CoLA/
df = pd.read_csv("in_domain_train.tsv", delimiter='\t', header=None, names=['sentence_source', 'label', 'label_notes', 'sentence'])
df.shape

출력 화면에 불러온 데이터셋의 모양이 표시된다.

```
(8551, 4)
```

적합성 판단 작업 샘플 10개를 시각화하여 시퀀스가 타당한지 확인한다.

```
df.sample(10)
```

라벨링된 데이터셋 10줄을 출력하였으며, 이는 각 실행마다 변경될 수 있다.

	문장 출처	라벨	라벨_비교	문장
1742	r-67	1	NaN	그들은 톰이 지불하지 않을 것이라 말했다. 하지만 아마 지불을..
937	bc01	1	NaN	비록 그가 양배추를 좋아할지라도, 프레드는 계란을 좋아한다..
5655	c_13	1	NaN	웬디 엄마의 고향은 아이슬란드다
500	bc01	0	*	존은 이기길 원한다
4596	ks08	1	NaN	나는 침대에서 어떠한 벌레도 찾지 못했다.
7412	sks13	1	NaN	학과 파티에서 그가 만났던 그녀는..
8456	ad03	0	*	피터는 늙은 돼지다
744	bc01	0	*	프랭크는 남자들에게 모두 떠나겠다고 약속했다
5420	b_73	0	*	나는 프랭크만큼 겁쟁이를 많이 봐왔다.
5749	c_13	1	NaN	우리는 부에노스 아이레스까지 차를 몰고갔다.

'.tsv' 파일의 각 샘플은 탭으로 구분된 4개의 열을 포함하고 있다.

- **1번째 열:** 문장의 소스(코드)
- **2번째 열:** 라벨(0=수용 불가, 1=수용 가능)
- **3번째 열:** 작성자가 주석을 단 라벨
- **4번째 열:** 분류할 문장

로컬에서 '.tsv' 파일을 열어 데이터셋의 몇 가지 샘플을 읽을 수 있다. 이제 프로그램이 BERT 모델을 위한 데이터를 처리한다.

3.2.6 문장, 라벨 목록 만들기 및 BERT 토큰 추가하기

이제 프로그램이 이 챕터의 사전 학습 입력 환경 준비하기 섹션에 설명된 대로 문장을 생성한다.

#@ 문장, 라벨 리스트 생성하기 및 **BERT** 토큰 추가하기

sentences = df.sentence.values

BERT에 사용하기 위해 **CLS, SEP** 토큰을 각 문장의 시작과 끝에 추가하기

sentences = ["[CLS] " + sentence + " [SEP]" for sentence in sentences] labels = df.label.values

이제 [CLS] 및 [SEP]가 추가되었다. 이제 프로그램이 토크나이저를 활성화한다.

3.2.7 BERT 토크나이저 활성화하기

이 섹션에서는 사전 학습된 BERT 토크나이저를 초기화한다. 이렇게 하면 처음부터 학습하는 데 걸리는 시간을 절약할 수 있다.

프로그램은 대소문자가 구분되지 않은(uncased) 토크나이저를 선택하여 활성화한 후 토큰화된 첫 번째 문장을 표시한다.

```
#@제목 BERT 토크나이저 활성화하기
tokenizer = BertTokenizer.from_pretrained('bert-base-uncased', do_lower_case=True)
tokenized_texts = [tokenizer.tokenize(sent) for sent in sentences]
print ("Tokenize the first sentence:")
print (tokenized_texts[0])
```

출력 화면에는 분류 토큰과 시퀀스 분할 토큰이 출력된다.

```
Tokenize the first sentence:
['[CLS]', 'our', 'friends', 'wo', 'n', "'", 't', 'buy', 'this', 'analysis', ',', 'let', 'alone',
'the', 'next', 'one', 'we', 'propose', ',', '[SEP]']
```

이제 프로그램이 데이터를 처리한다.

3.2.8 데이터 처리하기

모델을 위한 데이터의 고정된 최대 길이를 정하고 이를 처리해야 한다. 데이터셋의 문장은 짧다. 따라서 프로그램은 시퀀스의 최대 길이를 128로 설정하고 시퀀스에 패딩(padding)을 적용한다.

```
#@title 데이터 처리하기
# 최대 시퀀스 길이 설정한다. 학습 데이터에서 가장 긴 시퀀스의 길이는 47이지만, 실제로는 최대 길이를
여유롭게 잡을 것이다.
# 논문에서 저자는 512 길이를 사용했었다.
MAX_LEN = 128
# 토큰을 BERT 사전의 인덱스 번호로 변환하기 위해서 BERT토크나이저를 사용해라.
input_ids = [tokenizer.convert_tokens_to_ids(x) for x in tokenized_texts]
# 입력 토큰에 패딩을 추가한다.
input_ids = pad_sequences(input_ids, maxlen=MAX_LEN, dtype="long",
truncating="post", padding="post")
```

시퀀스가 처리되고 이제 프로그램이 어텐션 마스크를 생성한다.

3.2.9 어텐션 마스크 만들기

이제 프로세스의 까다로운 부분이 나온다. 이전 셀에서 시퀀스에 패딩을 추가했다. 하지만 모델이 패딩된 토큰에 어텐션을 주지 않도록 해야 한다!

따라서, 각 토큰에 1을, 패딩에는 0을 표시하는 마스크를 다음과 같이 생성했다.

```
#@title 어텐션 마스크 생성하기
attention_masks = []
# 각 토큰에 대해 1 마스크를 생성하고 패딩에 대해 0 마스크를 생성한다.
for seq in input_ids:
    seq_mask = [float(i>0) for i in seq]
    attention_masks.append(seq_mask)
```

이제 프로그램이 데이터를 분할한다.

3.2.10 데이터를 학습 및 검증 셋으로 분할하기

이제 이 프로그램은 데이터를 학습 및 검증 셋으로 분할하는 표준 프로세스를 수행한다.

```
#@title 데이터를 학습 및 검증 데이터셋으로 분리하기
# train_test_split을 사용해 데이터를 학습 및 검증 데이터셋으로 분리한다.
train_inputs, validation_inputs, train_labels, validation_labels = train_
test_split(input_ids, labels, random_state=2018, test_size=0.1)
train_masks, validation_masks, _, _ = train_test_split(attention_masks,
input_ids,random_state=2018, test_size=0.1)
```

데이터는 학습할 준비가 되었지만 여전히 토치에 맞게 조정해야 한다.

3.2.11 모든 데이터를 토치 텐서로 변환하기

미세 조정모델은 토치 텐서를 사용한다. 따라서 프로그램은 데이터를 토치 텐서로 변환해야 한다.

```
#@title 모든 데이터를 토치 텐서로 변환하기
# 모델에 데이터를 입력하기 위해 토치 텐서 타입으로 변환해야 한다.
train_inputs = torch.tensor(train_inputs)
validation_inputs = torch.tensor(validation_inputs)
train_labels = torch.tensor(train_labels)
validation_labels = torch.tensor(validation_labels)
train_masks = torch.tensor(train_masks)
validation_masks = torch.tensor(validation_masks)
```

변환이 끝났다. 이제 이터레이터(iterator)를 만들어야 한다.

3.2.12 배치 크기 선택 및 이터레이터 만들기

이 셀에서 프로그램은 배치 크기를 선택하고 이터레이터를 생성한다. 이터레이터는 메모리의 모든 데이터를 불러오는 루프(loop)를 피하는 현명한 방법이다. 이터레이터를 토치 DataLoader와 결합하면 메모리 오류 없이 대규모 데이터셋을 일괄(batch) 학습할 수 있다.

이 모델에서 배치 크기는 32이다.

```
#@title 배치 사이즈 선택하기 및 이터레이터(Iterator) 생성하기
# 학습에 사용될 배치사이즈를 선택하자. BERT를 특정 테스크를 위해 미세 조정하기 위해서는 16 또는 32의
배치 사이즈를 추천한다.
batch_size = 32
# 토치 DataLoader를 사용해 데이터 이터레이터를 생성한다. 이렇게 하면 학습 과정에서 루프를 사용하는
것보다 메모리 사용을 줄일 수 있다.
# 이터레이터를 사용하면 전체 데이터를 메모리에 한번에 로드할 필요 없다.
train_data = TensorDataset(train_inputs, train_masks, train_labels)
train_sampler = RandomSampler(train_data)
train_dataloader = DataLoader(train_data, sampler=train_sampler, batch_
size=batch_size)
validation_data = TensorDataset(validation_inputs, validation_masks,
validation_labels)
validation_sampler = SequentialSampler(validation_data)
validation_dataloader = DataLoader(validation_data, sampler=validation_
sampler, batch_size=batch_size)
```

데이터가 처리되고 모든 준비가 완료되었다. 이제 프로그램이 BERT 모델을 불러오고 설정할 수 있다.

3.2.13 BERT 모델 설정하기

이제 프로그램이 대소문자가 구분되지 않은(uncased) BERT 설정을 초기화한다.

```
#@title BERT 모델 설정하기
#BERT bert-base-uncased 설정 모델을 초기화하기
#@title 트랜스포머 설치하기
try:
  import transformers
except:
  print("Installing transformers")
  !pip -qq install transformers
from transformers import BertModel, BertConfig
configuration = BertConfig()
# bert-base-uncased-style 설정을 사용해 모델을 초기화하기
```

```
model = BertModel(configuration)
# 모델 설정 불러오기
configuration = model.config
print(configuration)
```

출력 화면에는 다음과 유사한 주요 허깅페이스 파라미터가 표시된다(라이브러리는 자주 업데이트된다.).

```
BertConfig {
  "attention_probs_dropout_prob": 0.1,
  "hidden_act": "gelu",
  "hidden_dropout_prob": 0.1,
  "hidden_size": 768,
  "initializer_range": 0.02,
 "intermediate_size": 3072,
  "layer_norm_eps": 1e-12,
  "max_position_embeddings": 512,
  "model_type": "bert",
  "num_attention_heads": 12,
  "num_hidden_layers": 12,
  "pad_token_id": 0,
  "type_vocab_size": 2,
  "vocab_size": 30522
}
```

주요 파라미터를 살펴보자.

- **attention_probs_dropout_prob**: 0.1은 어텐션 확률에 0.1의 드롭아웃 비율을 적용한다.
- **hidden_act**: "gelu"는 인코더에 비선형 활성화 함수인 Gaussian Error Linear Units를 적용한다. 입력은 크기에 따라 가중치가 부여되므로 비선형적이다.
- **hidden_dropout_prob**: 0.1은 완전 연결 층에 적용되는 드롭아웃 비율이다. 완전 연결은 임베딩, 인코더 및 풀러(pooler) 층에서 찾을 수 있다. 출력이 항상 시퀀스의 내용을 잘 반영하는 것은 아니다. 은닉 상태의 시퀀스를 풀링(pooling)하면 출력 시퀀스가 개선된다.
- **hidden_size**: 768은 인코딩된 층와 풀러 층의 크기다.
- **initializer_range**: 0.02는 가중치 행렬을 초기화할 때의 표준 편차 값이다.

- **intermediate_size**: 3072는 인코더의 순방향 층의 크기다.
- **layer_norm_eps**: 1e–12는 층 정규화 층의 엡실론 값이다.
- **max_prosition_embeddings**: 512는 모델이 사용하는 최대 길이다.
- **model_type**: "bert"는 모델의 이름이다.
- **num_attention_heads**: 12는 헤드의 수이다.
- **num_hidden_layers**: 12는 층의 수이다.
- **pad_token_id**: 0은 학습시키지 않기 위한 패딩 토큰의 ID 이다.
- **type_vocab_size**: 2는 시퀀스를 식별하는 token_type_ids의 크기다. 예를 들어, the dog[SEP] The cat.[SEP]는 토큰 ID [0,0,0,1,1,1]로 나타낼 수 있다.
- **vocab_size**: 30522는 모델에서 input_ids 표현하기 위해 사용하는 서로 다른 토큰의 수이다.

이러한 파라미터를 염두에 두고 사전 학습된 모델을 불러오도록 하자.

3.2.14 대소문자가 구분되지 않은 허깅페이스 BERT 모델 불러오기

이제 프로그램이 사전 학습된 BERT 모델을 불러온다.

```
#@title 허깅페이스 BERT uncased 모델 불러오기
model = BertForSequenceClassification.from_pretrained("bert-base-uncased",
num_labels=2)
model = nn.DataParallel(model)
model.to(device)
```

모델을 정의하고, 병렬 처리를 정의하고, 모델을 디바이스로 보낸다. 자세한 설명은 **부록 II, 트랜스포머 모델의 하드웨어 제약사항**을 참조하자.

이 사전 학습된 모델은 필요한 경우 추가로 학습할 수 있다. 각 서브 층의 파라미터를 시각화하기 위해 아키텍처를 자세히 살펴보도록 하자.

```
BertForSequenceClassification(
  (bert): BertModel(
   (embeddings): BertEmbeddings(
     (word_embeddings): Embedding(30522, 768, padding_idx=0)
     (position_embeddings): Embedding(512, 768)
     (token_type_embeddings): Embedding(2, 768)
```

```
      (LayerNorm): BertLayerNorm()
      (dropout): Dropout(p=0.1, inplace=False)
  )
  (encoder): BertEncoder(
    (layer): ModuleList(
      (0): BertLayer(
        (attention): BertAttention(
          (self): BertSelfAttention(
            (query): Linear(in_features=768, out_features=768, bias=True)
            (key): Linear(in_features=768, out_features=768, bias=True)
            (value): Linear(in_features=768, out_features=768, bias=True)
            (dropout): Dropout(p=0.1, inplace=False)
      )
  (output): BertSelfOutput(
      (dense): Linear(in_features=768, out_features=768, bias=True)
      (LayerNorm): BertLayerNorm()
      (dropout): Dropout(p=0.1, inplace=False)
       )
       )
      (intermediate): BertIntermediate(
        (dense): Linear(in_features=768, out_features=3072, bias=True)
      )
      (output): BertOutput(
        (dense): Linear(in_features=3072, out_features=768, bias=True)
(LayerNorm): BertLayerNorm()
(dropout): Dropout(p=0.1, inplace=False)
    )
    )
   (1): BertLayer(
(attention): BertAttention(
 (self): BertSelfAttention(
  (query): Linear(in_features=768, out_features=768,bias=True)
  (key): Linear(in_features=768, out_features=768, bias=True)
  (value): Linear(in_features=768, out_features=768,bias=True)
  (dropout): Dropout(p=0.1, inplace=False)
 )
 (output): BertSelfOutput(
```

```
    (dense): Linear(in_features=768, out_features=768,bias=True)
    (LayerNorm): BertLayerNorm()
    (dropout): Dropout(p=0.1, inplace=False)
      )
      )
    (intermediate): BertIntermediate(
  (dense): Linear(in_features=768, out_features=3072, bias=True)
      )
    (output): BertOutput(

      (dense): Linear(in_features=3072, out_features=768, bias=True)
      (LayerNorm): BertLayerNorm()
      (dropout): Dropout(p=0.1, inplace=False)
      )
      )
```

이제 옵티마이저의 주요 파라미터를 살펴보자.

3.2.15 파라미터 그룹 옵티마이저

이제 프로그램이 모델 파라미터 옵티마이저를 초기화한다. 모델 미세 조정은 사전 학습된 모델 파라미터 값(이름이 아님)을 초기화하는 것으로 시작한다.

파라미터 옵티마이저는 과적합을 방지하기 위한 가중치 감소율을 포함하고 일부 파라미터는 제외된다.

학습 루프를 위한 모델 파라미터를 준비해 보자.

```
##@title 그룹 파라미터 최적화하기
# 이 코드는 아래 링크를 참조했다.
# https://github.com/huggingface/transformers/ blob/5bfcd0485ece086ebcbed2d0
08813037968a9e58/examples/run_glue.py#L102
# 다음 토큰을 이름에 포함한 파라미터에 가중치 감쇠(weight decay)를 적용하지 말아라
# (여기서, BERT 는 'gamma' 또는 'beta' 파라미터를 사용하지 않는다. 'bias' 토큰을 포함한 파라미터만 사용한다)
param_optimizer = list(model.named_parameters())
no_decay = ['bias', 'LayerNorm.weight']
# 'weight'파라미터를 'bias'파라미터와 분리해라
```

```
# - 'weight'파라미터에 대해 'weight_decay_rate'를 0.01 로 설정한다.
# - 'bias'파라미터에 대해 'weight_decay_rate'를 0.0으로 설정한다.
optimizer_grouped_parameters = [
# 'bias', 'gamma', 'beta'를 포함하지 않은 파라미터를 필터링한다
{'params': [p for n, p in param_optimizer if not any(nd in n for nd in
no_decay)], 'weight_decay_rate': 0.1},
# 'bias', 'gamma', 'bea'를 포함한 파라미터를 필터링한다
{'params': [p for n, p in param_optimizer if any(nd in n for nd in no_decay)],
    'weight_decay_rate': 0.0}
]
# 참고 - 'optimizer_grouped_parameters'는 파라미터 값만 포함하고 있으며, 이름은 포함하고
있지 않다.
```

파라미터를 학습 루프에 사용할 준비가 됐다.

3.2.16 학습 루프의 하이퍼파라미터

학습 루프의 하이퍼파라미터는 사소해 보이지만 매우 중요하다. 예를 들어 아담(Adam)은 가중치 감소(weight decay)를 활성화하고 워밍업 단계를 거친다.

학습률(learning rate, lr)과 워밍업 비율(warmup)은 최적화 단계 초기에 매우 작은 값으로 설정하고 일정 횟수를 반복한 후에 점차적으로 증가해야 한다. 이렇게 함으로써 경사가 커지고 최적화 목표를 지나치는 것을 방지할 수 있다.

일부 연구자들은 층 정규화 이전의 서브 층 출력에서는 워밍업 비율이 필요하지 않다고 주장한다. 이 문제를 해결하려면 많은 실험이 필요하다.

옵티마이저는 아담의 BERT 버전인 BertAdam이다.

```
#@title 학습 과정에 사용할 하이퍼파라미터
optimizer = BertAdam(optimizer_grouped_parameters,
                lr=2e-5,
                warmup=.1)
```

이 프로그램에 정확도 측정 기능을 추가하여 예측값과 라벨을 비교할 수 있다.

```
# 정확도 측정 함수 만들기
# 라벨 대비 예측값의 정확도를 측정하기 위한 함수
def flat_accuracy(preds, labels):
    pred_flat = np.argmax(preds, axis=1).flatten()
    labels_flat = labels.flatten()
    return np.sum(pred_flat == labels_flat) / len(labels_flat)
```

데이터와 파라미터가 준비되었다. 이제 학습 루프를 활성화하자!

3.2.17 학습 루프

학습 루프는 표준 학습 프로세스를 따른다. 에포크(epoch) 수는 4로 설정했으며, 손실 및 정확도를 플롯(plot)할 것이다. 학습 루프는 dataloader를 사용하여 배치를 불러온 후 학습 프로세스를 수행하고 측정 및 평가한다.

이 코드는 먼저 손실과 정확도를 저장하기 위해 train_loss_set을 초기화한 후 에포크에 따라 학습을 시작하고 표준 학습 루프를 실행한다.

```
#@title 학습 루프
t = []
# 그래프를 그리기 위해 손실 및 정확도 저장한다
train_loss_set = []
# 학습 에포크 수 (필자는 2~4 사이의 값을 추천한다)
epochs = 4
# trange 는 파이썬의 range 함수에 대한 tqdm 래퍼(wrapper)이다.
for _ in trange(epochs, desc="Epoch"):
.../..
  tmp_eval_accuracy = flat_accuracy(logits, label_ids)
  eval_accuracy += tmp_eval_accuracy
  nb_eval_steps += 1
 print("Validation Accuracy: {}".format(eval_accuracy/nb_eval_steps))
```

for _ in trange(epochs, desc="Epoch")처럼 trange 래퍼를 사용하여 각 에포크 정보를 화면에 출력한다.

```
***output***
Epoch:   0%|        | 0/4 [00:00<?, ?it/s]
Train loss: 0.5381132976395461
Epoch:  25%|████    | 1/4 [07:54<23:43, 474.47s/it]
Validation Accuracy: 0.788966049382716
Train loss: 0.315329696132929
Epoch:  50%|██████  | 2/4 [15:49<15:49, 474.55s/it]
Validation Accuracy: 0.836033950617284
Train loss: 0.1474070605354314
Epoch:  75%|███████ | 3/4 [23:43<07:54, 474.53s/it]
Validation Accuracy: 0.814429012345679
Train loss: 0.07655430570461196
Epoch: 100%|████████| 4/4 [31:38<00:00, 474.58s/it]
Validation Accuracy: 0.810570987654321
```

트랜스포머 모델은 매우 빠르게 진화하고 있지만, 중단 메시지나 오류가 발생할 수도 있다. 허깅페이스도 마찬가지로 이런 일이 발생하면 코드 수정이 필요하다.

모델이 학습되었다. 이제 학습을 평가한 내용을 출력해 보자.

3.2.18 학습 평가하기

손실 및 정확도 값은 학습 루프를 시작할 때 정의한 대로 train_loss_set에 저장되었다.

이제 프로그램이 측정값 그래프를 그릴 것이다.

```
#@title 학습 평가하기
plt.figure(figsize=(15,8))
plt.title("Training loss")
plt.xlabel("Batch")
plt.ylabel("Loss")
plt.plot(train_loss_set)
plt.show()
```

결과 그래프는 학습 과정이 효율적으로 잘 진행된 것을 보여준다.

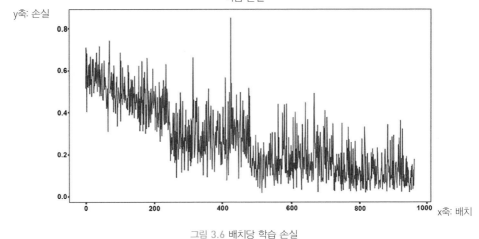

그림 3.6 배치당 학습 손실

모델이 미세 조정되었다. 이제 예측을 수행해 보자.

3.2.19 홀드아웃 데이터셋을 사용하여 예측 및 평가하기

BERT 다운스트림 모델은 in_domain_train.tsv 데이터셋으로 학습되었다. 이제 프로그램은 out_of_domain_dev.tsv 파일에 있는 홀드아웃(테스트) 데이터셋을 사용하여 예측을 수행한다. 예측 목표는 문장이 문법적으로 올바른지 판단하는 것이다.

다음 코드는 학습 데이터에 적용된 데이터 준비 프로세스가 홀드아웃 데이터셋의 코드에도 반복되는 것을 보여준다.

```
#@title Holdout 데이터셋을 사용해 예측 및 평가하기
df = pd.read_csv("out_of_domain_dev.tsv", delimiter='\t', header=None,
names=['sentence_source', 'label', 'label_notes', 'sentence'])
# 문장과 라벨 리스트를 생성하기
sentences = df.sentence.values
# BERT가 정상적으로 동작하게 하기 위해서는 스페셜 토큰을 각 문장의 시작과 끝에 추가해줘야만 한다.
sentences = ["[CLS] " + sentence + " [SEP]" for sentence in sentences] labels =
df.label.values
tokenized_texts = [tokenizer.tokenize(sent) for sent in sentences]
.../...
```

그런 다음 프로그램은 dataloader를 사용하여 일괄 예측을 수행한다.

```
# 예측하기
for batch in prediction_dataloader:
    # 배치를 GPU에 추가한다
    batch = tuple(t.to(device) for t in batch)
    # 데이터로더로부터 얻어진 인풋을 분리한다.
    b_input_ids, b_input_mask, b_labels = batch
    # 예측 속도를 높이고 메모리 사용량을 줄이기 위해 모델이 기울기(graidents)를 계산하거나 저장하지
    않도록한다.
    with torch.no_grad():
        # 순방향(Forward)으로 입력을 통과시키고 로짓(logit) 예측값을 계산한다.
        logits = model(b_input_ids, token_type_ids=None, attention_mask=b_input_
mask)
```

예측의 로짓(logits)과 라벨이 CPU로 이동된다.

```
# 로짓과 라벨을 CPU로 이동한다.
logits = logits['logits'].detach().cpu().numpy()
label_ids = b_labels.to('cpu').numpy()
# 예측과 정답 라벨이 저장된다.
predictions.append(logits)
true_labels.append(label_ids)
```

이제 프로그램이 예측을 평가한다.

3.2.20 매튜 상관 계수를 사용하여 평가하기

Matthews Correlation Coefficient(MCC, 매튜 상관 계수)는 처음엔 이진 분류(binary classification)
의 품질을 측정하기 위해 설계되었지만 다중 분류(multi-class) 상관 계수로 수정할 수 있다. 각 예측
마다 4가지 확률을 가지는 이중 클래스 분류를 만들 수 있다.

- T_P = 참 양성
- T_N = 참 음성
- F_P = 거짓 양성
- F_N = 거짓 음성

이는 생화학자인 매튜(Brian W. Matthews)가 1975년에 전임자의 phi 함수에서 영감을 받아 고안했다. 그 이후로 다음과 같은 형태로 발전했다.

$$MCC = \frac{T_p \times T_n - F_p \times F_n}{\sqrt{(T_p + F_p)(T_p + F_n)(T_n + F_p)(T_n + F_n)}}$$

MCC는 −1에서 +1 사이의 값을 도출한다. +1은 완벽하게 예측한 것이다. −1은 완전 반대로 예측한 것이고 0은 무작위로 예측한 것이다.

GLUE는 MCC로 언어 적합성을 평가한다. MCC는 sklearn.metrics에서 가져온다.

```
#@title 매튜 상관 계수 사용해 평가하기
# 테스트 배치를 가져와 매튜 상관 계수를 사용해 평가한다
from sklearn.metrics import matthews_corrcoef
```

예측셋이 생성되었다.

```
matthews_set = []
```

계산된 MCC 값은 matthews_set에 저장된다.

```
for i in range(len(true_labels)):
    matthews = matthews_corrcoef(true_labels[i],
        np.argmax(predictions[i], axis=1).flatten())
    matthews_set.append(matthews)
```

라이브러리 및 모듈 버전 변경으로 인해 메시지가 표시될 수 있다. 최종 점수는 전체 데이터셋 기준이지만, 개별 배치 점수를 살펴보며 배치 간 지표의 변동성을 파악해 보자.

3.2.21 개별 배치의 점수

개별 배치 점수를 확인해 보자.

#@title 각 배치의 점수

```
matthews_set
```

출력은 예상대로 −1에서 +1 사이의 MCC 값이다.

```
[0.049286405809014416,
 −0.2548235957188128,
 0.4732058754737091,
 0.30508307783296046,
 0.3567530340063379,
 0.8050112948805689,
 0.23329882422520506,
 0.47519096331149147,
 0.4364357804719848,
 0.4700159919404217,
 0.7679476477883045,
 0.8320502943378436,
 0.5807564950208268,
 0.5897435897435898,
 0.38461538461538464,
 0.5716350506349809,
 0.0]
```

거의 모든 MCC 값이 양수인 것은 긍정적이다. 이제 전체 데이터셋의 평가 결과를 살펴보자.

3.2.22 전체 데이터셋의 매튜 평가

MCC는 분류 모델을 평가하는 실용적인 방법이다. 이제 프로그램은 전체 데이터셋의 실제 값을 집계한다.

> **#@title 전체 데이터셋에 대해 매튜 상관 관계 평가하기**
> **# 전체 데이터셋의 매튜 상관 계수를 수집하기 위해 예측값과 true 값을 펼친다.**
> flat_predictions = [item for sublist in predictions for item in sublist] flat_predictions = np.argmax(flat_predictions, axis=1).flatten() flat_true_labels = [item for sublist in true_labels for item in sublist] matthews_corrcoef(flat_true_labels, flat_predictions)

MCC는 −1에서 +1 사이의 상관관계 값을 도출한다. 0은 평균 예측, −1은 역 예측, 1은 완벽 예측이다. 다음 출력 사례에서 MCC는 양수이고, 이는 모델과 데이터셋이 상관관계가 있음을 나타낸다.

> 0.45439842471680725

최종적으로 미세 조정한 BERT 모델이 긍정적인 평가를 받았고, 우리는 BERT 학습 프레임워크의 전반적인 개요를 파악해 보았다.

BERT는 트랜스포머에 양방향 어텐션을 도입했다. 왼쪽에서 오른쪽으로 시퀀스를 예측하고 이후의 토큰을 마스킹하여 모델을 학습하는 데는 심각한 한계가 있다. 만약 마스크드 시퀀스에 우리가 찾고자 하는 의미가 포함되면 모델에서 오류가 발생하게 된다. 이를 해결하기 위해 BERT는 시퀀스의 모든 토큰을 동시에 처리한다.

트랜스포머의 인코더 스택만 사용하는 BERT 아키텍처를 살펴보았다. BERT는 두 단계 프레임워크로 설계되었다. 프레임워크의 첫 번째 단계는 모델을 사전 학습하는 것이고, 두 번째 단계는 모델을 미세 조정하는 것이다. 우리는 적합성 판단 다운스트림 작업을 위해 미세 조정한 BERT 모델을 구축했다. 미세 조정프로세스는 다음과 같은 단계를 거쳤다. 먼저 데이터셋을 불러오고 모델에 필요한 사전 학습된 모듈을 불러왔다. 그런 다음 모델을 학습시키고 성능을 측정했다.

사전 학습된 모델을 미세 조정하는 것은 다운스트림 작업을 처음부터 학습하는 것보다 적은 머신 리소스를 필요로 한다. 미세 조정된 모델은 다양한 작업을 수행할 수 있다. BERT는 우리가 단 두 가지 작업으로 사전 학습시킬 수 있다는 것을 증명했는데, 이는 이 자체만으로도 놀라운 성과지만 사전 학습된 BERT 모델의 파라미터를 기반으로 다양한 미세 조정모델을 생성해 내는 것 또한 매우 놀라운 일이다.

7장, GPT-3 엔진을 사용한 초인간 트랜스포머 등장에서는 OpenAI가 미세 조정없이도 제로 샷(zero-shot) 수준에 도달했음을 보여준다.

이번 장에서는 BERT 모델을 미세 조정했다. 다음 장인 **4장, RoBERTa 모델 처음부터 사전 학습하기**에서는 BERT 프레임워크를 더 자세히 살펴보고 사전 학습된 BERT와 유사한 모델을 처음부터 구축해보도록 하자.

3.4 문제

01. BERT는 Bidirectional Encoder Representations from Transformers를   참 / 거짓
축약한 단어이다. (참/거짓)

02. BERT는 두 단계 프레임워크이다. 첫 번째 단계는 사전 학습이고   참 / 거짓
두 번째 단계는 미세 조정이다.

03. BERT 모델 미세 조정은 파라미터를 처음부터 학습하는 것을 의미한다.   참 / 거짓

04. BERT는 모든 다운스트림 작업을 사전 학습한다.   참 / 거짓

05. BERT는 **Masked Language Modeling (MLM, 마스크드 언어 모델링)**을   참 / 거짓
사용하여 사전 학습한다.

06. BERT는 **Next Sentence Predictions (NSP, 다음 문장 예측하기)**을 사용하여   참 / 거짓
사전 학습한다.

07. BERT는 수학적인 함수를 사전 학습한다.   참 / 거짓

08. 질문-답변(question-answer) 작업은 다운스트림 작업이다.   참 / 거짓

09. BERT 사전 학습 모델에는 토큰화가 필요하지 않다.   참 / 거짓

10. BERT 모델 미세 조정은 사전 학습보다 시간이 덜 걸린다.   참 / 거짓

참고 문헌

- Ashish Vaswani, Noam Shazeer, Niki Parmar, Jakob Uszkoreit, Llion Jones, Aidan N. Gomez, Lukasz Kaiser, Illia Polosukhin, 2017, Attention Is All You Need: https://arxiv.org/ abs/1706.03762

- Jacob Devlin, Ming-Wei Chang, Kenton Lee, and Kristina Toutanova, 2018, BERT: Pretraining of Deep Bidirectional Transformers for Language Understanding: https://arxiv.org/ abs/1810.04805

- Alex Warstadt, Amanpreet Singh, and Samuel R. Bowman, 2018, Neural Network Acceptability Judgments:https://arxiv.org/abs/1805.12471

- **언어 적합성 말뭉치(The Corpus of Linguistic Acceptability, CoLA)**: https://nyu-mll.github.io/CoLA/

- **허깅페이스 모델**:

  https://huggingface.co/transformers/pretrained_models.html

  https://huggingface.co/transformers/model_doc/bert.html

  https://huggingface.co/transformers/model_doc/roberta.html https://huggingface.co/transformers/model_doc/distilbert.html

04장

RoBERTa 모델
처음부터
사전 학습하기

이 장에서는 RoBERTa 모델을 처음부터 만들어 보자. 이 모델을 만들기 위해 BERT 모델을 만들 때 사용하는 구성 요소들을 활용할 것이다. 또한 사전 학습된 토크나이저나 모델도 사용하지 않을 것이다. 그 대신 이번 장에서 설명하는 15단계에 따라 RoBERTa 모델을 만들어 보게 될 것이다.

이전 장에서 익힌 트랜스포머 지식으로 마스크드 토큰 언어 모델링 모델을 단계별로 만들어볼 것이다. **2장, 트랜스포머 모델 아키텍처 살펴보기**에서는 트랜스포머 모델의 구성 요소를 살펴봤다. **3장, BERT 모델 미세 조정하기**에서는 사전 학습된 BERT 모델을 미세 조정해 봤다.

이 장에서는 허깅페이스의 모듈을 기반으로 하는 노트북을 사용하여 사전 학습된 트랜스포머 모델을 처음부터 다시 구축하는 데 중점을 둔다. 모델 이름은 KantaiBERT이다.

먼저 이 장에서 설명을 위해 만들어진 임마누엘 칸트의 저서 모음집을 로드할 것이다. 이 과정에서 데이터를 어떻게 얻었는지 확인할 수 있을 것이다. 또한 자신만의 데이터셋을 만드는 방법도 볼 수 있을 것이다.

KantaiBERT 학습을 위해 자체 토크나이저를 처음부터 학습시킬 것이다. 이 과정에서 사전 학습에서 사용할 병합 및 어휘 파일을 구축할 것이다.

그런 다음, KantaiBERT 학습을 위한 데이터셋을 처리하고, 트레이너를 초기화하며, 모델을 학습할 것이다.

마지막으로, KantaiBERT는 학습한 모델로 다운스트림 작업 실험을 하고 마스크 부분을 임마누엘 칸트의 논리로 채워볼 것이다.

이 장이 끝나면 트랜스포머 모델을 처음부터 구축하는 방법을 알게 될 것이다. GPT-3와 같은 모델을 사용하기 위해서는 단순한 구현 이외의 지식이 필요하다. 이번 장으로 강력한 사전 학습된 트랜스포머를 활용하기에 충분한 지식을 갖출 수 있는 것이다. 이 장을 이해하면 **7장, GPT-3 엔진을 사용한 초인간 트랜스포머의 등장**을 이해하는 데 도움이 된다.

이 장에서는 다음 주제들을 다룬다.

- RoBERTa 및 DistilBERT 유사 모델
- 토크나이저를 처음부터 학습하는 방법
- 바이트 단위 바이트 쌍 인코딩(Byte-level byte-pair encoding)
- 학습한 토크나이저를 파일에 저장하기
- 사전 학습 프로세스를 위해 토크나이저를 다시 생성하기
- RoBERTa 모델 초기화하기
- 모델 구성 살펴보기
- 8천만 개의 모델 파라미터 탐색하기
- 학습 데이터셋 구축하기
- 트레이너 초기화하기
- 모델 사전 학습하기
- 모델 저장하기
- MLM(마스크드 언어 모델링)의 다운스트림 작업에 모델 적용하기

먼저, 우리가 구축할 트랜스포머 모델을 설명해 보겠다.

4.1 토크나이저 학습하기 및 트랜스포머 사전 학습하기

이번 장에서는 허깅페이스에서 제공하는 구성 요소를 사용하여 KantaiBERT라는 이름의 트랜스포머 모델을 학습한다. **3장, BERT 모델 미세 조정하기**에서 우리가 사용할 모델의 구성 요소에 대한 이론을 다뤘었다.

이전 장에서 습득한 지식을 바탕으로 KantaiBERT에 대해 설명하겠다.

KantaiBERT는 BERT의 아키텍처를 기반으로 하는 RoBERTa와 유사한 모델이다.

3장에서 살펴본 것처럼 초기 트랜스포머 모델에 혁신적인 기능을 도입해, BERT 모델이 탄생했다. RoBERTa는 사전 학습 메커니즘을 개선하여 다운스트림 작업에서 트랜스포머 성능을 향상시켰다.

예를 들어, RoBERTa는 워드피스 토크나이저를 사용하지 않고 바이트 수준의 바이트 쌍 인코딩 (Byte-Pair Encoding)을 사용한다. 이 방법은 다양한 BERT 및 BERT 유사 모델에 널리 사용되었다.

이 장에서는 BERT와 마찬가지로 마스크드 언어 모델링(MLM)을 사용하여 KantaiBERT를 학습한다. 마스크드 언어 모델링은 시퀀스에서 단어를 마스킹하는 언어 모델링 기법이다. 이 기법을 사용해 트랜스포머 모델은 마스킹된 단어를 예측하게 된다.

KantaiBERT는 6개의 층, 12개의 헤드, 84,095,008개의 파라미터로 구성된 작은 모델이다. 8,400만 개 파라미터가 많다고 생각할 수 있지만, 파라미터가 12개의 헤드에 분산되어 있기 때문에 비교적 작은 모델이라고 할 수 있다. 작은 모델은 사전 학습 결과를 확인하기 위해 몇 시간을 기다리지 않고도 각 단계를 실시간으로 볼 수 있다는 장점이 있다.

KantaiBERT는 6개의 층과 12개의 헤드로 구성된 동일한 아키텍처를 가지고 있기 때문에 DistillBERT와 유사한 모델이다. DistillBERT는 BERT의 증류(distillation) 기법을 적용한 모델이다. 이름에서 알 수 있듯이 DistilBERT는 RoBERTa 모델보다 더 적은 수의 파라미터를 가지고 있다. 따라서 실행 속도는 훨씬 빠르지만 결과의 정확도는 RoBERTa 모델에 비해 약간 떨어진다.

대형 모델이 뛰어난 성능을 발휘한다는 것은 잘 알려진 사실이다. 하지만 스마트폰에서 모델을 실행하려면 어떻게 해야 할까? 이를 위해서는 모델 소형화가 필수적이다. 트랜스포머의 구현 방식은 정형화되어 있다. 따라서 허깅페이스의 경량 버전 BERT를 사용하는 것도 좋은 방법이다. 더 적은 파라미터를 사용하여 모델을 경량화하면 사전 학습의 이점을 최대한 활용하고, 다양한 다운스트림 작업에 효율적으로 적용할 수 있다.

"스마트폰에서도 실행될 작은 모델"처럼 다양한 모델을 살펴보는 것도 중요하지만, 미래의 트랜스포머는 API가 될 것이다. **7장, GPT-3 엔진을 사용한 초인간 트랜스포머 등장**에서 관련 내용을 살펴볼 것이다.

KantaiBERT는 GPT-2에서 사용하는 것과 같은 바이트 수준의 바이트 쌍 인코딩 토크나이저를 구현할 것이다. 스페셜토큰은 RoBERTa 모델과 동일한 것을 사용할 것이다. BERT 모델은 대부분 워드 피스 토크나이저를 사용한다.

토큰이 문장의 어느 부분에 속하는지 나타내는 토큰 유형 ID[9]는 없다. 문장은 분리 토큰 ⟨/s⟩으로 구분한다.

커스텀 데이터셋과 MLM 예제 소스 코드를 사용해 토크나이저와 트랜스포머 모델을 학습시켜 KantaiBERT를 실행시켜 볼 것이다.

자, 이제 트랜스포머 모델을 처음부터 구현해 보자.

---

[9] 역주. BERT와 같은 모델에서는 입력으로 2개의 문장이 주어지는 경우가 있다. 입력으로 문장이 2개가 주어진 경우, 두 문장을 구분할 수 있도록 별도의 id를 부여한다. 2개의 문장이 입력으로 주어지면, 첫 번째 문장에 해당하는 토큰들의 인덱스에는 모두 0을, 두 번째 문장에 해당하는 토큰들의 인덱스에는 모두 1을 부여한다. 이러한 0과 1과 같은 값을 토큰 유형 ID라 한다.

4.2 처음부터 KantaiBERT 구축하기

15단계에 걸쳐 KantaiBERT를 구축하고 마스크드 언어 모델링 예제를 실행해 보자.

구글 코랩(Google Colaboratory)을 열고(Gmail 계정이 필요하다) 이번 장의 디렉터리에 있는 KantaiBERT.ipynb 파일을 업로드해라.

이 섹션의 15개 단계 제목은 노트북 셀의 제목과 같도록 맞춰져 있다.

데이터셋을 먼저 로드하는 것으로 시작해 보자.

4.2.1 1단계: 데이터셋 로드하기

준비된 데이터셋을 사용해 트랜스포머를 학습하고 객관적으로 비교할 수 있다. **5장, 트랜스포머를 사용한 다운스트림 NLP 작업**에서는 다양한 데이터셋을 살펴보겠다. 그러나 이번 챕터의 목표는 몇 시간을 기다리지 않고도 실시간으로 실행할 수 있는 노트북 셀을 사용하여 트랜스포머의 학습 과정을 이해하는 것이다.

계몽 시대의 전형적인 인물이었던 독일 철학자 임마누엘 칸트(1724-1804)의 작품들을 사용해 보자. 모델이 학습한 칸트의 논리를 다운스트림 추론 작업에 적용해 보는 것이 목적이다.

프로젝트 구텐베르크(https://www.gutenberg.org)에서 다양한 무료 전자책을 텍스트 형식으로 다운로드할 수 있다. 다른 책을 사용해 맞춤형 데이터셋을 만들 수도 있다.

임마누엘 칸트의 다음 세 권의 책을 kant.txt라는 텍스트 파일로 편집했다.

- 순수이성비판(The Critique of Pure Reason)
- 실천이성비판(The Critique of Practical Reason)
- 도덕론의 기본 원리(Fundamental Principles of the Metaphysic of Morals)

kant.txt는 이번 장의 트랜스포머 모델을 학습하기 위한 작은 데이터셋으로 사용할 것이며, 실험 수준의 결과를 얻게 될 것이다. 실제 프로젝트라면 임마누엘 칸트, 르네 데카르트, 파스칼, 라이프니츠의 모든 작품들을 사용했을 것이다.

텍스트 파일은 다음과 같은 내용으로 구성되어 있다.

...For it is in reality vain to profess _indifference_ in regard to such inquiries, the object of which cannot be indifferent to humanity.
(…이러한 탐구에 대해 _무관심_을 주장하는 것은 사실상 헛된 일이다. 이는 인류에게 무관할 수 없는 대상이기 때문이다.)

데이터셋은 KantaiBERT.ipynb 노트북의 첫 번째 셀을 실행하면 깃허브에서 자동으로 다운로드할 수 있다. 또한 코랩 파일 관리자를 사용하여 깃허브의 이 챕터의 디렉터리에있는 kant.txt를 로드 할 수도 있다. 이 경우 curl을 사용하여 깃허브에서 다운로드한다.

#@title 1단계: 데이터셋 로드하기
#1. 코랩 파일 관리자를 사용해 kant.txt 로드하기
#2. 깃허브에서 파일 다운로드하기
!curl -L https://raw.githubusercontent.com/Denis2054/Transformers-for-NLP-2nd-Edition/master/Chapter04/kant.txt --output "kant.txt"

로드하거나 다운로드한 후에는 코랩 파일 관리자 창에서 나타난다.

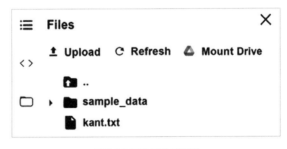

그림 4.1 코랩 파일 관리자

구글 코랩에서 가상 머신을 재시작하면 파일이 삭제되므로 유의해야 한다. 데이터셋이 로드된 것을 확인할 수 있다.

TIP
kant.txt 파일 없이 다음 셀들을 실행할 수 없다. 학습 데이터가 반드시 필요하다.

4.2.2 2단계: 허깅페이스 트랜스포머 설치하기

허깅페이스 트랜스포머와 토크나이저를 설치해야 하지만, 이 구글 코랩 VM의 경우 텐서플로우(TensorFlow)는 필요하지 않다.

```
#@제목 2단계: 허깅페이스 트랜스포머 설치하기
# 이 단계에서 텐서플로우는 필요하지 않다
!pip uninstall -y tensorflow
# 마스터 브랜치에서 트랜스포머 설치하기
!pip install git+https://github.com/huggingface/transformers !pip list | grep
-E 'transformers|tokenizers'
# 트랜스포머 버전 --- 2.9.1
# 토크나이저 버전 --- 0.7.0
```

설치가 완료되면 버전이 다음과 같이 출력될 것이다.

```
Successfully built transformers
tokenizers          0.7.0
transformers        2.10.0
```

트랜스포머 버전은 매우 빠르게 발전하고 있으므로, 실제 실행하는 버전은 달라질 수 있다. 이제 토크나이저를 학습하는 프로그램을 실행해 보자.

4.2.3 3단계: 토크나이저 학습하기

이 섹션에서는 사전 학습된 토크나이저를 사용하지 않는다. 미리 학습된 GPT-2 토크나이저를 사용할 수 있지만, 이 챕터에서는 처음부터 토크나이저를 학습해 보겠다.

- 허깅페이스의 kant.txt를 사용하여 ByteLevelBPETokenizer()를 학습할 것이다. BPE 토크나이저는 문자열이나 단어를 부분 문자열 또는 서브 워드로 분해한다. 이 방식은 두 가지 주요 장점을 가지고 있다.
- 토크나이저는 단어를 최소 구성 요소로 분해할 수 있다. 그런 다음 이러한 작은 구성 요소를 통계적으로 흥미로운 구성 요소로 병합한다. 예를 들어 "smaller"와 "smallest"는 "small", "er", "esl"가 될 수 있다. 토크나이저는 이 구성 요소들을 더 나눌 수 있다. 예를 들어 "sm"과 "all"과 같은 구성 요

소들을 얻을 수 있다. 어떤 경우에도 단어는 서브워드 토큰과 "small" 대신 "sm"과 "all"과 같은 더 작은 단위로 분해된다.

- 워드피스(WordPiece) 인코딩을 사용하면 unk_token(알 수 없는 토큰을 의미)으로 분류된 문자열 은 사실상 사라진다.

이 모델에서는 다음 매개변수로 토크나이저를 학습한다.

- files = paths는 데이터셋 경로이다.
- vocab_size = 52_000은 토크나이저 모델의 크기다.
- min_frequency = 2는 최소 빈도 임계값이다.
- special_tokens=[]은 스페셜 토큰의 목록이다.

스페셜 토큰의 목록은 아래와 같다.

- ⟨s⟩: 시작 토큰
- ⟨pad⟩: 패딩 토큰
- ⟨/s⟩: 끝 토큰
- ⟨unk⟩: 알 수 없는 토큰
- ⟨mask⟩: 언어 모델링용 마스크 토큰

토크나이저는 부분 문자열 토큰을 생성하고 빈도를 분석하도록 학습된다.

문장 중간에 있는 두 단어를 예로 들어보겠다.

```
…the tokenizer…
```

첫 단계는 이 문자열을 아래와 같이 분해하는 것이다.

```
'Ġthe', 'Ġtoken', 'izer',
```

문자열은 이제 Ġ(공백) 정보가 있는 토큰으로 토큰화된다.

다음 단계는 이를 인덱스로 변환하는 것이다.

'Ġthe'	'Ġtoken' '	'izer'
150	5430	4712

표 4.1 세 가지 토큰과 인덱스

토크나이저를 아래와 같이 실행시킬 수 있다.

```
#@title 3단계: 토크나이저 학습하기
%%time
from pathlib import Path
from tokenizers import ByteLevelBPETokenizer
paths = [str(x) for x in Path(".").glob("**/*.txt")]
# 토크나이저 초기화하기
tokenizer = ByteLevelBPETokenizer()
# 토크나이저 학습하기

tokenizer.train(files=paths, vocab_size=52_000, min_frequency=2, special_
tokens=[
    "<s>",
    "<pad>",
    "</s>",
    "<unk>",
    "<mask>",
])
```

토크나이저 학습 소요 시간은 아래와 같이 출력된다.

```
CPU times: user 14.8 s, sys: 14.2 s, total: 29 s
Wall time: 7.72 s
```

이제, 학습된 토크나이저를 저장해 보겠다.

4.2.4 4단계: 디스크에 파일 저장하기

토크나이저는 학습할 때 두 개의 파일을 생성한다.

- merges.txt에는 병합되고 토큰화된 부분 문자열이 들어있다
- vocab.json에는 토큰화된 부분 문자열의 인덱스가 들어있다.

아래의 코드를 사용해 KantaiBERT 디렉터리를 만든 다음 두 개의 파일을 저장한다.

```
#@title 4단계: 파일 저장하기
import os
token_dir = '/content/KantaiBERT'
if not os.path.exists(token_dir):
    os.makedirs(token_dir)
tokenizer.save_model('KantaiBERT')
```

파일이 저장되면서, 아래와 같이 출력될 것이다.

```
['KantaiBERT/vocab.json', 'KantaiBERT/merges.txt']
```

또한 아래와 같이 파일 관리자 창에서 확인할 수 있을 것이다.

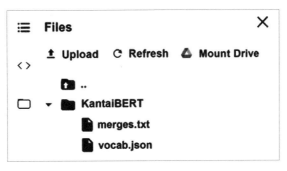

그림 4.2 코랩 파일 관리자

이 예제의 파일들은 사이즈가 작다. 두 번 클릭해 파일의 내용을 확인할 수 있다. 예상대로 merges. txt에는 토큰화된 부분 문자열이 들어있다.

```
#version: 0.2 - Trained by 'huggingface/tokenizers'
Ġt
he
Ġa
on
in
Ġo
Ġt he
re
it
Ġo f
```

vocab.json에는 인덱스가 들어있다.

```
[...,"Ġthink":955,"preme":956,"ĠE":957,"Ġout":958,"Ġdut":959,"aly":960,"Ġexp":961,...]
```

이제, 토큰화된 데이터 파일을 처리할 차례다.

4.2.5 5단계: 학습된 토크나이저 파일 로드하기

미리 학습된 토크나이저 파일을 로드할 수도 있지만, 직접 토크나이저를 학습했으며 이를 로드할 것이다.

```
#@title 5단계 학습된 토크나이저 로드하기
from tokenizers.implementations import ByteLevelBPETokenizer
from tokenizers.processors import BertProcessing
tokenizer = ByteLevelBPETokenizer(
    "./KantaiBERT/vocab.json",
    "./KantaiBERT/merges.txt",
)
```

토크나이저를 사용해 다음과 같이 문자열을 인코딩할 수 있다.

```
tokenizer.encode("The Critique of Pure Reason.").tokens
```

"The Critique of Pure Reason"은 다음과 같이 변환된다.

```
['The', 'ĠCritique', 'Ġof', 'ĠPure', 'ĠReason', '.']
```

다음과 같이 토큰의 수를 확인하는 것도 가능하다.

```
tokenizer.encode("The Critique of Pure Reason.")
```

출력 결과에서 시퀀스에 6개의 토큰이 있다는 것을 볼 수 있다.

```
Encoding(num_tokens=6, attributes=[ids, type_ids, tokens, offsets,
attention_mask, special_tokens_mask, overflowing])
```

이제 토크나이저는 KantaiBERT에 적합하게 토큰을 처리한다. 다음과 같이 시작 토큰과 끝 토큰을 넣어주는 후처리를 추가할 수 있다.

```
tokenizer._tokenizer.post_processor = BertProcessing(
    ("</s>", tokenizer.token_to_id("</s>")),
    ("<s>", tokenizer.token_to_id("<s>")),
)
tokenizer.enable_truncation(max_length=512)
```

후처리된 시퀀스를 인코딩해 보겠다.

```
tokenizer.encode("The Critique of Pure Reason.")
```

출력 결과를 보면, 이제 8개의 토큰이 있다는 것을 확인할 수 있다.

```
Encoding(num_tokens=8, attributes=[ids, type_ids, tokens, offsets,
attention_mask, special_tokens_mask, overflowing])
```

추가된 토큰을 보고 싶다면, 다음 셀을 실행하여 토크나이저가 후처리된 시퀀스를 인코딩하도록 할 수 있다.

```
tokenizer.encode("The Critique of Pure Reason.").tokens
```

출력 결과를 보면, 시작 토큰과 끝 토큰이 추가되어 총 8개의 토큰이 되었다는 것을 확인할 수 있다.

```
['⟨s⟩', 'The', 'ĠCritique', 'Ġof', 'ĠPure', 'ĠReason', '.', '⟨/s⟩']
```

이제 모델 학습을 위한 데이터가 준비되었다. 이 노트북을 실행하는 시스템의 정보를 확인해 보자.

4.2.6 6단계: 자원 제약 확인하기: GPU와 CUDA

KantaiBERT는 그래픽 처리 장치(GPU)에서 최적의 속도로 작동한다. 먼저 NVIDIA GPU 카드가 있는지 확인하기 위해 다음 명령을 실행한다.

```
#@title 6단계: 자원 제약 확인하기: GPU와 NVIDIA
!nvidia-smi
```

NVIDIA GPU 카드의 정보와 버전이 표시된다.

```
+-----------------------------------------------------------------------------+
| NVIDIA-SMI 440.82       Driver Version: 418.67       CUDA Version: 10.1      |
|-------------------------------+----------------------+----------------------+
| GPU  Name        Persistence-M| Bus-Id        Disp.A | Volatile Uncorr. ECC |
| Fan  Temp  Perf  Pwr:Usage/Cap|         Memory-Usage | GPU-Util  Compute M. |
|===============================+======================+======================|
|   0  Tesla K80           Off  | 00000000:00:04.0 Off |                    0 |
| N/A   49C    P0    63W / 149W |   9707MiB / 11441MiB |      0%      Default |
+-------------------------------+----------------------+----------------------+

+-----------------------------------------------------------------------------+
| Processes:                                                       GPU Memory |
|  GPU       PID   Type   Process name                             Usage      |
|=============================================================================|
+-----------------------------------------------------------------------------+
```

그림 4.3 NVIDIA 카드 정보의 정보

출력 결과는 구글 코랩 VM의 구성에 따라 다를 수 있다. 이제 파이토치(PyTorch)가 CUDA(Compute Unified Device Architecture)를 인식하는지 확인하겠다

#@title 파이토치가 CUDA를 인식하는지 확인하기
```
import torch
torch.cuda.is_available()
```

결과로는 True가 출력되어야 한다.

```
True
```

CUDA는 NVIDIA에서 GPU의 병렬 컴퓨팅 파워를 사용하기 위해 개발한 기술이다. NVIDIA GPU와 CUDA에 대한 자세한 내용은 **부록 II, 트랜스포머 모델의 하드웨어 제약사항**을 참조하길 바란다. 이제 모델의 구성을 정의할 준비가 되었다.

4.2.7 7단계: 모델의 구성 정의하기

우리는 DistilBERT 트랜스포머와 동일한 수의 층과 헤드를 가진 RoBERTa 유형의 트랜스포머 모델을 사전 학습할 것이다. 모델의 사전 크기는 52,000이며, 모델은 12개의 어텐션 헤드와 6개의 층으로 구성되어 있다.

```
#@title 7단계: 모델의 설정 정의하기
from transformers import RobertaConfig
config = RobertaConfig(
    vocab_size=52_000,
    max_position_embeddings=514,
    num_attention_heads=12,
    num_hidden_layers=6,
    type_vocab_size=1,
)
```

이 구성에 대해서는 **9단계: 모델 초기화하기**에서 더 자세히 살펴보겠다. 우선 모델의 토크나이저를 다시 만들어 보자.

4.2.8 8단계: 트랜스포머의 토크나이저 다시 불러오기

이제 사전 학습된 토크나이저를 RobertaTokenizer.from_pretrained()로 불러올 수 있다.

```
#@title 8단계: 트랜스포머의 토크나이저를 재생성하기
from transformers import RobertaTokenizer
tokenizer = RobertaTokenizer.from_pretrained("./KantaiBERT", max_length=512)
```

이제 학습된 토크나이저를 불러왔으니, RoBERTa 모델을 초기화해 보겠다.

4.2.9 9단계: 모델 초기화하기

이 섹션에서는 모델을 초기화하고 모델의 크기를 살펴보겠다. 먼저 언어 모델링을 위한 RoBERTa masked 모델을 가져오겠다.

```
#@title 9단계: 모델 초기화하기
from transformers import RobertaForMaskedLM
```

7단계에서 정의한 설정으로 모델을 초기화한다.

```
model = RobertaForMaskedLM(config=config)
```

모델을 출력하면 6개 층과 12개의 헤드를 가진 BERT 모델임을 확인할 수 있다.

```
print(model)
```

출력을 확인해 보면, 차원 값은 다르지만, 오리지널 트랜스포머의 인코더와 동일한 블록을 확인할 수 있다.

```
RobertaForMaskedLM(
  (roberta): RobertaModel(
    (embeddings): RobertaEmbeddings(
      (word_embeddings): Embedding(52000, 768, padding_idx=1)
      (position_embeddings): Embedding(514, 768, padding_idx=1)
      (token_type_embeddings): Embedding(1, 768)
      (LayerNorm): LayerNorm((768,), eps=1e-12, elementwise_affine=True)
      (dropout): Dropout(p=0.1, inplace=False)
    )
    (encoder): BertEncoder(
      (layer): ModuleList(
        (0): BertLayer(
          (attention): BertAttention(
            (self): BertSelfAttention(
(query): Linear(in_features=768, out_features=768, bias=True)
(key): Linear(in_features=768, out_features=768, bias=True)
(value): Linear(in_features=768, out_features=768, bias=True)
  (dropout): Dropout(p=0.1, inplace=False)
)
(output): BertSelfOutput(
  (dense): Linear(in_features=768, out_features=768, bias=True)
(LayerNorm): LayerNorm((768,), eps=1e-12, elementwise_affine=True)
          (dropout): Dropout(p=0.1, inplace=False)
```

```
      )
    )
    (intermediate): BertIntermediate(
      (dense): Linear(in_features=768, out_features=3072, bias=True)
    )
    (output): BertOutput(
      (dense): Linear(in_features=3072, out_features=768, bias=True)
      (LayerNorm): LayerNorm((768,), eps=1e-12, elementwise_affine=True)
      (dropout): Dropout(p=0.1, inplace=False)
    )
  )
)
.../...
```

진행하기 전에, 모델 구성의 세부 정보를 자세히 살펴보는 시간을 가져보길 바란다. 모델의 내부를 더욱 잘 이해할 수 있을 것이다.

트랜스포머 모델을 레고 형태로 구성 요소를 분석하다 보면 서브 층 전반에 걸쳐 드롭아웃 정규화가 적용되어 있다는 것을 알 수 있을 것이다.

이제 파라미터를 탐색해 보겠다.

4.2.9.1 파라미터 탐색하기

모델 사이즈는 작은 편이며, 84,095,008개 파라미터를 가지고 있다.

다음과 같이 모델 사이즈를 확인할 수 있다.

```
print(model.num_parameters())
```

대략적인 파라미터 수가 출력된다. 다만, 트랜스포머의 버전에 따라 완전히 똑같지는 않을 수 있다.

```
84095008
```

이제 파라미터를 살펴보겠다. 먼저 파라미터를 LP에 저장하고 파라미터 리스트의 길이를 계산해 보자.

#@title 파라미터 탐색하기
```
LP=list(model.parameters())
lp=len(LP)
print(lp)
```

출력 결과는 대략 108개의 행렬과 벡터가 있다는 것을 보여준다. 이는 트랜스포머 모델에 따라 달라질 수 있다.

```
108
```

이제 텐서(Tensor) 안에 있는 108개의 행렬과 벡터를 표시해 보겠다.

```
for p in range(0,lp):
    print(LP[p])
```

출력 결과는 다음과 같이 모든 파라미터를 보여준다.

```
Parameter containing:
tensor([[−0.0175, −0.0210, −0.0334, ..., 0.0054, −0.0113, 0.0183],
        [ 0.0020, −0.0354, −0.0221, ..., 0.0220, −0.0060, −0.0032],
        [ 0.0001, −0.0002, 0.0036, ..., −0.0265, −0.0057, −0.0352],
        ...,
        [−0.0125, −0.0418, 0.0190, ..., −0.0069, 0.0175, −0.0308],
        [ 0.0072, −0.0131, 0.0069, ..., 0.0002, −0.0234, 0.0042],
        [ 0.0008, 0.0281, 0.0168, ..., −0.0113, −0.0075, 0.0014]],
       requires_grad=True)
```

파라미터를 들여다보고, 트랜스포머가 어떻게 구성되어 있는지 이해해 보자.

파라미터 수는 모델의 모든 파라미터를 합산하여 계산하게 된다. 예를 들어,

- 어휘 크기(52,000) × 차원(768)
- 벡터 크기 1 × 768
- 그 외, 다양한 차원의 파라미터들

여기서 d_{model}=768이라는 것을 알 수 있다. 모델에는 12개의 헤드가 있으므로, d_k의 차원은 d_k= d_{model}/12=64일 것이다. 이것은 트랜스포머의 구성 요소를 레고를 조립하듯이 사용 수 있다는 것을 의미한다.

이제 모델 파라미터 수가 어떻게 계산되며, 84,095,008이라는 수치에 도달하는지 살펴보겠다. 노트북에서 LP 위에 마우스를 올리면, 토치 텐서(torch tensor)의 일부 모양을 볼 수 있다.

---

list: LP

[Parameter with shape torch.Size([52000, 768]), Parameter with shape torch.Size([514, 768]), Parameter with shape torch.Size([1, 768]), Parameter with shape torch.Size([768]), Parameter with shape torch.Size([768]), ...] (108 items total)

그림 4.4 LP

참고로, 사용하는 트랜스포머 모듈의 버전에 따라 숫자가 달라질 수 있다.

이제, 각 텐서의 매개변수 수를 세어볼 것이다. 먼저, 이 프로그램은 파라미터 카운터인 np(number of parameter)를 초기화하고 매개변수 리스트의 lp (108)개 요소를 순회할 것이다.

```
#@title 파라미터 수 세기
np=0
for p in range(0, lp): # 텐서 개수
```

파라미터는 다음과 같이 다양한 크기를 가지고 있다.

- 768 × 768
- 768 × 1
- 768

일부는 2차원, 그리고 일부는 1차원의 행렬과 벡터임을 알 수 있다.

리스트 LP의 원소가 이차원인지 아닌지는 다음과 같은 방법으로 확인할 수 있다.

```
PL2=True
try:
    L2=len(LP[p][0]) # 2차원인지 확인하기
except:
    L2=1 #2차원이 아니라면 1차원임을 의미
    PL2=False
```

파라미터가 2차원이면, 두 번째 차원은 L2>0이고 PL2=True(2 dimensions=True)이다.

파라미터가 하나의 차원만 있으면, 두 번째 차원은 L2=1이고 PL2=False(2 dimensions=False)이다.

L1은 매개변수의 첫 번째 차원의 크기다. L3는 파라미터의 크기를 나타내며 다음과 같이 정의된다.

```
L1=len(LP[p])
L3=L1*L2
```

이제 루프의 각 단계에서 매개변수를 더할 수 있다.

```
np+=L3 # 텐서 당 파라미터 수
```

매개변수의 합을 구할 것이지만, 동시에 트랜스포머 모델의 매개변수 수가 어떻게 계산되는지도 알아볼 것이다.

```
if PL2==True:
    print(p,L1,L2,L3) # 파라미터 크기 표시하기
if PL2==False:
    print(p,L1,L3) # 파라미터 크기 표시하기
print(np) # 총 파라미터 수
```

참고로, 매개변수가 하나의 차원만 있는 경우 PL2=False이므로 첫 번째 차원만 표시된다.

다음과 같이 모델의 모든 텐서에 대해 매개변수 수가 어떻게 계산되었는지 확인할 수 있다.

```
0 52000 768 39936000
1 514 768 394752
2 1 768 768
3 768 768
4 768 768
5 768 768 589824
6 768 768
7 768 768 589824
8 768 768
9 768 768 589824
10 768 768
```

RoBERTa 모델의 총 매개변수 수는 목록의 끝에 표시된다.

```
84,095,008
```

라이브러리의 버전에 따라 매개변수 수는 다를 수 있다.

이제 트랜스포머 모델에서 파라미터의 수가 정확히 무엇을 의미하는지 알게 되었다. 출력물의 구성, 매개변수 내용 및 매개변수 크기를 다시 살펴보고 몇 분 동안 이를 이해해 보기를 바란다. 모델의 구성 요소를 정확하게 이해하게 될 것이다.

이제 데이터셋을 구축하기 위한 프로그램을 실행해 보겠다.

4.2.10 10단계: 데이터 구축

이제 프로그램은 block_size=128로 예제 길이를 제한하여 배치 학습을 위한 샘플을 생성하기 위해 데이터셋을 한 줄씩 로드한다.

```
#@title 10단계: 데이터셋 구축하기
%%time
from transformers import LineByLineTextDataset
dataset = LineByLineTextDataset(
    tokenizer=tokenizer,
```

```
    file_path="./kant.txt",
    block_size=128,
)
```

출력 결과는 허깅페이스가 데이터 처리 시간을 최적화하는 데 상당한 리소스(resource)를 투자했음을 보여준다.

```
CPU times: user 8.48 s, sys: 234 ms, total: 8.71 s
Wall time: 3.88 s
```

프로세서가 실제로 활동한 시간(월 타임, Wall time)이 최적화되어 있음을 확인할 수 있다.

프로그램은 이제 역전파(backpropagation)를 위한 객체를 생성하기 위해 데이터 콜레이터(data collator)를 정의한다.

4.2.11 11단계: 데이터 콜레이터 정의

트레이너를 초기화하기 전에 데이터 콜레이터(data collator)를 실행해야 한다. 데이터 콜레이터는 데이터셋에서 샘플을 가져와 배치(batch)로 정리한다. 사전과 유사한 객체를 결과로 얻게 된다.

MLM을 위한 배치 샘플 프로세스를 준비하기 위해 mlm=True로 설정한다.

사전 학습 과정에서 마스킹된 토큰의 비율을 결정하는 파라미터 mlm_probabilty는 0.15로 설정한다.

이제 마스크드 언어 모델링을 활성화하고 마스킹된 토큰 비율을 0.15로 설정하고 토크나이저를 주입해 데이터 콜레이터(data collator)를 초기화한다.

```
#@title 11단계: 데이터 콜레이터 정의하기
from transformers import DataCollatorForLanguageModeling
data_collator = DataCollatorForLanguageModeling(
    tokenizer=tokenizer, mlm=True, mlm_probability=0.15
)
```

이제, 트레이너를 초기화할 준비가 되었다.

4.2.12 12단계: 트레이너 초기화

이전 단계에서는 트레이너를 초기화하는 데 필요한 정보를 준비했다. 데이터셋은 토큰화되어 로드되었고, 모델을 구축했으며 데이터 콜레이터 또한 준비했다.

이제 트레이너를 초기화할 차례다. 교육 목적을 위해 에포크 수를 한 개로 설정하여 모델 학습이 빠르게 진행되도록 하였다. GPU를 사용하면 배치를 공유하고 모델 학습을 멀티프로세싱으로 수행할 수 있기 때문에 유용하다.

```
#@title 12단계: 트레이너 초기화하기
from transformers import Trainer, TrainingArguments
training_args = TrainingArguments(
    output_dir="./KantaiBERT",
    overwrite_output_dir=True,
    num_train_epochs=1,
    per_device_train_batch_size=64,
    save_steps=10_000,
    save_total_limit=2,
)
trainer = Trainer(
    model=model,
    args=training_args,
    data_collator=data_collator,
    train_dataset=dataset,
)
```

이제 모델을 학습시킬 준비가 되었다.

4.2.13 13단계: 모델 사전 학습시키기

모든 것이 준비되었다. 다음 한 줄을 실행시켜 모델 학습을 시작할 수 있다.

#@title 13단계: 모델 사전 학습하기

```
%%time
trainer.Train()
```

출력은 실시간으로 학습 과정을 보여주며, 손실(loss), 학습률(learning rate), 에포크(epoch), 단계 (steps) 등이 표시된다.

```
Epoch: 100%
1/1 [17:59(00:00, 1079.91s/it]
Iteration: 100%
2672/2672 [17:59(00:00, 2.47it/s]
{"loss": 5.6455852394104005, "learning_rate": 4.06437125748503e-05,
"epoch": 0.18712574850299402, "step": 500}
{"loss": 4.940259679794312, "learning_rate": 3.12874251497006e-05,
"epoch": 0.37425149700598803, "step": 1000}
{"loss": 4.639936000347137, "learning_rate": 2.19311377724550898e-05,
"epoch": 0.561377245508982, "step": 1500}
{"loss": 4.361462069988251, "learning_rate": 1.2574850299401197e-05,
"epoch": 0.7485029940119761, "step": 2000}
{"loss": 4.228510192394257, "learning_rate": 3.218562874251497e-06,
"epoch": 0.9356287425149701, "step": 2500}
CPU times: user 11min 36s, sys: 6min 25s, total: 18min 2s
Wall time: 17min 59s
TrainOutput(global_step=2672, training_loss=4.7226536670130885)
```

모델 학습이 완료되었다. 이제 작업물을 저장할 시간이다.

4.2.14 14단계: 최종 모델(토크나이저 및 설정 파일) 저장하기

이제 모델과 설정 파일을 저장할 것이다.

#@title 14단계: 최종 모델(토크나이저 및 설정 파일) 저장하기

```
trainer.save_model("./KantaiBERT")
```

파일 관리자에서 새로 고침(Refresh)을 클릭하면 파일이 나타날 것이다.

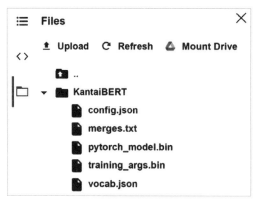

그림 4.5 코랩 파일 관리자

이제 파일 관리자에 config.json, pytorch_model.bin, training_args.bin 파일이 나타날 것이다. merges.txt와 vocab.json에는 사전 학습된 토크나이저로 토큰화한 데이터가 들어있다.

우리는 처음부터 모델을 구축했다. 이제 사전 학습한 모델과 토크나이저를 사용하여 언어 모델링 작업을 수행하는 파이프라인(pipeline)을 가져와 보겠다.

4.2.15 15단계: FillMaskPipeline을 사용한 언어 모델링

이제 언어 모델링 fill-mask 작업을 가져올 것이다. 학습된 모델과 학습한 토크나이저를 사용하여 마스크드 언어 모델링 작업을 수행할 것이다.

```
#@title 15단계: FillMaskPipeline을 사용한 언어 모델링
from transformers import pipeline
fill_mask = pipeline(
    "fill-mask",
    model="./KantaiBERT",
    tokenizer="./KantaiBERT"
)
```

모델에 임마누엘 칸트처럼 생각하게 요청해 보자.

```
fill_mask("Human thinking involves human <mask>.")
```

한정된 데이터로 모델을 처음부터 사전 학습하기 때문에 각 실행마다 출력이 달라질 수 있다. 결과는 다를 수 있지만, 이번 실행에서의 출력으로 언어 모델링 개념을 이해할 수 있을 것이다.

```
[{'score': 0.022831793874502182,
  'sequence': '⟨s⟩ Human thinking involves human reason.⟨/s⟩',
  'token': 393},
 {'score': 0.011635891161859035,
  'sequence': '⟨s⟩ Human thinking involves human object.⟨/s⟩',
  'token': 394},
 {'score': 0.010641072876751423,
  'sequence': '⟨s⟩ Human thinking involves human priori.⟨/s⟩',
  'token': 575},
 {'score': 0.009517930448055267,
  'sequence': '⟨s⟩ Human thinking involves human conception.⟨/s⟩',
  'token': 418},
 {'score': 0.00923212617635727,
  'sequence': '⟨s⟩ Human thinking involves human experience.⟨/s⟩',
  'token': 531}]
```

예측 결과는 실행할 때마다 또는 허깅페이스가 모델을 업데이트할 때마다 달라질 수 있다. 그러나 다음 출력은 쉽게 확인할 수 있을 것이다.

```
Human thinking involves human reason
```

이번 장의 목표는 트랜스포머 모델을 학습하는 방법을 살펴보는 것이었다. 우리는 트랜스포머 모델이 인간과 유사한 흥미로운 예측이 가능함을 확인할 수 있다.

결과는 실험 수준이며 학습 과정에 따라 달라질 수 있다. 모델을 다시 학습할 때마다 결과는 달라질 것이다.

모델을 제대로 학습시키기 위해서는 다른 계몽시대 인문학자들의 데이터가 훨씬 더 많이 필요할 것이다. 하지만 이번 장을 통해 고성능 트랜스포머 학습을 위한 데이터셋을 생성하는 방법을 배울 수 있었다.

트랜스포머 덕분에 우리는 인공지능의 새로운 시대를 막 시작한 것이다!

4.3 다음 단계

이번 장에서는 트랜스포머를 처음부터 학습시켰다. 개인적으로 또는 기업에서 할 수 있는 것에 대해 생각해 보자. 특정 작업을 위한 데이터셋을 만들고 처음부터 학습시킬 수 있을 것이다. 여러분의 관심 분야나 회사 프로젝트를 활용하여 흥미로운 트랜스포머 구축 키트를 실험해 볼 수 있다.

원하는 모델을 만들었다면, 허깅페이스 커뮤니티와 공유할 수 있다. 공유한 모델은 허깅페이스 모델 페이지에 표시될 것이다.(https://huggingface.co/models)

다음 페이지에 설명된 지침을 사용하여 몇 단계만 거치면 모델을 업로드할 수 있다.(https://hugging-face.co/transformers/model_sharing.html)

또한 허깅페이스 커뮤니티가 공유한 모델을 다운로드하여 개인 및 전문 프로젝트에 대한 새로운 아이디어를 얻을 수 있다.

이번 장에서는 허깅페이스에서 제공하는 구성 요소를 사용하여 RoBERTa와 유사한 모델인 Kan-taiBERT를 처음부터 구축했다.

먼저, 임마누엘 칸트의 작업과 관련된 커스텀 데이터셋을 로드하는 것으로 시작했다. 목표에 따라 기존 데이터셋을 로드하거나 직접 생성할 수 있다. 커스텀 데이터셋을 사용하면 트랜스포머 모델의 작동 방식에 대한 인사이트를 얻을 수 있음을 확인했다. 그러나 이 실험에는 한계가 있었다. 교육 목적 이상으로 모델을 학습하려면 훨씬 큰 데이터셋이 필요할 것이다.

KantaiBERT 프로젝트에서 kant.txt의 데이터셋에 대한 토크나이저를 학습할 수 있었다. 학습한 merges.txt와 vocab.json 파일이 저장되었음을 확인할 수 있었으며, 사전 학습된 파일로 토크나이저를 만들 수 있었다. 또한, 커스텀 데이터셋을 구축하고 역전파(backpropagation)를 위해 학습 배치를 처리하는 데이터 콜레이터를 정의했다. 더 나아가, 트레이너를 초기화하고 RoBERTa 모델의 파라미터를 자세히 살펴보았다. 또한, 모델을 학습시키고 저장까지 해보았다.

마지막으로 저장된 모델을 다운스트림 언어 모델링 작업에 사용했다. 이 모델을 사용해 임마누엘 칸트의 논리를 채우는 작업을 해보았다.

더 나아가 기존 데이터셋이나 새로운 커스텀 데이터셋을 실험하여 어떤 결과를 얻을 수 있는지 확인해 볼 수 있다. 모델을 허깅페이스 커뮤니티에 공유할 수도 있다. 트랜스포머의 성능은 데이터에 기반한다. 다양한 데이터로 트랜스포머를 사용하는 새로운 방법을 발견할 수도 있다.

사전 학습이나 미세 조정없이 API 만으로 트랜스포머 엔진을 실행하는 방법을 배우게 될 것이다. **7장, GPT-3 엔진을 사용한 초인간 트랜스포머 등장**에서는 인공지능의 미래를 엿볼 수 있다. 이번 장과 이전 장의 지식이면 충분하다.

다음 장, **트랜스포머를 사용한 다운스트림 NLP 작업**에서는 트랜스포머를 구현하기 위한 준비들을 계속할 것이다.

4.5 문제

01. RoBERTa 는 바이트 단위 바이트 쌍 인코딩 토크나이저를 사용한다.   참 / 거짓

02. 학습된 허깅페이스 토크나이저는 merges.txt와 vocab.json을 생성한다.   참 / 거짓

03. RoBERTa는 토큰 타입 ID를 사용하지 않는다.   참 / 거짓

04. DistillBERT 는 6개 층과 12개 헤드를 가진다.   참 / 거짓

05. 8천만 개 파라미터를 가진 트랜스포머 모델은 거대한 축에 속한다.   참 / 거짓

06. 토크나이저는 학습할 수 없다.   참 / 거짓

07. BERT 류(BERT-like)의 모델은 6개의 디코더 층을 가진다.   참 / 거짓

08. 마스크드 언어 모델(Masked Language Model, MLM)은 문장 내의   참 / 거짓
    마스크된 토큰을 예측한다.

09. BERT 류의 모델은 셀프-어텐션 서브 층을 가지고 있지 않다.   참 / 거짓

10. 데이터 콜레이터는 역전파에 도움이 된다.   참 / 거짓

4.6 참고 문헌

- Yinhan Liu, Myle Ott, Naman Goyal, Jingfei Du, Mandar Joshi, Danqi Chen, Omer Levy, Mike Lewis, Luke Zettlemoyer, and Veselin Stoyano, 2019, RoBERTa: A Robustly Optimized BERT Pretraining Approach: https://arxiv.org/abs/1907.11692
- **허깅페이스 토크나이저**: https://huggingface.co/transformers/main_classes/tokenizer.html?highlight=tokenizer
- **허깅페이스 관련 노트북**: https://colab.research.google.com/github/huggingface/blog/blob/master/notebooks/01_how_to_train.ipynb
- **허깅페이스 블로그**: https://huggingface.co/blog
- **BERT에 대해 자세히 알아보기**: https://huggingface.co/transformers/model_doc/bert.html
- **DistilBERT 관련 논문**: https://arxiv.org/pdf/1910.01108.pdf
- **RoBERTa에 대해 자세히 알아보기**: https://huggingface.co/transformers/model_doc/roberta.html
- **DistilBERT에 대해 자세히 알아보기**: https://huggingface.co/transformers/model_doc/distilbert.html

05장

트랜스포머를 사용한
다운스트림 NLP 작업

트랜스포머는 사전 학습된 모델을 활용해서 자연어 이해(Natural Language Understanding, NLU)와 관련된 다운스트림 작업(downstream task)을 수행할 때 잠재력을 최대로 발휘한다. 트랜스포머 모델의 사전 학습과 미세 조정에 많은 시간과 노력이 필요하지만, 수백만 파라미터의 트랜스포머 모델이 다양한 NLU 작업을 수행하는 것을 보면 그럴 가치는 충분하다.

이번 장에서 먼저 인간 기준값(human baseline)을 뛰어넘기 위한 노력을 소개한다. 인간 기준값은 NLU 작업에 대한 인간의 수행 능력을 나타낸다. 인간은 어릴 때부터 트랜스덕션을 배우고 빠르게 귀납적 사고를 발전시킨다. 인간은 감각을 통해 직접적으로 세상을 인식하는 반면, 인공 지능은 우리의 언어를 이해하기 위해, 단어로 표현한 우리의 지각능력에 전적으로 의지한다.

다음으로는 트랜스포머의 성능을 측정하는 방법을 살펴볼 것이다. 다양한 자연어 처리(Natural Language Processing, NLP) 작업의 정확도를 측정하면 모델의 성능을 직접적으로 확인할 수 있다. 성능 측정에는 다양한 벤치마크와 데이터셋이 사용된다. 일례로 SuperGLUE는 구글 딥마인드, 페이스북, 뉴욕 대학교, 워싱턴 대학교 등이 협력하여 NLP 성능 측정을 위한 높은 기준을 마련한 사례이다.

마지막으로, SST-2(Standard Sentiment TreeBank), 언어 적합성(linguistic acceptability), 위노그라드 스키마(Winograd schemas) 등 여러 다운스트림 작업을 살펴볼 것이다.

트랜스포머는 잘 설계된 벤치마크 작업에서 여러 모델을 능가하며 NLP를 한 단계 더 빠르게 발전시키고 있다. 트랜스포머 아키텍처를 활용한 새로운 모델은 계속해서 등장하고 진화할 것이다.

이번 장은 다음 주제들을 다룬다.

- 트랜스덕션과 귀납적 추론에 대한 기계와 인간의 비교
- NLP에서의 트랜스덕션과 귀납적 추론
- 인간 기준값 대비 트랜스포머 성능 측정
- 측정 방법(정확도, F1-점수, MCC)
- 벤치마크 작업과 데이터셋
- SuperGLUE 다운스트림 작업
- 언어 적합성과 CoLA
- 감성 분석과 SST-2
- 위노그라드 스키마

먼저 인간과 기계가 언어를 표현하는 방식을 이해해보자.

5.1 트랜스포머의 트랜스덕션과 귀납적 상속

모든 AI 전문가의 역할은 클라우드 AI 자동화 플랫폼의 API인 **AutoML(Automated Machine Learning)**의 등장으로 변화했다. 구글 버텍스(Google Vertex)는 머신러닝 구현을 위한 개발 시간을 80% 단축했다. 이는 누구나 준비된 시스템으로 머신러닝을 구현할 수 있음을 시사한다. 이것이 개발 인력의 80%가 감소함을 의미할까? 그렇지 않다. 4차 산업혁명의 AI 전문가는 AI를 조립하며 계속해서 프로젝트에 가치를 더할 것이다.

NOTE

> 4차 산업혁명의 NLP AI 전문가는 소스 코드에 점점 적게 투자하고 팀의 AI 전문가로서 지식에 더 투자한다.

트랜스포머는 배우지 않은 업무에도 지식을 적용할 수 있는 특별한 능력이 있다. 예를 들어, BERT (Bidirectional Encoder Representations from Transformers)는 시퀀스-투-시퀀스(sequence-to-sequence)와 마스크드 언어 모델링으로 언어를 배우고나서, 처음에 학습하지 않았던 다운스트림 작업을 위해 미세 조정된다.

이번 섹션에서는 사고 실험을 해보려 한다. 먼저 트랜스포머의 그래프로 인간과 기계가 언어를 사용해 정보를 이해하는 방법을 표현하겠다. 기계는 인간과 다른 방식으로 정보를 이해하지만 매우 효율적인 결과를 얻는다.

그림 5.1은 트랜스포머 아키텍처와 서브 층으로 구성한 사고 실험으로, 인간과 기계 사이의 그럴듯한 유사성을 보여준다. 트랜스포머가 다운스트림 작업을 이해하기 위해 학습하는 과정을 알아보자.

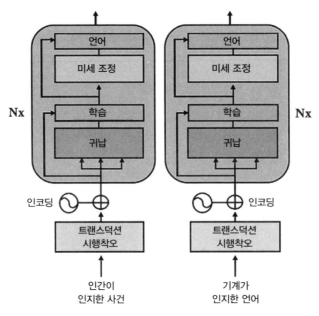

그림 5.1 인간과 기계의 방식

이 예제에선 N=2라고 가정하겠다. 두 층은 인간이 세대를 거쳐 축적된 지식을 활용함을 보여준다. 기계는 우리가 제공한 것만 처리한다. 우리의 출력을 입력으로 사용하는 것이다.

5.1.1 인간 지능 스택

그림 5.1의 왼쪽에서, 인간의 입력, 0번째 층은 사건의 인지이고, 최종 출력은 언어임을 볼 수 있다. 우리는 어렸을 때 우리의 감각으로 사건을 인식한다. 출력은 옹얼거림에서 구조적인 언어로 점차 변화한다.

인간의 트랜스덕션은 시행착오를 거친다. 트랜스덕션은 우리가 인지하는 구조를 패턴 등으로 표현하는 것을 말한다. 우리는 세상에 대한 표현을 만들고 우리의 귀납적 사고에 적용한다. 즉, 귀납적 사고는 트랜스덕션의 품질에 좌우된다.

예를 들어, 어린 시절에는 보통 오후 일찍 낮잠을 자도록 강요받는다. 저명한 아동심리학자 피아제 (Piaget)는 어떤 아이들이 "낮잠을 안 잤으니까, 오후가 아니야"라고 말하는 것을 보았다. 이 어린이는 트랜스덕션으로 두 사건의 연결고리를 만들었으며 귀납적으로 사고하여 일반화하였다.

인간은 먼저 트랜스덕션으로 패턴을 발견하고 귀납적 추론으로 일반화한다. 그러고 나서, 시행착오를 통해 여러 사건들이 관련 있음을 배운다.

학습된 관련 사건들 = {일출–빛, 일몰–어둠, 어두운 구름–비, 푸른 하늘–달리기, 음식–좋음, 불–따뜻함, 눈–추움}

시간이 지나며 우리는 수백만 개의 관련 사건들을 학습하며 이해한다. 이때 새로운 세대의 인간은, 이전 세대가 이미 많은 것에 대해 미세 조정해 주었기 때문에, 처음부터 새로 배울 필요가 없다. "불은 뜨겁다" 등을 가르친 것이다. 그 이후, 아이들의 지식은 어떤 형태의 "불"로도 미세 조정될 수 있다. 예를 들면 양초, 산불, 화산 등 모든 "불"의 형태로 지식을 미세 조정할 수 있다.

인간은 마침내 알아내고, 상상하고, 예측한 모든 것을 언어로 표현하면서 0번 층의 출력값이 탄생한 것이다.

인간에게 있어서, 다음 층인 1번째 층의 입력은 학습되고 미세 조정된 방대한 지식이다. 이것에 더해, 인간은 막대한 양의 새로운 사건을 인식하고 기존 지식과 함께 트랜스덕션, 귀납 추론, 학습, 서브 층 미세 조정 과정을 수행한다.

이런 사건들의 상당수는 냄새, 감정, 상황, 경험 등 인간을 특별하게 하는 모든 것에서 비롯된다. 기계는 이런 개별 정체성이 없는 반면에 인간은 개인마다 특화된 방식으로 단어를 인식한다.

기계는 우리가 제공하는 다양한 대량의 데이터를 필터링되거나 특화되지 않은 상태로 받는다. 기계의 목표는 객관적이고 효율적인 작업 수행인 반면, 인간의 목표는 개인적인 행복이다.

인간은 0번 층에서 1번 층으로 이동하고, 더 많은 원시 데이터와 가공된 데이터와 함께, 다시 0번 층으로 되돌아가는 과정을 무한히 반복한다.

결과는 환상적이다! 우리는 요약 능력을 얻기 위해 언어를 처음부터 다시 배우지(학습하지) 않는다. 미리 학습된 지식을 요약 작업에 적용(미세 조정)하면 된다.

트랜스포머도 동일한 과정을 거치지만 그 방식은 다르다.

5.1.2 기계 지능 스택

기계는 앞에서 설명한 것과 같이 시퀀스 예측 방식 등을 배우고, 학습에 사용한 시퀀스를 활용해 수백 가지의 작업을 수행한다.

그림 5.1의 오른쪽에서, 기계의 입력이 언어 형태의 간접 정보임을 알 수 있다. 기계가 언어 분석에 사용하는 유일한 입력은 우리 인간의 출력이다.

현재까지의 기계와 인간의 역사에서, 컴퓨터 비전은 이미지를 식별하지만 언어의 문법 구조를 알진 못한다. 음성 인식은 소리를 단어로 바꿀 뿐이다. 음악 패턴 인식은 단어로 표현된 객관적인 개념을 알지 못한다.[10]

기계는 핸디캡을 가지고 시작한다. 인공적인 불이익을 강요받는 것이다. 기계는 고르지 못한 품질의 인간 출력에 의존하여 다음을 수행한다.

- 언어 시퀀스에서 동시에 등장하는 모든 토큰을 연결하며 트랜스덕션 수행
- 트랜스덕션 결과로부터 귀납적 추론 생성
- 귀납적 추론을 학습하여 토큰의 패턴 탐색

이때 유효한 귀납적 추론을 얻기 위해 노력 중인 어텐션 서브 층을 들여다보자.

- 트랜스포머 모델은 이전의 순환 기반(recurrent-based) 연산 대신 셀프 어텐션(self-attention)을 사용하여 모델의 시야를 넓혔다.
- 이때 어텐션 서브 층은 인간보다 우위에 있다. 귀납적 사고를 위해 수백만 개의 예제를 살펴볼 수 있다.
- 마치 인간처럼, 어텐션 서브 층도 트랜스덕션과 귀납적 추론으로 시퀀스에서 패턴을 찾는다.
- 이렇게 찾은 패턴은 모델에 파라미터로 저장된다.

기계는 대량의 데이터, 뛰어난 NLP 트랜스포머, 컴퓨터 성능이라는 그들만의 능력으로 언어를 이해했다. 언어를 깊게 이해한 덕분에, 기계는 학습하지 않은 수백 가지의 작업들을 수행할 수 있다.

트랜스포머도 인간처럼 몇 가지 과정으로 언어를 이해한다. 트랜스덕션으로 연결 관계를 찾고 귀납적 추론 과정으로 이를 일반화한다.

모델이 기계 지능을 위해 서브 층을 미세 조정 할 때면 마치 인간처럼 반응한다. 새로운 작업을 처음부터 학습하지 않고, 미세 조정만 필요한 다운스트림 작업으로 간주하는 것이다. 만약 질문에 답을 하는 방법을 학습한다면, 기계는 언어 자체를 처음부터 배우지 않는다. 트랜스포머 모델은 마치 우리처럼 파라미터를 미세 조정할 뿐이다.

---

10   역주. 음성 인식(speech recognition)은 사람의 음성을 입력받아 언어적 특성과 음성 신호의 시간적 특성, 언어적 특성, 발음 및 억양 등을 기반으로 음성 신호로부터 말의 내용(단어)를 인식하고 해석하는 기술이다. 응용 분야로는 음성 검색, 음성 명령 및 제어, 텍스트 변환(STT, Speech-To-Text) 등이 있다.
음악 패턴 인식(music pattern recognition)은 음악 신호를 입력 받아 음악의 주파수 특성, 시간적 패턴 및 다양한 음악적 특성을 기반으로 음악의 구조, 리듬, 화음(chord) 등을 인식한다. 응용 분야로는 음악 검색, 음악 장르 분류, 음악 추천 시스템 등이 있다.

이번 챕터에서는, 트랜스포머 모델이 우리처럼 학습하기 위해 고군분투함을 보았다. 기계가 인간의 언어표현에 의존한다는 점부터 핸디캡이다. 하지만 기계는 엄청난 컴퓨팅 파워로 인간대비 무한에 가까운 데이터를 활용한다.

이제 트랜스포머 성능을 인간 기준값과 어떻게 비교하는지 살펴보겠다.

트랜스포머 성능 vs 인간 기준값

인간과 마찬가지로 트랜스포머는 사전 학습된 모델을 상속하여 다운스트림 작업을 위해 미세 조정된다. 사전 학습 모델은 파라미터에 언어 표현을 담고있다.

사전 학습 모델은 언어에 대한 일반적 지식을 얻기 위한 핵심 작업을 학습한다. 반면 모델을 미세 조정할땐 다운스트림 작업을 학습한다. 모든 트랜스포머 모델이 동일한 작업으로 사전 학습하진 않는다. 잠재적으로는, 어떤 작업으로도 사전 학습이나 미세 조정을 할 수 있다.

모든 NLP 모델은 표준화된 방법으로 평가해야 한다. 이번 섹션에서는 먼저 일부 주요 측정 방법을 살펴보고, 주요 벤치마크 작업과 데이터셋을 살펴보겠다.

먼저 주요 측정 방식을 살펴보자.

5.2.1 모델을 평가하는 지표

어떤 트랜스포머 모델을 다른 트랜스포머 모델(또는 다른 NLP 모델)과 비교하려면 지표를 사용하는 보편적인 평가 체계가 필요하다.

이 섹션에서는 GLUE와 SuperGLUE에서 사용하는 세 가지 측정 방식을 소개하겠다.

5.2.1.1 정확도

정확도는 어떻게 활용하더라도 가장 실용적인 평가 방법이다. 정확도 함수는 단순하게 각 결과가 참인지 또는 거짓인지 계산한다. 일부 샘플 $samples_i$에 대해서 모델의 출력 $\widehat{y}$이 정답 y와 일치하는지 판단하며, 수식으로 표현하면 다음과 같다.

$$\text{Accuracy}(y, \widehat{y}) = \frac{1}{n_{samples}} \sum_{i=0}^{n_{samples}-1} 1(\widehat{y_i} = y_i)$$

결과가 올바르면 1이 되고, 틀리면 0이 된다. 이제 더 유연한 방법인 F1score도 살펴보자.

5.2.1.2 F1score

F1score는 클래스 분포가 불균형한 데이터셋에서도 사용할 수 있는 더 유연한 방식이다.

F1score는 정밀도(precision)와 재현율(recall)의 가중 평균으로, 식으로 표현하면 다음과 같다.

$$F1score = 2 \star (precision \star recall)/(precision + recall)$$

앞선 식의 정밀도(P)와 재현율(R)을 참 양성(T_p), 거짓 양성(F_p), 거짓 음성(F_n)으로 표현하면 다음과 같다.

$$P = \frac{T_p}{T_p + F_p}$$

$$R = \frac{T_p}{T_p + F_n}$$

F1score는 정밀도(P)와 재현율(R)의 조화 평균(역수의 평균의 역수)으로도 나타낼 수 있다.

$$F1score = 2 \times \frac{P \times R}{P + R}$$

이제 MCC를 살펴보겠다.

5.2.1.3 매튜 상관 계수

매튜 상관 계수(Matthews Correlation Coefficient, MCC)는 **3장, BERT 모델 미세 조정하기의 매튜 상관 계수로 평가하기**에서 설명 및 구현하였다. MCC는 참 양성(T_p), 참 음성(T_n), 거짓 양성(F_p), 거짓 음성(F_n)으로 지표를 측정한다.

MCC를 수식으로 표현하면 다음과 같다.

$$MCC = \frac{T_p \times T_n - F_p \times F_n}{\sqrt{(T_p + F_p)(T_p + F_n)(T_n + F_p)(T_n + F_n)}}$$

MCC는 이진 분류 모델 평가 지표로 두 클래스 크기가 불균형한 경우에도 유용하다.

지금까지 트랜스포머 모델의 결과를 어떻게 평가하고 다른 트랜스포머 모델이나 NLP 모델과 비교할지에 대한 좋은 방법들을 살펴봤다.

측정 방법을 기억하면서, 벤치마크 작업과 데이터셋을 살펴보자.

5.2.2 벤치마크 작업과 데이터셋

트랜스포머가 최고 수준의 성능임을 증명하기 위해선 세 가지가 준비되어야 한다.

- 모델
- 데이터셋에 기반한 작업
- 모델을 평가하는 지표 섹션에서 설명한 측정 방법

SuperGLUE 벤치마크를 시작으로 트랜스포머 모델의 평가 과정을 설명하겠다.

5.2.2.1 GLUE에서 SuperGLUE까지

SuperGLUE는 2019년 왕(Wang et al.)이 설계하고 공개한 벤치마크다. 왕은 먼저 **일반 언어 이해 평가 (General Language Understanding Evaluation, GLUE)** 벤치마크를 공개했다.

GLUE는 NLU가 유용하기 위해선 다양한 작업에 적용 가능해야 함을 보이기 위해 설계되었다. 상대적으로 작은 GLUE 데이터셋은 NLU 모델이 다양한 작업을 목표하도록 유도했다.

하지만 트랜스포머의 등장으로 NLU 모델의 성능은 GLUE 순위표(2021년 12월)에서 인간의 평균 수준을 뛰어넘었다.[11] GLUE 순위표는 https://gluebenchmark.com/leaderboard에서 확인할 수 있다. 혁신적인 트랜스포머 모델이 뛰어난 NLU 역량을 보여주고 있으며, RNN/CNN관련 아이디어도 일부 볼 수 있다.

다음은 순위표의 상위 순위와 GLUE 인간 기준값의 순위이다.

---

11 역주. 이후 마이크로소프트가 2022년 10월에 Turing ULR v6 모델을 발표하여 최고점수를 갱신하였으며, 현재(2023년)까지 순위를 유지하고 있다. 이 모델 역시 트랜스포머를 기반으로 한다.

Rank	Name	Model	URL	Score
1	Microsoft Alexander v-team	Turing NLR v5		91.2
2	ERNIE Team - Baidu	ERNIE	↗	91.1
3	AliceMind & DIRL	StructBERT + CLEVER	↗	91.0
4	liangzhu ge	DEBERTa + CLEVER		90.9
5	DeBERTa Team - Microsoft	DeBERTa / TuringNLR	↗	90.8
6	HFL iFLYTEK	MacALBERT + DKM		90.7
17	GLUE Human Baselines	GLUE Human Baselines	↗	87.1

그림 5.2 GLUE 순위표 – 2021년 12월

새로운 모델과 인간 기준값의 순위는 계속 바뀔것이다. 이 순위로 고전적인 NLP와 트랜스포머가 얼마나 발전했는지 알 수 있다!

먼저 GLUE의 인간 기준값이 상위권이 아님을 알 수 있다. NLU 모델이 GLUE에서 일반적인 인간을 능가한 것이다. 인간 기준값은 인간이 달성한 점수를 나타낸다. AI는 이제 인간을 능가한다. 2021년 12월에, 인간 기준값은 17위에 불과했다. 이렇게 되면 문제가 하나 발생한다. 뛰어넘기 위한 목표없이 벤치마크 데이터셋을 맹목적으로 사용하며 모델을 개선하기엔 한계가 있기 때문이다.

또한 트랜스포머 모델이 상위에 있음을 알 수 있다.

언어 이해 관점에서, GLUE와 SuperGLUE는 혼돈의 영역에 있는 단어를 질서의 영역으로 이동시키는 것과 같다. '이해'라는 것은 단어들을 함께 맞춰 언어로 만드는 일종의 접착제이다.

NLU가 발전함에 따라 GLUE 순위표도 계속 변화하겠지만, 왕(Wang et al.)은 더 높은 인간 기준값을 제시하기 위해 SuperGLUE를 만들었다.

5.2.2.2 더 높은 인간 기준값 제시

왕(Wang et al.)은 GLUE의 한계를 확인하고 더 어려운 NLU 과제인 SuperGLUE를 설계했다.

2020년 12월, SuperGLUE로 인해 인간 기준값은 즉시 1위가 되었다. 순위표는 https://super.gluebenchmark.com/leaderboard에서 확인할 수 있다.

Rank	Name	Model
1	SuperGLUE Human Baselines	SuperGLUE Human Baselines
✚ 2	T5 Team - Google	T5
✚ 3	Huawei Noah's Ark Lab	NEZHA-Plus

그림 5.3 SuperGLUE 순위표 2.0 – 2020년 12월

하지만 NLU 모델이 발전하며 SuperGLUE 순위표 역시 변화했다. 이미 2021년에 트랜스포머가 인간 기준값을 넘어섰다. 2021년 12월, 인간 기준값은 그림 5.4처럼 5위로 내려갔다.

Rank	Name	Model	URL	Score
1	Microsoft Alexander v-team	Turing NLR v5		90.9
2	ERNIE Team - Baidu	ERNIE 3.0	🔗	90.6
3	Zirui Wang	T5 + UDG, Single Model (Google Brain)	🔗	90.4
4	DeBERTa Team - Microsoft	DeBERTa / TuringNLRv4	🔗	90.3
5	SuperGLUE Human Baselines	SuperGLUE Human Baselines	🔗	89.8

그림 5.4 SuperGLUE 순위표 2.0 – 2021년 12월

AI 알고리즘의 순위는 새로운 혁신적인 모델이 나올 때마다 바뀔 것이다. 순위표를 보면 NLP 패권 경쟁이 얼마나 치열한지 알 수 있다.

이제 평가 과정이 어떻게 진행되는지 살펴보겠다.

5.2.2.3 SuperGLUE 평가 과정

왕(Wang et al.)은 SuperGLUE 벤치마크를 위해 여덟 가지 작업을 선정했다. 작업 선택의 기준은 GLUE에 비해 더 엄격했다. 작업을 수행하려면 텍스트를 이해할 뿐 아니라 추론까지 해야 했다. 인간 전문가 정도의 추론은 아니지만 많은 인간을 대체할 수준은 필요했다.

여덟 가지 작업 목록은 그림 5.5에서 볼 수 있다.

SuperGLUE Tasks

Name	Identifier	Download	More Info	Metric
Broadcoverage Diagnostics	AX-b	⬇	↗	Matthew's Corr
CommitmentBank	CB	⬇	↗	Avg. F1 / Accuracy
Choice of Plausible Alternatives	COPA	⬇	↗	Accuracy
Multi-Sentence Reading Comprehension	MultiRC	⬇	↗	F1a / EM
Recognaing Textual Entailment	RTE	⬇	↗	Accuracy
Words in Context	WiC	⬇	↗	Accuracy
The Winograd Schema Challenge	WSC	⬇	↗	Accuracy
BoolQ	BoolQ	⬇	↗	Accuracy
Reading Comprehension with Commonsense Reasoning	ReCoRD	⬇	↗	F1 / Accuracy
Winogender Schema Diagnostics	AX-g	⬇	↗	Gender Parity / Accuracy

DOWNLOAD ALL DATA

그림 5.5 SuperGLUE 작업 목록

https://super.gluebenchmark.com/tasks에서 확인할 수 있다.

- 각 작업에는 해당 작업에 필요한 정보가 링크로 제공된다.
- Name(이름)은 사전 학습되고 미세 조정된 모델로 수행할 다운스트림 작업의 이름이다.
- Identifier(식별자)는 이름의 짧은 버전 또는 약어이다.
- Download(다운로드)는 데이터셋을 받을 수 있는 링크이다.
- More Info(추가 정보)는 작업을 설계한 팀의 논문 또는 웹사이트 링크로 자세한 정보를 제공한다.
- Metric(지표)은 모델 평가에 사용하는 측정 방법이다.

SuperGLUE는 작업 지침, 소프트웨어, 데이터셋과 문제를 설명하는 논문 또는 웹사이트를 제공한다. 벤치마크 작업을 수행하고 순위표에 도달하면 다음과 같이 결과가 표시된다.

Score	BoolQ	CB	COPA	MultiRC	ReCoRD	RTE	WiC	WSC	AX-b	AX-g
89.8	89.0	95.8/98.9	100.0	81.8/51.9	91.7/91.3	93.6	80.0	100.0	76.6	99.3/99.7

그림 5.6 SuperGLUE 작업 점수

SuperGLUE는 총 점수와 함께 각 개별 작업의 점수를 표시한다.

2019년 왕이 논문에서 소개한 **COPA(Choice of Plausible Answers)**의 지시사항을 살펴보자.

먼저 2011년 로멜레(Roemmele et al.)의 논문을 알아야 한다. 요약하자면, NLU 모델의 기계적 사고 (인간적 사고가 아니라) 능력을 확인한다는 내용이다. 이 작업에서 트랜스포머는 질문에 대한 가장 그 럴듯한 답변을 선택해야한다. 데이터셋은 전제를 제공하고 트랜스포머 모델은 가장 타당한 답을 찾아 야 한다.

다음 예시를 보자.

전제: 나는 이웃집 문을 두드렸다. 그 결과 어떤 일이 일어날까요?

대안 1: 이웃이 나를 안으로 초대했다.

대안 2: 이웃이 집을 나갔다.

질문에 대답하려면 인간은 1~2초가 필요하며, 이는 상식수준의 기계적 사고력이 필요함을 의미한다. SuperGLUE의 작업 페이지에서 COPA.zip 데이터셋을 바로 확인할 수 있다.[12] 공정과 신뢰를 위해 벤치마크 경쟁에 참가하는 모든 참가자들에게 평가 방법 또한 공개했다.

예제가 어려워 보일 수 있다. 하지만 트랜스포머는 COPA의 인간 기준값에 근접하고 있으며(그림 5.7), 전체 작업을 다 고려하면 인간 기준값은 5위에 해당한다.

Rank	Name	Model	URL	Score	COPA
1	Microsoft Alexander v-team	Turing NLR v5		90.9	98.2
2	ERNIE Team - Baidu	ERNIE 3.0	↗	90.6	97.4
3	Zirui Wang	T5 + UDG, Single Model (Google Brain)	↗	90.4	98.0
4	DeBERTa Team - Microsoft	DeBERTa / TuringNLRv4	↗	90.3	98.4
5	SuperGLUE Human Baselines	SuperGLUE Human Baselines	↗	89.8	100.0

그림 5.7 SuperGLUE에서 COPA 결과

---

12 역주. SuperGLUE 작업 페이지에서 실제 데이터셋을 확인하면 한글로 적혀있지 않다. 본 책에서는 SuperGLUE 작업 이해를 돕기 위해 영 어 원문 대신 한글로 번역 결과를 실었다.

트랜스포머는 믿기 어려울 정도로 짧은 시간만에 순위표의 상위권에 올랐다! 이건 단지 시작일 뿐이다. 새로운 아이디어가 거의 매달 등장하고 있다!

COPA에 대해 알아보았고, 이제 다른 7가지 SuperGLUE 벤치마크 작업을 알아보겠다.

5.2.3 SuperGLUE 벤치마크 작업 알아보기

작업은 사전 학습에 사용될 수도, 또는 미세 조정을 위한 다운스트림 작업으로 활용될 수도 있다. 하지만 SuperGLUE의 목적은 NLU 모델이 미세 조정으로 다양한 다운스트림 작업을 수행할 수 있음을 보이는 것이다. 다양한 작업을 수행하면 트랜스포머 모델의 사고력을 증명할 수 있다.

트랜스포머의 힘은 사전 학습된 모델로 여러 작업을 수행하고, 미세 조정된 다운스트림 작업에 적용하는 능력에서 나온다. 오리지널 트랜스포머를 비롯한 다양한 응용 모델이 GLUE와 SuperGLUE에서 선두를 달리고 있다. 계속해서 인간 기준값을 능가하기 쉽지 않은 SuperGLUE 다운스트림 작업을 확인해 보겠다.

이전 섹션에서는 COPA를 살펴보았다. 이번 섹션에서는, 왕(Wang et al.)이 그림 5.5에서 정의한 나머지 7가지 작업을 살펴보자.

불리언 질문(Boolean question, BoolQ) 작업부터 시작하겠다.

5.2.3.1 BoolQ

BoolQ는 예-아니오를 답하는 작업이다. SuperGLUE의 BoolQ 데이터셋은 자연스러운 상황 예시 15,942개로 구성되어 있다. 다음은 데이터셋 train.jsonl 파일의 3번째 줄에 있는 샘플로 지문(passage), 질문(question), 답(answer)으로 이루어져 있다.

```
{"질문": "윈도우 무비 메이커는 윈도우 필수 패키지에 포함되어 있나요",
 "지문": "윈도우 무비 메이커 —— 윈도우 무비 메이커(이전 윈도우7에서는 윈도우 라이브 무비 메이커로 알려진)는 마이크로소프트의 단종된 영상 편집 소프트웨어다. 윈도우 필수 패키지의 일부이며 영상을 만들고 편집하여 원드라이브, 페이스북, 비메오, 유튜브, 플리커에 게시할 수 있다.", "idx": 2, "라벨": true}
```

시간이 지나면서 데이터셋의 내용이 변경될 순 있어도, 개념은 동일할 것이다.

이제 인간과 기계 모두에게 집중력을 요하는 CB를 살펴보자.

5.2.3.2 커밋먼트 뱅크(CB)

커밋먼트 뱅크(Commitment Bank, CB)는 함의(entailment) 능력이 필요한 어려운 작업이다. 트랜스포머에게 전제(premise)를 읽도록 한 후, 가설(hypothesis)이 전제를 충족하는지 확인하게 한다. 가설은 전제를 충족하거나 반박할 수 있다. 트랜스포머 모델은 전제를 기반으로 가설에 대해 중립(neutral), 함의, 반박(contradiction) 중 하나를 선택한다.

데이터셋은 자연스러운 대화로 이루어져있다.

다음은 train.jsonl의 77번 샘플로, CB 작업의 어려움을 보여준다.

```
{"전제": "수스웨카. 수족어로 '잠자리'라는 뜻이죠. 폴과 제가 거기서 만났다고 말했던가요?"
"가설": "수스웨카는 그녀와 폴이 만난 곳입니다."
"레이블": "함의", "IDX": 77}
```

이제 다중 문장 독해 과제를 살펴보자.

5.2.3.3 다중 문장 독해(MultiRC)

다중 문장 독해(Multi-Sentence Reading Comprehension, MultiRC)는 모델에게 텍스트를 읽고 여러 선택지 중 고르게 하는 작업으로, 인간과 기계 모두에게 어려운 작업이다. 하나의 본문(text)과 여러 개의 질문(questions), 각 질문에 대한 답변(answers)과 0(거짓), 1(참) 형태의 라벨이 모델에 주어진다.

다음은 train.jsonl의 두 번째 샘플이다.

"텍스트": "10월 17일에 집회가 열렸고, 사건은 2월 29일에 발생했다. 다시 말하지만, 일반적인 영화 제작 기법들은 자연스러운 왜곡을 허용한다. '무어는 당신의 맥락을 박탈하고 공백을 매우는 방식으로 작업한다. 그것은 뛰어나지만 비윤리적이다.' 앞에서 언급한 것처럼, '나의 차가운 죽은 손에서부터' 부분은 그저 무어가 헤스턴을 소개하기 위한 방법일 뿐이다. 무어의 비평가들 이외에 다른 사람들은 그것을 다른 의도로 해석했을까? 무어가 자신을 비판하는 사람들이 주장하는 것처럼 교묘한 속임수의 주인공이었다면, 이를 두 번이나 반복하는 것은 전혀 이치에 맞지 않을 것이다. 헤스턴이 롤란드에 대해 물었던 조지타운 호야 인터뷰에 대해 당신은 '그가 케일라 롤란드의 사건을 알아챘다는 어떠한 표시도 없다'고 썼다. 이는 극도로 순진한 주장이다. 헤스턴은 가장 주목받는 총기 폭력 사건에 대한 최신 정보를 얻지 못하면 NRA의 회장이 될 수 없었을 것이다. 그가 인터뷰의 그 부분에 답하지 않았다 하더라도, 그는 그 시점에서 그 사건에 대해 알고 있었을 것이다. 케일라 롤란드 사건에 대한 NRA 웹사이트 발췌문과 "케일라 롤란드 사망 후 48시간"이라는 구절을 강조한 점에 대해서는 여기서 제기한 비판이 타당하다. 그러나 이는 의도적인 왜곡으로 묘사하는 것과는 거리가 멀며, 오히려 무어의 빠른 편집으로 인해 사실을 놓치기 쉬운 예시다. 문장이 강조된 이유는 헤스턴이 급히 플린트로 이동하여 집회를 개최한 것으로 시청자를 속이기 위함이 아니라, 이 단락에서 처음으로 '케일라 롤란드'라는 이름이 언급되었기 때문이다."

샘플엔 질문 4개가 들어있다. 작업을 설명하기 위해, 2개만 확인하겠다. 모델은 라벨을 올바르게 예측해야 한다. 모델에 요청하는 정보의 모습을 확인해 보자.

"question": "카일라 롤랜드(Kayla Rolland)는 언제 총에 맞았는가?"
"answers":
[{"text": "2월 17일", "idx": 168, "label": 0},
{"text": "2월 29일", "idx": 169, "label": 1},
{"text": "10월 29일", "idx": 170, "label": 0},
{"text": "10월 17일", "idx": 171, "label": 0},
{"text": "2월 17일", "idx": 172, "label": 0}], "idx": 26},
{"question": "2월 29일에 NRA의 회장은 누구였나?",
"answers": [{"text": "찰턴 헤스턴(Charleton Heston)", "idx": 173, "label": 1},
{"text": "무어(Moore)", "idx": 174, "label": 0},
{"text": "조지 호야(George Hoya)", "idx": 175, "label": 0},
{"text": "롤랜드(Rolland)", "idx": 176, "label": 0},
{"text": "호야(Hoya)", "idx": 177, "label": 0}, {"text": "카알라(Kayla)", "idx": 178,
"label": 0}], "idx": 27},

사전 학습과 미세 조정을 거친 단일모델이 이런 어려운 다운스트림 작업을 수행하는 것을 보면 그 성능에 감탄할 수밖에 없다.

이제 상식 추론 독해 과제를 알아보자.

5.2.3.4 상식 추론 독해 데이터셋(ReCoRD)

상식 추론 독해 데이터셋(Reading Comprehension with Commonsense Reasoning Dataset, ReCoRD)
또한 매우 어려운 작업이다. 데이터셋은 70,000개 이상의 뉴스에서 추출한 120,000개 이상의 쿼리를
포함하고 있다. 트랜스포머는 문제를 해결하기 위해 상식추론 능력을 사용해야 한다.

train.jsonl의 다음 예제를 살펴보자.

"source": "데일리 메일"
지문에는 텍스트와 함께 개체의 위치가 제공된다.
먼저 텍스트가 주어진다.
"passage": {
"text": "한때 잉카의 존경을 받았던 페루의 한 부족이 치열한 사냥 기술과 강력한 전사로 남아메리카의
코카 재배 계곡에서 마약 밀매업자, 반군, 불법 벌목꾼과 땅을 공유하며 전통적 삶을 이어가고 있다. 아샤닌
카 인디언은 산악 국가인 페루의 아마존 지역에서 가장 큰 원주민 집단이지만, 현재 페루 인구 3천만 명 중
1% 미만에 불과할 정도로 거주지가 매우 드물다. 남아메리카 열대우림에서 원주민 통치 시절 영토와 식량을
놓고 라이벌 부족과 싸웠던 아샤닌카 부족은 평화를 누린 적이 거의 없다.\n@highlight\n아샤닌카
부족은 한때 다음과 같이 말했다.
수백 년 전 잉카인처럼 아마존에 살던 원주민들은 수년간의 분쟁으로 반군과 마약상이 숲으로 들어온 후 땅
을 강제로 빼앗겼다\n@highlight\n. 코카가 풍부한 계곡에 정착했지만, 그들은 산업화 이전의 가난
한 삶을 살고 있다".

개체(entities) 목록은 다음과 같이 주어진다.

"entities": [{"start": 2,"end": 9}, ...,"start": 711,"end": 715}]

이제, 모델은 쿼리의 지정위치(placeholder)에 해당하는 답을 찾아야 한다.

{"query": "젊음의 순수함: 많은 @placeholder의 젊은 세대가 부족 생활에서 등을 돌리고
생활 조건이 더 좋은 도시로 이동했다","answers":[{"start":263,"end":271,"text":"아샤닌카(Asha
ninka)"},{"start":601,"end":609,"text":"아샤닌카(Ashaninka)"},{"start":651,"end":659,"te
xt":"아샤닌카(Ashaninka)"}],"idx":9}],"idx":3}

이 문제를 수행한 트랜스포머는, 다음으로 함의 작업을 수행한다.

5.2.3.5 텍스트 함의 인식(RTE, Recognizing Textual Entailment)

텍스트 함의 인식 작업에서, 트랜스포머는 전제를 읽고 가설을 검토한 후 함의 여부에 대한 라벨을 예측해야 한다.

다음은 train.jsonl 데이터셋 파일의 19번째 예제이다.

```
{"premise": "미국 원유는 배럴당 $ 1.32 하락한 42.83 달러에 마감했다.","hypothesis": "미국산 원유는 배럴당 1.32달러 하락하여 42.83달러에 마감했다.", "label": "NOT_ENTAILMENT", )"IDX": 19}
```

RTE 작업을 수행하려면 이해와 논리가 필요하다. 이제 단어맥락 작업을 살펴보자.

5.2.3.6 단어 맥락(WiC, Words in Context)

단어 맥락 작업과 다음으로 소개할 위노그라드 스키마 작업은 모호한 단어를 처리하는 능력을 평가한다. 단어 맥락에서 트랜스포머는 두 문장을 분석하고 타깃 단어가 같은 의미를 가지는지 판단해야 한다.

train.jsonl의 첫 번째 샘플을 살펴보겠다.

먼저, 타깃 단어가 주어진다.

```
"단어": "장소"
```

타깃 단어를 포함하는 두 문장이 모델에게 주어진다.

```
"sentence1": "나중에 내 집에 오겠습니까?",
"sentence2": "약자를 위한 자리가 없는 정치 시스템"
```

train.jsonl 파일에는 샘플 번호, 정답라벨, 문장 1과 문장 2에서의 타깃 단어 위치(start1, end1, start2, end2)가 표시되어 있다.

```
"idx": 0,
"label": false,
"start1": 31,
"start2": 27,
"end1": 36,
"end2": 32,
```

이 어려운 작업 후에는 위노그라드 작업이 남아있다.

5.2.3.7 위노그라드 스키마 챌린지(WSC)

위노그라드 스키마 챌린지(WSC, Winograd schema challenge)라는 명칭은 테리 위노그라드(Terry Winograd)의 이름을 따서 지어졌다. 트랜스포머가 잘 훈련되었다면 중의성 해소 문제도 해결할 수 있어야 한다는 의도를 담고 있다.

데이터셋엔 대명사에 미묘한 차이가 생길 수 있는 문장이 들어있다.

위노그라드 스키마 챌린지는 대명사가 무엇을 의미하는지 찾는 작업이다. 가장 어려운 작업 중 하나이지만 트랜스포머 아키텍처의 셀프 어텐션은 이 작업에 이상적이다.

각 문장에는 두 대상과 대명사가 포함되어 있고, 대명사가 어느 대상을 지칭하는지 찾아내야 한다.

train.jsonl의 샘플을 보자.

먼저, 샘플은 모델에게 문장을 제시한다.

```
{"text": )"I poured water from the bottle into the cup until it was
full.(병에 담긴 물을 컵에 가득 찰 때까지 부었다.)",
WSC는 모델이 타깃 대명사인 10번째 토큰을 찾도록 한다.
"target": {"span2_index": 10,
그런 다음 모델에 'it(그것)'이 '컵'을 가리키는지 아닌지 판단하도록 요청합니다. "span1_index": 7,
"span1_text": "the cup",
"span2_text": "it"},
샘플 인덱스 #4의 경우 레이블은 참이다.
"idx": 4, "label": true}
```

SuperGLUE의 주요 작업을 몇 가지 살펴보았고, 이 외에도 많은 작업이 존재한다.

트랜스포머의 아키텍처를 이해하고 벤치마크 작업의 메커니즘을 이해한다면 어떤 모델이나 벤치마크도 빠르게 적용할 수 있을것이다.

이제 몇 가지 다운스트림 작업을 실행해보자.

5.3 다운스트림 작업 실행하기

이번 섹션에서는 직접 트랜스포머라는 자동차를 운전하며 어떻게 동작하는지 살펴보겠다. 다양한 모델과 작업이 있지만, 이 섹션에서는 일부만 실행해보려 한다. 몇 가지 작업의 실행 과정을 이해하고 나면, 나머지도 빠르게 이해할 수 있을 것이다. 어쨌든 모든 작업의 인간 기준값은 바로 우리다!

다운스트림 작업은 사전 학습된 트랜스포머 모델로부터 파라미터를 상속받아 미세 조정된 트랜스포머로 수행한다.

다운스트림 작업은 미세 조정 작업을 수행하는 사전 학습 모델의 관점이다. 즉, 사전 학습에 사용되지 않은 작업이어야 다운스트림 작업이라고 부를 수 있다. 이번 섹션에 등장하는 모든 작업은, 사전 학습에 사용되지 않았으므로, 다운스트림 작업으로 간주하겠다.

모델은 데이터베이스, 벤치마크 방법, 정확도 측정 방법, 순위표 기준 등과 함께 계속 변화한다. 그러나 이 챕터의 다운스트림 작업에 반영된 인간의 사고 구조는 계속 유지될 것이다.

CoLA부터 시작하겠다.

5.3.1 언어 적합성 말뭉치(CoLA)

언어 적합성 말뭉치(Corpus of Linguistic Acceptability, CoLA)는 GLUE 작업 중 하나로, 문법적 적합성이 표시된 수천 개의 영어 문장으로 이루어져 있으며, https://gluebenchmark.com/tasks에서 확인할 수 있다.

2019년 알렉스 바르슈타트(Alex Warstadt et al.)의 목표는 문장의 언어 적합성에 대한 능력을 측정하는 것이었다. 따라서 NLP 모델로 문장 단위의 판별을 수행한다.

각 문장은 '문법적' 또는 '비문법적' 중 하나로 표기 되어있다. 문장이 문법적으로 적합하지 않으면 0으로, 적합하다면 1로 표기된다.

분류 = 1, '우리는 쉰 목소리로 소리를 질렀다.

분류 = 0, '우리는 스스로 소리를 질렀다'

3장, BERT 모델 미세 조정하기의 BERT_Fine_Tuning_Sentence_Classification_GPU.ipynb를 살펴보면, CoLA 데이터셋으로 미세 조정한 BERT 모델을 볼 수 있다. 다음과 같이 CoLA 데이터를 사용했었다.

```
#@title 데이터셋 불러오기
#데이터셋 출처 : https://nyu-mll.github.io/CoLA/
df = pd.read_csv("in_domain_train.tsv", delimiter='\t', header=None,
names=['sentence_source', 'label', 'label_notes', 'sentence'])
df.shape
```

사전 학습된 BERT 모델 역시 불러왔었다.

```
#@title 허깅페이스 BERT 기본 모델 (Uncased) 불러오기
model = BertForSequenceClassification.from_pretrained("bert-base-uncased",
num_labels=2)
```

마지막으로, **3장, BERT 모델 미세 조정하기**의 매튜 상관 계수로 평가하기 섹션과 이번 장에서 살펴본 MCC를 측정방법으로 사용했었다.

MCC에 대한 수학적 설명이 필요하다면 이전 챕터의 매튜 상관 계수로 평가하기 섹션을 복습하거나 소스 코드를 다시 실행해 볼 수 있다.

문법적으로 틀린 문장일지라도 여전히 감성을 전달할 수 있다. 감성 분석은 기계에게 일종의 공감능력을 더해준다.

5.3.2 스탠퍼드 감성 트리뱅크(SST-2)

스탠퍼드 감성 트리뱅크(Stanford Sentiment TreeBank)는 영화 리뷰를 포함하고 있다. 이번 섹션에서는 SST-2(이진 분류)를 소개하려 하지만, 이 데이터셋은 단순한 이진 분류를 넘어 0(부정)부터 n(긍정)까지 감정을 분류할 수 있다.

2013년 소처(Socher et al.)는 긍정-부정의 이진 분류 이상으로 감성을 분석했다. **12장, 고객 감정을 감지해 예측하기**에서 트랜스포머 모델로 SST-2 다중 라벨 감성 분류(multi-label sentiment classification)를 살펴볼 것이다.

이번 섹션에서는, SST 샘플의 이진 분류를 위해 허깅페이스 트랜스포머의 파이프라인을 사용한다.

Transformer_tasks.ipynb를 열고 다음 셀을 실행하여 SST에서 가져온 긍정적, 부정적 영화 리뷰를 분석한다.

```
#@title SST-2 이진 분류
from transformers import pipeline
nlp = pipeline("sentiment-analysis")
print(nlp("If you sometimes like to go to the movies to have fun , Wasabi
is a good place to start."),"If you sometimes like to go to the movies to
have fun , Wasabi is a good place to start.") # (영화를 볼 때 가끔 재미있는 시간을 보내고
싶다면, 와사비는 좋은 시작점이다.)
print(nlp("Effective but too-tepid biopic."),"Effective but too-tepid
biopic.") # (효과적이지만 너무 미지근한 전기영화다.)
```

정확한 출력값이 나온다.

```
[{'label': 'POSITIVE', 'score': 0.999825656414032}] If you sometimes like
to go to the movies to have fun , Wasabi is a good place to start . # (영화를 볼 때
가끔 재미있는 시간을 보내고 싶다면, 와사비는 좋은 시작점이다.)
[{'label': 'NEGATIVE', 'score': 0.9974064230918884}] Effective but too-
tepid biopic. # (효과적이지만 너무 미지근한 전기영화다.)
```

SST-2 작업은 정확도로 평가한다.

문장의 감성을 분류해 보았다. 이제 두 문장의 패러프레이즈(paraphrase) 여부를 확인해 보자.

5.3.3 마이크로소프트 패러프레이즈 말뭉치(MRPC)

마이크로소프트 패러프레이즈 말뭉치(Microsoft Research Paraphrase Corpus, MRPC)는 GLUE 작업으로, 웹상에서 추출한 문장 쌍을 포함한다. 사람이 직접 각각의 문장 쌍에 대해, 두 문장이 동등한 지 두 가지 기준으로 표시했다.

- 패러프레이즈(paraphrase) 동등성
- 의미적 동등성

허깅페이스의 BERT 모델로 샘플을 실행해 보겠다. Transformer_tasks.ipynb를 열고 다음 셀로 이동한 후, MRPC에서 발췌한 샘플을 실행한다.

```
#@title 시퀀스 분류하기: 패러프레이즈 분류하기
from transformers import AutoTokenizer,
TFAutoModelForSequenceClassification
import tensorflow as tf
tokenizer = AutoTokenizer.from_pretrained("bert-base-cased-finetuned-
mrpc")
model = TFAutoModelForSequenceClassification.from_pretrained("bert-base-
cased-finetuned-mrpc")
classes = ["not paraphrase", "is paraphrase"]
sequence_A = "The DVD-CCA then appealed to the state Supreme Court."
# ( DVD-CCA는 주 최고법원에 항소했다. )
sequence_B = "The DVD CCA appealed that decision to the U.S. Supreme."
# (DVD CCA는 그 결정을 미국 대법원에 항소했다.)
paraphrase = tokenizer.encode_plus(sequence_A, sequence_B, return_
tensors="tf")
paraphrase_classification_logits = model(paraphrase)[0]
paraphrase_results = tf.nn.softmax(paraphrase_classification_logits,
axis=1).numpy()[0]
print(sequence_B, "should be a paraphrase")
for i in range(len(classes)):
    print(f"{classes[i]}: {round(paraphrase_results[i] * 100)}%")
```

정확한 결과가 나오지만, 모델에 더 많은 다운스트림 학습이 필요하다는 경고 메시지가 나올 수 있다.

> The DVD CCA appealed that decision to the U.S. Supreme Court. should be a
> paraphrase
>
> not paraphrase: 8.0%
>
> is paraphrase: 92.0%
>
> (DVD CCA는 그 결정을 미국 대법원에 항소했다. 패러프레이즈 여부.
>
> 패러프레이즈 아님: 8%
>
> 패러프레이즈이다.: 92%)

이제 위노그라드 스키마를 실행해 보겠다.

5.3.4 위노그라드 스키마

이 챕터의 위노그라드 스키마 챌린지(WSC) 섹션에서 위노그라드 스키마를 알아보았고, 영어로 된 학습 데이터를 확인했다.

하지만 트랜스포머 모델에게 영어–프랑스어 번역의 대명사 성별 문제를 풀도록 하면 어떻게 될까? 프랑스어는 문법적 성별(여성형, 남성형)에 따라 명사의 철자가 달라진다.

다음 문장은 'car'나 'garage'를 의미할 수 있는 대명사 'it'을 포함하고 있다. 과연 트랜스포머 모델은 대명사를 구분할 수 있을까?

Transformer_tasks.ipynb를 열고, #위노그라드 셀로 이동하여 다음 예제를 실행한다.

```
#@title 위노그라드
from transformers import pipeline
translator = pipeline("translation_en_to_fr")
print(translator("The car could not go in the garage because it was too
big.", max_length=40)) # (차가 너무 커서 차고에 들어갈 수 없다.)
```

번역 결과는 완벽하다.

[[{'translation_text': "La voiture ne pouvait pas aller dans le garage parce qu'elle était trop grosse."}]]

트랜스포머는 'it'이 여성형인 'car'를 의미함을 알아냈다. 'it'과 형용사 'big'에 여성형을 적용했다.

'it'의 번역에 사용된 'elle'는 프랑스어로 'she'를 의미한다. 남성형을 적용했다면 'he'를 의미하는 'il'을 사용했을 것이다.

'grosse'는 'big'의 여성형이다. 남성형이라면 'gros'를 사용했을 것이다.

트랜스포머가 난이도 높은 위노그라드 스키마를 정확하게 풀었다.

데이터 기반 NLU 작업은 매우 다양하다. 트랜스포머 활용 능력을 넓혀나가기 위해, 이 책 전반에 걸쳐 여러 작업을 더 살펴볼 것이다.

5.4	정리하기

5.4 정리하기

이 장에서는 인간의 언어 표현 방식과 기계 지능의 트랜스덕션 방식의 차이를 분석했다. 트랜스포머는 우리의 매우 복잡한 사고 과정을 표현해 놓은 텍스트에 의존해야 한다. 언어는 다량의 정보를 가장 정확하게 표현하는 방법이다. 하지만 기계는 감각기관이 없어서 원시 데이터가 음성(speech) 데이터인 경우 텍스트로 변환해 사용해야 한다.

그리고 나서, 멀티태스크 트랜스포머의 성능 측정 방법을 확인했다. 다운스트림 작업에서 최고의 성능을 얻는 트랜스포머의 능력은 NLP 역사에서 독보적이다. 난이도 높은 SuperGLUE 작업을 살펴보았다. 트랜스포머는 GLUE와 SuperGLUE의 순위표에서 최고 순위를 차지했다.

BoolQ, CB, WiC 등 여러 작업은 인간에게도 쉽지 않다. 트랜스포머 모델이 효율성을 입증하지 못한 몇몇 다운스트림 작업과 예제를 살펴보았다.

트랜스포머는 이전 NLU 아키텍처를 능가함으로써 그 가치를 입증했다. 구글 코랩 노트북과 허깅페이스 파이프라인으로 여러 작업을 실행하며, 미세 조정된 다운스트림 작업을 얼마나 쉽게 구현할 수 있는지 보았다.

위노그라드 스키마에서, 영어–프랑스어 번역으로 트랜스포머가 난이도 높은 위노그라드 중의성 해소 문제를 해결하도록 했다.

다음 **6장, 트랜스포머를 사용한 기계 번역**에서는, 번역 작업에서 한 걸음 더 나아가 트랙스(Trax)를 사용하여 번역 모델을 구축할 것이다.

5.5 문제

01. 기계 지능은 인간과 동일한 데이터를 사용해 예측을 수행한다.　　　　　참 / 거짓

02. SuperGLUE는 GLUE보다 더 어려운 NLP 과제이다.　　　　　참 / 거짓

03. BoolQ는 예-아니오를 답하는 작업이다.　　　　　참 / 거짓

04. WiC는 "Words in Context"의 약자이다.　　　　　참 / 거짓

05. **텍스트 함의 인식(RTE)**은 하나의 시퀀스가 다른 한 시퀀스를　　　　　참 / 거짓
　　함의하는지 판단하는 과제이다.

06. 위노그라드 스키마는 동사의 철자가 올바른지 판단하는 과제이다.　　　　　참 / 거짓

07. 트랜스포머 모델은 현재 GLUE와 SuperGLUE의 최상위 순위를 차지했다.　　　　　참 / 거짓

08. 인간 기준값은 변할 수 있다. SuperGLUE에 의해 더 어려운 기준으로 바뀌었다.　　　　　참 / 거짓

09. 트랜스포머 모델은 SuperGLUE의 인간 기준값을 절대 넘지 못할 것이다.　　　　　참 / 거짓

10. 트랜스포머를 응용한 다양한 모델이 RNN과 CNN을 뛰어넘었다.　　　　　참 / 거짓

5.6 참고 문헌

- Alex Wang, Yada Pruksachatkun, Nikita Nangia, Amanpreet Singh, Julian Michael, Felix Hill, Omer Levy, Samuel R. Bowman, 2019, SuperGLUE: A Stickier Benchmark for General-Purpose Language Understanding Systems: https://w4ngatang.github.io/static/papers/ superglue.pdf

- Alex Wang, Yada Pruksachatkun, Nikita Nangia, Amanpreet Singh, Julian Michael, Felix Hill, Omer Levy, Samuel R. Bowman, 2019, GLUE: A Multi-Task Benchmark and Analysis Platform for Natural Language Understanding

- Yu Sun, Shuohuan Wang, Yukun Li, Shikun Feng, Hao Tian, Hua Wu, Haifeng Wang, 2019, ERNIE 2.0: A Continual Pretraining Framework for Language Understanding: https://arxiv. org/pdf/1907.12412.pdf

- **허깅페이스의 트랜스포머 사용법**: https://huggingface.co/transformers/usage.html

06장

트랜스포머를 사용한 기계 번역

인간은 시퀀스(sequence)를 특정 대상으로 해석(transduction)할 수 있다. 우리는 문자열을 보면 그것이 의미하는 이미지를 머릿속에 쉽게 떠올린다. 누군가 "내 정원에 있는 꽃이 아름답다"라고 말하면 우리는 꽃이 있는 정원을 쉽게 떠올릴 수 있다. 우리는 그 정원을 본 적이 없어도 정원의 이미지를 떠올린다. 지저귀는 새소리와 꽃향기도 상상할 수 있다.

기계는 수학적인 개념(numerical representation)을 사용하여 트랜스덕션을 학습한다. 순환(recurrent) 방식이나 컨볼루션(convolutional) 방식은 흥미로운 결과를 가져왔지만 BLEU 번역 평가 점수가 좋지 않았다. 번역을 하려면 언어 A의 개념을 언어 B로 바꾸어야 한다.

트랜스포머 모델의 셀프 어텐션(self-attention)은 기계의 분석 능력을 향상한다. 언어 A 시퀀스를 언어 B로 번역하기 전에 적절하게 표현되어야 한다. 셀프 어텐션은 기계가 더 나은 BLEU 점수를 얻을 수 있도록 더 좋은 지능을 갖추게 한다.

2017년 「Attention Is All You Need」[13]에서 소개한 트랜스포머가 영어-독일어 및 영어-프랑스어 번역 부문에서 최고 점수를 얻었다. 점수는 그 이후로 다른 트랜스포머들에 의해 계속 경신되고 있다.

이 책에서 우리는 트랜스포머 아키텍처, RoBERTa 모델 처음부터 학습하기, BERT(Bidirectional Encoder Representations from Transformers) 미세 조정하기, 미세 조정된 BERT 평가하기, 몇 가지 트랜스포머 예제로 다운스트림 작업 살펴보기 등 트랜스포머의 필수적인 요소들을 다루었다.

이번 장에서는 기계 번역을 세 가지 주제로 나누어 살펴본다. 먼저 기계 번역이 무엇인지 정의한다. 그리고 **WMT(Workshop on Machine Translation)** 데이터셋을 전처리한다. 마지막으로 기계 번역을 구현하는 방법을 살펴본다.

---

13 역주. 2장. 트랜스포머 모델 아키텍처 살펴보기를 참고하면 오리지널 트랜스포머 아키텍처의 구성 요소에 대해 알아보는 데 도움이 될 것이다.

이 장에서는 다음 주제들을 다룬다.

- 기계 번역 정의하기
- 사람이 하는 번역
- 기계가 하는 번역
- WMT 데이터셋 전처리하기
- BLEU로 기계 번역 평가하기
- 기하학적 평가
- 첸체리 스무딩(Chencherry smoothing)
- 구글 번역 API 소개
- 트랙스(Trax)로 영어-독일어 문제 초기화하기

첫째로 기계 번역을 정의해 보자.

기계 번역 정의하기

2017년 바스와니(Vaswani et al.)는 트랜스포머를 설계할 때 가장 어려운 NLP 문제 중 하나를 해결하고자 했다. 기계 번역을 인간 기준 성능(human baseline)으로 하는 것은 인간-기계(human-machine) 지능 설계자에게 쉽지 않아 보인다. 그럼에도 바스와니는 트랜스포머 아키텍처를 발표하고 최상의 BLEU 결과를 달성했다.

이 섹션에서는 기계 번역을 정의한다. 기계 번역은 트랜스덕션과 출력으로 인간의 번역을 재현하는 프로세스이다.

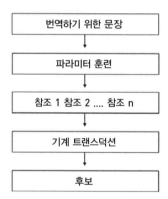

그림 6.1 기계 번역 프로세스

그림 6.1은 기계가 수행할 다음과 같은 작업을 보여준다.

- 번역할 문장을 선택한다.
- 수십억 파라미터를 사용하여 단어가 서로 어떻게 연관되는지 배운다.
- 단어가 서로 참조하는 다양한 방법을 학습한다.
- 기계 트랜스덕션을 사용하여 학습한 파라미터를 새로운 시퀀스로 옮긴다.
- 단어 또는 시퀀스의 번역 후보를 선택한다.

프로세스는 항상 원본(source) 언어 A로 이루어진 번역할 문장으로 시작하여 번역된 문장인 출력 B로 끝나며, 중간 계산에는 트랜스덕션이 포함된다.

6.1.1 인간 트랜스덕션과 번역

유럽 의회의 통역사는 문장을 단어 단위로 번역하지 않는다. 단어 단위 번역은 적절한 문법적 구조가 부족하고 각 단어의 문맥이 무시되어 올바른 번역을 생성할 수 없기 때문에 말이 안 되는 경우가 많다.

인간 트랜스덕션은 언어로 된 문장으로 문장의 의미에 대한 인지적 개념을 구축한다. 그런 다음 유럽 의회의 통역사(구두 번역) 또는 번역가(서면 번역)가 해당 트랜스덕션을 B 언어로 된 해석으로 변환한다.

통역사 또는 번역가가 B 언어로 번역한 문장을 레퍼런스(reference) 문장이라고 부르겠다. 그림 6.1의 기계 번역 프로세스에서 여러 레퍼런스 문장을 확인할 수 있다.

한 명의 인간 번역가가 문장 A를 문장 B로 번역할 때, 한 문장을 한 번만 번역한다 그러나 현실에서는 한 명 이상의 번역가가 문장 A를 각자 번역할 수 있다. 예를 들어 「몽테뉴의 수상록」을 프랑스어에서 영어로 번역한 경우에서 종종 찾을 수 있다. 원본의 프랑스어 문장 A 하나에도, 레퍼런스 1부터 n으로 표시된, 문장 B의 여러 버전이 있을 수 있다.

유럽 의회에 가보면 통역사가 제한된 시간(2시간) 동안에만 통역하는 것을 볼 수 있다. 그런 다음 다른 통역사가 통역을 이어받는다. 원본 언어로 된 문장 A는 같은 사람이 하루에 여러 번 말하지만 레퍼런스 문장 B는 여러 버전으로 번역될 수 있다.

$$reference = \{reference\ 1, reference\ 2, \ldots, reference\ n\}$$

기계도 인간 번역가처럼 생각할 수 있는 방법을 찾아야 한다.

6.1.2 기계 트랜스덕션과 번역

오리지널 트랜스포머 아키텍처의 트랜스덕션 프로세스는 인코더 스택, 디코더 스택 및 모델의 모든 파라미터를 사용하여 레퍼런스 시퀀스를 표현한다. 우리는 이 출력 시퀀스를 레퍼런스라고 부른다.

왜 그냥 "출력 예측(prediction)"이라고 하지 않을까? 문제는 출력 예측이 하나가 아니라는 점이다. 트랜스포머는 인간처럼 참조할만한 결과를 생성하긴 하지만, 다른 방식으로 학습시키거나 다른 트랜스포머 모델을 사용하면 결과가 달라질 수 있다!

인간 수준으로 언어 시퀀스를 표현하는 것이 상당히 어렵지만, 지금까지 많은 진전이 있어왔다.

기계 번역 결과를 평가해 보면 NLP가 발전했음을 알 수 있다. 특정 솔루션이 다른 솔루션보다 더 나은지 판단하려면 각 NLP 도전자, 연구소 또는 조직이 동일한 데이터셋을 사용해야 한다.

이제 WMT 데이터셋을 살펴보자.

WMT 데이터셋 전처리하기

2017년 바스와니는 WMT 2014 영어-독일어 번역 작업과 WMT 2014 영어-프랑스어 번역 작업에서 트랜스포머가 최상의 BLEU 점수를 달성했다고 발표했다. BLEU는 이번 챕터의 BLEU로 기계 번역 평가하기 섹션에서 설명한다.

2014 WMT은 다양한 유럽 국가의 언어 데이터셋을 포함하고, 유로파(Europarl) 말뭉치 버전 7에서 가져온 데이터셋도 포함되어 있다. 우리는 유럽 의회 회의록 병렬(parallel)[14] 말뭉치, 1996-2011 (https://www.statmt.org/europarl/v7/fr-en.tgz)의 프랑스어-영어 데이터셋을 사용한다.

먼저 파일을 다운로드하고 압축을 푼 뒤, 두 개의 병렬 파일을 전처리한다.

- europarl-v7.fr-en.en
- europarl-v7.fr-en.fr

이제 말뭉치를 불러오고, 지우고, 크기를 줄이는 등 전처리를 시작해 보자.

6.2.1 원시 데이터 전처리하기

이 섹션에서는 europarl-v7fr-en.en 및 europarl-v7.fr-en.fr을 전처리한다.

깃허브의 이번 챕터 디렉터리에 있는 read.py를 연다. 두 유로파 파일은 read.py와 같은 위치에 있어야 한다.

직렬화(serialized)된 출력 파일을 덤프(dump)하기 위해 표준 파이썬 함수와 pickle을 사용한다.

---

14   역주. 동일한 내용의 서로 다른 언어로 구성되어 있음을 의미한다.

```
import pickle
from pickle import dump
```

파일을 메모리에 적재하는 함수를 정의한다.

```
# 문서를 메모리에 로드한다
def load_doc(filename):
    # 파일을 읽기 모드로 연다.
    file = open(filename, mode='rt', encoding='utf-8')
    # 모든 텍스트를 읽어들인다.
    text = file.read()
    # 파일을 닫는다
    file.close()
    return text
```

적재된 문서를 문장으로 분할한다.

```
# 로드된 문서를 문장으로 분리한다.
def to_sentences(doc):
    return doc.strip().split('\n')
```

가장 긴 문장의 길이와 가장 짧은 문장의 길이를 찾는다.

```
# 가장 짧은 문장 길이와 가장 짧은 문장 길이
def sentence_lengths(sentences):
    lengths = [len(s.split()) for s in sentences]
    return min(lengths), max(lengths)
```

문장에 있는 노이즈 토큰은 학습되지 않도록 정리해야 한다. 문장을 정규화하고, 공백에 따라 토큰화 하며, 소문자로 변환한다. 각 토큰에서 구두점, 출력할 수 없는 문자, 숫자가 포함된 토큰은 제외한다. 정리한 문장은 문자열로 저장한다.

이 프로그램은 함수로 문장을 정리한 후 덧붙여(append) 반환한다.

```python
# 문장을 정리한다.
import re
import string
import unicodedata
def clean_lines(lines):
    cleaned = list()
    # 문자 필터링을 위한 정규식을 준비한다.
    re_print = re.compile('[^%s]' % re.escape(string.printable))
    # 구두점 제거를 위해 번역 테이블을 준비한다.
    table = str.maketrans('', '', string.punctuation)
    for line in lines:

        # 유니코드 문자를 정규화한다.
        line = unicodedata.normalize('NFD', line).encode('ascii', 'ignore')
        line = line.decode('UTF-8')
        # 공백 기준으로 토크나이즈 한다.
        line = line.split()
        # 소문자로 변환한다.
        line = [word.lower() for word in line]
        # 각 토큰에서 구두점을 제거한다.
        line = [word.translate(table) for word in line]
        # 각 토큰에서 프린트할 수 없는 문자를 제거한다.
        line = [re_print.sub('', w) for w in line]
        # 숫자를 포함한 토큰을 제거한다.
        line = [word for word in line if word.isalpha()]
        # 문자열로 저장한다.
        cleaned.append(' '.join(line))
            return cleaned
```

데이터셋 준비 함수를 정의했으니 먼저 영어 데이터부터 불러온 후 정리한다.

```
# 영어 데이터를 로드한다.
filename = 'europarl-v7.fr-en.en'
doc = load_doc(filename)
sentences = to_sentences(doc)
minlen, maxlen = sentence_lengths(sentences)
print('English data: sentences=%d, min=%d, max=%d' % (len(sentences),
minlen, maxlen))
cleanf=clean_lines(sentences)
```

이제 데이터셋이 깔끔해졌으니, pickle로 직렬화된 파일 English.pkl에 덤프한다.

```
filename = 'English.pkl'
outfile = open(filename,'wb')
pickle.dump(cleanf,outfile)
outfile.close()
print(filename," saved")
```

통계치가 출력되고 English.pkl이 저장되었는지 확인한다.

```
English data: sentences=2007723, min=0, max=668
English.pkl  saved
```

이제 프랑스어 데이터도 동일한 프로세스를 반복하여 직렬화된 파일 French.pkl에 덤프한다.

```
# 프랑스어 데이터를 로드한다.
filename = 'europarl-v7.fr-en.fr'
doc = load_doc(filename)
sentences = to_sentences(doc)
minlen, maxlen = sentence_lengths(sentences)
print('French data: sentences=%d, min=%d, max=%d' % (len(sentences),
minlen, maxlen))
cleanf=clean_lines(sentences)
filename = 'French.pkl'
outfile = open(filename,'wb')
pickle.dump(cleanf,outfile)
outfile.close()
print(filename," saved")
```

프랑스어 데이터셋의 통계치가 출력되고 French.pkl이 저장되었는지 확인한다.

```
French data: sentences=2007723, min=0, max=693
French.pkl saved
```

전처리가 완료되었다. 하지만 아직 데이터셋에 노이즈 토큰이 있을 수 있으니 확인해야 한다.

6.2.2 데이터셋 전처리 마무리하기

이제 read.py와 같은 디렉터리에서 read_clean.py를 연다. 이전 섹션에서 정리한 데이터셋을 불러온 후 전처리가 마무리되면 저장하는 함수를 정의한다.

```
from pickle import load
from pickle import dump
from collections import Counter
# 정제된 데이터셋을 로드한다.
def load_clean_sentences(filename):
    return load(open(filename, 'rb'))
# 정제된 문장 리스트를 저장한다.
def save_clean_sentences(sentences, filename):
    dump(sentences, open(filename, 'wb'))
    print('Saved: %s' % filename)
```

이제 어휘 카운터(vocabulary counter)를 생성하는 함수를 정의한다. 분석할 시퀀스에서 단어가 몇 번이나 사용되는지 아는 것은 중요하다. 예를 들어, 200만 줄로 구성된 데이터셋에서 한 번만 사용된 단어를 학습하기 위해 귀중한 GPU 리소스를 사용하는 것은 에너지 낭비다. 카운터를 정의해 보자.

```
# 모든 단어에 대한 빈도수 테이블을 생성한다.
def to_vocab(lines):
    vocab = Counter()
    for line in lines:
        tokens = line.split()
        vocab.update(tokens)
    return vocab
```

어휘 카운터는 min_occurrence보다 빈도가 낮은 단어를 감지한다.

```
# 기준값 미만의 빈도수를 가진 단어들을 제거한다.
def trim_vocab(vocab, min_occurrence):
    tokens = [k for k,c in vocab.items() if c >= min_occurrence]
    return set(tokens)
```

min_occurrence=5 이하인 단어를 제거하여 모델의 학습 시간을 낭비하지 않도록 한다.

이제 OOV(Out-Of-Vocabulary) 단어를 처리한다. OOV 단어는 철자가 틀린 단어, 약어 또는 표준 어휘 표현에 맞지 않는 경우이다. 맞춤법 자동 교정 기능을 사용할 수도 있지만 모든 문제가 해결되지는 않는다. OOV 단어는 unk(알 수 없음) 토큰으로 대체한다.

```python
# 모든 OOV 단어를 unk로 표시한다.
def update_dataset(lines, vocab):
    new_lines = list()
    for line in lines:
        new_tokens = list()
        for token in line.split():
            if token in vocab:
                new_tokens.append(token)
            else:
                new_tokens.append('unk')
        new_line = ' '.join(new_tokens)
        new_lines.append(new_line)
    return new_lines
```

이제 영어 데이터셋으로 함수를 실행하고 결과를 저장 및 출력한다.

```python
# 영어 데이터셋을 로드한다.
filename = 'English.pkl'
lines = load_clean_sentences(filename)
# 사전을 추출한다.
vocab = to_vocab(lines)
print('English Vocabulary: %d' % len(vocab))
# 사전을 줄인다.
vocab = trim_vocab(vocab, 5)
print('New English Vocabulary: %d' % len(vocab)) # 사전에 없는 단어를 표시한다.
lines = update_dataset(lines, vocab)
# 업데이트된 데이터셋을 저장한다.
filename = 'english_vocab.pkl'
save_clean_sentences(lines, filename)
# 결과를 확인한다.
for i in range(20):
    print("line",i,":",lines[i])
```

먼저 원래 어휘 개수와 추출된 어휘 개수를 보여준다.

```
English Vocabulary: 105357
New English Vocabulary: 41746
Saved: english_vocab.pkl
```

전처리된 데이터셋이 저장되고, 다음 결과가 출력된다.

```
line 0 : resumption of the session
line 1 : i declare resumed the session of the european parliament
adjourned on friday december and i would like once again to wish you a
happy new year in the hope that you enjoyed a pleasant festive period
line 2 : although, as you will have seen, the dreaded millennium bug
failed to materialise still the people in a number of countries suffered a
series of natural disasters that truly were dreadful
line 3 : you have requested a debate on this subject in the course of the
next few days during this partsession
```

이제 프랑스어 데이터셋으로 함수를 실행하고 결과를 저장 및 출력한다.

```python
# 프랑스어 데이터를 로드한다.
filename = 'French.pkl'
lines = load_clean_sentences(filename)
# 사전을 추출한다.
vocab = to_vocab(lines)
print('French Vocabulary: %d' % len(vocab))
# 사전을 줄인다.
vocab = trim_vocab(vocab, 5)
print('New French Vocabulary: %d' % len(vocab)) # 사전에 없는 단어를 표시한다.
lines = update_dataset(lines, vocab)
# 업데이트된 데이터셋을 저장한다.
filename = 'french_vocab.pkl'
save_clean_sentences(lines, filename)
# 결과를 확인한다.
for i in range(20):
    print("line",i,":",lines[i])
```

먼저 원래 어휘 개수와 추출된 어휘 개수를 보여준다.

```
French Vocabulary: 141642
New French Vocabulary: 58800
Saved: french_vocab.pkl
```

전처리된 데이터셋이 저장되고, 다음 결과가 출력된다.

```
line 0 : reprise de la session
line 1 : je declare reprise la session du parlement europeen qui avait ete
interrompue le vendredi decembre dernier et je vous renouvelle tous mes
vux en esperant que vous avez passe de bonnes vacances
line 2 : comme vous avez pu le constater le grand bogue de lan ne sest pas
produit en revanche les citoyens dun certain nombre de nos pays ont ete
victimes de catastrophes naturelles qui ont vraiment ete terribles
line 3 : vous avez souhaite un debat a ce sujet dans les prochains jours
au cours de cette periode de session
```

이번 섹션에서 우리는 원시 데이터를 어떻게 전처리하는지 살펴보았고, 이제 데이터셋을 트랜스포머에 연결하여 학습할 준비가 되었다.

프랑스어 데이터셋의 각 줄은 번역할 문장이다. 영어 데이터셋의 각 줄은 기계 번역 모델을 위한 레퍼런스이다. 기계 번역 모델은 레퍼런스와 일치하는 영어 번역 후보를 생성한다.

BLEU는 기계 번역 모델이 생성한 번역 후보를 평가하는 방법이다.

BLEU로 기계 번역 평가하기

2002년 파피네니(Papineni et al.)는 인간의 번역을 평가하는 효율적인 방법을 고안했다. 인간 기준 성능을 정의하기는 어려웠지만, 인간의 번역과 기계의 번역을 한 단어 한 단어 비교하면 효율적이라는 것을 깨달았다.

파피네니(Papineni et al.)는 이 방법을 **BLEU(Bilingual Evaluation Understudy Score)**라고 이름 지었다.

NLTK(Natural Language Toolkit)를 사용하여 BLEU를 구현한다.

http://www.nltk.org/api/nltk.translate.html#nltk.translate.bleu_score.sentence_bleu

먼저 기하학적으로 평가해 보자.

6.3.1 기하학적 평가

BLEU 방법은 후보 문장의 일부를 레퍼런스 문장과 비교한다.

깃허브 저장소에서 이번 챕터 디렉터리에 있는 BLEU.py를 연다.

프로그램은 nltk 모듈을 가져온다.

```
from nltk.translate.bleu_score import sentence_bleu
from nltk.translate.bleu_score import SmoothingFunction
```

그런 다음 기계 번역 모델이 생성한 후보 문장과 데이터셋의 실제 레퍼런스 문장을 비교하는 시뮬레이션을 수행한다. 동일한 문장이 여러 번역가에 의해 다른 방식으로 번역됐을 수 있으므로 효율적인 평가 전략을 찾기 어렵다는 점을 기억하자.

프로그램은 한 번에 여러 레퍼런스 문장을 평가할 수 있다.

#예제 1

```
reference = [['the', 'cat', 'likes', 'milk'], ['cat', 'likes' 'milk']]
candidate = ['the', 'cat', 'likes', 'milk']
score = sentence_bleu(reference, candidate)
print('Example 1', score)
```

#예제 2

```
reference = [['the', 'cat', 'likes', 'milk']]
candidate = ['the', 'cat', 'likes', 'milk']
score = sentence_bleu(reference, candidate)
print('Example 2', score)
```

두 예시의 점수는 모두 1점이다.[15]

```
Example 1 1.0
Example 2 1.0
```

후보 문장 C에 대한 레퍼런스 문장 R과 C(N)에서 찾은 정답 토큰 개수에 대한 평가 P는 다음 기하학적 함수로 나타낼 수 있다.[16]

$$P(N, C, R) = \prod_{n=1}^{N} p_n$$

3-그램 중복을 찾는 경우 이 기하학적 접근 방식은 엄격하다. 다음 예시를 보자.

#예제 3

```
reference = [['the', 'cat', 'likes', 'milk']]
candidate = ['the', 'cat', 'enjoys','milk']
score = sentence_bleu(reference, candidate)
print('Example 3', score)
```

---

15   역주. 후보 문상이 레퍼런스 분상 중 하나에만 포함되어도 정답이다.
16   역주. p_n은 레퍼런스와 후보의 n-그램(gram) 토큰마다 개수를 구한다. 그리고 두 값 중 작은 값을 취한 후 더한 값을 후보 n-그램 토큰 개수로 나눈 값이다.

3-그램 중복을 찾는 경우의 출력은 심각하다.[17]

```
Warning (from warnings module):
  File
"C:\Users\Denis\AppData\Local\Programs\Python\Python37\lib\site-
packages\
nltk\translate\bleu_score.py", line 490
    warnings.warn(_msg)
UserWarning:
Corpus/Sentence contains 0 counts of 3-gram overlaps.
BLEU scores might be undesirable; use SmoothingFunction().
Example 3 0.7071067811865475
```

인간이라면 아마 만점인 1점을 줄 것이다. sentence_bleu의 파라미터를 추가해 평가 방식에 변경을 줄 수 있지만 여전히 평가가 매우 엄격하다.

앞의 코드에서 출력된 경고 메시지는 다음 챕터에서 살펴보자.

이 프로그램은 확률적인 프로세스이므로 버전과 각 실행마다 경고 메시지가 다를 수 있다.

파피네니는 수정된 유니그램(unigram) 접근법을 고안했다. 이 아이디어는 레퍼런스 문장에서 단어 등장 횟수를 세고 후보 문장에서 단어가 과도하게 평가되지 않도록 하는 것이다.

파피네니가 설명한 다음 예시를 살펴보자.

Reference 1: The cat is on the mat.

Reference 2: There is a cat on the mat.

이제 다음 후보 문장을 살펴보자.

Candidate: the the the the the the the

이제 Reference 1의 단어("the" 2번 등장) 중 후보 문장에 있는 단어의 개수(동일한 "the"가 7번 등장)를 찾는다.

---

17   역주. n-그램에서 일치하는 값이 없는 경우 값이 0이다. 이를 score에 반영할 것인지는 계속 변화하는 nltk 버전에 따라 달라질 수 있다.

표준 유니그램 정밀도는 7/7이다. 수정된 유니그램 정밀도는 2/7이다.

BLEU 함수가 출력한 경고 메시지가 제안했던 스무딩(smoothing) 기법을 추가해 보자.

6.3.2 스무딩 기법 적용하기

첸(Chen)과 체리(Cherry)는 표준 BLEU 기법의 기하학적 평가 방식을 개선한 스무딩 기법을 고안했다.

라벨 스무딩은 학습 단계에서 트랜스포머 모델의 성능을 개선하는 매우 효율적인 방법이다. 이 방법은 펄플렉서티(perplexity)[18]에 부정적인 영향을 주지만 모델을 더 불확실하게 만들어서 결과적으로 정확도에 긍정적인 영향을 주게 된다.

예를 들어 다음 시퀀스에서 마스킹된 단어가 무엇인지 예측해야 한다고 가정해 보자.

The cat [mask] milk

출력이 소프트맥스(softmax) 벡터로 나온다고 상상해 보자.

```
candidate_words=[drinks, likes, enjoys, appreciates]
candidate_softmax=[0.7, 0.1, 0.1,0.1]
candidate_one_hot=[1,0,0,0]
```

'drinks'만 정답(1), 나머지는 완전한 오답(0)으로 간주하는 것은 꽤나 잔인할 수 있다. 라벨 스무딩은 엡실론 = ε을 도입하여 시스템을 보다 유연하게 만들 수 있다.

candidate_softmax의 크기는 k=4이다.

라벨 스무딩을 위해 ε가 0.25인 예시를 살펴보자. 먼저 candidate_one_hot의 값을 1−ε만큼 줄인다. 그리고 0 값을 0 + ε/(k−1)만큼 증가시킨다. 이를 적용하면 다음 결과를 얻을 수 있다.

candidate_smoothed=[0.75,0.083,0.083,0.083], 이제 변환 결과가 유연하게 나올 수 있게 만들었다.

트랜스포머는 라벨 스무딩을 변형한 첸체리(chencherry) 스무딩을 사용한다.

---

18 역주. 언어 모델을 평가하는 지표 중 하나로. 모델이 예측할 때 얼마나 확신하는지를 나타낸다.

6.3.2.1 첸체리 스무딩 기법

첸과 체리(2014)는 0이 아닌 값에 ε를 추가하여 후보 평가를 스무딩하는 흥미로운 방법을 소개했다. 여러 가지 첸체리(복싱 첸(Boxing Chen) + 콜린 체리(Colin Cherry)) 방법이 있으니 다음 링크를 참고하자. https://www.nltk.org/api/nltk.translate.html.

먼저 스무딩 기법을 이용하여 프랑스어-영어 예제를 평가해 보자.

```
#예제 4
reference = [['je','vous','invite', 'a', 'vous', 'lever','pour', 'cette',
'minute', 'de', 'silence']]
candidate = ['levez','vous','svp','pour', 'cette', 'minute', 'de',
'silence']
score = sentence_bleu(reference, candidate)
print("without soothing score", score)
```

후보 문장이 인간이 용납할 수준이긴 하지만 출력 점수는 낮다.

```
without smoothing score 0.37188004246466494
```

이제 평가에 스무딩을 추가해 보자.

```
chencherry = SmoothingFunction()
r1=list('je vous invite a vous lever pour cette minute de silence')
candidate=list('levez vous svp pour cette minute de silence')
#sentence_bleu([reference1, reference2, reference3], hypothesis2,smoothing_
function=chencherry.method1)
print("with smoothing score",sentence_bleu([r1], candidate,smoothing_
function=chencherry.method1))
```

점수가 아직 인간이 받아들일 수 있는 수준에는 미치지 못한다.

```
with smoothing score 0.6194291765462159
```

지금까지 데이터셋이 전처리되는 방법과 BLEU가 기계 번역을 평가하는 방법을 살펴보았다.

구글 번역으로 번역하기

구글 번역은 번역에 바로 사용할 수 있는 인터페이스를 제공한다. https://translate.google.com/ 구글은 번역 알고리즘에 트랜스포머 인코더를 점진적으로 도입하고 있다. 다음 섹션에서 구글 트랙스로 번역용 트랜스포머 모델을 구현해 보자.

구현하는데 AI 전문가가 전혀 필요하지 않을 수 있다.

구글 번역에 앞의 챕터에서 분석한 문장 Levez-vous svp pour cette minute de silence를 입력하면 실시간으로 영어로 번역한 결과를 얻을 수 있다.

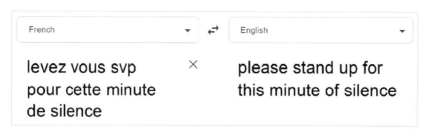

그림 6.2 구글 번역

내용을 확인해 보면 번역이 정확하다는 것을 알 수 있다.

4차 산업 시대에서도 번역 작업에 AI 전문가가 필요할까, 아니면 단순히 웹 인터페이스 개발자가 필요할까?

구글은 번역에 필요한 모든 서비스를 구글 번역 플랫폼에서 제공한다. https://cloud.google.com/translate

- **번역 API**: 웹 개발자를 위한 인터페이스
- 스트리밍 콘텐츠 번역을 위한 미디어 번역 API
- 특정 도메인에 맞게 모델 학습 커스터마이징이 가능한 AutoML 번역 서비스

구글 번역 프로젝트에는 인터페이스를 위한 웹 개발자, 주제별 전문가(SME, Subject Matter Expert), 언어학자가 필요하다. 하지만 AI 전문가가 필수 조건은 아니다.

4차 산업 시대는 서비스로서의 AI(AI as a service)로 향하고 있다. 그렇다면 왜 트랜스포머로 AI 개발하는 방법을 공부해야 할까? 4차 산업 시대에서 AI 전문가가 되어야 하는 두 가지 중요한 이유가 있다.

실제 AI 프로젝트에서 간혹 예상치 못한 문제에 부딪히게 된다. 예를 들어, 구글 번역은 아무리 많은 노력을 기울여도 특정 요구 사항에 맞지 않을 수 있다. 이 경우 구글 트랙스가 유용하다!

구글 트랙스를 사용하려면 AI 개발자가 필요하다!

4차 산업 시대는 모든 것을 모든 것에 연결한다. AI 프로젝트는 순조롭게 진행될 때도 있지만, 복잡한 문제를 해결하기 위해 AI 전문 지식이 필요할 때도 있다. **14장, 블랙박스 트랜스포머 모델 해석하기**에서 구글 번역을 구현할 때 AI 개발이 어떻게 필요한지 살펴본다.

이제 트랙스로 번역 모델을 구현할 준비가 되었다.

6.5 트랙스로 번역하기

구글 브레인은 딥러닝 개발을 더 쉽게 하기 위해 T2T(Tensor2Tensor)를 개발했다. T2T는 텐서플로우의 확장판으로, 다양한 트랜스포머 예제가 포함된 딥러닝 모델 라이브러리가 있다.

T2T에 이어 구글 브레인은 엔드-투-엔드 딥러닝 라이브러리 트랙스를 개발했다. 트랙스에는 번역에 적용할 수 있는 트랜스포머 모델이 있다. 현재 구글 브레인 팀이 트랙스를 유지 및 관리하고 있다.

이번 섹션에서는 트랜스포머의 성능을 설명하기 위해 2017년 바스와니가 설명한 영어-독일어 문제 해결을 위한 함수에 초점을 맞춘다.

트랜스포머 아키텍처가 언어에 구애받지 않는다는 것을 보여주기 위해 전처리된 영어-독일어 데이터셋을 사용한다.

Trax_Translation.ipynb를 열고, 필요한 모듈을 설치하는 것부터 시작하자.

6.5.1 트랙스 설치하기

구글 브레인은 트랙스를 쉽게 설치하고 실행할 수 있게 만들었다. 한 줄로 트랙스를 설치하고 기본 라이브러리도 가져온다.

```
#@title 트랙스 설치하기
import os
import numpy as np
!pip install -q -U trax
import trax
```

매우 간단하다!

이제 트랜스포머 모델을 만들어 보자.

6.5.2 오리지널 트랜스포머 모델 생성하기

2장, 트랜스포머 모델 아키텍처 살펴보기에서 설명한 대로 오리지널 트랜스포머 모델을 생성한다.

트랙스 함수는 코드 몇 줄 만으로 사전 학습된 모델 설정을 검색한다.

```
#@title 오리지널 트랜스포머 모델 생성하기
# 사전 학습된 모델 설정 파일 경로: gs://trax-ml/models/translation/ende_wmt32k.gin
model = trax.models.Transformer(
    input_vocab_size=33300,
    d_model=512, d_ff=2048,
    n_heads=8, n_encoder_layers=6, n_decoder_layers=6,
    max_len=2048, mode='predict')
```

모델은 인코더와 디코더 스택이 있는 트랜스포머이다. 각 스택은 층 6개와 헤드 8개를 가진다. 오리지널 트랜스포머 아키텍처와 같이 d_model=512이다.

트랜스포머를 실행하려면 사전 학습된 가중치가 필요하다.

6.5.3 사전 학습된 가중치로 모델 초기화하기

트랜스포머의 지능은 사전 학습된 가중치에 있다. 가중치는 트랜스포머의 언어적 표현으로 이루어져 있다. 가중치는 여러 파라미터로 표현할 수 있으며, 이 파라미터는 일종의 기계 지능 IQ를 생성한다.

가중치를 초기화하여 모델에 생명을 불어넣어 보자.

```
#@title 사전 학습된 가중치로 모델 초기화하기
model.init_from_file('gs://trax-ml/models/translation/ende_wmt32k.pkl.gz',
                     weights_only=True)
```

이제 기계 설정과 지능을 실행시킬 준비가 됐다. 문장을 토큰화해 보자.

6.5.4 문장 토큰화하기

문장을 토큰화할 준비가 되었다. 노트북은 트랙스에서 전처리된 어휘를 사용한다. 전처리 방법은 이 챕터의 WMT 데이터셋 전처리하기 섹션에서 설명한 것과 비슷하다.

이제 문장을 토큰화해 보자.

```
#@title 문장 토큰화하기
sentence = 'I am only a machine but I have machine intelligence.'
tokenized = list(trax.data.tokenize(iter([sentence]), # 스트림으로 동작한다.
                    vocab_dir='gs://trax-ml/vocabs/',
                    vocab_file='ende_32k.subword'))[0]
```

이제 문장을 디코딩하고 번역을 생성해 보자.

6.5.5 트랜스포머로 디코딩하기

트랜스포머는 문장을 영어로 인코딩하고 이를 독일어로 디코딩한다. 모델과 가중치가 기능을 구성한다.

트랙스의 디코딩 기능은 직관적이다.

```
#@title 트랜스포머로 디코딩하기
tokenized = tokenized[None, :] # 배치 추가
tokenized_translation = trax.supervised.decoding.autoregressive_sample(
    model, tokenized, temperature=0.0) # 온도(temperature) 파라미터가 높을수록 더
다양한 결과를 얻을 수 있다
```

이번 챕터의 기계 번역 정의하기 섹션에서 설명한 대로 온도(temperature) 파라미터가 높을수록 인간 번역가와 마찬가지로 다양한 결과를 얻을 수 있다는 점에 유의하자.

마지막으로 토큰화를 해제하고 번역을 출력해 보자.

6.5.6 토큰화 해제 및 번역 출력하기

구글 브레인은 트랙스를 통해 대세(mainstream)이자 혁신적이며 직관적인 트랜스포머를 구현했다.

이제 프로그램이 토큰을 문장으로 변환하고 번역을 출력한다.

```
#@title 토큰화 해제 및 번역 출력하기
tokenized_translation = tokenized_translation[0][:-1] # 배치와 EOS를 제거한다.
translation = trax.data.detokenize(tokenized_translation,
                    vocab_dir='gs://trax-ml/vocabs/',
                    vocab_file='ende_32k.subword')
print("The sentence:",sentence)
print("The translation:", translation)
```

번역 결과가 매우 인상적이다.

```
The sentence: I am only a machine but I have machine intelligence.(나는 기계에 불과
하지만 기계 지능(machine intelligence)을 가지고 있다.)
The translation: Ich bin nur eine Maschine, aber ich habe Maschinenübersicht.
(나는 기계에 불과하지만 기계 지능(Maschinenübersicht)을 가지고 있다.)
```

트랜스포머는 machine intelligence를 Maschinenübersicht(기계 개요)로 번역했다.

Maschinenübersicht를 Maschin(기계) + übersicht(지능)로 나뉘고, übersichtf를 분해하면 다음과 같다.

- über는 "위에"라는 뜻이다.
- sicht는 "시력" 또는 "보기"를 의미한다.

트랜스포머가 기계임에도 시각적인 지각 능력이 있다는 것을 보여준다. 트랜스포머로 기계의 지능은 성장하고 있지만, 이는 인간의 지능과는 다르다. 기계는 기계 나름의 지능을 가지고 언어를 학습한다.

이것으로 구글 트랙스에 대한 실험을 마친다.

이번 장에서는 오리지널 트랜스포머의 세 가지 필수 요소를 살펴봤다.

먼저 기계 번역을 정의하는 것으로 시작했다. 인간의 번역 결과로 매우 높은 기준점을 설정했다. 영어–프랑스어 및 영어–독일어 번역에는 해결해야 할 문제가 많다는 것을 알았다. 그리고 트랜스포머는 이러한 문제를 해결하고 최고 수준의 BLEU 기록을 세웠다.

그런 다음 유럽 의회의 WMT 프랑스어–영어 데이터셋을 전처리했다. 데이터셋을 여러 문장으로 변환하고 정리했다. 그리고 일정 횟수 이하로 등장하는 단어를 제거하여 데이터셋의 크기를 줄였다.

기계 번역 NLP 모델은 동일한 평가 방법을 요구한다. WMT 데이터셋으로 모델을 학습하려면 BLEU 평가가 필요하다. 기하학적 평가는 번역 점수를 매기는 데 좋지만 수정된 BLEU에도 한계가 있다는 것을 알았다. 이에 따라 BLEU를 개선하기 위해 스무딩 기법을 추가했다.

구글 번역은 표준 번역 API, 미디어 스트리밍 API, 커스텀 AutoML 모델 학습 서비스를 제공한다. 구글 번역 API 구현 프로젝트가 순조롭게 진행된다면 AI 개발이 필요하지 않을 수 있지만, 그렇지 않다면 예전처럼 직접 개발해야 한다!

구글 브레인의 엔드–투–엔드 딥러닝 라이브러리인 트랙스를 사용하여 영어–독일어 번역 트랜스포머를 구현했다.

지금까지 아키텍처, 사전 학습, 학습, 데이터셋 전처리, 평가 방법 등 트랜스포머를 구축하기 위한 주요 구성 요소에 대해 살펴보았다.

다음 장인 **7장, GPT–3 엔진을 사용한 초인간 트랜스포머 등장**에서 지금까지 살펴본 구성 요소로 트랜스포머를 구현하는 놀라운 방법을 알아보자.

01.   기계 번역은 이제 인간의 수준을 넘어섰다.   참 / 거짓

02.   기계 번역에는 대규모 데이터셋이 필요하다.   참 / 거짓

03.   동일한 데이터셋을 사용하여 트랜스포머 모델을 비교할 필요가 없다.   참 / 거짓

04.   BLEU는 파란색을 뜻하는 프랑스어이며 NLP 성능(metric)의 약어이다.   참 / 거짓

05.   스무딩 기법은 BERT의 성능을 향상한다.   참 / 거짓

06.   영어–독일어 기계 번역은 독일어–영어와 동일하다.   참 / 거짓

07.   오리지널 트랜스포머의 멀티–헤드 어텐션 서브 층의 헤드는 2개다.   참 / 거짓

08.   오리지널 트랜스포머 인코더는 층이 6개다.   참 / 거짓

09.   오리지널 트랜스포머 인코더는 층이 6개가 있지만 디코더에는 2개뿐이다.   참 / 거짓

10.   디코더 없이 트랜스포머를 학습할 수 있다.   참 / 거짓

6.8 참고 문헌

- 영어-독일어의 BLEU 점수를 사용한 논문과 코드: https://paperswithcode.com/sota/machine-translation-on-wmt2014-english-german

- 2014 WMT(Workshop on Machine Translation) 데이터셋: https://www.statmt.org/wmt14/ translation-task.html

- 유럽 의회 회의록 병렬말뭉치 1996-2011, 프랑스어-영어: https://www.statmt.org/europarl/v7/fr-en.tgz

- 제이슨 브라운리(Jason Brownlee), Ph.D., 기계번역을 위한 프랑스어-영어 데이터를 준비하는 방법: https://machinelearningmastery.com/prepare-french-english-dataset-machine-translation/

- **Kishore Papineni, Salim Roukos, Todd Ward, and Wei-Jing Zhu, 2002, BLEU**: a Method for Automatic Evaluation of Machine Translation: https://aclanthology.org/P02-1040.pdf

- 제이슨 브라운리(Jason Brownlee), Ph.D., 파이썬으로 텍스트에 대한 BLEU 점수를 계산하는 친절한 소개: https://machinelearningmastery.com/calculate-bleu-score-for-text-python/

- **Boxing Chen and Colin Cherry, 2014, A Systematic Comparison of Smoothing Techniques for Sentence-Level BLEU**: http://acl2014.org/acl2014/W14-33/pdf/W14-3346.pdf

- **Ashish Vaswani, Noam Shazeer, Niki Parmar, Jakob Uszkoreit, Llion Jones, Aidan N. Gomez, Lukasz Kaiser, and Illia Polosukhin, 2017, Attention Is All You Need**: https://arxiv.org/ abs/1706.03762

- 트랙스 저장소: https://github.com/google/trax

- 트랙스 튜토리얼: https://trax-ml.readthedocs.io/en/latest/

07장

GPT-3 엔진을 사용한 초인간 트랜스포머 등장

2020년 브라운(Brown et al.)은 커먼 크롤(Common Crawl) 데이터에서 추출한 바이트 쌍 인코딩 토큰 4,000억 개와 같은 방대한 데이터셋을 사용해 학습한 파라미터 1,750억 개로 구성된 OpenAI GPT-3 모델 학습을 소개했다. OpenAI는 CPU 285,000개와 GPU 10,000개를 갖춘 마이크로소프트 애저(Microsoft Azure) 슈퍼컴퓨터에서 학습시켰다.

브라운(Brown et al.)은 OpenAI의 GPT-3 엔진과 슈퍼컴퓨터의 기계 지능 덕분에 제로샷(zero-shot) 실험을 할 수 있었다. 제로샷이란, 파라미터를 추가로 학습시키지 않고 학습된 모델을 다운스트림 작업에 사용하는 것이다. 실험 목표는 학습된 모델이 학습하지 않은 작업까지 수행하는 멀티태스크(multi-task) API를 배포하는 것이다.

초인간(superhuman) 클라우드 AI 엔진의 시대가 열렸다. OpenAI의 API는 높은 수준의 소프트웨어 기술이나 AI 지식을 요구하지 않는다. 왜 "초인간"이라는 용어를 사용했는지 궁금할 것이다. GPT-3 엔진은 인간만큼 많은 작업을 수행할 수 있다는 걸 독자는 알게 될 것이다. 우선, GPT 모델이 어떻게 구축되고 실행되는지를 이해해보자.

이 장에서는 먼저 트랜스포머 모델 크기와 아키텍처의 진화에 대해 살펴본다. 그리고 미세 조정을 거의 하지 않고 학습된 트랜스포머 모델을 다운스트림 작업에 사용하는 제로샷 문제를 살펴본다. 추가로, GPT 트랜스포머 모델의 혁신적인 아키텍처를 살펴본다. OpenAI는 학습된 특정 모델 버전을 엔진이라는 이름으로 제공한다.

이 챕터에서는 OpenAI의 리포지토리에 있는 파라미터 3억 4천5백만 개로 구성된 GPT-2 트랜스포머를 사용할 것이다. GPT 모델을 이해하기 위해선 직접 코드를 작성해봐야 한다. 모델과 상호 작용해 일반적인 조건문으로 텍스트 완성(text completion)을 생성할 것이다.

이어서 1억 7천만 개의 파라미터로 커스터마이징된 GPT-2 모델을 사용할 것이다. **4장, RoBERTa 모델 처음부터 사전 학습하기**에서 RoBERTa 모델 학습에 사용한 칸트 데이터셋을 토큰화할 것이다.

그런 다음, 이 챕터에서는 데이터 과학자, 인공지능 전문가 또는 숙련된 개발자가 아니어도 GPT-3 엔진을 사용하는 방법을 살펴본다. 하지만 그렇다고 해서 데이터 과학자나 AI 전문가가 나중에 필요하지 않다는 의미는 아니다.

GPT-3 엔진은 때때로 미세 조정이 필요할 수 있다. 구글 코랩(Google Colab) 노트북을 사용해 GPT-3 Ada 엔진을 미세 조정해 볼 것이다.

4차 산업혁명 AI 전문가의 새로운 사고방식과 스킬셋으로 이 챕터를 마무리한다.

이 장을 읽으면, 독자는 GPT 모델이 어떻게 구축되는지와 원활한(seamless) GPT-3 API를 사용하는 방법을 알게 될 것이다. 2020년대에 4차 산업혁명 AI 전문가가 해낼 수 있는 보람찬 작업은 무엇이 있는지 알게 될 것이다.

이 장에서는 다음 주제를 다룬다.

- GPT-3 모델 시작하기
- OpenAI GPT 모델 아키텍처
- 제로샷 트랜스포머 모델 정의하기
- 퓨샷(few-shots)에서 원샷(one-shot)으로 가는 길
- 인간에 가까운 GPT-2 텍스트 완성 모델 구축하기
- 3억 4천5백만 개 파라미터 모델 구현 및 실행하기
- 표준 모델을 사용하여 GPT-2와 상호작용하기
- 1억 1천7백만 개 파라미터 GPT-2 언어 모델 학습하기
- 특정 커스텀 데이터셋 불러오기
- 사용자 지정 데이터셋 인코딩하기
- 모델 컨디셔닝하기
- 특정 텍스트 완성 작업용 GPT-2 모델 컨디셔닝하기
- GPT-3 모델 미세조정하기
- 4차 산업혁명 AI 전문가의 역할

GPT-3 트랜스포머 모델을 살펴보자.

7.1 GPT-3 트랜스포머 모델을 사용한 초인간 NLP

GPT-3는 GPT-2 아키텍처에 기반한다. 그러나 완전히 학습된 GPT-3 트랜스포머는 파운데이션 모델이다.[19] 파운데이션 모델은 학습하지 않은 많은 작업을 수행할 수 있다. 완전히 학습된 GPT-3 모델은 모든 NLP 작업과 프로그래밍 작업에도 사용할 수 있다.

NOTE

GPT-3는 파운데이션 모델 중 몇 안되는 완전히 학습된 트랜스포머 모델이다. GPT-3는 더 강력한 OpenAI 모델을 낳을 것이다. 구글은 슈퍼컴퓨터에 학습한 구글 BERT 그 이상의 파운데이션 모델을 만들 것이다. 파운데이션 모델은 AI에 대한 새로운 사고방식을 대표한다.

머지않아 기업들은 OpenAI API 같은 API를 사용해 NLP 프로젝트를 시작하는 데 데이터 과학자나 AI 전문가가 필요하지 않다는 것을 깨달을 것이다.

다른 도구 사용에 힘을 들이는 대신, 세계에서 가장 강력한 슈퍼컴퓨터 중 하나에서 학습한 가장 효율적인 트랜스포머 모델 중 하나를 사용하는 OpenAI API를 사용할 수 있다.

구글이나 OpenAI와 같이 막대한 자금과 세계 최고 연구팀만이 설계할 수 있는 API가 존재한다면 굳이 도구를 개발하거나 라이브러리를 다운로드해서 사용할 이유가 있을까?

이 질문에 대한 답은 간단하다. GPT-3 엔진을 사용하는 것은 레이싱카 시동을 거는 것만큼 간단하다. 하지만 레이싱카는 운전하기 위해 수개월의 훈련이 필요하다. GPT-3 엔진은 강력한 인공지능 레이싱카다. 클릭 몇 번으로 실행할 수 있다. 하지만 GPT-3 엔진을 운전하기 위해서는 이 책의 시작부터 지금까지 습득한 지식과 다음 장의 지식이 필요하다.

초인간 NLP 모델의 시대에 개발자, AI 전문가, 데이터 과학자가 서있을 자리가 어디인지 파악하려면 먼저 GPT 모델 아키텍처를 이해해야 한다.

---

19   역주. 1장 트랜스포머란 무엇인가?에서 파운데이션 모델에 대해 다루었다.

7.2 OpenAI GPT 트랜스포머 모델의 아키텍처

트랜스포머는 2017년 말부터 2020년 상반기까지 3년이 채 안 되는 기간 동안 학습, 미세 조정, 최종적으로 제로샷 모델에 도달했다. 제로샷 GPT-3 트랜스포머 모델은 미세 조정이 필요하지 않다. 학습된 모델 파라미터는 다운스트림 멀티태스크에 대해 업데이트되지 않으므로 NLP/NLU 작업의 새로운 시대가 열렸다.

이 섹션에서는 먼저 GPT 모델을 설계한 OpenAI 팀의 동기에 대해 알아본다. 제로샷 모델을 미세 조정하는 것부터 시작한다. 그런 다음 놀라운 결과를 주는 텍스트 완성을 생성하기 위해 트랜스포머 모델을 조절하는 방법을 살펴본다.

먼저 OpenAI 팀 구축 과정을 살펴보자.

7.2.1 10억 개 파라미터를 가진 트랜스포머 모델 부상

NLP 작업을 위해 학습된 소규모 모델에서 미세 조정이 거의 또는 전혀 필요 없는 모델까지 트랜스포머의 발전 속도는 놀라울 정도다.

2017년 바스와니(Vaswani et al.)는 BLEU(Bilingual Evaluation Understudy Score) 작업에서 CNN과 RNN을 능가하는 트랜스포머를 소개했다. 2018년 래드포드(Radford et al.)는 미세 조정을 통해 다운스트림 작업을 수행할 수 있는 **GPT(Generative Pre-Training)** 모델을 소개했다. 2019년 데블린(Devlin et al.)은 BERT 모델을 사용하여 미세 조정을 완벽하게 했다. 래드포드(Radford et al.)는 GPT-2 모델까지 나아갔다. 브라운(Brown et al.)은 미세 조정이 필요 없는 트랜스포머에 대한 GPT-3 제로샷 방식을 정의했다!

동시에 왕(Wang et al.)은 2019년에 NLP 모델을 벤치마킹하기 위해 일반 언어 이해 평가(General Language Understanding Evaluation, GLUE)를 만들었다. 그러나 트랜스포머 모델은 너무 빠르게 진화하여 인간의 기준값[20]을 뛰어넘었다!

2019년과 2020년에 왕은 SuperGLUE를 빠르게 만들었고, 인간의 기준선을 더 높게 만들었으며, NLP/NLU 작업을 더 어렵게 만들었다. 트랜스포머는 빠르게 발전하고 있으며, 일부 트랜스포머는 이 글을 쓰는 시점에 이미 SuperGLUE 순위표에서 인간의 기준값을 넘어섰다.

이런 일이 어떻게 이렇게 빨리 일어났을까?

어떻게 이런 발전이 일어났는지 이해하기 위해 먼저 모델의 크기 측면에서 살펴보자.

7.2.2 트랜스포머 모델 크기 증가

표 7.1에서 볼 수 있듯, 2017년부터 2020년까지 파라미터 수가 기존 트랜스포머 모델 6500만 개에서 GPT-3 모델 1,750억 개로 증가했다.

트랜스포머 모델	논문	파라미터 수
Transformer Base	바스와니(Vaswani et al.) (2017)	65M
Transformer Big	바스와니(Vaswani et al.) (2017)	213M
BERT-Base	데블린(Devlin et al.)(2019)	110M
BERT-Large	데블린(Devlin et al.) (2019)	340M
GPT-2	래드포드(Radford et al.) (2019)	117M
GPT-2	래드포드(Radford et al.) (2019)	345M
GPT-2	래드포드(Radford et al.) (2019)	1.5B
GPT-3	브라운(Brown et al.) (2020)	175B

표 7.1 트랜스포머 파라미터 수의 변화

표 7.1에는 2017년부터 2020년까지 짧은 기간 동안 설계된 주요 모델만 포함한다. 논문 출판 날짜는 모델이 실제로 설계된 날짜 이후이다. 또한 저자들은 논문을 업데이트했다. 예를 들어, 오리지널 트랜스포머가 시장을 움직이기 시작하자 구글 브레인, OpenAI, 페이스북 AI 각각에서 새로운 트랜스포머 모델을 소개했다.

---

20   역주. 실제로 인간이 데이터셋의 문제를 풀고 얻은 점수이다.

또한 일부 GPT-2 모델은 더 작은 GPT-3 모델보다 파라미터 개수가 더 크다. 예를 들어, GPT-3 Small 모델은 파라미터 1억 2,500만 개가 있고 파라미터 3억 4,500만 개 파라미터가 있는 GPT-2 모델이 존재한다.

아키텍처 크기도 동시에 커져갔다.

- 모델의 층 수는 오리지널 트랜스포머 6개에서 GPT-3 모델 96개로 증가했다.
- 층의 헤드 수는 오리지널 트랜스포머 8개에서 GPT-3 모델 96개로 증가했다.
- 컨텍스트 크기가 오리지널 트랜스포머 512 토큰에서 GPT-3 모델 12,288개로 증가했다.

96개 층으로 구성된 GPT-3 175B가 40개 층에 불과한 GPT-2 1,542M보다 더 인상적인 결과를 주는 것은 아키텍처 크기의 차이이다. 두 모델의 파라미터 수는 비슷하지만 층 개수는 두 배 차이이다.[21]

이제 컨텍스트 크기에 초점을 맞춰 트랜스포머의 빠른 진화에 대한 또 다른 측면을 이해해 보자.

7.2.2.1 컨텍스트 크기 및 최대 경로 길이(maximum path length)

트랜스포머 모델의 초석은 어텐션 서브 층(attention sub-layers)에 있다. 어텐션 서브 층의 핵심 특징은 컨텍스트를 처리하는 데 사용한 방법이다.

컨텍스트는 인간과 기계가 언어를 학습하는 주요 방법 중 하나다. 컨텍스트 크기가 클수록 주어진 시퀀스를 더 많이 이해할 수 있다.

컨텍스트 크기가 컸을 때 단점은 단어가 의미하는 바를 이해하는 데 필요한 단어 간 거리가 길어진다는 점이다. 장기 의존성을 분석하려면 순환 층에서 어텐션 층으로 변경해야 하는 이유를 알아보자.

다음 문장은 대명사 'it'이 무엇을 가리키는지 찾기 위해 긴 경로를 거쳐야 한다.

"Our house was too small to fit a big couch, a large table, and other furniture we would have liked in such a tiny space. We thought about staying for some time, but finally, we decided to sell it."

문장 마지막 단어 'it'의 의미는 문장 시작에 있는 'Our house' 단어로 거슬러 올라가야만 설명할 수 있다. 기계 입장으로서는 꽤 긴 경로이다.

---

21 역주. GPT-3 175B와 GPT-2 1,542M은 파라미터 개수는 약 113배다. 이를 저자는 비슷하다고 표현한 것은 다음과 같이 비유가 가능하다. 키가 아주 큰 농구 선수가 작은 사람 옆에 있을 때, 바로 옆에서 보면 둘의 차이는 상당하게 느껴진다. 하지만 상공에 있는 비행기에서 보았을 때는 둘의 차이는 작게 보인다. 구글은 현재 1조 개 파라미터 모델을 연구하고 있다는 점에서 GPT-3 175B와 GPT-2 1,542M의 파라미터 수 차이는 비슷하다고 볼 수 있다.

최대 경로 길이를 결정짓는 함수의 복잡도와 컨텍스트 개수는 표 7.2에 있다.

층 종류	최대 경로 길이	컨텍스트 크기
셀프 어텐션	O(1)	1
순환	O(n)	100

표 7.2 최대 경로 길이

2017년 바스와니(Vaswani et al.)는 오리지널 트랜스포머 모델에서 컨텍스트 분석 설계를 최적화했다. 어텐션은 컨텍스트 분석 연산을 일대일 토큰 연산으로 축소시켰다. 모든 층이 동일하기에 트랜스포머 모델 크기를 훨씬 쉽게 확장할 수 있다. GPT-3 모델을 컨텍스트 크기가 10으로 학습할 때와 100으로 학습할 때 최대 경로 길이는 동일하다.

예를 들어, 순환 층은 토큰 별로 컨텍스트를 저장해야 한다. 따라서, 최대 경로 길이가 곧 컨텍스트 크기이다. 최대 경로 길이가 GPT-3 모델일 때 보다 O(n) 배 더 길어진다. 멀티-헤드 어텐션(multi-head attention)은 헤드별 GPU를 사용해 병렬 학습이 가능한 반면 RNN은 그렇게 할 수 없다.

유연하고 최적화된 트랜스포머 아키텍처는 다른 요소에도 영향을 미쳤다.

- 바스와니는 36M개 문장으로 최첨단 트랜스포머 모델을 학습시켰다.
  브라운은 400B바이트 쌍 인코딩 토큰으로 GPT-3 모델을 학습시켰다.
- 대형 트랜스포머 모델 학습은 전 세계 소수 팀만이 가능할 정도의 학습 리소스가 필요하다.
  브라운은 GPT-3 175B를 학습하는 데 총 $2.14 * 10^{23}$ FLOPS를 사용했다.
- 트랜스포머 아키텍처 설계는 세계에서 소수 조직만이 자금을 지원할 수 있는 우수한
  자격을 갖춘 팀이 필요하다.

규모와 아키텍처는 계속 발전해 가까운 미래에 조 단위 파라미터 모델까지 발전할 것이다. 슈퍼컴퓨터는 트랜스포머 학습에 필요한 리소스를 계속 제공할 것이다.

이제 제로샷 모델을 어떻게 구현했는지 살펴보자.

7.2.3 미세 조정부터 제로샷 모델까지

2018년, 래드포드(Radford et al.)가 이끌던 OpenAI 연구팀은 특정 작업용 모델부터 GPT-3 같은 제로샷 모델까지 트랜스포머를 사용하기를 원했다. 목표는 라벨 없는 데이터로 트랜스포머 학습시키는 것이었다. 어텐션 층이 비지도 학습으로 언어를 학습하는 것은 현명한 조치였다. OpenAI는 트랜스포머가 특정 NLP 작업을 수행하도록 가르치는 대신 언어를 학습하기로 결정했다.

OpenAI는 범용 모델을 만들고자 했다. 그래서 전문가가 라벨을 붙인 데이터에 의존하는 대신 원시 데이터로 트랜스포머 모델을 학습하기 시작했다. 데이터에 라벨을 붙이는 작업은 시간이 많이 걸리고 트랜스포머 학습 과정도 상당히 느리게 만든다. 처음에는 트랜스포머 모델을 비지도 학습한 뒤 지도 학습으로 미세 조정한다.

OpenAI는 디코더 층 쌓기 섹션에서 설명할 디코더 전용 트랜스포머를 선택했다. 이 트랜스포머의 평가 지표는 매우 설득력 있었고 NLP 연구소들 중 최고 NLP 모델 수준에 빠르게 도달했다.

GPT 트랜스포머 모델 첫 번째 버전의 유망한 결과를 보고 2019년에 래드포드는 제로샷 전이 모델(zero-shot transfer model)을 고안했다. 이들의 핵심 철학은 원시 텍스트로 GPT 모델을 계속 학습하는 것이었다. 그런 다음 비지도 분포 예시들을 보고 언어 모델링에 집중하여 연구했다.

$$Examples = (x_1, x_2, x_3, \ldots, x_n)$$

이 예시들은 기호 시퀀스로 구성된다.

$$Sequences = (s_1, s_2, s_3, \ldots, s_n)$$

이를 통해 모든 유형의 입력에 대해 확률 분포로 표현할 수 있는 메타 모델을 만들 수 있었다.

$$p(output/input)$$

집중적인 학습으로 GPT 모델이 일단 언어를 이해하면, 모든 유형의 다운스트림 작업에 이 콘셉트를 일반화하는 것이 목표였다.

GPT 모델은 117M 개 파라미터에서 345M 개, 1B 개 이상 파라미터 트랜스포머까지 발전했다. 미세 조정양은 상당히 감소했다. 그 결과 최고 수준 평가 지표에 도달했다.

이를 통해 OpenAI는 훨씬 더 발전할 수 있었다. 브라운은 조건부 확률 트랜스포머 모델이 심층적으로 학습할 수 있다는 가정을 바탕으로 다운스트림 작업용 미세 조정이 거의 또는 전혀 없이도 우수한 결과를 생성할 수 있다는 가정을 세웠다.

$$p(output/multi\text{-}tasks)$$

OpenAI는 모델을 학습한 다음 추가 미세 조정없이 바로 다운스트림 작업을 실행하는 목표에 도달했다. 이런 경이로운 발전은 네 단계로 설명할 수 있다.

- **미세 조정(Fine-tuning, FT)**은 이전 장에서 살펴본 의미대로 수행되어야 한다. 트랜스포머 모델을 학습한 다음 다운스트림 작업에서 미세 조정을 한다는 것이다. 래드포드는 많은 미세 조정 작업을 설계했다. 이후 OpenAI 팀은 이런 미세 조정 작업 수를 0개까지 줄여나갔다.
- **퓨샷(Few-Shot, FS)**은 큰 진전을 의미한다. GPT가 학습 이후 추론이 필요한 경우, 추론 작업 데모 시연이 조건문으로 제공된다. 이런 조건문 제공은 가중치 업데이트를 대체하기에 GPT 팀은 가중치 업데이트 부분을 제거했다. 이 챕터에서 이후 텍스트 완성 예시를 살펴보며 조건문 제공을 모델에 적용해 볼 것이다.
- **원샷(One-Shot, 1S)**은 한 걸음 더 나아간다. 학습한 GPT 모델에게 다운스트림 작업 데모 시연을 한 번만 제공한다. FS과 마찬가지로 가중치 업데이트를 하지 않는다.
- **제로샷(Zero-Shot, ZS)**은 최종 목표다. 학습한 GPT 모델에게 다운스트림 작업 데모 시연을 제공하지 않는다.

이런 접근 방식은 각각 다양한 수준의 효율성을 갖는다. OpenAI GPT 팀은 최첨단 트랜스포머 모델 제작에 많은 노력을 해왔다.

GPT 모델 아키텍처에는 다음 동기가 반영되어 있다.

- 광범위한 학습을 통해 트랜스포머 모델에게 언어를 배우는 방법 가르치기
- 컨텍스트 조건문을 통해 언어 모델링에 집중하기
- 트랜스포머는 컨텍스트를 파악하여 참신한 방식으로 텍스트 완성을 생성한다. 다운스트림 작업 학습에 리소스를 소비하는 대신, 어떤 작업이든 입력을 이해하고 추론하는 데 집중한다.
- 입력 시퀀스 일부를 마스킹하여 모델을 학습시키는 효율적인 방법을 찾아 트랜스포머가 기계 지능으로 사고하게 만든다. 따라서 기계 지능은 인간은 아니지만 효율적이다.

이제 디코더 전용 GPT 모델을 살펴보자.

7.2.4 디코더 층 쌓기

이제 OpenAI 팀은 언어 모델링에 중점을 두었다는 것을 알았다. 그리고 마스크드 어텐션 서브 층을 사용하는 것이 합리적인 것도 이해가 된다. 따라서 디코더 스택은 유지하고 인코더 스택을 제외하기로 결정했다. 브라운은 디코더 전용 트랜스포머 모델의 크기를 획기적으로 늘려 우수한 결과를 얻었다.

GPT 모델은 바스와니가 설계한 오리지널 트랜스포머의 디코더 스택과 구조가 동일하다. 디코더 스택은 **2장, 트랜스포머 모델 아키텍처 살펴보기**에서 다뤘다. 필요하다면 2장을 다시 살펴보자.

GPT 모델은 그림 7.1과 같이 디코더 전용 아키텍처를 사용한다.

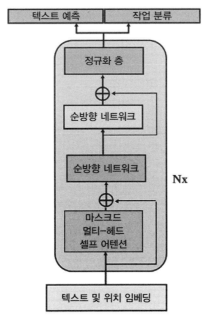

그림 7.1 GPT 디코더 전용 아키텍처

텍스트 및 위치 임베딩 서브 층, 마스크드 멀티−헤드 셀프 어텐션 층, 정규화 서브 층, 순방향 서브 층 및 출력이 있다. 게다가 텍스트 예측과 작업 분류를 갖춘 GPT−2 버전도 존재한다.

OpenAI 팀은 모델별 디코더 모델을 커스터마이징했다.

래드포드는 2019년에 네 개 이상의, 브라운은 2020년에 여덟 개 이상의 GPT 모델을 제안했다.

GPT−3 175B 모델은 전 세계 소수 팀만이 사용할 수 있는 컴퓨터 리소스를 요구할 수준의 크기에 도달했다.

$$n_{params} = 175.0B, n_{layers} = 96, d_{model} = 12288, n_{heads} = 96$$

다양한 GPT−3 엔진에 대해 살펴보자.

7.2.5 GPT-3 엔진

GPT-3 모델은 다양한 크기의 특정 작업을 수행하도록 학습할 수 있다. 현재 사용 가능한 엔진 목록은 OpenAI에서 확인할 수 있다.(https://platform.openai.com/docs/models)

- 기본 엔진들은 다양한 기능을 갖고 있다.
- Davinci 엔진은 복잡한 의도 분석 가능
- Curie 엔진은 빠르고 요약 기능이 뛰어남
- Babbage 엔진은 의미론적 검색이 뛰어남
- Ada 엔진은 텍스트 구문 분석이 뛰어남

OpenAI는 시장에 출시할 더 많은 엔진을 제작하고 있다.

- 지시(instruct) 시리즈는 묘사 기반 설명서를 제공한다. 마이크로소프트 edge 설정에 들어가는 법 알려줘라고 클라이언트가 요청하면 edge 설정에 들어가는 설명서를 알려주는 형태다. 이 챕터의 GPT-3 추가 예제 섹션에서 예제를 확인할 수 있다.
- 코덱스(codex) 시리즈는 자연어를 소스 코드로 변환해 준다. 이 시리즈는 **16장, 트랜스포머 기반 코파일럿의 등장**에서 살펴볼 것이다.
- 콘텐츠 필터 시리즈는 안전하지 않거나 민감 정보를 필터링한다. **16장, 트랜스포머 기반 코파일럿의 등장**에서 살펴볼 것이다.

미세 조정에서 제로 샷 GPT-3 모델에 이르는 과정을 살펴봤다. GPT-3가 다양한 엔진을 만들 수 있다는 것도 살펴봤다.

이제 GPT 모델 소스 코드를 살펴보자. 아직 GPT-3 트랜스포머 모델 소스 코드는 공개되어 있지 않지만, GPT-2 모델 소스 코드로도 GPT 모델들의 내부 동작 방식을 이해하기에 충분하다.

이제 GPT-2 모델과 상호 작용하고 학습할 준비가 됐다.

먼저 텍스트 완성을 위해 학습한 GPT-2 345M 모델을 사용해 보자. 이 모델은 헤드 셀프 어텐션 하위 층 16개와 디코더 층 24개를 가진다.

그런 다음 커스터마이징된 텍스트 완성 GPT-2 117M을 학습해 보자. 이 모델은 헤드 셀프 어텐션 하위 층 12개와 디코더 층 12개를 가진다.

자 이제 사전 학습된 GPT-2 345M 모델과 상호 작용 해보자.

7.3 GPT-2를 사용한 일반 텍스트 완성

GPT-2 일반 모델을 사용한 예제를 자세히 살펴보자. 이 예제의 목표는 GPT 모델이 도달할 수 있는 추상적 추론의 수준을 알아내는 것이다.

이 섹션은 텍스트 완성을 위해 GPT-2 모델과 상호 작용하는 방법을 설명한다. **부록 III, GPT-2를 사용한 일반 텍스트 완성**에서 자세히 설명한 OpenAI_GPT_2.ipynb 파일의 9단계 부분에 초점을 맞출 것이다.

> **NOTE**
>
> 먼저 이 섹션을 읽고 사전 학습된 일반 GPT-2 모델이 특정 예제에 어떻게 반응하는지 확인할 수 있다. 이후 **부록 III, GPT-2를 사용한 일반 텍스트 완성**을 읽고 일반 GPT-2 모델이 구글 코랩에서 어떻게 구현되는지 살펴보아라.
> 다음 설명된 9단계 상호 작용이 포함된 부록 III을 바로 읽는 것도 괜찮다.

먼저 사전 학습된 GPT-2를 적용한 구체적인 예제를 살펴보자.

7.3.1 9단계: GPT-2와 상호 작용하기

이 섹션에서 GPT-2 345M 모델을 사용한다.

모델과 상호 작용하려면 interact_model 셀을 실행한다.

#@title 9단계: GPT-2와 상호 작용하기

```
interact_model('345M',None,1,1,300,1,0,'/content/gpt-2/models')
```

실행하고 나면 컨텍스트를 입력하라는 메시지가 표시된다.

그림 7.2 텍스트 완성을 위한 컨텍스트 입력

표준 GPT-2 모델이기 때문에 원하는 모든 유형의 컨텍스트 사용이 가능하다.

임마누엘 칸트 문장을 사용해 보자.

Human reason, in one sphere of its cognition, is called upon to consider questions, which it cannot decline, as they are presented by its own nature, but which it cannot answer, as they transcend every faculty of the mind.

#인간의 이성은 인식의 한 영역에서 본성상 피할 수 없는 질문을 요청받는 운명을 지니고 있지만, 자신의 모든 능력을 넘어서 있어 스스로 답할 수도 없는 운명을 겪게 된다.

엔터를 눌러 텍스트 생성해 보자. 입력한 임마누엘 칸트 문장이 GPT-2 모델 학습 데이터셋에 없었을 것이다. 그리고 GPT-2는 확률적 모델이기에 출력 결과는 상대적으로 무작위이다.

필자가 실행했을 때 모델이 생성한 첫 몇 줄을 살펴보자.

"We may grant to this conception the peculiarity that it is the only causal logic. In the second law of logic as in the third, experience is measured at its end: apprehension is afterwards closed in consciousness. The solution of scholastic perplexities, whether moral or religious, is not only impossible, but your own existence is blasphemous."

 # 우리는 이것이 유일한 인과 관계임을 인정할 수 있다. 논리의 두 번째와 세 번째 법칙에서도 경험은 그 끝에서 측정된다. 두려움은 이후 의식 속에서 사라진다. 도덕적이든 종교적이든 학문적 난해함의 해결은 불가능할 뿐 아니라, 신성 모독적이다.

셀을 중지하려면 셀 실행 버튼을 두 번 클릭하거나 Ctrl+M을 눌러 편집 모드에서 나와 커맨드 모드에서 I 를 두 번 눌러 중지시킬 수 있다.

생성한 결과는 매우 표현이 풍부하다라는 몇 가지 사실을 관찰할 수 있다.

- 입력한 컨텍스트는 조건문으로 지정돼 모델이 결과물을 생성한다.
- 컨텍스트는 모델의 시연 하나로 동작했다. 이 모델은 매개변수를 수정하지 않고 컨텍스트에서 무엇을 말할지 익혔다.
- 텍스트 완성은 컨텍스트를 조건문으로 사용한다. 이를 통해 미세 조정이 필요 없는 트랜스포머 모델을 가능케 한다.
- 의미론적 관점에서 보면 결과물이 더 흥미로울 수 있다.
- 문법적인 관점에서 볼 때 결과물은 설득력이 있다.

문장 생성을 더 잘할 수는 없을까? 다음 챕터는 커스텀 텍스트 완성의 상호 작용을 다룬다.

7.4 커스텀 GPT-2 언어 모델 학습

이 섹션에서는 특정 데이터셋에 학습한 커스텀 GPT-2 모델 예시를 살펴볼 것이다. 목표는 GPT 모델이 달성할 수 있는 추상적 추론의 수준을 알아보는 것이다.

이 섹션에서 특정 데이터셋을 학습한 텍스트 완성 GPT-2 모델과의 상호 작용에 대해 설명한다. 부록 IV, GPT-2를 사용해 커스텀 텍스트 완성하기에서 상세히 다룬 Training_OpenAI_GPT_2.ipynb 노트북의 12단계를 상세히 볼 것이다.

> **[설명 추가]**
>
> Training_OpenAI_GPT_2.ipynb은 텐서플로우 1.x 버전에 작동한다. 하지만 2023년 8월부터, 구글 코랩은 텐서플로우 1.x 버전을 지원하지 않는다. 두 가지 해결책이 있다.
>
> (1) Training_OpenAI_GPT_2.ipynb을 텐서플로우 1.x가 설치된 로컬 머신에 받아 실행하기
> (2) 구글 코랩에서 깃허브 내에 BONUS 디렉터리에 존재하는 GPT_2_and_ChatGPT_the_Origins. ipynb을 실행하기
>   - GPT_2_and_ChatGPT_the_Origins.ipynb은 다음 내용을 다룬다.
>   - GPT-2의 소스 코드 가이드
>   - GPT-2를 사용한 텍스트 생성의 허깅페이스 구현
>   - OpenAI ChatGPT의 배경 엔진인 OpenAI davinci-instruct 시리즈(GPT-3)를 사용한 텍스트 생성. 대화 예제를 실행해 davinci-instruct-beta 엔진의 출력과 ChatGPT의 출력을 비교해 볼 수 있다.
>   - 커스텀 챗봇을 미세 조정 방법

NOTE

이 섹션에서는 커스텀 GPT-2 모델 응답 개선을 다루는 예제를 살펴본다. **부록 IV, GPT-2를 사용해 커스텀 텍스트 완성하기**에서는 특정 응답을 얻기 위한 GPT-2 모델 학습 방법을 이해할 수 있다.

부록 IV에서 다음의 12단계를 다루고 있다. 부록을 바로 읽어도 좋다.

먼저 GPT-2를 학습시킴으로써 상호 작용이 어떻게 개선됐는지 알아보자.

7.4.1 12단계: 대화형 컨텍스트 및 완성 예제

이제 조건부 샘플을 실행해 보자. 우리가 입력한 컨텍스트는 우리가 원하는 대로 모델이 생각하고 맞춤형 단락을 생성하여 텍스트를 완성토록 한다.

다음 셀을 실행해 보자.

```
#@title 12단계: 대화형 컨텍스트 및 완성 예제
import os # 런타임이 재시작된 이후에 임포트한다.
os.chdir("/content/gpt-2/src")
!python interactive_conditional_samples.py --temperature 0.8 --top_k 40
--model_name '117M'
```

필요한 경우 잠시 **부록 III, GPT-2를 사용한 일반 텍스트 완성**, 9단계로 가서 응답의 차이점을 확인해 보아라. 프로그램은 컨텍스트를 입력하라는 메시지를 표시한다.

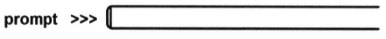

그림 7.3 텍스트 완성을 위한 컨텍스트 입력

이 챕터의 GPT-2를 사용하여 일반 텍스트 완성 섹션의 9단계에서 했던 임마누엘 칸트가 쓴 동일한 단락을 입력해 보자.

> Human reason, in one sphere of its cognition, is called upon to consider questions, which it cannot decline, as they are presented by its own nature, but which it cannot answer, as they transcend every faculty of the mind.
> **#인간의 이성은 인식의 한 영역에서 본성상 피할 수 없는 질문을 요청받는 운명을 지니고 있지만, 자신의 모든 능력을 넘어서 있어 스스로 답할 수도 없는 운명을 겪게 된다.**

이전에 했던 것처럼 엔터를 눌러 텍스트를 생성해 보자. 출력은 구조적이고 논리적이긴 하지만 실행할 때마다 달라질 수 있어서 트랜스포머의 매력이 돋보인다. 이번 결과는 무작위가 아니며 인상적이다.

GPT-2 모델이 생성한 결과 몇 줄을 살펴보자.

"Now, what is the nature of the reason, except that it is of a kind and power of mind that is so called on to think, and to understand? The reason is the thing which apprehends, and seeks to understand, the objects of its minds, which apprehend and apprehend the things of itself. No one can speak of this reason without the understanding and the understanding of the human reason. But that knowledge and understanding which is the most natural of all the faculties, which, because it is understood by the human reason, is the most natural of all the faculties, is not without reason, but only without understanding. The human reason, who sees and knows the things which the natural sense, which, though in the natural sense, does not understand, is the source of every other knowledge which we understand. The reason is the thing which does not understand, but understands the things which we comprehend, and therefore, is not to be understood. I mean that the reason is the thing which does not understand, but knows only the things which we do understand..."

#그렇다면, 생각하고 이해하도록 하는 마음의 힘이라는 것 외에는 이성의 본질이란 무엇인가? 이성은 마음의 대상을 파악하고 이해하는, 자기 자신의 대상을 파악하는 것이다. 인간 이성에 대한 이해와 그 이해 없이는 아무도 이성에 대해 말할 수 없다. 그러나 인간 이성에 의해 이해되기 때문에 모든 능력 중 가장 자연스러운 능력인 지식과 이해는 이성이 없는 것이 아니라 이해가 없기 때문에 가장 자연스럽다. 자연적 감각으로 이해하지 못할지라도 자연적인 감각으로 보고 인식하는 인간의 이성은 우리가 이해하는 다른 모든 지식의 원천이다. 이성은 이해하지 못하지만 우리가 인식하는 것은 이해하기 때문에 이해할 수 있는 것이 아니다. 이성은 이해하지 않는 것이 아니라 우리가 이해하는 것만 이해하는 것이다.

셀을 중지하려면 셀 실행 버튼을 두 번 클릭하거나 Ctrl+M을 눌러 편집 모드에서 나와 커맨드 모드에서 I 를 두 번 눌러 중지시킬 수 있다.

와우! 학습한 GPT-2 모델이 완성한 텍스트와 사람이 완성한 텍스트의 차이를 알아차릴 수 있는 사람은 아무도 없을 것이다. 또한 각 실행마다 다른 출력을 생성할 수도 있다.

사실, 나는 우리 모델이 철학, 이성, 논리에 대한 추상적인 문제에서 많은 인간을 능가할 수 있다고 생각한다.

실험을 통해 몇 가지 결론을 도출할 수 있다.

- 잘 학습한 트랜스포머 모델은 인간 수준의 텍스트 완성을 생성할 수 있다
- GPT-2 모델의 복잡하고 추상적인 추론 기반 텍스트 생성은 거의 인간 수준에 도달할 수 있다
- 텍스트 컨텍스트는 예상하는 내용을 모델에 조건문으로 주는 효율적인 방법이다
- 텍스트 완성은 컨텍스트 문장이 조건으로 제공된 경우 조건에 따라 텍스트를 생성하는 것이다

조건부 텍스트 컨텍스트를 입력하여 텍스트 완성을 실험해 볼 수 있다. 자체 데이터로 모델을 학습할 수도 있다. dset.txt의 내용을 자체 데이터로 바꾸고 확인해 보라.

학습한 GPT-2 모델은 사람처럼 반응한다는 것을 기억하라. 짧거나 불완전하거나 흥미롭지 않거나 까다로운 컨텍스트를 입력하면 당황하거나 나쁜 결과를 얻을 수 있다. 이는 GPT-2가 실제 생활에서와 마찬가지로 우리에게 최선을 다할 것을 기대하기 때문이다!

GPT-2에서 테스트한 예제에 학습한 GPT-3는 어떻게 응답하는지 확인해 보자.

7.5 | OpenAI GPT-3 작업 실행하기

이 챕터에서는 두 가지 방법으로 GPT-3를 실행한다.

- 코드 없이 온라인으로 GPT-3 작업 실행
- 구글 코랩 노트북에서 GPT-3 구현

> **NOTE**
>
> GPT-3 API에 가입하면 OpenAI에서 무료 예산을 제공한다. 이 무료 예산으로 이 책의 예제를 한두 번 실행하는 데 비용 대부분을 충당할 수 있다.

먼저 온라인에서 NLP 작업을 실행해 보자.

7.5.1 온라인에서 NLP 작업 실행하기

API 없이 몇 가지 예시를 GPT-3에 직접 요청해 보자.

먼저 프롬프트(prompt)와 응답에 사용할 변수를 정의해 보자.

- **N**: NLP 작업명(입력값)
- **E**: GPT-3 엔진에 입력할 설명(입력값). E는 T 앞에 온다.
- **T**: GPT-3가 살펴볼 텍스트 혹은 콘텐츠(입력값)
- **S**: GPT-3에 예상하는 것을 보여주기. S는 T 뒤에 오며 필요할 때 추가된다.(입력값)
- **R**: GPT-3의 응답(출력값)

앞에 설명한 프롬프트 변수는 하나의 가이드라인이다. GPT-3는 매우 유연해 다양한 변형이 가능하다.

이제 API 없이 온라인으로 몇 가지 교육용 예제를 실행할 준비가 됐다.

- 기존 지식에 관한 질의 응답(Q&A):

    E=Q

    T=1965년 미국의 대통령은 누구인가?

    S=없음

    R=A

    프롬프트와 응답

    Q: 1965년 미국의 대통령은 누구인가?

    A: 린든 B 존슨(Lyndon B. Johnson)이 1965년 미국의 대통령이었다.

    Q: 달에 도착한 첫 번째 사람은 누구인가?

    A: 닐 암스트롱(Neil Armstrong)이 달에 도착한 첫 번째 사람이다.

- 영화를 이모티콘으로 변환(Movie to Emoji)

    E=영화 제목

    T=없음

    S=예시로 암묵적으로 제시

    R=이모티콘

    프롬프트와 응답

    백 투 더 퓨처: 👨👓🚗🕐

    배트맨: 👨🦇

    트랜스포머: 🚗🤖

    새 프롬프트와 응답

    미션 임파서블: 🚗👨🚗🚗

- 초등학교 2학년을 위한 요약(Summarize for a 2nd grader)

    E=2학년 학생이 다음 지문의 의미를 물었다.

    T="""잠정 결론은…"""

    S=이 지문을 2학년 학생이 이해할 수 있는 쉬운 표현으로 다시 작성하였다.
    """

    R=요약 결과

    프롬프트와 응답

    2학년 학생이 다음 지문의 의미를 물었다.

"""잠정 결론은 사실과 허구 두 가지 범주로 나눠 볼 수 있다. 한 가지 사실은 OpenAI가 세계에서 가장 강력한 NLP 서비스 하나를 보유하고 있다는 것이다. 다른 사실은: OpenAI 엔진은 모든 트랜스포머 모델을 찾을 필요도 없고, 사전 학습과 미세 조정이 필요 없는 강력한 제로샷 엔진이다. 모델 학습에 사용한 슈퍼컴퓨터는 독보적이다. 프롬프트를 잘 설계하면 놀라울 정도로 정확한 응답을 얻을 수 있다. 이 챕터의 NLP 작업 구현은 초보 개발자도 수행할 수 있는 복사 및 붙여 넣기 작업만 필요했다. 허구는 많은 사람들이 인공지능이 데이터 과학자와 인공지능 전문가를 대체할 것이라는, 반 이상향적이고 과장된 주장에서 시작한다. 과연 그럴까? 이 질문에 답하기 전에 먼저 이 챕터에서 실행한 예제에 대해 다음과 같은 질문을 스스로에게 해보자. 문장이 틀린 지 어떻게 알 수 있을까? 사람이 직접 읽고 확인하지 않고 어떻게 정답인지 알 수 있을까? 엔진은 이 작업이 문법 교정 작업이라는 것을 어떻게 알았을까? 응답이 잘못된 경우, 잘 설계한 사용자 인터페이스에서 프롬프트를 개선하거나 수동 모드로 되돌리기 위해 어떤 일을 했는가? 이런 질문에 답하려면 규칙 기반, 자동화된 품질 관리 파이프라인 및 기타 여러 도구를 사용하여 사람이 직접 개입해야 한다. 앞의 사실들은 꽤나 설득력이 있다. 트랜스포머로 NLP 작업을 실행하면 대부분 개발이 거의 필요하지 않다. 허구는 설득력이 없다. 인간은 여전히 필요하다. OpenAI 엔진은 인간을 대체하기 위한 것이 아니라 더 높은 수준의 만족스러운 작업을 수행하도록 돕기 위한 것이다. 즉, 제트기를 만들지 않고 비행할 수 있다는 것이다!"""
이 지문을 2학년 학생이 이해할 수 있는 쉬운 표현으로 다시 작성하였다."""

첫 결론은 OpenAI가 세계에서 가장 강력한 NLP 기술을 가졌다는 것이다. 여기서 가장 중요한 사실은 다음과 같다. OpenAI 엔진은 모든 트랜스포머 모델을 찾을 필요도 없고, 사전 학습과 미세 조정이 필요 없는 강력한 제로샷 엔진이다. 모델 학습에 사용한 슈퍼컴퓨터는 독보적이다. 프롬프트를 잘 설계하면 놀라울 정도로 정확한 응답을 얻을 수 있다.

결과가 인상적이고 NLP 역사에 큰 진전으로 보인다.

기대하는 것을 표시할 수 있기 때문에 OpenAI 제로샷 GPT-3 엔진으로 구현 가능한 NLP 작업 수는 무한하다.

AI 전문가로서 바로 사용할 수 있는 API 구현하기 전에 직접 코드를 작성해 볼 필요가 있다. 이제 OpenAI GPT 모델의 아키텍처를 살펴본 다음 GPT-2 모델을 빌드하여 엔진이 어떻게 작동하는지 살펴보자.

GPT 모델에 대해 더 많이 알수록 실제 프로젝트에서 NLP 작업을 더 잘 구현할 수 있다.

위에서 아래로 접근하는 방식(top-to-bottom approach)을 이어가면서 OpenAI GPT 트랜스포머 모델의 아키텍처를 자세히 살펴보자.

7.5.2 GPT-3 엔진 시작하기

OpenAI는 세계에서 가장 강력한 트랜스포머 엔진을 보유하고 있다. 하나의 GPT-3 모델은 수백 가지 작업을 수행할 수 있다. GPT-3는 학습하지 않은 많은 작업을 수행할 수 있다.

이 섹션에서는 Getting_Started_GPT_3.ipynb의 API를 사용한다.

GPT-3를 사용하기 위해 먼저 OpenAI 웹사이트(https://openai.com/)에서 회원가입을 하자.

OpenAI는 구글 번역과 같이 사용자 친화적인 온라인 서비스를 누구나 사용해 볼 수 있는 놀이터를 제공한다. 이제 몇 가지 작업을 시도해 보자.

7.5.2.1 GPT-3로 첫 NLP 작업 실행하기

몇 가지 단계를 거쳐 GPT-3 사용을 해보자.

이 책의 깃허브(Github)에 7장 디렉터리에 있는 Getting_Started_GPT_3.ipynb을 구글 코랩에서 열어 보자.

노트북의 설정을 변경할 필요는 없다. API를 사용하므로 이 섹션의 작업은 로컬 컴퓨팅 파워가 필요하지 않기 때문이다.

이 섹션에서 진행할 단계는 노트북에 작성된 단계와 동일하다.

NLP 실행은 간단한 세 단계로 이루어진다.

1단계: OpenAI 설치하기

다음 명령으로 openai를 설치한다.

```
try:
    import openai
except:
    !pip install openai
    import openai
```

openai가 설치되어 있지 않다면, 런타임을 다시 시작해야 한다. 다음 출력과 같이 이 작업을 수행해야 하는 시점을 나타내는 메시지가 표시된다.

```
WARNING: The following packages were previously imported in this runtime:
  [pandas]
You must restart the runtime in order to use newly installed versions.

RESTART RUNTIME
```

런타임을 다시 시작한 다음 셀을 다시 실행하여 openai를 불러왔는지 확인한다.

2단계: API 키 입력하기

OpenAI 회원가입을 하면 파이썬, C#, Java 및 기타 언어에서 사용할 수 있는 API 키가 제공된다. 이 섹션에서는 파이썬을 사용한다.

```
openai.api_key=[YOUR API KEY]
```

이제 API 키를 다음 셀처럼 업데이트를 할 수 있다.

```
import os
import openai
os.environ['OPENAI_API_KEY'] ='[YOUR_KEY or KEY variable]'
print(os.getenv('OPENAI_API_KEY'))
openai.api_key = os.getenv("OPENAI_API_KEY")
```

이제 NLP 작업을 실행해 보자.

3단계: 기본 파라미터로 NLP 작업 실행하기

문법 교정 작업에 대한 OpenAI 예제를 복사하여 붙여 넣자.

```
response = openai.Completion.create(
  engine="davinci",
  prompt="Original: She no went to the market.\nStandard American English:",
  temperature=0,
  max_tokens=60,
  top_p=1.0,
  frequency_penalty=0.0,
```

```
        presence_penalty=0.0,
        stop=["\n"]
    )
```

위 셀은 "She no went to the market." 문장의 문법 교정 작업이다.

응답을 파싱하여 원하는 대로 처리할 수 있다. OpenAI의 응답은 dictionary 객체이다. 이 객체는 작업에 대한 자세한 정보가 포함되어 있다. 이 객체를 출력해 보자:

#응답 객체 출력하기
```
print(response)
```

객체를 살펴보면,

```
{
    "choices": [
        {
        "finish_reason": "stop",
        "index": 0,
        "logprobs": null,
        "text": " She didn't go to the market."
} ],
    "created": 1639424815,
    "id": "cmpl-4ElZfXL19jGRNQoojWRRGof8AKr4y",
    "model": "davinci:2020-05-03",
    "object": "text_completion"}
```

"created", "id", "model"의 값은 실행할 때마다 달라질 수 있다.

이 객체의 "text"의 값이 작업 결과를 가리킨다. 출력을 해보자.

#응답 객체 출력하기
```
r = (response["choices"][0])
print(r["text"])
```

"text"의 값은 문법적으로 올바른 문장임을 확인할 수 있다.

```
She didn't go to the market.
```

7.5.2.2 NLP 작업 및 예제

이제 GPT-3 엔진을 산업적 접근 방식으로 다뤄보자. 예를 들어 OpenAI는 API가 필요 없는 대화형 교육 인터페이스를 제공한다. 따라서 교사, 컨설턴트, 언어학자, 철학자 또는 교육 목적으로 GPT-3 엔진 사용을 원하는 누구에게나 AI에 대한 경험이 전혀 없어도 사용할 수 있다.

먼저 노트북에서 API를 사용하는 것부터 시작하자.

문법 교정

이 챕터 GPT-3 엔진 시작하기 섹션에서 살펴본 Getting_Started_GPT_3.ipynb으로 돌아가면 다양한 프롬프트로 문법 교정을 실행할 수 있다.

파이썬 노트북을 열고 4단계: 예 1: 문법 교정(Grammar correction)으로 이동한다.

```
#6단계: 커스텀 파라미터를 사용해 NLP 테스크 실행하기
response = openai.Completion.create(
    #기본 엔진: davinci
    engine="davinci",
    #테스크:"Original"에 사용할 기본 프롬프트
    prompt="Original: She no went to the market.\n Standard American English:",
    temperature=0,
    max_tokens=60,
    top_p=1.0,
    frequency_penalty=0.0,
    presence_penalty=0.0,
    stop=["\n"]
)
```

요청 본문(body)는 프롬프트 외 다양한 파라미터가 있다. 본문은 몇 가지 주요 파라미터를 포함한다.

- **engine="davinci".** : 사용할 OpenAI GPT-3 엔진을 선택한다. 향후 다른 모델을 선택할 수 있다.
- **temperature=0.** : 0.9와 같이 값이 높을수록 모델이 더 많은 위험을 감수해야 한다. temperature와 top_p를 동시에 수정하지 말자.
- **max_tokens=60.** : 응답의 최대 토큰 수다.
- **top_p=1.0.** : temperature와 같이 샘플링을 제어할 때 사용한다. 만약 top_p에 0.2 값을 할당하면, 시스템이 확률 질량 함수 값이 높은 상위 20% 토큰만 가져가도록 설정한다.
- **frequency_penalty=0.0.** : 0과 1 사이 값을 설정할 수 있다. 응답에서 토큰의 빈도를 제한한다.
- **presence_penalty=0.0.** : 0과 1사이 값을 설정할 수 있다. 새로운 토큰과 아이디어 사용을 강제한다.
- **stop=["₩n"].** : 모델에 새 토큰 생성을 중지하는 신호를 설정한다.

파라미터 중 일부는 **부록 III, GPT-2를 사용한 일반 텍스트 완성**의 7b-8단계: 모델 불러오고 정의하기 섹션에 소스 코드 수준 설명이 있다.

접근 권한이 있는 경우 GPT-3 모델에서 혹은 **부록 III, GPT-2를 사용한 일반 텍스트 완성**의 GPT-2 모델에서 이러한 파라미터를 가지고 놀 수 있다. 파라미터 개념은 두 경우 모두 같다.

이 섹션에서는 프롬프트에 대해 중점적으로 설명한다.

prompt="Original: She no went to the market.
₩n Standard American English:"

이 프롬프트는 세 가지 부분으로 나눌 수 있다.

- **Original**: 모델이 작업할 원본 텍스트가 뒤에 온다는 신호를 모델에 알린다.
- **She no went to the market.₩n**: 모델에 원본 텍스트임을 보여준다.
- **Standard American English**: 모델에 어떤 작업을 예상하는지 보여준다.

작업을 변경하며 모델이 어떤 기능까지 도달할 수 있는지 확인하자.

● Standard American English 경우
prompt="Original: She no went to the market.₩n Standard American English:"
응답의 text는:
"text": " She **didn't** go to the market."
괜찮은 결과다. 결과에서 축약(didn't)을 원하지 않는다면 어떻게 해야할까?

● 축약을 원하지 않는 경우
prompt="Original: She no went to the market.\n English with no contractions:"
응답의 text는:

"text": " She **did not** go to the market."

인상적이다. 다른 언어를 사용해보자.

- 축약없는 프랑스어 경우 응답 text

"text": " Elle n'est pas all\u00e9e au march\u00e9."

인상적이다. \u00e9는 후처리가 필요하며 é가 된다.

더 많은 옵션이 가능하다. 다양한 분야의 무한한 상상력으로 사용해보자.

GPT-3 추가 예제

OpenAI에는 많은 예제가 있다. 작업을 탐색할 수 있는 온라인 놀이터를 제공한다. 각 예제 소스 코드도 제공한다.(https://platform.openai.com/examples)

문법 교정 섹션에서 살펴본 것과 같은 예시를 클릭해 보자.

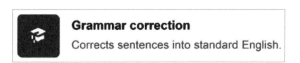

그림 7.4 OpenAI 문법 교정 섹션

각 작업의 프롬프트와 응답 설명을 제공한다.

그림 7.5 프롬프트 교정 샘플 응답

이 챕터의 "온라인에서 NLP 작업 실행하기" 섹션에서 했던 작업을 플레이그라운드로 이동해서 실행할 수 있다. Open in Playground 버튼을 눌러보자.

그림 7.6 플레이그라운드 열기 버튼

이 챕터의 구글 코랩 노트북에 있는 코드를 복사하여 붙여 넣기 해 API를 실행할 수 있다.

그림 7.7 Davinci 엔진을 사용하는 코드 실행하기

Getting_Started_GPT_3.ipynb에 OpenAI GPT-3 구현 연습용 예제 열 개가 포함되어 있다.

각 예제는

- 먼저 OpenAI에서 제공하는 설명 링크를 제공한다. 링크는 셀 상단에 제공된다.
- 셀을 실행해 GPT-3 동작을 확인할 수 있다.

노트북에서 다음 열 가지 예제를 실행해 보자.

- **예제 1**: 문법 교정
- **예제 2**: 영어를 프랑스어로 번역
- **예제 3**: 설명서를 제공하는 Instruct 시리즈
- **예제 4**: 영화를 이모티콘으로 변환
- **예제 5**: 프로그래밍 언어를 다른 언어로 변환. 예를 들어 파이썬을 자바스크립트로 변환하는 것을 가리킨다.

  주의할 점: 이 예제를 실행하는 데에 OpenAI에서 특별한 권한을 얻어야 할 수 있다. 코드 생성기인 Davinci 코덱스 엔진을 사용하기 때문이다. 이 예제가 노트북에서 실행되지 않는다면 OpenAI에 연락해 코덱스 접근 권한을 요청하자.

- **예제 6**: 고급 트윗 분류기
- **예제 7**: 질의응답(Q&A)
- **예제 8**: 텍스트 요약하기
- **예제 9**: 비정형 데이터 파싱하기
- **예제 10**: 시간 복잡도 계산하기

예제(https://platform.openai.com/examples) 페이지에서 다른 많은 작업을 실행할 수 있다.

이제 GPT-2와 GPT-3의 출력을 비교해 보자.

7.6 GPT-2와 GPT-3의 출력 비교하기

사전 학습 GPT-2 모델과 커스터마이징 학습한 GPT-2 모델에 입력한 예제를 GPT-3에 입력하면 어떤 결과를 도출할까? 이런 궁금증을 해소해 보자.

> GPT-2 모델에 사용한 예제: 인간의 이성은 인식의 한 영역에서 자신의 본성에 의해 제시되는 질문을 거부할 수 없지만 마음의 모든 기능을 초월하기 때문에 대답할 수 없는 질문을 고려하도록 요청받습니다.
>
> GPT-3 응답: 이것이 의미하는 바는 우리의 경험에는 이성을 초월하는 것들이 있다는 것입니다. 이성이 나쁜 지침이거나 불충분하다는 것이 아니라 이성의 손이 닿지 않는 것들이 있다는 것입니다. 그 예로 신의 존재를 들 수 있습니다.

GPT-3의 응답은 놀랍다. 응답은 깊은 철학적 성찰을 포함하고 있는 텍스트의 의미를 설명하고 있다.

이 장에서 트랜스포머는 추상적 추론까지 가능하다는 점을 확인할 수 있다. 이러한 역량은 빠르게 변화하는 세상에서 미세한 의사 결정을 내리는 데 도움이 될 수 있다.

OpenAI GPT-3는 완전히 학습한 모델이다. 하지만 GPT-3는 미세 조정이 가능하다. 어떻게 하는지 살펴보자.

7.7 GPT-3 미세 조정하기

이 챕터에서 로직을 학습하기 위해 GPT-3를 미세 조정하는 방법을 설명한다. 트랜스포머는 인간 수준의 언어를 이해하기 위해 논리, 추론 및 함의(entailment)를 학습해야 한다.

> **NOTE**
>
> 미세 조정은 GPT-3를 나만의 애플리케이션으로 만들고, 요구 사항에 맞게 커스터마이징하는 데 있어 핵심이다. 애플리케이션의 편견(bias)을 없애고 원하는 것을 가르치고 AI에 발자국을 남길 수 있다. 자유로운 AI 사용을 누리기 위한 티켓과도 같다.

이 섹션에서는 kantgpt.csv를 사용해 임마누엘칸트 작품을 GPT-3가 학습하게 한다. **4장, RoBERTa 모델 처음부터 사전 학습하기**에서 BERT 타입 모델 학습에서 사용한 파일과 비슷한 파일을 사용한다.

GPT-3의 미세 조정을 익히면 다른 유형의 데이터를 사용해 특정 도메인, 지식 그래프 및 텍스트를 학습시킬 수 있다.

OpenAI는 GPT-3 엔진을 미세 조정할 수 있는 효율적이고 문서화가 잘된 서비스를 제공한다. 이 장의 7.2.1 10억 개 파라미터를 가진 트랜스포머 모델 부상 섹션에서 볼 수 있듯이, 이 서비스는 GPT-3 모델을 다양한 유형의 엔진으로 학습시켰다.

Davinci 엔진은 강력하지만 비용이 비쌀 수 있다. Ada 엔진은 GPT-3을 탐색하기에 더 저렴하면서도 충분한 결과를 제공한다.

GPT-3 미세 조정은 두 단계로 이루어진다.

- 데이터 전처리하기
- GPT-3 모델 미세 조정하기

7.7.1 데이터 전처리하기

깃허브 7장 디렉터리에 존재하는 Fine_Tuning_GPT_3.ipynb 파일을 열어보자.

OpenAI는 데이터 전처리 과정을 자세히 문서화해 두었다.

(https://platform.openai.com/docs/guides/fine-tuning/prepare-training-data)

7.7.1.1 1단계: OpenAI 설치하기

1단계는 openai를 설치하고 임포트한다.

```
try:
    import openai
except:
    !pip install openai
    import openai
```

설치가 완료되면 런타임을 다시 시작하고 셀을 다시 실행하여 openai를 임포트(import) 했는지 확인한다.

import openai

로그를 시각화할 수 있는 wandb를 설치할 수 있다.

```
try:
    import wandb
except:
    !pip install wandb
    import wandb
```

이제 API 키를 입력해 보자.

7.7.1.2 2단계: API 키 입력하기

2단계는 API 키를 입력하는 것이다.

```
openai.api_key="[YOUR_KEY]"
```

7.7.1.3 3단계: OpenAI의 데이터 전처리 모듈 활성화하기

먼저 파일을 불러온다. 이 섹션에서는 kantgpt.csv를 불러온다. kantgpt.csv는 원시 비정형 파일이다. OpenAI는 데이터 클리너를 내장하고 있다. 데이터 클리너는 전처리 단계별로 사용자에게 적용 여부를 질문한다.

OpenAI는 파일이 CSV 파일임을 감지하고 이를 JSONL 파일로 변환한다. JSONL은 각 줄마다 구조화된 텍스트를 포함한다.

OpenAI는 단계별로 적용하기로한 전처리 단계를 추적한다.

```
Based on the analysis we will perform the following actions:
- [Necessary] Your format 'CSV' will be converted to 'JSONL'
- [Necessary] Remove 27750 rows with empty completions
- [Recommended] Remove 903 duplicate rows [Y/n]: y
- [Recommended] Add a suffix separator ' ->' to all prompts [Y/n]: y
- [Recommended] Remove prefix 'completion:' from all completions [Y/n]: y
- [Recommended] Add a suffix ending '₩n' to all completions [Y/n]: y
- [Recommended] Add a whitespace character to the beginning of the
completion [Y/n]: y
```

OpenAI는 변환 결과를 kantgpt_prepared.jsonl에 저장한다.

이제 GPT-3 미세 조정할 준비가 됐다.

7.7.2 GPT-3 미세 조정하기

노트북을 데이터 전처리용과 미세 조정용으로 분리할 수 있다.

7.7.2.1 4단계: OS 환경 만들기

4단계는 API 키를 입력한 os 환경을 만든다.

```
import openai
import os
os.environ['OPENAI_API_KEY'] =[YOUR_KEY]
print(os.getenv('OPENAI_API_KEY'))
```

7.7.2.2 5단계: OpenAI의 Ada 엔진 미세 조정하기

5단계는 데이터 전처리 후 JSONL 파일을 사용하여 OpenAI Ada 엔진을 미세 조정한다.

```
!openai api fine_tunes.create -t "kantgpt_prepared.jsonl" -m "ada"
```

openai 모듈은 많은 API를 갖고 있다.

미세 조정을 도중에 중단한다면, 아래와 같은 명령으로 미세 조정을 이어갈 수 있다.[22]

```
!openai api fine_tunes.follow -i [YOUR_FINE_TUNE]
```

---

22   역주. 미세 조정 작업 명은 fine_tunes.create를 실행 시 나타난 출력 "Created fine-tune: ft-............"에서 확인이 가능하다.

7.7.2.3 6단계: 미세 조정된 모델과 상호 작용하기

6단계는 미세 조정한 모델과 상호 작용하는 단계이다. 임마누엘 칸트가 작성할 법한 시퀀스를 프롬프트에 입력해 보자:

```
!openai api completions.create -m ada:[YOUR_MODEL INFO] "Several concepts
are a priori such as"
```

미세 조정작업 생성에서 출력 뒷부분에 [YOUR_MODEL INFO]가 출력된다. 이것을 입력하여 텍스트 완성 명령을 실행시킨다.

텍스트 완성 결과는 꽤 설득력이 있다.

```
Several concepts are a priori such as the term  freedom and the concept of
_free will_.substance
```

GPT-3를 미세 조정해보았다. API로 트랜스포머를 이해하고 AI 파이프라인을 설계하는 것이 얼마나 중요한지 볼 수 있었다. 이를 통해 AI 전문가 역할이 어떻게 변화하는지 살펴보자.

간단히 말해, 4차 산업혁명 시대 개발자 역할은 여러 분야를 넘나드는 AI 전문가가 되는 것이다. 개발자, 데이터 과학자, AI 전문가는 언어학, 비즈니스 목표, 주제별 전문 지식 등을 점진적으로 많이 배우게 될 것이다. 4차 산업혁명 AI 전문가는 여러 분야를 넘나드는 실질적인 지식과 경험을 바탕으로 팀을 이끌게 될 것이다.

트랜스포머를 구현할 때 세 가지 영역에서 인적 전문가가 반드시 필요하다.

● 도덕 및 윤리

4차 산업혁명 AI 전문가는 인간과 유사한 트랜스포머를 구현할 때 도덕적, 윤리적 관행을 준수하도록 보장해야 한다. 예를 들어, 유럽에서는 필요한 경우 자동화된 결정을 사용자에게 설명하도록 요구하는 엄격한 규정이 존재한다. 미국은 시민을 자동화된 편견으로부터 보호하기 위한 차별금지 법(anti-discrimination laws)을 시행하고 있다.

● 프롬프트 및 응답

사용자와 UI 개발자는 NLP 작업에 적합한 프롬프트를 생성하고, 트랜스포머 모델에 작업 수행 방법을 보여주고, 응답을 확인하는 방법을 설명해 줄 4차 산업혁명 AI 전문가를 필요로 한다.

● 품질 관리 및 모델 이해

하이퍼파라미터를 조정한 후에도 모델이 예상과 다르게 동작하면 어떻게 해야 할까? **14장, 블랙박스 트랜스포머 모델 해석하기**에서 이러한 문제를 다뤄본다.

7.8.1 잠정 결론

잠정 결론을 두 가지 범주로 나누어 보자.(사실과 허구)

한 가지 사실은 OpenAI가 세계에서 가장 강력한 NLP 서비스 하나를 보유하고 있다는 것이다. 다른 사실은

- OpenAI 엔진은 모든 트랜스포머 모델을 찾을 필요도 없고, 사전 학습과 미세 조정이 필요 없는 강력한 제로샷 엔진이다
- 모델 학습에 사용한 슈퍼컴퓨터는 독보적이다
- 프롬프트를 잘 설계하면 놀라울 정도로 정확한 응답을 얻을 수 있다
- 이 장의 NLP 작업 구현은 초보 개발자도 수행할 수 있는 복사 및 붙여 넣기 작업만 필요했다.

많은 사람들이 AI가 데이터 과학자와 AI 전문가를 대체할 것이라고 믿는다. 과연 그럴까?
이 질문에 답하기 전에 먼저 이 장에서 실행한 예제에 대해 다음과 같은 질문을 스스로에게 해보자.

- 문장이 틀린지 어떻게 알 수 있나요?
- 사람이 직접 읽고 확인하지 않고 어떻게 정답인지 알 수 있을까요?
- 엔진은 이 작업이 문법 교정 작업이라는 것을 어떻게 알았나요?
- 응답이 잘못된 경우, 잘 설계한 사용자 인터페이스에서 프롬프트를 개선하거나 수동 모드로 되돌리기 위해 어떤 일을 했었나요?

이런 질문에 답하려면 규칙 기반, 자동화된 품질 관리 파이프라인 및 기타 여러 도구를 사용하여 사람이 직접 개입해야 한다.

앞의 사실들은 꽤나 설득력이 있다. 트랜스포머로 NLP 작업을 실행하면 대부분 개발이 거의 필요하지 않다. 하지만 인간은 여전히 필요하다. OpenAI 엔진은 인간을 대체하기 위한 것이 아니라 더 높은 수준의 만족스러운 작업을 수행하도록 돕기 위한 것이다. 즉, 제트기를 만들지 않고 비행할 수 있다는 것이다.

AI의 미래로 향하는 멋진 여정에서 독자 여러분만의 새롭고 매력적인 AI 전문가 역할을 탐험해서 이 챕터에 나온 질문에 답해보자.

이번 장을 한번 정리하고 다음 장으로 넘어가자.

슈퍼컴퓨터에서 파라미터 수십억 개를 학습하는 트랜스포머 모델의 새로운 시대를 살펴봤다. OpenAI 의 GPT 모델은 대부분 NLP 개발팀이 도달할 수 있는 범위를 뛰어넘어 NLU를 발전시키고 있다.

API를 사용하거나 혹은 API 없이 온라인으로 GPT-3 제로샷 모델이 NLP 작업을 수행하는 방법을 살펴봤다. 구글 번역(Google Translate)의 온라인 버전은 이미 온라인에서 AI를 주류로 사용할 수 있는 길을 열었다.

GPT 모델의 설계를 살펴봤다. 모델들은 모두 오리지널 트랜스포머의 디코더 스택을 기반으로 구축됐다. 마스크드 어텐션 서브 층은 왼쪽에서 오른쪽으로 학습하는 철학을 계속한다. 그러나 강력한 계산 성능과 어텐션 서브 층 덕분에 매우 효율적으로 학습할 수 있다는 것을 살펴보았다.

그런 다음 345M 파라미터 GPT-2 모델을 텐서플로우(TensorFlow)로 구현했다. 목표는 학습한 모델 과 상호 작용하여 어떤 기능까지 도달할 수 있는지 확인하는 것이었다. 컨텍스트가 출력을 조절하는 것을 확인했다. 하지만 칸트 데이터셋의 특정 입력의 경우 예상한 결과에 도달하지 못했다.

커스텀 데이터셋으로 117M 파라미터 GPT-2 모델을 학습시켰다. 비교적 적게 학습한 모델과 상호 작용은 흥미로운 결과를 보였다.

OpenAI의 API로 온라인 NLP 작업을 실행하고 GPT-3 모델을 미세 조정했다. 이 장에서 완전히 사전 학습한 트랜스포머와 그 엔진이 엔지니어의 도움을 거의 받지 않고도 많은 작업을 자동으로 수행할 수 있음을 보여주었다.

이는 앞으로 사용자가 더 이상 AI NLP 개발자, 데이터 과학자, AI 전문가를 필요로 하지 않는다는 것을 의미할까? 사용자가 작업 정의와 입력 텍스트를 클라우드 트랜스포머 모델에 업로드하고 결과를 다운로드하기만 하면 될까?

전혀 그렇지 않다. 4차 산업혁명 시대의 데이터 과학자와 AI 전문가는 강력한 AI 시스템의 파일럿으로 진화할 것이다. 이들은 입력한 데이터가 윤리적이고 안전한지 확인하는 역할이 더 중요해질 것이다. 또한 트랜스포머가 어떻게 구축됐는지 이해하고 AI 생태계의 하이퍼파라미터를 조정하게 될 것이다.

8장 법률 및 금융 문서에 트랜스포머를 적용하여 요약하기에서 멀티태스크 모델로서의 트랜스포머 모델 을 한계까지 끌어올리고 새로운 영역을 개척해보자.

문제

01. 제로샷 방식은 파라미터를 한 번만 학습한다.   참 / 거짓

02. 제로샷 모델을 실행할 때 기울기(gradient) 업데이트가 수행된다.   참 / 거짓

03. GPT 모델은 디코더 스택만 갖는다.   참 / 거짓

04. 117M GPT 모델을 로컬 머신에서 학습하는 것은 불가능하다.   참 / 거짓

05. GPT-2 모델을 특정 데이터셋에 학습하는 것은 불가능하다.   참 / 거짓

06. GPT-2 모델은 텍스트 생성 시 조건문 사용이 불가능하다.   참 / 거짓

07. GPT-2 모델은 입력 컨텍스트를 분석해 콘텐츠 완성 결과를 반환할 수 있다.   참 / 거짓

08. GPU 8개 미만인 머신에서 345M 파라미터 GPT 모델과 상호 작용할 수 없다.   참 / 거짓

09. 285,000 CPU를 가진 슈퍼컴퓨터는 존재하지 않는다.   참 / 거짓

10. 수천 개 GPU를 가진 슈퍼컴퓨터는 AI의 판도를 바꾸고 있다.   참 / 거짓

7.11 참고 문헌

- **OpenAI의 GPT-3 엔진**: https://beta.openai.com/docs/engines/engines
- **제시 빅(Jesse Vig)의 BertViz 깃허브 저장소**: https://github.com/jessevig/bertviz
- **OpenAI의 슈퍼컴퓨터**: https://blogs.microsoft.com/ai/openai-azuresupercomputer/
- **Ashish Vaswani, Noam Shazeer, Niki Parmar, Jakob Uszkoreit, Llion Jones, Aidan N. Gomez, Lukasz Kaiser, Illia Polosukhin, 2017, Attention is All You Need**: https://arxiv.org/abs/1706.03762
- **Alec Radford, Karthik Narasimhan, Tim Salimans, Ilya Sutskever, 2018, Improving Language Understanding by Generative Pre-Training**: https://cdn.openai.com/research-covers/language-unsupervised/language_understanding_paper.pdf
- **Jacob Devlin, Ming-Wei Chang, Kenton Lee, and Kristina Toutanova, 2019, BERT**: Pre-training of Deep Bidirectional Transformers for Language Understanding: https://arxiv.org/abs/1810.04805
- **Alec Radford, Jeffrey Wu, Rewon Child, David Luan, Dario Amodei, Ilya Sutskever, 2019, Language Models are Unsupervised Multitask Learners**: https://cdn.openai.com/betterlanguage-models/language_models_are_unsupervised_multitask_learners.pdf
- **Tom B. Brown, Benjamin Mann, Nick Ryder, Melanie Subbiah, Jared Kaplany, Prafulla Dhariwal, Arvind Neelakantan, Pranav Shyam, Girish Sastry, Amanda Askell, Sandhini Agarwal, Ariel Herbert-Voss, Gretchen Krueger, Tom Henighan, Rewon Child, Aditya Ramesh, Daniel M. Ziegler, Jeffrey Wu, Clemens Winter, Christopher Hesse, Mark Chen, Eric Sigler, Mateusz Litwin, Scott Gray, Benjamin Chess, Jack Clark, Christopher Berner, Sam McCandlish, Alec Radford, Ilya Sutskever, Dario Amodei, 2020, Language Models are Few-Shot Learners**: https://arxiv.org/abs/2005.14165
- **Alex Wang, Yada Pruksachatkun, Nikita Nangia, Amanpreet Singh, Julian Michael, Felix Hill, Omer Levy, Samuel R. Bowman, 2019, SuperGLUE**: A Stickier Benchmark for General-Purpose Language Understanding Systems: https://w4ngatang.github.io/static/papers/superglue.pdf
- **Alex Wang, Yada Pruksachatkun, Nikita Nangia, Amanpreet Singh, Julian Michael, Felix Hill, Omer Levy, Samuel R. Bowman, 2019, GLUE**: A Multi-Task Benchmark and Analysis Platform for Natural Language Understanding: https://arxiv.org/pdf/1804.07461.pdf
- **OpenAI의 GPT-2 깃허브 저장소**: https://github.com/openai/gpt-2
- **N. Shepperd의 깃허브 저장소**: https://github.com/nshepperd/gpt-2
- **커먼 크롤(Common Crawl) 데이터셋**: https://commoncrawl.org/big-picture/

08장

법률 및 금융 문서에 트랜스포머를 적용하여 요약하기

앞선 장들에서 여러 트랜스포머 생태계의 아키텍처 학습, 미세 조정 및 사용에 대해 탐색했다. **7장, GPT-3 엔진을 사용한 초인간 트랜스포머 등장**에서 OpenAI는 미세 조정이 필요 없고 개발이 필요하지 않으며 단 몇 줄의 코드로 구현 가능한 제로샷(zero-shot) 모델을 실험하기 시작했다는 사실을 확인했다.

이러한 혁신의 근간 개념은 트랜스포머가 기계에게 언어를 인간과 같은 방식으로 이해하고 표현하도록 가르쳐왔기 때문이다.

2019년 라펠(Raffel et al.)은 트랜스포머 메타 모델을 디자인했다. 모든 자연어 처리 문제는 텍스트-투-텍스트(text-to-text) 함수로 나타낼 수 있다. 즉, 모든 종류의 자연어 처리 작업은 일종의 텍스트 맥락이 필요하며 이를 이용하여, 어떤 형태의 텍스트 응답을 생성한다는 것이다.

자연어 처리 작업을 텍스트-투-텍스트 표현으로 나타내면 트랜스포머를 이해할 수 있는 고유한 시각을 얻을 수 있다. 텍스트-투-텍스트 접근법으로 학습 및 미세 조정 단계에서 전이 학습을 통해 언어를 학습할 수 있다.

라펠(Raffel et al.)은 이 접근 방식을 사용해 텍스트-투-텍스트 전이 트랜스포머(Text-To-Text Transfer Transformer)를 개발했으며, 앞 글자를 따서 T5 모델이라고 부른다.

이번 장에서는 T5 트랜스포머 모델의 개념과 아키텍처를 살펴보고, 그다음에는 허깅페이스(Hugging Face)를 사용하여 문서 요약에 T5를 적용해 보겠다.

마지막으로, 우리는 텍스트-투-텍스트 접근 방식을 사용해 GPT-3 엔진에 텍스트 맥락을 제공하고 이를 통해 추론하도록 할 것이다. 제로샷 응답이 완벽하지는 않지만 충격적일 정도로 높은 성능을 보여주는 것을 확인할 수 있다.

이 장에서는 다음 주제들을 다룬다.

- 텍스트-투-텍스트 트랜스포머 모델
- T5 모델의 아키텍처
- T5 사용 방법
- 트랜스포머 모델의 훈련(training)에서 학습(learning)으로의 진화[23]

---

23 역주. training은 책 전반에서 학습으로 번역하지만, 이 장에서 모델이 수동적으로 언어를 배우는 것을 넘어 능동적으로 추론하는 제로샷 학습까지 할 수 있다는 것을 의미한다

- 허깅페이스 트랜스포머 모델
- T5 모델 구현
- 법률 텍스트 요약
- 금융 텍스트 요약
- 트랜스포머 모델의 한계
- GPT-3 사용

첫 번째 단계로 라펠이 정의한 텍스트-투-텍스트 전이 방법을 탐색해 보자.

8.1 범용 텍스트 투 텍스트 모델 디자인하기

구글의 NLP 기술 혁명은 2017년 바스와니가 발표한 트랜스포머 모델에서 시작됐다. 「Attention is All You Need」는 RNN, CNN을 비롯해서 NLP 분야에 대해 30년 이상 축적된 인공 지능에 관한 상식을 뒤엎어버렸다. 이는 우리가 NLP/NLU의 석기 시대에서 오랜 시간이 지난 진화를 통해 21세기로 나아갈 수 있게 해주었다.

7장, GPT-3 엔진을 사용한 초인간 트랜스포머 등장은 구글의 바스와니가 발표한 오리지널 트랜스포머와 OpenAI의 브라운이 발표한 GPT-3 트랜스포머 사이에 있었던 혁신적인 기술 발전과정을 요약하고 있다. 오리지널 트랜스포머는 어텐션만으로도 NLP/NLU 작업에서 높은 성능을 낼 수 있다는 것을 보여줬다.

OpenAI의 두 번째 혁명은 GPT-3를 통해, 미세 조정된 사전 학습 모델에서 더 나아가 미세 조정없이 몇 가지 학습 데이터만으로(few-shot) 모델 학습이 가능하다는 것을 보여줬다. 즉, 기계가 우리 인간이 하는 것처럼 언어를 학습하고 하위 작업에 적용할 수 있다.

T5 모델의 의미를 이해하기 위해서는 이 두 가지 혁신적 기술을 이해하는 것이 필수적이다. 첫 번째 혁신적 기술은 어텐션 기법이었다. 두 번째 혁신적 기술은 기계에게 언어를 이해(NLU)하게 가르침을 주고, 그런 다음 우리가 하는 것처럼 NLP 문제를 해결하게끔 하는 기법이다.

2019년 구글은 OpenAI와 마찬가지로 트랜스포머를 추상적인 자연어 이해의 수준으로 끌어올릴 수 있는 방법에 대해 고민하고 있었다.

이러한 기술적 혁명들은 너무나 혁신적이었다. 이제는 소스 코드를 벗어나, 트랜스포머를 보다 높은 수준에서 분석할 때다.

라펠은 텍스트-투-텍스트 모델의 콘셉트를 제안하고 구현했다.

트랜스포머 발전에 기여한 두 번째 혁신적 기술을 이해하기 위해 추상 모델(Abstract models)에 대해 알아보자.

8.1.1 텍스트-투-텍스트 트랜스포머 모델의 등장

라펠은 하나의 목표를 가지고 선구자로서 여정을 시작했다. 통합된 텍스트 투 텍스트 트랜스포머 전이 학습의 한계 탐구하기, 이 접근 방식을 사용하는 구글 팀은 처음부터 오리지널 트랜스포머의 기본 아키텍처를 수정하지 않을 것이라고 강조했다.

그 당시 라펠은 기술이 아닌 개념에 초점을 맞추고 싶어 했다. 따라서, 파라미터 혹은 층 n개를 가진 최신 은 총알(silver bullet) 트랜스포머 모델을 만드는 것에 관심이 없었다. T5 팀은 트랜스포머가 언어 이해에 얼마나 높은 성능을 보일 수 있을지 알아내고 싶었다.

인간은 언어를 배우고 그 지식을 전이 학습을 통해 다양한 NLP 작업에 적용할 수 있다. T5 모델의 핵심 개념은 우리 인간처럼 일을 할 수 있는 추상적인 모델을 찾는 것이었다.

의사소통을 할 때, 우리는 항상 시퀀스(A)를 시작으로 시작해 또 다른 시퀀스(B)로 의사소통을 이어 나가게 된다. B는 또 다른 시작이 되어, 그림 8.1에 나와 있는 것처럼 다른 시퀀스를 이끌게 된다.

그림 8.1 시퀀스-투-시퀀스로 표기한 의사소통 방식

우리는 체계화된 소리로 음악을 통해 의사소통을 하기도 한다. 체계화된 몸의 움직임으로 춤을 추며 의사소통하기도 한다. 그리고 조화롭게 배열된 형태와 색상으로 그림을 그리며 스스로를 표현하기도 한다.

우리는 텍스트라고 부르는 여러 단어로 의사소통한다. 텍스트를 이해하려 할 때, 우리는 문장 안에 있는 모든 단어들에게 모든 방향에서 주의를 기울인다. 각 단어의 중요성을 이해하려고 노력한다. 문장을 이해하기 어려울 때는, 한 단어를 문장 안의 나머지 키워드(keywords)와 비교(query)해 가며 각 단어의 중요성(values and attention)을 결정한다. 이와 같은 방식이 트랜스포머의 어텐션 층[24]이다.

잠시 생각해 보자. 이 메커니즘은 속임수같이 간단해 보인다. 그럼에도 불구하고, RNNs, CNNs 등과 관련된 사고과정을 뒤엎는데 35년 이상이 걸렸다!

T5가 배우고 진전하며 때로는 우리가 더 잘 생각할 수 있도록 도와주는 것을 지켜보는 것은 매우 매혹적이다!

---

24   Key, query, value로 구성되어있다.

시퀀스 내 모든 토큰에 동시에 주의를 기울이는 어텐션 층의 기술적 혁명은 T5의 개념적 혁명으로 이어졌다.

T5 모델은 텍스트-투-텍스트 전이 트랜스포머(Text-To-Text Transfer Transformer)로 간주할 수 있다. 따라서 모든 NLP 작업은 텍스트-텍스트 문제로 생각할 수 있다.

8.1.2 작업에 특화된 입력 형식 대신 접두사 사용하기

라벨은 여선히 하나의 문제를 해결해야 했다. 작업에 특화된 입력 형식 통합하기. 이를 위해 트랜스포머에 제출된 모든 작업에 대해 하나의 입력 형식을 갖는 방법을 찾는 아이디어를 제시했다. 이렇게 하면 하나의 텍스트-투-텍스트 형식으로 모든 종류의 작업에 대해 모델 파라미터를 훈련할 수 있다.

구글 T5 팀은 간단한 해결책을 제안했다. 입력 시퀀스에 접두사를 추가하는 것이다. 만약, 과거 몇몇 천재들에 의해 접두사가 발명되지 않았다면 언어마다 수천 개의 단어가 추가로 필요했을 것이다. 예를 들어, 'Pre' 접두사가 없었다면 선캄브리아대(Precambrian), 선사시대(Prehistoric), 선불(Prepayment) 등 수천 개의 다른 단어를 설명하기 위한 별도의 단어를 찾아야 했을 것이다.

라펠은 입력 시퀀스에 접두사를 추가하는 것을 제안했다. T5의 접두사는 [CLS]와 같은 몇몇 트랜스포머 모델에서 분류를 위해 사용하는 태그나 표시가 아니다. 대신, T5의 접두사는 트랜스포머가 해결해야 할 작업의 본질을 포함하고 있다. 아래 예와 같이 의미를 전달하기 위해 사용될 수 있다.

- **6장, 트랜스포머를 사용한 기계 번역**에서 했던 것처럼 번역 작업 수행을 위해 다음과 같이 명령할 수 있다.
  translate English to German: + [sequence]

- **3장, BERT 모델 미세 조정하기**에서 BERT 모델을 미세 조정할 때 했던 것처럼 The Corpus of Linguistic Acceptability (CoLA, 언어 적합성 말뭉치) 전달을 위해 다음과 같이 명령할 수 있다.
  cola sentence + [sequence]

- **5장, 트랜스포머를 사용한 다운스트림 NLP 작업**에서 설명한 것처럼 자연어 추론(inference)과 함의(entailment)는 비슷한 문제다. 의미론적 텍스트 유사성 벤치마크(Semantic Textual Similarity Benchmarks)를 위해 다음과 같이 명령할 수 있다.
  stsb sentence 1:+[sequence]

- 이번 장의 T5를 사용해 요약하기에서 풀게 될 요약 문제들에 대해 다음과 같이 명령할 수 있다.
  summarize + [sequence]

그림 8.2처럼 NLP의 다양한 작업을 하나의 형식으로 나타낼 수 있다.

그림 8.2 트랜스포머 모델의 입력 형식 통합하기

그림 8.3에서 보이듯이, 통합 입력 형식을 사용해 T5에서 해결해야 하는 어떤 문제에 대해서도 트랜스포머 모델이 결과 시퀀스를 생성하도록 할 수 있다. 그 결과, 많은 NLP 작업의 입력과 출력이 통합될 수 있었다.

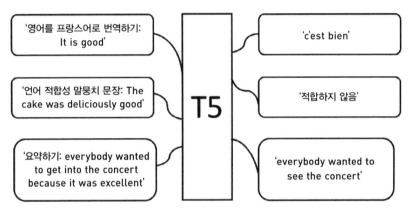

그림 8.3 T5 의 텍스트–텍스트 프레임워크

이와 같은 통합 과정을 거침으로써 다양한 작업에 대해 동일한 모델, 하이퍼파라미터 및 옵티마이저를 사용할 수 있게 되었다.

지금까지는 표준 텍스트–텍스트 입력–출력 형식에 대해 알아봤다. 이제 T5 트랜스포머 모델의 구조를 살펴보자.

8.1.3 T5 모델

라펠은 텍스트 출력을 얻기 위한 표준 입력 형식을 설계하는 데 초점을 맞췄다. 구글 T5 팀은 인코더만 사용한 BERT나 디코더만 사용한 GPT와 같은 오리지널 트랜스포머에서 파생된 새로운 아키텍처를 시도하고 싶지 않았다. 대신, NLP 작업을 표준 형식으로 정의하는 데 중점을 두었다.

그들은 그림 8.4에서 볼 수 있듯이 **2장, 트랜스포머 모델 아키텍처 살펴보기**에서 정의한 오리지널 트랜스포머 모델을 사용하기로 결정했다.

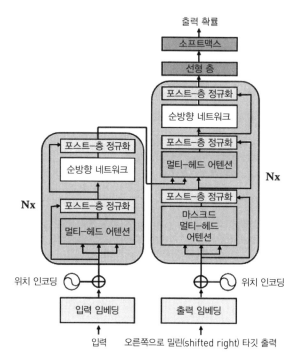

그림 8.4 T5 모델에서 사용한 오리지널 트랜스포머의 구조

라펠은 오리지널 트랜스포머의 아키텍처와 용어 대부분을 유지했다. 그러나 몇 가지 주요 측면에 초점을 맞추어, 약간의 어휘 및 기능적인 변경을 가했다. 다음은 T5 모델의 주요 특징 중 일부다.

- 모델에서 인코더와 디코더는 그대로 유지된다. 그러나 인코더와 디코더 층은 "블록"이 되고, 서브 층 (sublayer)은 "서브컴포넌트(subcomponents)"가 되어 셀프-어텐션(self-attention) 층과 순방향 네 트워크(feedforward network)를 포함하게 된다. "블록"과 "서브 컴포넌트"라는 용어를 레고의 구성 요소처럼 간주한다면, 모델을 구축하기 위한 작업은 "블록", 조각 및 구성 요소를 조립하는 것으로 생 각할 수 있다. 트랜스포머의 구성 요소는 다양한 조립에 사용할 수 있는 표준 빌딩 블록이다. 트랜스 포머 모델의 기본적인 빌딩 블록을 이해하면 어떤 트랜스포머 모델도 이해할 수 있다. 이 내용은 **2장, 트랜스포머 모델 아키텍처 살펴보기**에서 다룬 내용이다.

- 셀프-어텐션은 2장에서 본 것처럼 단어 집합에 대해 작업을 수행하므로 "순서에 독립적"이다. 셀프-어 텐션은 재귀가 아닌 행렬의 내적(dot product)을 사용한다. 이는 시퀀스 내 각 단어와 다른 단어 간의 관계를 탐색한다. 또한 내적을 수행하기 전에 단어의 임베딩에 위치 인코딩이 추가된다.

- 오리지널 트랜스포머는 입력 데이터에 사인 및 코사인 신호를 적용했거나 학습된 위치 임베딩을 사용 했다. T5는 입력에 임의의 위치 정보를 추가하는 대신 상대 위치 임베딩을 사용한다. T5에서 위치 인 코딩은 셀프 어텐션을 사용해 데이터의 관계를 비교한다. 자세한 내용은 이 장의 참고문헌 섹션에 있 는 2018년 쇼(Shaw et al.)의 논문을 참조하기 바란다.

- 위치 임베딩은 모델의 모든 층에서 공유되며 다시 계산된다.

우리는 텍스트-투-텍스트 접근법을 통해 T5 트랜스포머 모델의 입력을 표준화했다. 이제 T5를 사용 하여 문서를 요약해 보자.

8.2 T5를 사용해 요약하기

NLP 요약 작업은 텍스트의 핵심 부분을 추출하는 작업이다. 이 섹션에서는 이 챕터에서 사용할 허깅 페이스를 소개하고 T5-large 트랜스포머 모델을 초기화해 볼 것이다. 마지막으로, 법률 및 기업 문서를 포함한 모든 문서를 요약하는 방법을 살펴보겠다.

우선 허깅페이스의 프레임워크를 소개하겠다.

8.2.1 허깅페이스

허깅페이스는 트랜스포머를 더 높은 수준에서 구현하기 위한 프레임워크를 디자인했다. 우리는 **3장, BERT 모델 미세 조정하기**에서 BERT 모델을 미세 조정하고 **4장, RoBERTa 모델 처음부터 사전 학습하기**에서 RoBERTa 모델을 처음부터 사전 학습하기 위해 허깅페이스를 사용했다.

지식을 확장하기 위해, 우리는 **6장, 트랜스포머를 사용한 기계 번역**에서 트랙스(Trax)와 같은 다른 접근 법을 탐구하고, **7장, GPT-3 엔진을 사용한 초인간 트랜스포머 등장**에서는 OpenAI의 모델을 알아보았다. 이 장에서는 허깅페이스 프레임워크를 다시 사용하고 온라인 리소스에 대해 더 자세히 설명한다. 마지막으로, GPT-3 엔진의 독특한 잠재력에 대해 설명할 것이다.

허깅페이스는 프레임워크 내에서 모델, 데이터셋, 지표라는 세 가지 주요 리소스를 제공한다.

8.2.1.1 허깅페이스 트랜스포머 리소스

이 하위 섹션에서는 이 챕터에서 구현할 T5 모델을 선택할 것이다. 그림 8.5에서 볼 수 있듯이 다양한 모델을 허깅페이스 모델 페이지에서 찾을 수 있다.

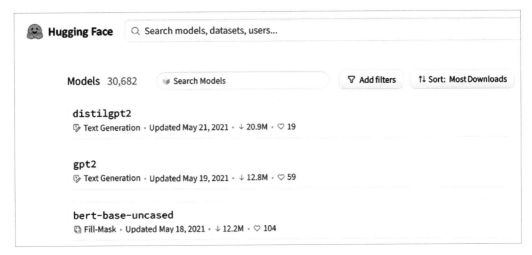

그림 8.5 허깅페이스 모델들

https://huggingface.co/models에서 모델을 검색할 수 있다. 우리의 경우, 구글 코랩에서 원활하게 실행할 수 있는 t5-large 모델을 찾고 있다.

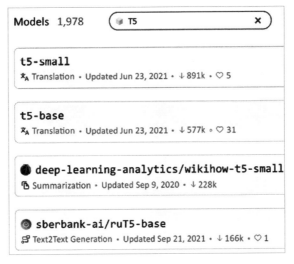

그림 8.6 T5 모델 검색하기

사용가능한 T5 트랜스포머는 다음과 같다.

- 기본(base)은 기준 모델로, 계층 12개와 파라미터 약 2억 2천만 개를 가진 $BERT_{base}$와 유사하게 설계되었다.
- 작은(small) 모델은 계층 6개와 파라미터 약 6천만 개를 가지고 있다.
- 큰(large) 모델은 계층 12개의 파라미터 약 7억 7천만 개를 가진 $BERT_{large}$와 유사하게 설계되었다.
- 3B와 11B는 각각 약 28억 개와 110억 개의 파라미터를 가진 24개 계층의 인코더와 디코더를 사용한다.

BERT$_{BASE}$와 BERT$_{LARGE}$에 대한 더 자세한 설명은 **3장, BERT 모델 미세 조정하기**에서 살펴볼 수 있다.

여기서는, **t5-large** 를 사용해 볼 것이다.

그림 8.7 허깅페이스 모델을 사용하는 방법

그림 8.7은 우리가 작성할 코드에서 모델을 어떻게 사용하는지 보여준다. 또한 모델의 파일 목록과 기본 설정 파일을 살펴볼 수 있다. 이 장의 T5-large 트랜스포머 모델 초기화 섹션에서 모델을 초기화할 때 설정 파일을 살펴볼 것이다. 허깅페이스는 또한 데이터셋과 지표를 제공한다.

- 데이터셋은 모델을 학습하고 테스트하는 데 사용할 수 있다. https://huggingface.co/datasets
- 지표 리소스는 모델의 성능을 측정하는 데 사용할 수 있다. https://huggingface.co/metrics

데이터셋과 지표는 NLP에서 일반적으로 쓰이는 것을 사용할 것이다. 이 장에서는 이러한 데이터셋이나 지표를 구현하지 않을 것이다. 대신 텍스트를 요약하는 방법에 초점을 맞출 것이다.

T5 트랜스포머 모델을 초기화하는 것으로 시작하자.

8.2.2 T5-large 트랜스포머 모델 초기화

이 하위 섹션에서는 T5-large 모델을 초기화할 것이다. 깃허브의 이 장의 디렉터리에 있는 Summarizing_ Text_with_T5.ipynb 노트북을 열어보자.

그럼, T5로 시작해 보자.

8.2.2.1 T5로 시작해 보기

이 섹션에서는 허깅페이스 프레임워크를 설치한 다음 T5 모델을 초기화할 것이다.

우선, 허깅페이스 트랜스포머 모듈을 설치해보자.

```
!pip install transformers
```

허깅페이스를 최대한 안정적으로 사용하기 위해 sentencepiece를 0.1.94 버전으로 고정했다.

```
!pip install sentencepiece==0.1.94
```

허깅페이스는 복제(clone)할 수 있는 깃허브 저장소를 가지고 있지만, 허깅페이스의 프레임워크를 통해 다양한 고수준의 트랜스포머 함수들을 사용할 수 있다.

모델을 초기화할 때 모델의 아키텍처를 표시할지 선택할 수 있다.

```
display_architecture=False
```

display_architecture를 True로 설정하면, 인코더 층, 디코더 층 및 순방향 서브 층의 구조가 표시된다. 프로그램은 이제 torch와 json을 가져온다.

```
import torch
import json
```

트랜스포머 작업을 한다는 것은 연구소에서 공유하는 다양한 트랜스포머 아키텍처와 프레임워크에 열려 있어야 한다는 것을 의미한다. 가능하다면, 파이토치와 텐서플로우를 사용하는 것을 추천한다. 중요한 것은 트랜스포머 모델의 추상화 수준(구체적인 작업 모델 또는 제로샷 모델)과 전반적인 성능이다.

토크나이저, 생성 및 설정 클래스를 가져오도록 하자.

```
from transformers import T5Tokenizer, T5ForConditionalGeneration, T5Config
```

여기서는 T5-large 모델을 사용할 것이지만, 이번 장의 허깅페이스 섹션에서 살펴본 허깅페이스 목록에서 다른 T5 모델을 선택할 수 있다.

이제 T5-large 조건부 생성 모델과 T5-large 토크나이저를 가져오도록 하겠다.

```
model = T5ForConditionalGeneration.from_pretrained('t5-large')
tokenizer = T5Tokenizer.from_pretrained('t5-large')
```

사전 학습된 토크나이저를 초기화하는 것은 한 줄로 끝난다. 그러나 토큰화된 사전이 우리가 필요한 모든 어휘를 포함하고 있는지 증명할 수 있는 것은 아니다. **9장, 데이터셋에 적합한 토크나이저**에서 토크나이저와 데이터셋의 관계를 조사할 것이다.

이제 'cpu'로 torch.device를 초기화한다. 이 예제는 CPU만으로도 충분하다. torch.device 객체는 토치 텐서가 할당될 장치이다.

```
device = torch.device('cpu')
```

T5 모델의 구조를 탐색할 준비가 되었다.

8.2.2.2 T5 모델 구조 탐색하기

이 하위 섹션에서는 T5-large 모델의 아키텍처와 설정을 탐색할 것이다.

display_architecture==true이면, 모델의 설정을 볼 수 있다.

```
if display_architecture==True:
    print(model.config)
```

예를 들어, 모델의 기본 파라미터를 볼 수 있다.

```
.../...
"num_heads": 16,
"num_layers": 24,
.../...
```

이 모델은 헤드 16개와 층 24개를 가진 T5 트랜스포머 모델이다.

또한, T5의 텍스트-투-텍스트 구현을 볼 수 있는데, 입력 문장에 접두사를 추가하여 수행할 작업을 트리거한다. 이 접두사는 모델의 파라미터를 수정하지 않고도 다양한 작업을 텍스트-투-텍스트 형식으로 표현할 수 있도록 한다. 우리의 경우, 접두사는 "summarization" 이다.

```
"task_specific_params": {
    "summarization": {
        "early_stopping": true,
        "length_penalty": 2.0,
        "max_length": 200,
        "min_length": 30,
        "no_repeat_ngram_size": 3,
        "num_beams": 4,
        "prefix": "summarize: "
    },
```

T5는 다음과 같은 기능을 수행한다.

- 가장 중요한 네 개의 텍스트 완성 예측을 확장하는 빔 서치(beam search) 알고리즘을 도입한다.
- 배치 당 num_beam 문장이 완성되면 일찍 종료(early stopping)한다.
- no_repeat_ngram_size 길이만큼 n-gram을 반복하지 않도록 한다.
- min_length와 max_length를 사용하여 샘플의 길이를 제어한다.
- 길이 페널티를 적용한다.

눈여겨볼 파라미터는 어휘 크기이다.

```
"vocab_size": 32128
```

어휘 크기는 중요한 주제이다. 어휘가 너무 많다면 모델이 적합하게 수렴하기 힘들다. 반면에 너무 적은 어휘는 NLP 작업을 왜곡할 수 있다. **9장, 데이터셋에 적합한 토크나이저**에서 이에 대해 더 탐구할 것이다.

또한, 모델을 단순히 출력하여 트랜스포머 스택의 세부 정보를 볼 수 있다.

```
if(display_architecture==True):
    print(model)
```

예를 들어, 우리는 인코더 스택(0에서 23까지 번호가 매겨진)의 블록(층) 내부를 엿볼 수 있다.

```
(12): T5Block(
  (layer): ModuleList(
    (0): T5LayerSelfAttention(
      (SelfAttention): T5Attention(
        (q): Linear(in_features=1024, out_features=1024, bias=False)
        (k): Linear(in_features=1024, out_features=1024, bias=False)
        (v): Linear(in_features=1024, out_features=1024, bias=False)
        (o): Linear(in_features=1024, out_features=1024, bias=False)
      )
      (layer_norm): T5LayerNorm()
      (dropout): Dropout(p=0.1, inplace=False)
    )
    (1): T5LayerFF(
      (DenseReluDense): T5DenseReluDense(
        (wi): Linear(in_features=1024, out_features=4096, bias=False)
        (wo): Linear(in_features=4096, out_features=1024, bias=False)
        (dropout): Dropout(p=0.1, inplace=False)
      )
      (layer_norm): T5LayerNorm()
      (dropout): Dropout(p=0.1, inplace=False)
    )
  )
)
```

모델이 어텐션 서브 층에서 1,024개의 피처에 대한 작업을 수행하고, 순방향 서브 층 내부에서 4,096개의 피처로 계산하여 1,024개의 피처를 출력하는 것을 볼 수 있다. 트랜스포머의 대칭 구조는 모든 층에서 유지된다.

인코더 층, 디코더 층, 어텐션 서브 층, 순방향 서브 층 중 특정 부분을 선택하여 모델의 특정 측면을 살펴볼 수도 있다.

원하는 셀만 실행하여 모델의 특정 부분을 선택할 수도 있다.

```
if display_architecture==True:
    print(model.encoder)
if display_architecture==True:
    print(model.decoder)
if display_architecture==True:
    print(model.forward)
```

지금까지 T5 트랜스포머를 초기화해봤다. 이제 문서를 요약해 보자.

8.2.3 T5-large를 사용해 문서 요약하기

이 섹션에서는 어떤 텍스트든 요약할 수 있는 요약 함수를 만들 것이다. 법적 및 금융 관련 문서를 요약할 것이다. 마지막으로, 이 방식의 한계를 설명할 것이다.

우선 요약 함수를 만드는 것으로 시작해 보자.

8.2.3.1 요약 함수 만들기

먼저, summarize라는 요약 함수를 만들어보자. 이렇게 하면 요약하려는 텍스트를 함수에 보내기만 하면 된다. 이 함수는 두 개의 파라미터를 사용한다. 첫 번째 파라미터는 요약할 텍스트인 preprocess_text이다. 두 번째 파라미터는 요약된 텍스트의 최대 길이인 ml이다. 이 두 파라미터는 함수를 호출할 때마다 보내는 변수이다.

```
def summarize(text,ml):
```

허깅페이스는 준비된 요약 함수들을 제공한다. 하지만 필요할 때마다 이 작업을 커스터마이즈하는 방법을 배우는 것을 추천한다.

문맥 텍스트에서 ₩n 문자를 제거한다.

```
preprocess_text = text.strip().replace("₩n"."")
```

그런 다음 T5 작업 접두사 summarize를 입력 텍스트에 적용한다.

```
t5_prepared_Text = "summarize: "+preprocess_text
```

T5 모델은 어떤 작업이든 접두사 + 입력 시퀀스의 통일된 구조를 사용한다.

이 구조는 간단해 보이지만, NLP 트랜스포머 모델을 범용 학습과 제로샷 다운스트림 작업에 더 용이하게 만든다.

준비된 텍스트를 출력해 보자.

```
print ("Preprocessed and prepared text: ₩n", t5_prepared_Text)
```

간단하다고 생각할 수 있겠지만, RNN과 CNN에서 트랜스포머로 가는 데에 35년 이상이 걸렸다. 그리고 특정 작업용으로 설계된 트랜스포머에서 미세 조정이 거의 필요하지 않은 멀티태스크 모델로 가기 위해서는 세계에서 가장 뛰어난 연구팀이 필요했다. 마침내 구글 연구팀은 해결하려는 NLP 문제를 접두사로 표현하는 표준 입력 형식을 만들었다. 이것은 상당한 업적이다!

출력에는 전처리된 텍스트가 포함되어 있다.

```
Preprocessed and prepared text:
summarize: The United States Declaration of Independence
```

해결할 작업을 나타내는 접두사 summarize를 확인할 수 있다.

이제 텍스트는 토큰 ID로 인코딩되어 토치 텐서로 반환된다.

```
    tokenized_text = tokenizer.encode(t5_prepared_Text, return_tensors="pt").
    to(device)
```

인코딩된 텍스트를 T5로 시작해 보기 섹션에서 설명한 T5 모델에 보내 요약을 생성할 준비가 되었다.

```
# 요약하기
summary_ids = model.generate(tokenized_text.
    num_beams=4.
    no_repeat_ngram_size=2.
    min_length=30.
    max_length=ml.
    early_stopping=True)
```

빔의 수는 가져온 모델과 동일하지만, no_repeat_ngram_size는 3 대신 2로 줄여졌다.

이제 생성된 출력은 토크나이저를 사용하여 디코딩된다.

```
output = tokenizer.decode(summary_ids[0], skip_special_tokens=True)
return output
```

지금까지 요약 함수를 가져오고, 초기화하고, 정의해 봤다. 이제 일반적인 주제로 T5 모델을 실험해 보자.

8.2.3.2 일반적인 주제 샘플

이 하위 섹션에서는 프로젝트 구텐베르크에서 가져온 텍스트를 T5 모델로 실행할 것이다. 샘플을 사용하여 요약 함수에 대한 테스트를 실행할 것이다. 다른 텍스트를 복사하여 붙여 넣거나 코드를 추가하여 텍스트를 로드할 수 있다. 또한 원하는 데이터셋을 불러오고 순회하며 요약을 호출할 수도 있다.

이 장의 목표는 T5가 어떻게 작동하는지를 보기 위해 몇 가지 샘플을 실행하는 것이다. 입력 텍스트는 미국의 독립선언서를 포함하는 프로젝트 구텐베르크 전자책의 시작 부분이다.

```
text ="""
```
미국의 독립선언서는 1971년 초 구텐베르크 프로젝트가 처음으로 공개한 전자 텍스트이다. 열람을 위해서는
이메일로 전송된 지침서에 따라 테이프나 디스크팩을 직접 장착해야 했다. 디스크팩은 케이크 캐리어에 담긴
큰 케이크 크기였고 가격은 1500 달러였으며 용량은 5 메가 바이트였고, 이 파일은 1~2%의 크기를 차지했
다. 두 개의 백업 테이프와 하나의 종이테이프에 보관되었다. 2001년 말까지 온라인에 10,000개의 파일을 올
린다면, 2001년의 비슷한 가격대의 드라이브의 1~2% 정도면 충분하다.
```
"""
```

이제 summarize 함수를 호출하고 우리가 요약하고자 하는 텍스트와 요약의 최대 길이를 전달해 보자.

```
print("Number of characters:",len(text))
summary=summarize(text,50)
print ("\n\nSummarized text: \n",summary)
```

출력은 입력된 텍스트 길이가 534자라는 것을 보여주며, 전처리된 원본 텍스트(ground truth)와 요약
된 결과를 보여준다.

> 문자 수: 534
> 전처리된 텍스트:
> 요약: 미국의 독립선언서는...
>
> 요약된 내용:
> 미국의 독립선언서는 1971년 초 구텐베르크 프로젝트가 처음으로 출판한 전자 텍스트이다. 2001년 말까지
> 온라인에 10,000개의 파일을 올린다면, 2001년의 비슷한 가격대의 드라이브의 1~2% 정도면 충분하다. 미
> 국의 독립선언서는 1971년 초 구텐베르크 프로젝트가 처음으로 공개한 전자 텍스트이다.

이제 T5를 사용하여 더 어려운 요약을 해보자.

8.2.3.3 권리장전 샘플

권리장전에서 가져온 샘플은 개인의 특별한 권리를 표현하기 때문에 더 어렵다.

#권리장전, V

```
text ="""
누구라도 대배심의 고발이나 공소 제기에 의하지 아니하고는 사형에 해당하는 죄나 중죄에 대하여 심문당해
서는 아니 된다. 다만 전쟁 시나 공공의 위험이 발생했을 때 육해군이나 민병대에 복무 중인 경우는 예외로
한다. 또한 어느 누구도 동일한 범죄에 대하여 생명이나 신체의 위험에 두 번 처해져서는 아니 되고, 어느 형
사 사건에서도 자신의 증인이 될 것을 강요받아서는 아니 되며, 적법절차에 의하지 아니하고 생명이나 자유
또는 재산이 박탈당해서는 아니 된다. 또 사유재산권은 정당한 보상 없이는 공익 목적을 위하여 수용되어서
는 아니 된다.
"""
print("Number of characters:",len(text))
summary=summarize(text,50)
print ("\n\nSummarized text: \n",summary)
```

트랜스포머는 확률론적 알고리즘이므로, 실행할 때마다 출력이 달라질 수 있다는 것을 기억하자.

그렇다고 해도, T5는 입력 텍스트를 실제로 요약하지 않고 단순히 줄였다는 것을 볼 수 있다.

문자 수: 591

전처리된 텍스트:

요약: 누구라도 대배심의 고발이나..

요약된 텍스트:

누구라도 사형에 해당하는 죄나 중죄에 대하여 심문당해서는 아니 된다. 다만 전쟁 시나 공공의 위험이 발
생했을 때 육해군이나 민병대에 복무 중인 경우는 예외로 한다.

이 예시는 트랜스포머 모델이나 다른 NLP 모델이 이런 텍스트를 만났을 때 마주하는 한계를 보여주
는 중요한 샘플이다. 항상 잘 동작하는 샘플만 보여주고 사용자들이 트랜스포머가 우리가 직면하는
모든 NLP 문제를 해결했다고 믿게 해선 안 된다.

아마 더 긴 텍스트를 요약해야 하는 상황이 있을 수 있다. 다른 파라미터를 사용하는 것이 더 적합했
을 수도 있다. 더 큰 모델을 사용했어야 했을지도 모른다. 아니면 T5 모델의 구조를 변경했어야 했을
지도 모른다. 하지만, 얼마나 열심히 복잡한 텍스트를 NLP 모델로 요약하려고 하든 간에 항상 모델
이 요약하지 못하는 문서가 있을 것이다.

모델이 작업에 실패할 때, 우리는 겸손해져야 하고 그것을 인정해야 한다. SuperGLUE 인간 수준 성
능은 이기기 어렵다. 우리는 인내심을 가지고, 더 열심히 일하고, 트랜스포머 모델을 개선해야 한다.
아직 개선할 여지가 있다.

라펠은 그들의 T5에 대한 접근법을 설명하기 위해 통합 텍스트-투-텍스트 트랜스포머와 전이 학습의 한계 탐구(T5: Exploring the Limits of Transfer Learning with a Unified Text-to-Text Transformer)라는 적절한 제목을 선택했다.

충분한 시간을 갖고 자신만의 예제로 실험해보자. 현대 자연어 처리의 선구자로서 전이 학습의 한계를 탐구하자! 때로는 흥미로운 결과를 발견할 수 있고, 때로는 개선이 필요한 부분을 찾을 수도 있다.

이제 기업법 예시를 한번 시도해 보자.

8.2.3.4 기업 법 샘플

기업 법은 많은 법적 세부 사항을 포함하고 있어서 요약 작업이 상당히 까다로울 수 있다. 이 예시는 미국 몬태나 주의 기업 법 일부이다.

```
#몬태나 주 기업 법
#https://corporations.uslegal.com/state-corporation-law/montana-
corporation-law/#:~:text=Montana%20Corporation%20Law,carrying%20out%20
its%20business%20activities.
text ="""몬태나 주의 법인 관련 법률에 따르면 법인은 모든 합법적인 목적을 위해 몬태나 주에 설립될 수
있다. 몬태나 주에서 법인은 사업 활동을 수행하는 데 자연인과 동일한 모든 권한을 갖는다. 법인은 법인 명
의로 소송을 제기하거나 소송을 받을 수 있다. 이는 영속 계승권을 갖는다. 법인은 부동산 또는 동산에 대한
지분을 사고팔거나 취득할 수 있다. 또한 미국 내의 주, 영토 또는 지구, 또는 외국 국가에서 사업을 수행하고
운영하며 사무실을 가지고 권한을 행사할 수 있다. 법인은 다양한 직무에 임원 및 대리인을 임명하고 보수를
정할 수 있다.
법인의 이름은 "corporation" 또는 줄임말인 "corp."이라는 단어를 포함해야 한다. 기업의 이름은 같
은 주에서 설립된 다른 법인의 이름과 혼동되지 않아야 하며, 해당 주에서 사업 거래를 하는 외국 법인이 채
택한 임의의 이름과 혼동돼서도 안된다.
법인은 한 명 이상의 자연인이 정관을 작성하여 주무부처 장관에게 제출함으로써 설립된다. 이사의 자격은
정관이나 내규에 따라 정한다. 초기 이사들의 이름과 주소, 그리고 설립 목적은 정관에 명시되어야 한다. 정관
에는 법인명, 발행 허가 주식 수, 법인이 수행하는 사업 성격에 대한 간단한 설명, 후임자가 선출될 때까지 이
사들의 이름과 주소, 설립자의 이름과 주소가 있어야 한다. 주주들은 이사회의 규모를 변경할 권한이 있다.
"""
print("Number of characters:",len(text))
summary=summarize(text,50)
print ("\n\nSummarized text: \n",summary)
```

결과는 만족스럽다.

문자 수: 1816

전처리된 텍스트:

요약: 몬태나 주의 법인 관련 법률에 따르면...

요약된 텍스트:

법인은 모든 합법적인 목적을 위해 몬태나 주에 설립될 수 있다. 법인은 법인 명의로 소송을 제기하거나 소송을 받을 수 있으며 이는 영구적으로 승계된다. 사업을 수행하고 지속적으로 운영하고 사무실을 가질 수 있다.

이번에는 T5가 텍스트를 요약하기 위한 몇 가지 필수적인 측면을 찾아내었다. 자신의 샘플로 결과를 확인해 보는 시간을 가져보자. 결과에 영향을 미치는 파라미터를 조정해 보는 것도 좋은 방법이다.

T5를 사용해 텍스트를 요약하는 방법을 구현했으니, 이번에는 OpenAI GPT-3 엔진을 사용해 요약 작업을 해볼 시간이다.

8.3 | GPT-3로 요약하기

T5 트랜스포머의 아키텍처를 살펴보았다. 이번에는 GPT-3 엔진이 하나의 텍스트에서 어떻게 동작하는지 살펴볼 것이다. 기업과 모델을 벤치마킹하는 것이 목표는 아니다. 4차 산업시대의 AI 전문가가 자연어 처리에 대한 폭넓은 지식을 갖도록 하는 것이 목표이다.

먼저, https://openai.com/에 가서 회원가입과 로그인을 한다.

그런 다음 예제 페이지(https://platform.openai.com/examples)로 이동하여 2학년을 위한 요약(Summarize for a 2nd grader)을 선택한다.

Summarize for a 2nd grader
Translates difficult text into simpler concepts.

그림 8.8 GPT-3 예제 페이지

창이 열리면 프롬프트를 입력할 수 있다.

바로 앞의 섹션에서 사용한 예제 텍스트를 GPT-3에 넣어보자.

프롬프트는 P = E + T + S 형태다.

- E는 모델이 설명을 간단하게 만들도록 지시한다.
  2학년 아이가 이 글의 의미를 물어보았다.

- 텍스트 T는 이전 섹션과 동일하며 따옴표 안에 있다.
  """ 기업에 대한 법률은 몬태나 주에서 어떤 합법적인 목적을 위해도 기업을 설립할 수 있다고 규정한다. 몬태나 주에서는 기업이 사업 활동을 수행하는 데 자연인과 동일한 모든 권한을 갖는다. .../... 주주들은 이사회의 규모를 변경할 수 있는 권한이 있다. """

- S: 기대되는 작업 유형을 나타낸다.
  그가 이해할 수 있는 2학년용 간단한 용어로 다시 말해 줬다: """

GPT-3 다빈치 엔진에 의해 생성된 결과는 상당히 설득력 있다.

> *기업은 비즈니스다.*
>
> *기업은 사람이다.*
>
> *기업은 사람이 할 수 있는 모든 일을 할 수 있다.*
>
> *기업은 소송을 당할 수 있다.*
>
> *기업은 물건을 사고팔고 교환할 수 있다.*
>
> *기업은 소유주의 이름과 다른 고유한 이름이 있다.*
>
> *기업은 사람들이 비즈니스를 시작하고, 정부에 서류를 제출하여 공식적으로 만들어진다.*

T는 유지하고 E와 S를 수정할 수 있다.

- E: 다음과 같이 변경할 수 있다.

  내 MBA 대학생이 이 글의 의미를 물어보았다.

- S: 다음과 같이 변경할 수 있다.

  MBA 대학에 재학 중인 그를 위해 바꾸어 말했다.

GPT-3 엔진은 이전 요청의 응답을 생성했지만 대학생들에게 유용한 정보를 추가했다.

> **기업은 비즈니스 결정을 책임지는 이사들을 둘 수 있다. 이사들은 주주들에 의해 선출된다.**
> **주주들은 이사회의 규모를 변경할 수 있다.**

GPT-3 모델은 매우 설득력 있으며 클라우드 인공지능의 부상을 대표한다. **16장, 트랜스포머 기반 코파일럿의 등장**에서 프롬프트 요약에 대해 더 깊이 들어갈 것이다. 하지만, 그전에 더욱 많은 것들을 탐구할 필요가 있다.

정리하기

이번 장에서는 T5 트랜스포머 모델이 오리지널 트랜스포머의 인코더와 디코더 스택의 입력을 표준화하는 방법을 살펴보았다. 오리지널 트랜스포머 아키텍처는 인코더와 디코더 스택의 각 블록(또는 층)이 동일한 구조를 가지고 있었다. 그러나 NLP 작업에 대한 표준화된 입력 형식을 가지고 있지는 않았다.

2018년 라펠은 텍스트-투-텍스트 모델을 정의하여 다양한 NLP 작업을 위한 표준 입력을 설계했다. 그들은 입력 시퀀스에 NLP 문제 유형을 해결하기 위한 접두사를 추가했다. 이로써 표준 텍스트-투-텍스트 형식이 만들어졌고, **Text-To-Text Transfer Transformer(T5)**가 탄생했다. 이는 거짓말처럼 간단하지만, 다양한 NLP 작업에 대해 동일한 모델과 하이퍼파라미터를 사용할 수 있게 해 주었다. T5의 발명은 트랜스포머 모델의 표준화 프로세스를 한 단계 더 나아가게 만들었다.

그다음, 우리는 모든 텍스트를 요약할 수 있는 T5 모델을 구현해 보았다. 학습용 데이터셋에 포함되지 않은 텍스트로 모델을 테스트해 보았다. 또한 헌법 및 기업 샘플로 모델을 테스트해 보았다. 그 결과는 흥미로웠지만, 라펠이 예상한 것과 같이 트랜스포머 모델의 한계도 발견할 수 있었다.

마지막으로, 우리는 GPT-3 엔진의 방법론과 계산 효율성의 엄청난 파워를 탐구해 보았다. 트랜스포머를 사용하는 것은 훌륭한 시도이다. 세계에서 가장 강력한 트랜스포머 엔진 중 하나를 가지고 있다면, 완벽하진 않지만 효과적으로 결과를 얻을 수 있다.

우리의 목표는 기업과 모델을 벤치마킹하는 것이 아니다. 4차 산업시대 AI 전문가가 트랜스포머에 대한 깊은 이해를 가지도록 하는 것이 목표이다.

다음 장인 **9장, 데이터셋에 적합한 토크나이저**에서는 토크나이저의 한계를 탐구하고 NLP 작업을 개선할 가능성이 있는 방법을 정의할 것이다.

문제

01. T5 모델은 BERT 모델과 같이 인코더 스택만 가지고 있다.   참 / 거짓

02. T5 모델은 인코더 스택과 디코더 스택을 모두 가지고 있다.   참 / 거짓

03. T5 모델은 절대적인 위치 인코딩이 아닌 상대적인 위치 인코딩을 사용한다.   참 / 거짓

04. 텍스트-투-텍스트 모델은 요약을 위해서만 디자인되었다.   참 / 거짓

05. 텍스트-투-텍스트 모델은 입력 시퀀스에 NLP 작업을 결정하는   참 / 거짓
    접두사를 적용한다.

06. T5 모델은 각 작업마다 특정 하이퍼파라미터를 필요로 한다.   참 / 거짓

07. 텍스트-투-텍스트 모델의 장점 중 하나는 모든 NLP 작업에 대해 동일한   참 / 거짓
    하이퍼파라미터를 사용한다는 것이다.

08. T5 트랜스포머는 순방향 네트워크를 가지고 있지 않다.   참 / 거짓

09. 허깅페이스는 트랜스포머를 보다 쉽게 구현할 수 있도록 하는 프레임워크이다.   참 / 거짓

10. OpenAI의 트랜스포머 엔진은 게임 체인저이다.   참 / 거짓

8.6 참고 문헌

- Colin Raffel, Noam Shazeer, Adam Roberts, Katherine Lee, Sharan Narang, Michael Matena, Yanqi Zhou, Wei Li, Peter J. Liu, 2019, Exploring the Limits of Transfer Learning with a Unified Text-to-Text Transformer: https://arxiv.org/pdf/1910.10683.pdf

- Ashish Vaswani, Noam Shazeer, Niki Parmar, Jakob Uszkoreit, Llion Jones, Aidan N. Go- mez, Lukasz Kaiser, Illia Polosukhin, 2017, Attention is All You Need: https://arxiv.org/ abs/1706.03762

- Peter Shaw, Jakob Uszkoreit, and Ashish Vaswani, 2018, Self-Attention with Relative Position Repre sentations: https://arxiv.org/abs/1803.021

- Hugging Face Framework and Resources: https://huggingface.co/

- 미국 법률, 몬태나 주 기업법: https://corporations.uslegal.com/state-corporation-law/montana-corpo ration-law/#:~:text=Montana%20Corporation%20Law,carrying%20out%20its%20business%20 activities

- 토머스 제퍼슨(Thomas Jefferson)의 미국 독립선언: https://www.gutenberg.org/ebooks/1

- 미국 권리장전: https://www.gutenberg.org/ebooks/2

09장

데이터셋에 적합한 토크나이저

트랜스포머를 공부하다 보면 모델의 아키텍처와 학습 데이터셋에만 집중하기 쉽다. 우리는 지금까지 오리지널 트랜스포머를 살펴보고, BERT를 미세 조정하고, RoBERTa를 학습하고, GPT-3를 탐구하고, GPT-2를 학습하고, T5 모델을 구현했으며, 주요 벤치마크 작업과 데이터셋 또한 확인했다.

하지만, RoBERTa 토크나이저를 학습하고 데이터를 인코딩하면서 토크나이저의 한계를 확인하거나 모델에 적합한지 평가하지 않았다. AI는 데이터에 기반한다. 2019년의 라펠을 포함해서, 이 책에서 인용한 모든 저자들은 트랜스포머 모델을 위한 데이터셋 준비에 시간을 투자했다.

이번 장에서는, 트랜스포머 다운스트림 작업의 성능을 저해하는 토크나이저의 한계점을 살펴본다. 학습된 토크나이저를 그대로 신뢰하면 안된다. 상황에 따라, 일반적인 토크나이저에서 처리되지 않는 특별한(예를 들어, 고급 의학 용어 같은) 단어 사전이 필요할 수 있다.

먼저 토크나이저의 종류와 무관하게 성능을 측정할 수 있는 몇 가지 모범 사례(best practice)를 소개할 것이다. 토큰화 관점에서, 데이터셋과 토크나이저에 대한 기본적인 가이드를 주고자 한다.

다음으로, Word2Vec 토크나이저로 토크나이저의 한계를 알아보고, 모든 토큰화 방법에서 나타나는 문제점을 파이썬으로 확인하고 설명할 것이다.

또한, 특정 어휘를 포함하는 데이터셋으로 GPT-2 모델을 실행하여 조건 여부에 따라 샘플을 생성하고 탐구할 것이다.

더 나아가서, 바이트 단위 BPE(byte-level BPE)의 한계를 살펴볼 것이다. GPT-2 토크나이저의 결과를 보여주는 파이썬 프로그램을 작성하고, 데이터 인코딩 과정에서 발생하는 문제점들을 검토할 것이다. 이를 통해 일반적인 NLP 분석에 GPT-3의 우월함이 꼭 필요하진 않음을 확인할 것이다.

하지만, 이 장의 끝에서, **품사(Part-of-Speech, POS)** 작업으로 GPT-3 엔진을 분석하며, 모델이 얼마나 이해하는지 그리고 준비된 토큰화 사전이 요구사항에 적합한지 확인할 것이다.

이번 장에서는 다음 주제를 다룬다.

- 토크나이저의 출력을 확인하기 위한 기본지침
- 원시데이터 전략 및 데이터 전처리 전략
- Word2Vec 토큰화 문제와 한계
- Word2Vec 토크나이저를 평가하기 위한 파이썬 프로그램 작성
- 바이트 단위 BPE 알고리즘의 출력을 평가하기 위한 파이썬 프로그램 작성
- 특정 어휘를 사용하여 NLP 작업 커스터마이징
- GPT-2로 조건 여부에 따라 샘플 실행하기
- GPT-2 토크나이저 평가하기

먼저 2019년에 라펠이 정의한 텍스트-투-텍스트 방법론을 살펴보자.

9.1 데이터셋에 적합한 토크나이저

트랜스포머 학습을 위해 벤치마크 데이터셋을 다운로드하면 많은 장점이 있다. 데이터가 준비되어 있으며, 모든 연구실이 동일한 자료를 참조한다. 또한, 동일한 데이터로 트랜스포머 모델의 성능을 다른 모델과 비교할 수 있다.

하지만, 트랜스포머 모델의 성능을 향상시키기 위해서는 더 많은 작업이 필요하다. 만약 프로덕션 환경을 위한 트랜스포머 모델을 만든다면 더욱 신중한 계획과 명확한 모범 사례가 필요하다.

이번 섹션에서는 치명적인 문제점을 피하기 위한 모범 사례들을 정의할 것이다.

그러고 나서, 코사인 유사도를 사용하여 토큰화와 데이터 인코딩의 한계를 확인하는 파이썬 예제를 살펴보겠다.

먼저 모범 사례를 확인하자.

9.1.1 모범 사례

라펠은 텍스트-투-텍스트 T5 트랜스포머 모델을 정의했다. 그리고 더 나아가서, 원시 데이터를 전처리하지 않고 사용하는 통념을 깨기 시작했다.

데이터 전처리는 학습시간을 줄여준다. 예를 들어, 커먼 크롤(Common Crawl)은 웹에서 추출한 라벨이 없는 텍스트로 이루어져 있으며, 마크업과 텍스트가 아닌 데이터는 삭제했다.

그런데, 구글 T5 팀은 커먼 크롤의 텍스트 중 상당수가 자연어 또는 영어 수준에 미치지 못한다는 사실을 발견했고, 데이터셋을 사용하기 전에 정리가 필요하다고 결정했다.

라펠의 의견대로, 전처리와 품질 관리 단계에 기업 수준의 모범사례를 적용할 것이다. 앞으로 소개할 예시는, 실제 프로젝트에 적용 가능한 수준의 데이터셋을 얻기 위해 필요한 방대한 작업을 보여준다.

그림 9.1은 데이터셋에 적용할 주요 품질 관리 목록이다.

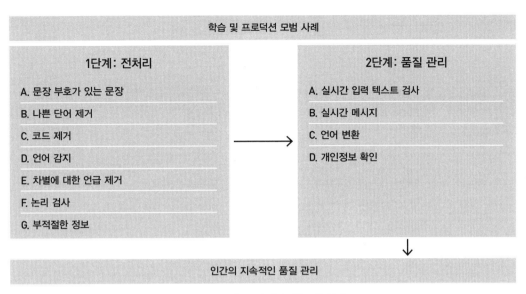

그림 9.1 트랜스포머 데이터셋 모범 사례

그림 9.1에서 볼 수 있듯, 품질 관리 목록은 트랜스포머를 학습할 때의 전처리 단계(1단계)와 프로덕션 환경에서의 품질 관리 단계(2단계)로 나눌 수 있다.

먼저 전처리 단계의 주요 측면을 살펴보겠다.

9.1.1.1 1단계: 전처리

라펠은 모델 학습 전 전처리를 권장했다. 여기에 필자는 몇 가지 아이디어를 덧붙였다.

트랜스포머는 언어를 배우는 입장이며, 우리는 트랜스포머의 선생님이다. 하지만 기계 학생에게 언어를 가르치기 위해서는, 적절한 영어가 무엇인지 설명할 수 있어야 한다.

따라서, 데이터를 사용하기 전에 표준 휴리스틱을 일부 적용해야 한다.

● 문장 부호가 있는 문장

마침표나 물음표 같은 문장 부호로 끝나는 문장을 사용하는 것이 좋다.

● 나쁜 단어 제거

나쁜 단어는 제거해야 한다. 다음 사이트에서 예시 목록을 확인할 수 있다.(https://github.com/LDN OOBW/List-of-Dirty-Naughty-Obscene-and-Otherwise-Bad-Words)

● 코드 제거

가끔은 코드가 필요한 경우도 있어서 까다롭다. 하지만 NLP 작업에선 일반적으로 코드를 제거하는 것이 좋다.

- 언어 감지

웹사이트엔 기본 텍스트인 "lorem ipsum"이 종종 포함되어 있다. 데이터셋의 모든 내용이 원하는 언어인지 확인이 필요하다. 50개 이상의 언어를 감지할 수 있는 langdetect를 사용하는 것도 좋다. (https://pypi.org/project/langdetect/)

- 차별에 대한 언급 제거

필수 과정이다. 웹에서 모든 것을 스크랩하거나 특정 데이터셋을 사용해서 기반 지식을 구축하는 것을 추천한다. 모든 형태의 차별을 막아라. 누구나 윤리적인 기계를 원할 것이다!

- 논리 검사

자연어 추론(Natural Language Inference, NLI) 데이터셋을 학습한 모델로 말이 되지 않는 문장을 필터링하는 것이 좋다.

- 부적절한 정보

동작하지 않는 링크, 비윤리적 웹사이트 또는 개인을 나타내는 텍스트를 제거해야 한다. 어려운 작업이지만, 확실한 가치가 있다.

9.1.1.2 2단계: 품질 관리

학습된 모델은 언어를 배운 사람처럼 행동한다. 입력 데이터로부터 무엇을 이해하고 학습할 수 있는지 파악한다. 1단계: 전처리 과정을 거친 입력 데이터는 학습 데이터에 정보를 더할 수 있어야 하고, 학습 데이터셋은 기업 프로젝트의 기반 지식이 된다. 사용자는 데이터셋에서 NLP 작업을 수행할 수 있고, 질문에 대한 신뢰할 수 있는 답변 또는 특정 문서에 대한 유용한 요약을 얻을 수 있다.

1단계: 전처리에서 설명한 모범 사례를 실시간 데이터에도 적용할 수 있어야 한다. 트랜스포머에 문서 요약 같은 NLP 작업이나 사용자의 요청이 들어온다면 바로 수행할 수 있어야 하기 때문이다.

트랜스포머는 역사상 가장 강력한 NLP 모델이며, 우리는 높은 윤리적 책임감을 가져야 한다.

다음은 몇 가지 모범 사례이다.

- **실시간 입력 텍스트 검사**
  나쁜 정보를 수용하면 안 된다. 입력을 실시간으로 파싱하며 받아들일 수 없는 데이터를 필터링해야 한다. (1단계 참고)

- **실시간 메시지**
  필터링된 데이터와 그 이유를 사용자가 로그로 확인할 수 있도록 해야 한다. 트랜스포머에 부적절한 요청이 오면 실시간으로 메시지를 표시한다.

- **언어 변환**

  가능하다면 희귀한 어휘를 일반적인 어휘로 변경한다. 이 장의 Word2Vec 토큰화 챕터의 사례 4를 참고하라. 항상 가능한 것은 아니지만, 가능한 경우, 한 단계 앞서 나갈 수 있다.

- **개인정보 확인**

  트랜스포머 모델에 데이터를 스트리밍하거나 사용자 입력을 분석할 때, 사용자나 국가의 승인이 없는 한, 개인정보를 데이터셋과 작업에서 제외해야 한다. 어려운 주제이고, 필요하다면 법률 자문을 받아야 한다.

여러 모범 사례를 확인했다. 이제 인간의 품질 관리가 왜 필수인지 알아보겠다.

9.1.1.3 인간의 지속적인 품질 관리

트랜스포머는 복잡한 NLP 작업 대부분을 점진적으로 대체할 것이다. 하지만 인간의 개입은 여전히 필수적이다. 우리는 소셜 미디어 대기업이 모든 것을 자동화했다고 생각하지만, 플랫폼엔 무엇이 좋고 나쁜지 결정하는 콘텐츠 관리자가 있다.

트랜스포머를 학습시키고, 구현하고, 출력을 확인하고, 유의미한 결과를 다시 학습 데이터에 포함시키면, 데이터는 지속적으로 개선되고 트랜스포머를 계속 발전시킬 수 있다.

그림 9.2는 지속적인 품질 관리가 어떻게 트랜스포머의 학습 데이터를 증대시키고 프로덕션 성능을 향상시키는지 보여준다.

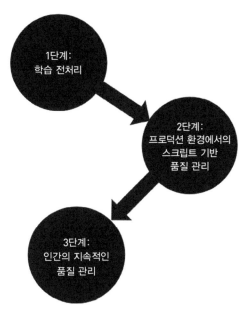

그림 9.2 인간의 지속적인 품질 관리

라펠이 설명한 몇 가지 모범사례와, 기업의 AI 프로젝트 매니저 경험으로 얻은 필자의 아이디어를 덧붙인 가이드라인을 살펴봤다.

이제 파이썬 프로그램을 통해 토크나이저의 한계를 보여주는 예제를 살펴보겠다.

9.1.2 Word2Vec 토큰화

모든 것이 순조로우면, 아무도 학습된 토크나이저를 의심하지 않는다. 실제 삶에서도 마찬가지다. 엔진에 대해 생각하지 않고도 몇 년간 차를 운전할 수 있다. 그러다 어느 날 차가 갑자기 고장났을 때 왜 그랬는지 그제야 이유를 찾으려 한다.

학습된 토크나이저에서도 마찬가지이다. 때로는 예상하지 못한 결과가 나타난다. 예를 들어, 그림 9.3 처럼 일부 단어 쌍이 잘못 계산될 수 있다.

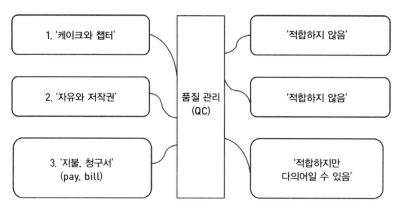

그림 9.3 토크나이저가 잘못 계산한 단어 쌍

그림 9.3은 미국 독립선언(American Declaration of Independence)과 권리장전(Bill of Rights), 마그나 카르타(English Magna Carta)에서 발췌한 예시이다.

- 케이크와 챕터는 어울리지 않지만, 토크나이저에 의해 두 단어의 코사인 유사도가 높다고 계산됐다.
- freedom은 언론의 자유를 의미한다. "저작권"은 무료(free) 전자책 편집자가 기입한 문구다.
- 지불(pay)과 청구서(bill)는 일상 영어에서 함께 사용된다. 다의성(polysemy)은 한 단어가 여러 의미를 가지는 경우를 의미하는데, 예를 들어, Bill은 지불할 금액을 뜻하기도 하지만 권리장전(Bill of Rights)을 가리키기도 한다. 수용할 만한 결과이지만, 그저 운이었을 수 있다.

계속하기 전에, 몇 가지를 짚고 넘어가겠다. **QC**는 **품질 관리(quality control)**를 의미한다. 어떤 전략적 기업 프로젝트에도 QC는 필수이다. 출력 결과의 품질이 프로젝트의 생존을 결정한다. 전략적으로 중요하지 않은 프로젝트라면, 일부 오류를 허용할 수 있다. 하지만 전략적 프로젝트라면, 몇 가지 오류에도 위험성을 평가하고 프로젝트를 계속할지 또는 중단할지 판단할 것이다.

품질 관리와 리스크 관리의 관점에서 볼 때, 관련성이 없는 데이터셋(쓸모없는 단어가 너무 많거나 중요한 단어가 누락된 데이터셋)를 토큰화하면 임베딩 알고리즘에 혼란을 주고 "좋지 않은 결과"를 초래할 수 있다. 토큰화가 임베딩에 영향을 주므로, 이 챕터에서는 "토큰화"라는 단어를 임베딩을 포함하는 넓은 의미로 사용한다.

전략적으로 중요한 AI 프로젝트라면(특히 의료, 비행기 또는 로켓 조립 등 중요 분야), 단 하나의 오류도 극적인 "나쁜 결과"를 초래한다.

Open Tokenizer.ipynb를 열어보자. **2장, 트랜스포머 모델 아키텍처 살펴보기**에서 사용한 positional_encoding.ipynb의 내용과 이어진다.

Word2Vec 알고리즘의 확률적 특성으로 인해 결과는 실행할 때마다 다를 수 있다.

먼저 필수 구성 요소를 설치하고 임포트한다.

```
#@title 사전 요구 사항
!pip install gensim==3.8.3
import nltk
nltk.download('punkt')
import math
import numpy as np
from nltk.tokenize import sent_tokenize, word_tokenize
import gensim
from gensim.models import Word2Vec
import numpy as np
from sklearn.metrics.pairwise import cosine_similarity
import matplotlib.pyplot as plt
import warnings
warnings.filterwarnings(action = 'ignore')
```

text.txt 데이터셋에는, 미국 독립선언, 권리장전, 마그나 카르타, 임마누엘 칸트(Immanuel Kant)의 작품 등을 비롯한 텍스트가 들어있다.

이제 text.txt를 토큰화하고 word2vec 모델을 학습한다.

```
#@title Word2Vec 토큰화
#'text.txt' file
sample = open("text.txt", "r") s = sample.read()
# 이스케이프 문자 처리하기
f = s.replace("\n", " ") data = []
# 문장 파싱하기
for i in sent_tokenize(f):
temp = []
    # 문장을 단어로 토큰화하기
    for j in word_tokenize(i):
        temp.append(j.lower())
    data.append(temp)
# 스킵 그램 모델을 생성하기
model2 = gensim.models.Word2Vec(data, min_count = 1, size = 512,window = 5, sg = 1)
print(model2)
```

window=5는 흥미로운 파라미터로, 입력 문장에서 현재 단어와 예측 단어 사이의 거리를 제한하는 역할이다. sg=1로 설정하면 학습 시 스킵 그램(skip-gram) 알고리즘을 사용한다.

출력 결과는 모델 어휘의 크기가 10,816 임베딩 차원이 512이고, 학습률(learning rate)은 alpha=0.025 였음을 보여준다.

```
Word2Vec(vocab=10816, size=512, alpha=0.025)
```

단어를 임베딩으로 표현하는 모델을 확보했고, 이제 코사인 유사도를 계산하는 함수 similarity(word1, word2)를 정의할 수 있다. 함수에 word1과 word2를 전달하면, 두 단어 사이의 코사인 유사도를 계산할 것이다. 값이 클수록, 유사도가 높음을 의미한다.

함수는 먼저 단어가 모델에 있는지([unk] 여부)를 감지하고 메시지를 표시한다.

```
#@title 코사인 유사도
def similarity(word1,word2):
    cosine=False #초기값
    try:
        a=model2[word1]
        cosine=True
    except KeyError: # KeyError 예외 발생
        print(word1, ":[unk] key not found in dictionary")#False 암시
    try:
        b=model2[word2]#a=True 암시
    except KeyError: #KeyError 예외 발생
        cosine=False # a, b 모두 참이어야 함
        print(word2, ":[unk] key not found in dictionary")
```

word1과 word2가 모두 모델의 단어사전에 존재하는, cosine==True인 경우에만 코사인 유사도를 계산한다.

```
    if(cosine==True):
        b=model2[word2]
        # 코사인 유사도 계산하기
        dot = np.dot(a, b)
        norma = np.linalg.norm(a)
        normb = np.linalg.norm(b)
        cos = dot / (norma * normb)
        aa = a.reshape(1,512)
        ba = b.reshape(1,512)
        #print("Word1",aa)
        #print("Word2",ba)
        cos_lib = cosine_similarity(aa, ba)
        #print(cos_lib, "word similarity")

    if(cosine==False):cos_lib=0;
    return cos_lib
```

함수는 계산한 코사인 유사도, cos_lib를 반환한다.

이제 여섯 가지 사례를 살펴보겠다. text.txt를 데이터셋이라고 부를 것이다.

먼저 사례 0을 살펴보자.

9.1.2.1 사례 0: 단어가 데이터셋과 사전에 있는 경우

freedom과 liberty는 데이터셋에 있는 단어이며, 코사인 유사도는 다음과 같이 구할 수 있다.

#@title 사례 0: 단어가 데이터셋과 사전에 있는 경우

```
word1="freedom";word2="liberty"
print("Similarity",similarity(word1,word2),word1,word2)
```

함수의 한계를 알아보기 위해 다양한 텍스트를 집어넣었기 때문에, 유사도가 0.79로 제한되었다.

```
Similarity [[0.79085565]] freedom liberty
```

유사도 알고리즘의 결과가 모든 상황에서 동일하지는 않다. 이 섹션의 결과는 데이터셋의 내용, 크기, 모듈의 버전 등에 따라 다를 수 있다. 다음 예시에서처럼 셀을 10번 돌려보면, 같은 결과가 나올 수도 있고 아닐 수도 있다.

다음 경우에는, 구글 코랩(Google Colab) VM과 CPU에서 같은 결과를 10번 얻었다.

```
Run 1: Similarity [[0.62018466]] freedom liberty
Run 2: Similarity [[0.62018466]] freedom liberty
...
Run 10: Similarity [[0.62018466]] freedom liberty
```

하지만, 코랩 메뉴에서 "런타임 연결 해제 및 삭제(Disconnect and delete runtime)"를 선택하고, 새로운 VM과 CPU에서는 다음 결과를 얻었다.

```
Run 1: Similarity [[0.51549244]] freedom liberty
Run 2: Similarity [[0.51549244]] freedom liberty
...
Run 10: Similarity [[0.51549244]] freedom liberty
```

"런타임 연결 해제 및 삭제(Disconnect and delete runtime)"를 한번 더 선택하고, 새로운 VM과 CPU와 함께 GPU도 활성화 하자, 다음 결과를 얻었다.

```
Run 1: Similarity [[0.58365834]] freedom liberty
Run 2: Similarity [[0.58365834]] freedom liberty
...
Run 10: Similarity [[0.58365834]] freedom liberty
```

확률론적 알고리즘은 확률에 기반한 결과를 보인다. 필요하다면 n 번씩 예측을 수행해보는 것이 좋다.

이제 단어가 없을 때 일어나는 일을 살펴보자.

9.1.2.2 사례 1: 단어가 데이터셋이나 사전에 없는 경우

단어가 없으면 다양한 문제가 발생한다. 이번에는, 유사도 함수에 corporations와 rights를 전달해 보겠다.

```
#@title 사례 1: 단어가 데이터셋이나 사전에 없는 경우
word1="corporations";word2="rights"
print("Similarity",similarity(word1,word2),word1,word2)
```

단어 사전에는 corporations가 없다.

```
corporations :[unk] key not found in dictionary
Similarity 0 corporations rights
```

더 이상 진행할 수 없다! 단어는 알 수 없는(unknown) 토큰이다.

빠진 단어가 중요한 단어라면, 사건과 문제를 연쇄해서 유발하고 트랜스포머 모델의 출력을 왜곡할 것이다. 이러한 단어를 unk라고 지칭하겠다.

다음 몇 가지 가능성을 확인하고, 적절히 답해야 한다.

- unk가 데이터셋에 있었지만 토큰화된 사전에 사용되지 않았다.
- unk가 데이터셋에 없었다(corporation은 여기에 해당한다). 이 경우에는, 사전에 없는 이유를 설명할 수 있다.

- 사용자가 트랜스포머에 토큰화되지 않는 토큰을 입력할 때마다, 운영 환경에서 unk가 나타날 것이다.
- unk가 데이터셋에서는 중요하지 않았지만, 트랜스포머 사용 시에는 중요하다.

몇몇 경우에 트랜스포머가 끔찍한 결과를 생성한다면, 이 문제점들은 점점 커질 것이다. 학습 단계에서, 특정 다운스트림 작업에 대한 트랜스포머의 성능이 0.8이라면 훌륭하다고 생각할 수 있다. 하지만 현실에서, 20% 확률로 틀리는 시스템은 아무도 사용하고 싶지 않다.

대신, 소셜미디어처럼 메시지에 언어 구조가 없고 모호한 환경이라면 0.8이라는 성능이 만족스러울 수는 있다.

이제 최악의 시나리오가 만들어진다. 우리가 앞에서 살펴본 문제를 NLP 팀이 발견하고 바이트 단위 BPE를 도입한다고 가정하자. 필요하다면 **4장, RoBERTa 모델 처음부터 사전 학습하기**의 3단계: 토크나이저 학습하기 부분을 몇 분간 복습하는 것도 좋다.

팀이 문제해결을 위해 오직 바이트 단위 BPE만 사용하면 악몽이 시작된다.

- unk는 단어 조각으로 나누어진다. 예를 들어, corporation은 corp + o + ra + tion + s가 된다. 이러한 토큰들은 데이터셋에서 발견될 확률이 높다.
- unk는 데이터셋에 있는 단어들로 표현되지만, 원래 토큰의 뜻을 표현하지 못한다.
- 트랜스포머는 잘 학습되고, unk가 의미없이 학습된 것을 아무도 알지 못한다.
- 트랜스포머는 0.8에서 0.9 수준의 뛰어난 결과를 보일 것이다.
- 전문 분야의 사용자가 중요한 순간에 잘못된 결과를 적용하기 전까진 모두가 박수를 보낼 것이다.[25] 예를 들어, 영어에서 corp은 기업 또는 상병을 의미하는데, 이로 인해 corp과 다른 단어들 사이에 잘못된 연관관계가 생길 수 있다.

일반적인 소셜 미디어라면 사소한 주제에 트랜스포머를 사용하기 충분할 수 있다. 하지만 실제 기업 프로젝트에서 데이터셋에 맞는 토크나이저를 생성하려면 많은 노력이 필요하다. 실생활에서 데이터셋은 사용자의 입력에 따라 매일 증가한다. 사용자 입력은 정기적으로 학습하고 업데이트해야 하는 데이터셋의 일부인 것이다.

다음은 품질 관리를 보장하는 한 과정의 예시이다.

- 바이트 단위 BPE 알고리즘으로 토크나이저를 학습한다.
- 이번 장의 토큰화된 데이터 확인하기 섹션에서 살펴볼 프로그램으로 결과를 확인한다.

---

25   역주. 오류가 발생하고 알림이 발생하는 대신, 동작에는 이상이 없게 되어, 문제를 발견하기 힘들어졌다.

- Word2Vec 알고리즘으로 학습한 품질 관리 전용 토크나이저 또한 준비한다. 이 토크나이저를 사용해 데이터셋을 파싱하고, unk 토큰을 찾아 데이터베이스에 넣는다. 쿼리를 실행하여 중요한 단어가 누락되었는지 확인한다.

이렇게 자세하게 검토하는 프로세스가 불필요해 보일 수 있으며, 누락된 단어로도 추론하는 트랜스포머의 능력에 의존하고 싶을 수도 있다.

하지만 중요한 의사 결정이 필요한 전략적 프로젝트의 경우, 여러 가지 품질 관리 방법을 실행하는 것이 좋다. 만약 법률 요약 프로젝트라면 단어 하나로 법정에서 승패가 갈릴 수 있다. 항공(비행기, 로켓) 프로젝트라면 단 하나의 오류라도 허용되지 않는다.

더 많은 품질 관리 프로세스를 수행할수록, 트랜스포머 솔루션을 더욱 신뢰할 수 있다.

신뢰할 수 있는 데이터셋을 얻기 위해서는 많은 노력이 필요하다! 모든 트랜스포머 논문은 수용할 만한 데이터셋을 얻기 위한 과정을 다루고 있다.

노이즈가 많은 관계도 문제를 일으킨다.

9.1.2.3 사례 2: 노이즈가 많은 관계

이번 사례에서는 데이터셋에 있는 두 단어, etext와 declaration을 살펴보겠다.

#@title 사례 2: 노이즈가 많은 관계

```
word1="etext";word2="declaration"
print("Similarity",similarity(word1,word2),word1,word2)
```

두 단어 모두 토크나이저 사전에도 포함되어 있다.

```
Similarity [[0.880751]] etext declaration
```

0.5를 초과하는 것을 보면, 코사인 유사도는 연관관계에 확신이 있다. 알고리즘의 확률적 특성 때문에 실행마다 결과가 다를 수 있다.

사소한 수준이나 소셜 미디어 수준에서는 모든 것이 좋아 보인다.

하지만 전문적인 수준에서, 재앙적인 결과다!

etext는 프로젝트 구텐베르크(Project Gutenberg) 사이트에 있는 각 전자책 서문에 포함된 단어이다. 트랜스포머의 목표를 생각해 보자.

- 편집자의 서문을 파악하는 것인가?
- 아니면 책의 내용을 파악하는 것인가?

트랜스포머의 용도에 따라 다르며, 결정에 며칠이 걸릴지도 모른다. 예를 들어, 편집자는 서문을 이해하는 트랜스포머를 사용해서 서문을 생성하고 싶을 수 있다. 그렇다면 콘텐츠를 제거해야 할까?

declaration은 권리장전의 내용과 관련된 의미있는 단어이다.

etext는 프로젝트 구텐베르크가 모든 전자책에 넣은 서문의 일부이다.

트랜스포머가 텍스트를 생성할 때 etext 대신 declaration을 사용하는 등 잘못된 자연어 추론을 할 수 있다.

이제 누락된 단어 문제를 살펴보겠다.

9.1.2.4 사례 3: 텍스트의 단어가 사전에 없는 경우

경우에 따라 텍스트에 있는 단어가 사전에 없을 수 있다. 이 경우, 결과가 왜곡된다.

두 단어, pie와 logic을 살펴보자.

#@title 사례 3: 텍스트의 단어가 사전에 없는 경우
```
word1="pie";word2="logic"
print("Similarity",similarity(word1,word2),word1,word2)
```

pie는 사전에 없다.

```
pie :[unk] key not found in dictionary
Similarity 0 pie logic
```

pie가 토큰화 사전에 있을 것이라고 가정했지만, 그렇지 않은 경우도 대비해야 한다. pie는 데이터셋에 없는 단어이다.

따라서, 파이프라인에는 사전에 없는 단어를 감지하고 수정하거나 대체하는 기능이 필요하다. 또한, 파이프라인에는 데이터셋의 중요 단어를 감지하는 기능도 포함하는 것이 좋다.

이제 희귀한 단어로 인해 발생하는 문제를 살펴보자.

9.1.2.5 사례 4: 희귀한 단어

단순한 어플리케이션 이상의 특정 트랜스포머 작업이라면 희귀한 단어가 치명적인 영향을 끼칠 수 있다.

희귀한 단어 관리는 자연어 처리의 다양한 분야와 관련이 있다.

- 희귀한 단어는 데이터셋에 존재해도 영향이 없거나 모델 학습을 방해한다.
- 희귀한 단어는 의학, 법률, 공학 용어 또는 기타 전문 용어일 수 있다.
- 희귀한 단어는 속어일 수 있다.
- 영어에는 수백 가지 변형이 있다. 예를 들어 미국, 영국, 싱가포르, 인도, 호주 등 여러 국가에서 서로 다른 영어 단어를 사용한다.
- 희귀한 단어는 수세기 전에 쓰이고 잊힌 단어나 전문가만 사용하는 용어일 수 있다.

예를 들어, justiciar라는 단어를 확인해 보자.

#@title 사례 4: 희귀한 단어
```
word1="justiciar";word2="judgement"
print("Similarity",similarity(word1,word2),word1,word2)
```

judgement와의 유사도는 그럴듯하지만 더 높아야 한다.

```
Similarity [[0.6606605]] justiciar judgement
```

justiciar라는 단어가 억지스럽다고 생각할 수 있다. 토크나이저는 이 단어를 13세기 초에 쓰여진 마그나 카르타에서 가져왔다. 안타깝게도, 프로그램은 혼란스러워지고 실행할 때마다 예상치 못한 결과가 나올 것이다.

NOTE

실행마다 예측 결과가 다를 수 있다. 하지만 이 결과로 트랜스포머 모델을 사용하는 프로젝트에서 토큰화와 임베딩을 주의해야 한다는 것을 알 수 있다.

그러나, 마그나 카르타의 여러 조항은 21세기 영국에서도 여전히 유효하다! 일례로 조항 1, 13, 39, 40
은 여전히 유효하다!

다음은 데이터셋에도 있는 내용으로, 마그나 카르타의 가장 유명한 부분이다.

> (39) 모든 자유인은 공정한 법의 판결에 의해서 또는 땅의 법에 의해서를 제외하고 압류나 투옥, 또는 권리나
> 소유의 박탈, 또는 추방이나 망명, 또는 어떤 다른 방법으로 그의 지위의 박탈을 받지 않을 것이며 우리가 그
> 들에게 강압적으로 하거나, 또는 다른 사람들에게 그렇게 하도록 보내는 것을 할 수 없을 것이다.
> (40) 권리나 정의는 팔 수도 없고 취소할 수도 없고 지연될 수도 없다.

법률회사에서 문서 요약 등을 위한 트랜스포머 모델을 구현한다면, 주의해야 한다.

이제 희귀한 단어 문제를 해결하는 방법을 알아보겠다.

9.1.2.6 사례 5: 희귀한 단어 대체하기

희귀한 단어를 대체하는 것 자체가 하나의 프로젝트다. 이러한 작업은 특정 과제나 프로젝트에 적합
하다. 어떤 기업이 예산을 투자해 항공 분야의 지식 베이스를 구축한다고 가정하겠다. 이 경우에는 토
크나이저의 사전에 빠진 단어를 찾기 위해 시간을 할애할 가치가 있다.

문제점을 주제별로 그룹화하여 해결하고 지식 베이스를 정기적으로 업데이트 할 것이다.

사례 4는 우연히 justiciar라는 단어를 발견했다. 단어의 기원을 찾아보면, 프랑스 노르만어에서 유래
했으며 프랑스 라틴어와 유사한 judicaire의 어원이다.

다음과 같이 justiciar를 동일한 개념을 전달하는 judge로 대체 할 수 있다.

#@title 사례 5: 희귀한 단어 대체하기
```
word1="judge";word2="judgement"
print("Similarity",similarity(word1,word2),word1,word2)
```

흥미로운 결과를 얻을 수 있지만 알고리즘의 결정론적이지 않은 측면 때문에 여전히 주의해야 한다.

```
Similarity [[0.7962761]] judge judgement
```

justiciar이라는 단어를 그대로 사용하되, 이 단어의 현대적 의미인 judge와 비교해 볼 수도 있다. 희귀
한 단어 대체하기를 다음과 같이 구현해 볼 수 있다.

```
word1="justiciar";word2="judge"
print("Similarity",similarity(word1,word2),word1,word2)
```

이렇게 몇몇 희귀 단어는 더 자주 사용되는 단어로 대체해야 한다.

결과는 다음과 같이 만족스럽다.

```
Similarity [[0.9659128]] judge judgement
```

상관관계가 0.9 이상인 대체단어를 찾을 때까지 쿼리를 실행할 수도 있다. 만약 중요한 법률 프로젝트라면, 희귀한 단어가 포함된 문서를 표준 영어로 번역하는 것도 좋다. 이렇게 하면 트랜스포머의 NLP 작업 성능이 올라가고, 회사의 지식 베이스가 점진적으로 발전할 것이다.

다음으로, 코사인 유사도로 함의(entailment)를 검증하는 방법을 살펴보겠다.

9.1.2.7 사례 6: 함의

이번에는, 사전에 있는 단어를 정해진 순서대로 테스트한다. 유사도 함수로, "pay"와 "debt"가 관련 있는지 살펴보자.

```
#@title 사례 6: 함의
word1="pay";word2="debt"
print("Similarity",similarity(word1,word2),word1,word2)
```

결과는 다음과 같다.

```
Similarity [[0.89891946]] pay debt
```

이렇게 데이터셋의 여러 단어 쌍을 가져와서 관련이 있는지 확인할 수 있다. 예를 들어, pay와 debt는 법률 부서의 이메일에서 추출할 수 있는 단어 쌍이다. 코사인 유사도가 0.9 이상이면, 이메일에서 쓸모없는 부분을 제거하고, 본문만 회사의 데이터셋에 추가할 수 있다.

이제 잘 학습된 토크나이저가 NLP 작업에 얼마나 적합한지 살펴보자.

특정 어휘가 포함된 표준 NLP 작업

이번 챕터는, Word2Vec 토큰화 섹션의 사례 4: 희귀한 단어와 사례 5: 희귀한 단어 대체하기에 초점을 맞춘다.

Training_OpenAI_GPT_2_CH09.ipynb를 사용할 것이다. 이 노트북 파일은 **7장, GPT-3 엔진을 사용한 초인간 트랜스포머 등장**에서 사용한 파일에서 다음 내역을 변경한 버전이다.

- dset 대신, 의학 내용이 포함된 mdset을 데이터셋으로 사용한다.
- 바이트 단위 BPE로 토큰화된 텍스트를 다루기 위해 파이썬 함수를 추가했다.

Training_OpenAI_GPT_2_CH09.ipynb의 내용 중에 **7장, GPT-3 엔진을 사용한 초인간 트랜스포머 등장과 부록 III, 부록 IV**에서 다룬 내용은 설명하지 않겠다. 7장처럼 필요한 파일을 미리 업로드해야 한다.

모델을 학습하는 시간에는 제한이 없다. 모델을 저장하려면 중단해야 한다.

깃허브의 Chapte09/gpt-2-train_files 경로에 필요한 파일이 있다. 7장과 노트북 내용이 같지만, 데이터셋은 다르다. 해당 경로의 mdset을 사용한다.

먼저, 의학 콘텐츠를 학습한 GPT-2로 조건 없이 샘플을 생성해 보겠다.

[설명 추가]

Training_OpenAI_GPT_2_CH09.ipynb은 텐서플로우 1.x 버전에 작동한다. 하지만 2024년 현재, 구글 코랩은 텐서플로우 1.x 버전을 지원하지 않는다. 두 가지 해결책이 있다.

(1) Training_OpenAI_GPT_2_CH09.ipynb을 텐서플로우 1.x가 설치된 로컬 머신에 받아 실행하기
(2) 구글 코랩에서 깃허브 내에 Chapter09 디렉터리에 존재하는 Summarizing_with_ChatGPT. ipynb을 실행하기

Summarizing_with_ChatGPT.ipynb은 OpenAI API에서 제공하는 GPT-3.5(ChatGPT)를 사용해 요약 작업하는 방법을 소개한다. 이 때, 희귀 단어를 포함하는 경우를 실험해 트랜스포머의 한계를 확인한다. 이 노트북 파일은 다음 단계를 따른다.

1. openai를 설치하고 API Key 설정하기
2. 요약하기
3. 토큰화하기
4. 한계 파악하기
5. 결론

7장의 이론을 이해한 다음, 이 노트북의 4. 한계 파악하기에서 더 많은 한계를 실험하고 어떻게 해결할 수 있을지 생각해보자.

9.2.1 GPT-2로 조건 없이 샘플 생성하기

트랜스포머 내부의 동작을 이해하기 위해 직접 실행해 보자. 물론, 모든 과정을 뛰어넘고 OpenAI API를 사용할 수도 있다. 하지만, 4차 산업시대의 AI 전문가는 트랜스포머가 파이프라인에서 어떻게 동작하는지 모호하지 않고 명확하게 말할 수 있어야 한다.

사례 4: 희귀한 단어와 사례 5: 희귀한 단어 대체하기에서 전문용어, 오래된 영어, 전 세계의 다양한 영어, 속어 등에서 희귀한 단어를 볼 수 있었다.

2020년의 뉴스는 코로나19와 관련된 의학 용어로 가득 차있다. 이번 섹션에서는 GPT-2 트랜스포머가 의학 용어에 어떻게 대응하나 살펴보려 한다.

마르티나 콘테(Martina Conte)와 나디아 로이(Nadia Loy)가 2020년에 발표한 논문, 「Multi-cue kinetic model with non-local sensing for cell migration on a fibers network with chemotaxis」를 데이터셋으로 사용해 인코딩하고 학습할 것이다.

논문 제목에는 이해하기 어렵고 희귀한 단어가 사용되었다.

gpt-2-train_files 경로의 mdset.txt 파일을 불러온 후 **7장, GPT-3 엔진을 사용한 초인간 트랜스포머 등장**을 참고하여 실행한다. 7장의 가이드에 따라 셀 단위로 실행할 수 있다. 이번 섹션은 오리지널 GPT-2를 API가 아니라 로우-레벨(low-level)로 직접 실행한다.

의학 데이터셋으로 모델을 학습하고 조건 없이 샘플 생성하기(Step 11: Generating Unconditional Samples) 셀을 실행한다.

```
#@title 단계 11: 조건 없이 샘플 생성하기
import os # 런타임이 재시작된 이후에 임포트한다.
os.chdir("/content/gpt-2/src")
!python generate_unconditional_samples.py --model_name '117M'
```

NOTE

이번 노트북에 있는 명령어와 코드의 실행시간은 장비 성능에 따라 달라진다. 이 책의 GPT-2 코드는 교육을 목적으로 하고 있다. 실제 운영에선 OpenAI의 GPT-3 API를 사용할 것을 권장한다. 해당 방법의 응답이 더 빠르기 때문이다.

셀을 실행하고 원하는 시점에 중단하면 다음과 같이 랜덤 출력이 생성된다.

커뮤니티 기반 기계는 생물막 성장을 촉진한다. 커뮤니티 구성원들은 생화학을 세포가 환경 및 자신과 상호작용하는 방식을 발견하는 주요 도구로 삼고, 효과적인 모방을 위해 모든 구성 요소를 식별하고 이해한다.
2. OL 인식
상변화(IP) 폴리머라제("tcrecs"라고도 함)의 세포 이중 절단은 진동 연산자로 plainNA를 절단하는 동안 프로세스의 개시 및 유지를 허용하는 기본 구성을 변경하는 이중교차 효소의 특징적인 패턴을 나타낸다. translational parasubstitution(TMT) 중에 발생한 급진적인 수정 직후에 SYX는 어느 정도 통제되지 않은 활성화를 달성했다. TRSI 돌연변이는 모든 세포에 걸쳐 세포 이중 트라이어드(DTT) 신호 전달에 통합된 가장 중요한 TCMase sps의 자가인산화를 도입했으며, 이를 통해 우리는 R h 및 물론 IC 2A를 허용한다.- 〉
.../...

출력 내용을 자세히 보면, 다음 요인들을 확인할 수 있다.

- 생성된 문장구조가 비교적 그럴듯하다.
- 출력 내용의 문법도 나쁘지 않다.
- 전문가가 아닌 사람에게는 인간의 결과물처럼 보일 수 있다.

그런데, 콘텐츠의 내용은 말이 안된다. 트랜스포머는 우리가 학습시킨 의학 논문과 관련된 실제 내용을 만들 수 없었다. 더 나은 결과를 얻으려면 많은 노력이 필요하다. 물론 데이터셋을 키울수도 있다. 하지만 그렇게해도 우리가 원하는 정보가 담긴다고 확신할 수 없다. 예를 들어, 다음 문장을 포함한 데이터셋으로, 코로나19와 관련된 의학 프로젝트를 한다고 생각해보자.

- 코로나19는 위험한 바이러스가 아니라, 일반 감기와 같다.
- 코로나19는 매우 위험한 바이러스다.
- 코로나19는 바이러스가 아니라 연구실에서 만든 것이다.
- 코로나19는 연구실에서 만들었을리가 없다!
- 백신은 위험하다!
- 백신은 생명을 구한다!
- 정부는 팬데믹을 제대로 관리하지 못했다.
- 정부는 필요한 조치를 했다.

여러 상반되는 문장이 있을 수 있다. 이런 상반된 내용들 때문에 전문적인 의료 프로젝트, 항공, 운송 등 주요 분야에서 데이터셋과 토크나이저를 도메인에 맞게 최적화해야 한다.

수십억 단어로 구성된 데이터셋이 있다고 가정해도, 모순되고 노이즈가 많아 신뢰할 수 있는 결과를 얻을 수 없다. 과학 논문과 관련된 소량의 데이터로 제한 한다고 해도, 과학자들도 모든 내용에 서로 동의하지는 않는다.

결국 신뢰할 수 있는 결과를 도출하려면 많은 노력과 탄탄한 팀이 필요하다.

이제 GPT-2 모델에 조건을 넣어보자.

9.2.2 조건이 있는 샘플 생성하기

이번 섹션에선, 대화형 컨텍스트 완성 예제(Step 12: Interactive Context and Completion Examples) 셀을 실행한다.

```
#@title 단계 12: 대화형 컨텍스트 완성 예제
import os # 런타임이 재시작된 이후에 임포트한다.
os.chdir("/content/gpt-2/src")
!python interactive_conditional_samples.py --temperature 0.8 --top_k 40
--model_name '117M' --length 50
```

4차 산업시대 AI 전문가는 코드에 덜 집중하는 대신 트랜스포머 모델에게 무엇을 해야 하는지 보여주기 위해 노력해야 한다. 모든 모델엔 무엇을 해야 하는지 보여주는 단계가 필요하고, 조건없이 애매하게 데이터를 생성하는 것은 충분하지 않다.

다음과 같이, GPT-2 모델에게 의학 논문 일부를 조건으로 줄 수 있다.

이러한 과정에서 세포는 환경을 감지하고 특정 표적(택시, taxis)을 향해 특정 방향으로 이동하도록 유도하는 외부 요인에 반응하여 특정 선호 방향으로 지속적으로 이동한다. 이동을 유도하는 안내 신호는 생화학적 또는 생물물리학적일 수 있다. 예를 들어 생화학적 단서는 단방향 자극을 수반하는 화학적 이동을 유발하는 용해성 인자나 성장 인자 등이 될 수 있다. 단방향 자극. 단방향 자극을 생성하는 다른 단서에는 예를 들어, 햅토택시를 유도하는 기질에 결합된 리간드, ECM의 강성이 증가하는 영역으로의 이동을 포함하는 듀로택시, 전기장 또는 전류에 의해 유도되는 방향성 운동을 규정하는 갈바노택시라고도 하는 전기택시, 빛의 자극에 의해 방향이 지정된 운동을 의미하는 광택시 등이 있다 [34]. 중요한 생물물리학적 단서는 세포외기질(ECM)의 특성 중 일부이며, 그중에서도 콜라겐 섬유의 정렬과 강성이 가장 먼저 고려된다. 특히, 섬유 정렬은 접촉 유도를 자극하는 것으로 나타났다 [22, 21]. TL;DR:

입력 텍스트 마지막에 "TL;DR:"을 추가해서, 조건으로 준 텍스트를 GPT-2가 요약하도록 했다. 출력 결과는 문법적으로, 의미적으로 모두 합리적이다.

단일 조직의 ECM이 가장 효과적이다.
이 문제를 해결하기 위해 우리는 활성화 시 단백질이 외인성 표적으로 전환되도록 유도하는 새로운 이미징 및 면역 염색 방식을 개발했다.

출력은 결정론적이지 않으므로, 다음과 같은 결과도 나올 수 있다.

레이저(즉, 한 번에 한 번만 펄스를 쏘는 레이저)가 아니라 표적을 겨냥하여 주어진 방향으로 레이저를 쏘는 방식이다. 간단히 말해, 조심하도록 하자.

결과는 나아졌지만 더 많은 연구가 필요하다. 이 장과 앞선 예시로 다음 결과를 도출할 수 있다.

방대한 양의 무작위 웹 크롤링 데이터로 트랜스포머를 사전 학습하면 트랜스포머에게 한글을 가르칠 수 있다. 하지만, 마치 우리처럼, 특정 분야의 전문가가 되려면 트랜스포머도 해당 분야를 학습해야 한다.

이제 더 나아가서 토큰화된 데이터를 다뤄보겠다.

9.2.3 토큰화된 데이터 확인하기

이 섹션에서는 사전 학습된 토크나이저로 인코딩한 첫 단어를 읽어볼 것이다.

다음 셀을 실행하기 전에, 기존에 실행 중인 셀을 중지해야 한다.

이번 챕터의 노트북 파일인 Training_OpenAI_ GPT_2_CH09.ipynb에서 "토큰화된 데이터 확인하기 (Additional Tools: Controlling Tokenized Data)" 셀로 이동하자. 이 셀은 이번 챕터를 위해 추가했다.

먼저, mdset의 의료 논문을 인코딩한 out.npz의 압축을 푼다.

```
#@title 추가 도구: 토큰화된 데이터 확인하기
#out.npz 압축 풀기
import zipfile
with zipfile.ZipFile('/content/gpt-2/src/out.npz', 'r') as zip_ref:
    zip_ref.extractall('/content/gpt-2/src/')
```

압축을 풀면 arr_0.npy를 읽어올 수 있다. arr_0.npy는 우리가 사용하려는 인코딩된 데이터셋이 있는 넘파이 배열이다.

```
#인코딩된 데이터셋에 있는 arr_0.npy 로드하기
import numpy as np
f=np.load('/content/gpt-2/src/arr_0.npy')
print(f)
print(f.shape)
for i in range(0,10):
    print(f[i])
```

배열의 앞쪽 요소들이 몇 개 출력된다.

```
[1212 5644  326 ...   13  198 2682]
```

이제, encoder.json을 열고 파이썬 딕셔너리(dictionary)로 변환한다.

#encoder.json 로드하기

```
import json
i=0
with open("/content/gpt-2/models/117M/encoder.json", "r") as read_file:
    print("Converting the JSON encoded data into a Python dictionary")
    developer = json.load(read_file) #인코딩된 데이터를 파이썬 딕셔너리(dictionary)로 변환하기
    for key, value in developer.items(): #변환한 데이터 확인하기
        i+=1
        if(i)10):
            break;
        print(key, ":", value)
```

마지막으로, 인코딩된 데이터셋에서 앞쪽 500개 토큰의 키(key)와 값(value)을 출력한다.

#인코딩된 토큰의 키(key)와 값(value) 검색하기

```
    for i in range(0,500):
        for key, value in developer.items():
            if f[i]==value:
                print(key, ":", value)
```

mdset.txt의 앞 단어는 다음과 같다.

```
This suggests that
```

GPT-2의 사전 학습된 토크나이저가 쉽게 식별하도록 하기 위해 이 단어들을 추가로 넣어두었다.

```
This : 1212
Ġsuggests : 5644
Ġthat : 326
```

(Ġ)는 공백 문자로, 공백 다음에 오는 토큰을 쉽게 구별할 수 있다. 이제 의학 논문의 다음 단어도 확인해 보자.

```
amoeboid
```

amoeboid는 희귀한 단어다. GPT-2 토크나이저는 amoeboid를 하위 단어로 분리했다.

```
Ġam : 716

o : 78

eb : 1765

oid : 1868
```

공백 문자를 제외하고 확인해 보자. amoeboid를 am+o+eb+oid로 분리했다. 바이트 단위 BPE 전략을 사용한 덕분에, 언논(unknown) 토큰은 나오지 않았다.

하지만, 트랜스포머의 어텐션 층은 다음과 같은 시퀀스에 영향을 받았을 것이다.

- I am처럼 am을 포함한 시퀀스
- o를 포함하고 o가 분리된 시퀀스
- tabloid처럼 oid를 포함한 단어가 있는 시퀀스

전혀 좋은 소식이 아니다. 다음 단어를 더 살펴보자.

```
amoeboid and mesenchymal
```

출력은 잘 표시되지만, 토큰 결과가 혼란스럽다.

```
Ġam : 716

o : 78

eb : 1765

oid : 1868

Ġand : 290

Ġmes : 18842

ench : 24421

ym : 4948

al : 282
```

왜 문제가 되는지 와닿지 않을 수 있다. 이유를 요약하자면, 바로 다의성(polysemy) 때문이다. word2vec 토크나이저를 사용하면 amoeboid 같은 희귀한 단어는 제외되고 언논 토큰으로 처리된다.

바이트 단위 BPE를 사용하면, go와 go+ing처럼 단어의 변형을 더 잘 표현하며 전반적으로 좋은 성능을 보일 수 있다.

하지만, amoeboid의 am 토큰 같은 경우는 낮은 수준에서 다의성 문제를 유발한다. am은 일종의 접두사로 am+bush의 하위 단어가 되기도 하지만, I+am과 같이 사용된다. 어텐션 층은 두 종류의 am에 대해서 존재하지 않는 연관성을 찾으려 할 것이다. 이러한 다의성은 NLU에서 중요한 문제다.

진전이 있지만, NLP를 개선하기 위해 더 열심히 노력해야 한다.

몇 가지 예제로 실제 프로젝트에서 직면하는 일상적인 문제를 확인했다. 유용하다고 생각하는 예제를 시간을 내서 실행해 보자.

마지막으로, 트랜스포머 모델의 NLU 수준을 확인하는 작업을 진행해 보겠다.

9.3 GPT-3의 범위 살펴보기

OpenAI GPT-3처럼 매우 강력한 트랜스포머도 한계가 존재한다. GPT-3가 amoeboid라는 희귀한 의학 용어에 어떻게 대응하는지 확인해 보자. 많은 프로젝트에서 기술적인 전문용어를 만나게 된다. 데이터셋에 최적화하려면 트랜스포머 단어 사전과 임베딩의 품질을 관리해 주어야 한다.

인간은 문제를 감지하고 바로잡을 수 있다. 예를 들어, 우리는 이번 챕터의 토큰화된 데이터 확인하기 섹션에서 amoeboid의 문제를 감지했다.

먼저 GPT-3에게 amoeboid의 의미를 물어보자.

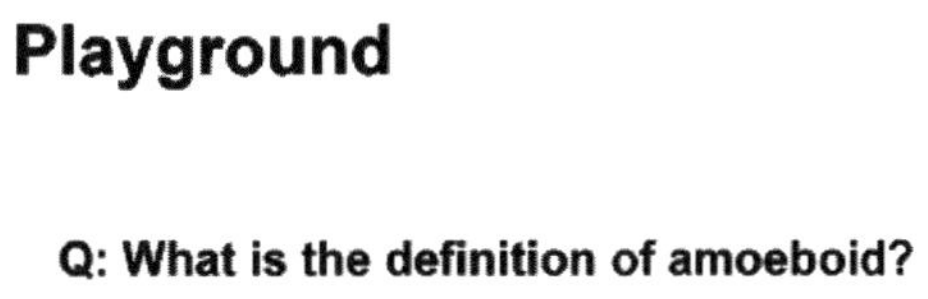

Playground

Q: What is the definition of amoeboid?

그림 9.4 GPT-3에게 "amoeboid"의 의미를 물어보기

amoeboid는 "아메바를 닮은"이라는 형용사이지만, GPT-3는 다음과 같이 명사라고 답했다.

A: 아메보이드는 "아메바를 닮은"이라는 뜻의 명사이다.

GPT-3에게 더 자세히 질문해도 여전히 틀린 답변을 한다.

Q: 아메보이드는 명사인가, 형용사인가?
A: 아메보이드는 명사이다.

마지막으로, 명확한 정의를 요구하자 정확인 답을 얻었다.

Q: 아메보이드는 의학 용어로 무엇을 의미하는가?
A: 아메보이드는 "아메바와 닮았다"는 뜻이다.

정의는 잘 알고 있지만, 문법 분석엔 약한 모습이다.

실제 프로젝트라면, 단어의 정의를 아는 것과 형용사나 명사 같은 문장 속 역할을 아는 것 중 어느 쪽이 더 중요할까?

문법 교육을 위한 학교 프로젝트라면 문법적인 측면이 더 중요할 것이다. 하지만 공급망 관리나 금융, 전자상거래 프로그램이라면 그렇지 않다.

7장, GPT-3 엔진을 사용한 초인간 트랜스포머 등장에서 어느 경우에도 OpenAI GPT-3를 미세 조정할 수 있음을 확인했다.

이번 섹션의 결론은 학습된 트랜스포머 모델에 필요한 데이터가 모두 있는지 확인해야 한다는 것이다. 그렇지 않다면, 토큰화 작업이 불완전할 것이다. 의학 사전을 가져오고 거대한 의학 문서 코퍼스를 만들어서 특정 어휘를 포함시켜야 할지도 모른다. 그 후에도 모델이 충분히 정확하지 않다면 데이터셋을 토큰화하고 모델을 처음부터 학습시켜야 한다.

2024년의 개발자는 개발 업무가 줄어든 대신 많은 것을 생각하고 설계해야 한다.

이번 장을 마무리하고 다른 NLU 작업으로 넘어가겠다.

9.4 정리하기

이번 장은 토큰화와 이어지는 데이터 인코딩 작업이 트랜스포머 모델에 어떤 영향을 주는지 확인했다. 트랜스포머는 스택 내의 임베딩 서브 층과 위치 인코딩 서브 층을 통과한 토큰만 사용한다. 모델이 인코더-디코더 구조인지, 인코더 또는 디코더만 사용했는지는 중요하지 않다. 데이터셋이 학습하기 좋아 보이는지는 중요하지 않다.

토큰화 과정이 일부라도 실패하면, 트랜스포머 모델은 중요한 토큰을 놓칠 것이다.

일반적인 언어 작업에서, 원시 데이터로도 트랜스포머 모델을 학습하기 충분함을 확인했었다.

하지만, 10억 개의 단어로 토크나이저를 학습해도, 극히 일부 어휘로 사전을 생성하는 것 또한 확인했다. 우리처럼, 토크나이저는 학습 중인 언어의 본질을 파악한다. 토크나이저는 가장 중요하고 자주 사용된 단어만 기억하는 것이다. 이러한 접근 방식은 일반적인 작업에서 잘 동작하지만, 특정 작업이나 어휘에서는 문제가 발생한다.

토크나이저의 한계를 극복하기 위한 다양한 방법 중 몇 가지를 살펴보았다. 토크나이저가 데이터를 어떻게 생각하고 인코딩하는지 고려하며, 처리하고자 하는 텍스트에 맞게 언어를 검사하는 방법을 적용했다.

GPT-2에 조건 여부에 따른 작업을 요청하고 결과를 확인했다.

마지막으로, 토큰화 및 데이터셋 최적화와 관련하여 GPT-3의 한계를 확인했다. 이번 장은 AI 전문가가 앞으로 꽤 오랫동안 존재할 것임을 암시한다!

다음 **10장, BERT 기반 트랜스포머를 사용한 SRL**에서는 NLU를 깊게 살펴보고 BERT 모델에게 문장의 의미를 물어볼 것이다.

01. 토큰화 사전은 언어에 존재하는 모든 단어가 들어있다.   참 / 거짓

02. 학습된 토크나이저는 어떤 데이터셋도 인코딩할 수 있다.   참 / 거짓

03. 데이터셋을 사용하기 전에 미리 검토하는 것이 좋다.   참 / 거짓

04. 데이터셋에서 외설적인 데이터를 제거하는 것이 좋다.   참 / 거짓

05. 차별적인 주장을 하는 데이터를 제거하는 것이 좋다.   참 / 거짓

06. 원시 데이터셋을 그대로 사용하면 노이즈 데이터와 유용한 데이터 사이에   참 / 거짓
    연관성이 생길 수 있다.

07. 일반적인 사전 학습된 토크나이저에는 700년 전 어휘가 들어있다.   참 / 거짓

08. 현대 영어를 학습한 토크나이저로 오래된 영어를 인코딩하면   참 / 거짓
    문제가 발생할 수 있다.

09. 현대 영어를 학습한 토크나이저로 의학 등 전문 분야 데이터를 인코딩하면   참 / 거짓
    문제가 발생할 수 있다.

10. 학습된 토크나이저의 인코딩 결과를 직접 확인하는 것이 좋다.   참 / 거짓

참고 문헌

- Colin Raffel, Noam Shazeer, Adam Roberts, Katherine Lee, Sharan Narang, Michael Matena, Yanqi Zhou, Wei Li, and Peter J. Liu, 2019, Exploring the Limits of Transfer Learning with a Unified Text-to-Text Transformer: https://arxiv.org/pdf/1910.10683.pdf

- OpenAI의 GPT-2 깃허브 저장소: https://github.com/openai/gpt-2

- N. Shepperd의 깃허브 저장소: https://github.com/nshepperd/gpt-2

- 허깅페이스 프레임워크 및 리소스: https://huggingface.co/

- 미국 법률, 몬태나 주 기업법: https://corporations.uslegal.com/statecorporation-law/montana-corporation-law/#:~:text=Montana%20Corporation%20Law,carrying%20out%20its%20business%20activities

- Martina Conte, Nadia Loy, 2020, Multi-cue kinetic model with non-local sensing for cell migration on a fibers network with chemotaxis: https://arxiv.org/abs/2006.09707

- 토머스 제퍼슨(Thomas Jefferson)의 미국 독립선언: https:// www.gutenberg.org/ebooks/1

- 미국 권리장전과 관련 텍스트: https://www. gutenberg.org/ebooks/2

- 마그나 카르타: https://www.gutenberg.org/ebooks/10000

- 순수이성비판, 실천이성비판, 윤리형이상학 정초: https://www.gutenberg.org

10장

BERT 기반 트랜스포머를 사용한 SRL

트랜스포머는 지난 몇 년 동안 지난 세대 NLP보다 더 많은 발전을 이루었다. 기존의 NLU 접근 방식은 먼저 문장 구조를 설명하기 위해 구문과 어휘의 특징을 학습하는 것이었다. 이에 따라 SRL(Semantic Role Labeling)을 실행하기 전에 언어의 기본 구문을 이해하도록 NLP 모델을 학습하는 것이 기존 방식이었다.

2019년 "스(Shi)"와 "린(Lin)"의 논문은 예비 구문 및 어휘 학습을 건너뛸 수 있는지에 대한 질문으로 시작한다. BERT 기반 모델이 이러한 고전적인 훈련 단계를 거치지 않고도 SRL을 수행할 수 있을까? 답은 '그렇다'이다.

2019년 "스(Shi)"와 "린(Lin)"(2019)은 SRL을 시퀀스 라벨링으로 간주할 수 있고 SRL이 표준화된 입력 형식을 제공할 수 있다고 제안했다. 그들의 BERT 기반 모델은 놀라울 정도로 좋은 결과를 도출했다.

이 장에서는 스와 린의 논문을 기반으로 앨런 인공지능 연구소(Allen Institute for AI)에서 제공한 사전 학습된 BERT 기반 모델을 사용한다. 스와 린은 구문 및 어휘 학습을 생략함으로써 SRL을 한 단계 더 발전시켰다. 어떻게 이것이 가능했는지 살펴볼 것이다.

먼저 SRL과 시퀀스 라벨링 입력 형식을 정의하는 것으로 시작한다. 그런 다음 앨런 인공지능 연구소의 리소스를 사용한다. 이후 구글 코랩(Google Colab) 노트북에서 SRL 작업을 실행하고 결과를 이해해 보자.

마지막으로, SRL 샘플을 실행하여 BERT 기반 모델을 시험해 보자. 첫 번째 샘플로 SRL이 어떻게 작동하는지 확인하고, 좀 더 어려운 샘플을 실행해 볼 것이다. 우리는 점진적으로 BERT 기반 모델을 SRL의 한계까지 밀어붙일 것이다. 트랜스포머 모델의 한계를 측정함으로써, 모델을 현실적이고 실용적으로 유지할 수 있다.

이 장에서는 다음 주제들을 다룬다.

- SRL 정의하기
- SRL 입력 형식 표준화 정의하기
- BERT 기반 모델 아키텍처의 주요 측면
- 인코더 전용 스택이 마스킹된 SRL 입력 형식을 다루는 법
- BERT 기반 모델 SRL 어텐션 프로세스
- 앨런 인공지능 연구소에서 제공하는 리소스 사용하기
- 사전 학습된 BERT 기반 모델을 실행하기 위한 노트북 구축하기
- 기본 예제 문장 라벨링 테스트하기
- 어려운 예제에서 SRL 테스트하기 및 결과 설명하기
- BERT 기반 모델을 SRL 한계까지 사용하고 어떻게 수행됐는지 설명하기

첫 번째 단계는 스와 린이 정의한 SRL 접근 방식을 살펴보는 것이다.

SRL(Semantic Role Labeling, 의미역 결정)

SRL은 기계만큼이나 인간에게도 어려운 작업이다. 하지만 트랜스포머는 다시 한번 인간의 기준선에 한 걸음 더 다가섰다. 이 챕터에서 먼저 SRL을 정의하고 예제를 시각화한다. 그런 다음 사전 학습된 BERT 기반 모델을 실행한다.

먼저 SRL의 문제 작업을 정의하는 것으로 시작하자.

10.1.1 SRL 정의하기

2019년 스와 린은 어휘나 구문적 특징에 의존하지 않고도 누가, 어디서, 무엇을 했는지 찾을 수 있다는 아이디어를 발전시키고 증명했다. 이 챕터는 캘리포니아 워털루 대학교의 "펑 스(Peng Shi)"와 "지미 린(Jimmy Lin)"의 연구에 기반한다. 이 연구는 트랜스포머가 어떻게 어텐션 층을 활용해 언어 구조를 잘 학습하는지 보여주었다.

SRL은 단어 또는 단어 그룹이 문장에서 수행하는 역할과 서술어와 맺는 관계로 의미역(semantic roles)을 분류하는 작업이다.

의미역이란 명사 또는 명사구가 문장에서 주동사(main verb)와 관련하여 수행하는 역할을 말한다. 예를 들어 Marvin walked in the park(마빈이 공원에서 걸었다.)라는 문장에서 Marvin은 문장에서 발생하는 사건의 행위자(agent)이다. 행위자는 이벤트를 수행하는 사람을 의미한다. 주동사 또는 지배동사(governing verb)는 walked이다.

서술어(predicate)는 주어 또는 행위자에 대한 정보를 설명한다. 서술어는 주어의 특징이나 행동에 대한 정보를 제공하는 모든 것이 될 수 있다. 이 책에서는 주동사(main verb)를 서술어라 할 것이다. 예를 들어, Marvin walked in the park에서 서술어는 walked이다.

in the park에 있는 단어들은 walked의 의미를 수식한다. 이런 단어들을 수식어라 한다.

서술어에 대한 명사 또는 명사구는 논항(arguments) 또는 논항 용어(argument terms)라 한다. 예를 들어 Marvin은 서술어 walked의 논항이다.

SRL에는 구문 트리(syntax tree)나 어휘 분석이 필요하지 않다는 것을 알 수 있다. SRL을 시각화해 보자.

10.1.1.1 SRL 시각화하기

이 챕터에서는 앨런 인공지능 연구소의 시각화 및 코드 리소스를 사용한다(자세한 내용은 참고 문헌 참조). 앨런 인공지능 연구소에는 이 챕터에서 SRL을 시각화하는 데 사용한 것과 같은 훌륭한 상호 작용 온라인 도구가 있다. https://demo.allennlp.org/에서 이러한 도구를 사용할 수 있다.

앨런 인공지능 연구소는 공익을 위한 인공지능을 추구한다. 우리는 이 가치를 잘 활용할 것이다. 이 챕터의 모든 그림은 AllenNLP 도구를 사용하여 생성됐다.

앨런 인공지능 연구소는 지속적으로 발전하는 트랜스포머 모델을 제공한다. 따라서 이 챕터의 예제를 실행하면 책과는 다른 결과가 나올 수 있다. 이 챕터를 활용하는 가장 좋은 방법은 다음과 같다.

- 프로그램을 단순히 실행하는 것 이상으로 개념을 읽고 이해한다.
- 예제를 이해하는 데 시간을 할애한다.

그런 다음 이 챕터에서 사용한 도구를 사용하여 원하는 문장으로 직접 실험을 해 보자.(https://demo.allennlp.org/semantic-role-labeling)[26]

이제 SRL 예제를 시각화하자. 그림 10.1은 Marvin walked in the park를 시각화한 것이다.

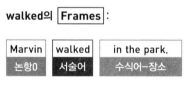

그림 10.1 SRL의 시각화

그림 10.1에서 다음 라벨을 볼 수 있다.

- Verb(V): 문장의 서술어
- Argument: 논항0(ARG0)으로 표현되고, 문장의 논항
- Modifier(ARGM): 문장의 수식어. 이 경우에는 위치이다. 부사, 형용사 또는 서술어의 의미를 수정하는 모든 것이 가능하다.

---

26   역주. allennlp 데모의 서비스가 종료되었다. 실험을 원한다면 https://hanlp.hankcs.com/en/demos/srl.html에서 실행해보자.

시각화의 짧은 텍스트 버전도 제공한다.

```
walked: [ARG0: Marvin] [V: walked] [ARGM—LOC: in the park]
```

SRL을 정의하고 예제를 살펴봤다. 이제 BERT 기반 모델을 살펴보자.

10.1.2 사전 학습된 BERT 기반 모델 실행

이 섹션에서는 이 장에서 사용하는 BERT 기반 모델의 아키텍처를 설명하는 것으로 시작한다. 이후 BERT 모델을 사용해 SRL 샘플을 실험하는 방법을 정의한다.

먼저 BERT 기반 모델의 아키텍처를 살펴보자.

10.1.2.1 BERT 기반 모델의 아키텍처

AllenNLP의 BERT 기반 모델은 12개 층을 가진 인코더 전용 BERT 모델이다. 스와 린이 설명한 대로 AllenNLP 팀은 BERT 모델에 선형 분류 층을 추가했다.

필요한 경우, BERT 모델에 대한 자세한 설명은 **3장, BERT 모델 미세 조정하기**를 참고하자.

BERT 기반 모델은 간단한 접근 방식과 아키텍처로 양방향 어텐션(bidirectional attention)을 최대한 활용한다. 트랜스포머의 핵심 잠재력은 어텐션 층에 있다. 우리는 인코더와 디코더 스택이 모두 있는 트랜스포머 모델과 인코더 전용 혹은 디코더 전용 트랜스포머 모델 모두 살펴봤다. 트랜스포머의 가장 큰 장점은 인간에 가까운 어텐션 층의 접근 방식에 있다.

스와 린이 서술어 식별 작업의 입력 포맷을 정의했다. 이것을 보면 트랜스포머의 언어 이해 학습이 얼마나 표준화됐는지를 알 수 있다.

```
[CLS] Marvin walked in the park.[SEP] walked [SEP]
```

표준화된 학습 과정은 다음과 같다.

- [CLS]는 분류 작업임을 나타낸다.
- [SEP]는 문장의 끝을 나타내는 첫 번째 구분 기호이다.
- [SEP] 뒤에는 저자가 설계한 서술어 식별이 이어진다.
- [SEP]는 두 번째 구분 기호로, 서술어 식별자의 끝을 나타낸다.

이 형식만으로도 문장의 의미적 역할을 식별하고 라벨을 지정하도록 BERT 모델을 학습하기에 충분하다.

SRL 샘플을 실험하기 위한 환경을 설정해 보자.

10.1.2.2 BERT SRL 환경 설정

구글 코랩 노트북을 사용해 https://demo.allennlp.org/의 Semantic Role Labeling 탭에서 제공하는 SRL 시각화를 해볼 것이다.

다음 순서를 따를 것이다.

1. SRL.ipynb를 열고 AllenNLP를 설치하고 각 샘플 실행하기
2. 실행 결과 원시 출력(raw output)을 표시하기
3. AllenNLP의 온라인 시각화 도구를 사용하여 출력을 시각화하기
4. AllenNLP의 온라인 텍스트 시각화 도구를 사용해 출력을 표시하기

이 장은 다른 장의 내용을 필요로 하지 않는다. 설명을 읽고 샘플을 실행하면 된다. 모델의 출력은 달라질 수도 있다. 이는 AllenNLP가 트랜스포머 모델을 지속적으로 업데이트하기 때문이다. 또한 학습에 사용하는 데이터셋이 변경될 수도 있기 때문이다. 마지막으로, 매번 동일한 결과를 생성하는 규칙 기반 알고리즘이 아니기 때문이다. 앞서 그림에서 표시된 것처럼 실행할 때마다 출력이 변경될 수 있다.

이제 몇 가지 SRL 실험을 실행해 보자.

10.2 BERT 기반 모델을 사용한 SRL 실험

이 챕터의 섹션 BERT SRL 환경 설정에서 설명한 순서로 실험을 실행할 것이다. 다양한 문장 구조를 가진 기본 예시들로 시작할 것이다. 그런 다음 시스템의 용량과 한계를 탐색하기 위해 좀 더 어려운 샘플을 도전해 보자.

SRL.ipynb를 열고 라이브러리 설치 셀(cell)을 실행하자.

```
!pip install allennlp==2.1.0 allennlp-models==2.1.0
```

그런 다음 태깅 모듈과 학습된 BERT 예측기(Predictor)를 불러오자.

```
from allennlp.predictors.predictor import Predictor
import allennlp_models.tagging
import json

predictor = Predictor.from_path("https://storage.googleapis.com/allennlp-
public-models/structured-prediction-srl-bert.2020.12.15.tar.gz")
```

함수 두 개를 추가하여 SRL BERT가 반환하는 JSON 객체를 표시할 때 사용하자. 첫 번째 문장은 서술어의 동사와 설명을 표시한다.

```
def head(prediction):
    # json을 순회해 예측값의 발췌문 표시하기
    for i in prediction['verbs']:
        print('Verb:',i['verb'],i['description'])
```

두 번째는 태그를 포함한 전체 응답을 표시한다.

```
def full(prediction):
    #전체 예측 값 표시하기
    print(json.dumps(prediction, indent = 1, sort_keys=True))
```

이 책을 집필하는 시점에는 SRL에 특화된 BERT 모델인 "SRL BERT" 모델을 사용했다. SRL BERT 는 OntoNotes 5.0 데이터셋(https://catalog.ldc.upenn.edu/LDC2013T19)으로 학습됐다.

이 데이터셋에는 문장과 주석이 들어있다. 이 데이터셋은 문장에서 서술어(동사를 포함하는 문장의 일부)를 식별하고 동사에 대한 자세한 정보를 제공하는 단어를 식별하도록 설계됐다. 각 동사에는 동사에 대한 자세한 정보를 알려주는 "논항"이 함께 들어있다. "프레임"은 동사의 논항을 담고 있다.

따라서 SRL BERT는 특정작업을 수행하도록 학습된 특수 모델이며, 7장, GPT-3 엔진을 사용한 초인간 트랜스포머 등장에서 살펴본 OpenAI GPT-3와 같은 파운데이션 모델이 아니다.

SRL BERT는 문장에 서술어가 포함되어 있는 한 허용 가능한 정확도로 SRL을 수행할 것이다.

이제 몇 가지 기본 예시로 시작해 보자.

10.3 기본 예시

기본 예시는 직관적으로 단순해 보이지만 분석하기 까다로울 수 있다. 복합 문장, 형용사, 부사, 조사는 전문가가 아닌 일반인도 식별하기 어렵다.

쉬운 예시로 시작해 보자.

10.3.1 예시 1

첫 예시는 길지만 트랜스포머에게는 비교적 쉽다.

Did Bob really think he could prepare a meal for 50 people in only a few hours?(밥은 정말 단 몇 시간 만에 50명을 위한 식사를 준비할 수 있다고 생각했을까?)

SRL.ipynb에서 Sample 1 셀을 실행하자.

```
prediction=predictor.predict(
    sentence="Did Bob really think he could prepare a meal for 50 people in
only a few hours?"
)
head(prediction)
```

BERT SRL은 네 개의 서술어를 식별했다. head 함수로 각 서술어를 표시하면 다음과 같다.

> Verb: Did [V: Did] Bob really think he could prepare a meal for 50 people in only a few hours ?
> Verb: think Did [ARG0: Bob] [ARGM–ADV: really] [V: think] [ARG1: he could prepare a meal for 50 people in only a few hours] ?
> Verb: could Did Bob really think he [V: could] [ARG1: prepare a meal for 50 people in only a few hours] ?
> Verb: prepare Did Bob really think [ARG0: he] [ARGM–MOD: could] [V: prepare] [ARG1: a meal for 50 people] [ARGM–TMP: in only a few hours] ?

full 함수를 실행하면 전체 응답을 볼 수 있다.

- PropBank(Proposition Bank) 데이터셋의 요소들로, 이 문장을 think를 중심으로 표현하면 다음과 같다.
- V는 동사 think를 가리킨다.
- ARG0는 행위자를 가리킨다. 따라서 Bob은 행위자 또는 프로–에이전트(pro–agent)이다.[27]
- ARGM–ADV는 really를 부사(ADV)로 간주한다. ARGM은 부가어(adjunct, 문장이나 절 혹은 구에서 선택적이거나 구조적으로 없어도 되는 부분)를 가리킨다. 따라서 번호를 매기지 않는다.

AllenNLP 온라인 인터페이스에서 샘플을 실행하면 각 동사에 대한 SRL 작업의 시각화 결과(프레임)를 얻을 수 있다 첫 번째 동사는 Did이다.

Did의 Frames :

 Bob really think he could prepare a meal for 50 people in only a few hours?

그림 10.2 동사 Did 식별하기

---

27 역주. 프로–에이전트는 행위자(agent)를 대신해 동작을 수행하는 역할을 하는 개체를 가리킨다. 예를 들면 He loves to swim에서 He는 프로–에이전트이다. John loves to swim에서의 John같은 실제 행위자를 대신하기 때문이다.

두 번째 동사는 think이다.

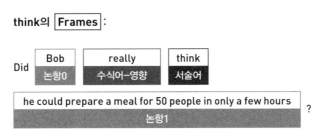

그림 10.3 동사 think 식별하기

이 표현을 자세히 살펴보면 몇가지 흥미로운 점이 있다.

- 동사 think를 감지했다.
- 주 동사로 해석될 수 있었던 prepare 함정을 피했다. 대신 prepare는 think의 논항의 일부로 남겨졌다.
- 부사(really)를 감지하고 라벨링을 했다.

세 번째 동사는 could이다.

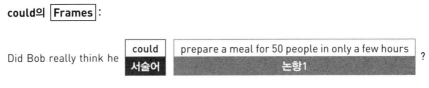

그림 10.4 동사 "could"와 논항 식별하기

그런 다음 트랜스포머는 동사 prepare로 이동하여 라벨링을 하고 문맥을 분석했다.

그림 10.5 동사 "prepare", 논항, 수식어 식별하기

다시 말하지만, 간단한 BERT 기반 트랜스포머 모델로 문장의 문법 구조에 대한 많은 정보를 감지했다.

- 동사 prepare를 발견하고 분리했다.
- 명사 he를 발견하고 논항으로 라벨링하고, a meal for 50 people에 대해서도 동일하게 수행했다. a meal for 50 people은 원시 수동자(proto-patient, 다른 참여자에 의한 수식을 수반하는 수동자)이다.
- in only a few hours가 시간적 수식어(ARGM-TMP) 임을 찾았다.
- modal modifier인 could를 발견했다.[28]

비교적 긴 문장을 하나 더 분석해 보자.

10.3.2 예시 2

다음 문장은 쉬워 보이지만 여러 동사가 들어있다.

Mrs. and Mr. Tomaso went to Europe for vacation and visited Paris and first went to visit the Eiffel Tower.(토마소씨와 부인은 휴가에 유럽을 가서 에펠탑을 방문하기 위해 먼저 파리에 방문했다.)

이 헷갈리는 문장이 트랜스포머를 고민하게 만들까? SRL.ipynb의 Sample 2 셀을 실행해보자.

```
prediction=predictor.predict(
    sentence="Mrs. and Mr. Tomaso went to Europe for vacation and visited
Paris and first went to visit the Eiffel Tower."
)
head(prediction)
```

출력을 보니, 트랜스포머가 문장의 동사를 올바르게 식별했음을 알 수 있다.

---

28 역주. modal modifier란, 동사나 형용사 앞에 올 수 있는 단어나 구문으로, 동사나 형용사의 의미를 변경하거나 강조하는 역할을 한다. 예를 들어 can, may, should, must 등이 modal modifier이다. "She can swim"이랑 "She must swim"은 뉘앙스가 다르다. 전자는 그녀가 수영을 할 수 있는 능력이 있다는 것을 나타내지만, 후자는 그녀가 반드시 수영을 해야 한다는 것을 강조한다. "The movie was surprisingly good."에서 surprisely는 형용사 good을 강조하는 modal modifier이다. "The weather is really cold today."에서 really는 cold를 강조하는 modal modifier이다.

> Verb: went [ARG0: Mrs. and Mr. Tomaso] [V: went] [ARG4: to Europe] [ARGM–PRP: for vacation] and visited Paris and first went to visit the Eiffel Tower .
>
> Verb: visited [ARG0: Mrs. and Mr. Tomaso] went to Europe for vacation and [V: visited] [ARG1: Paris] and first went to visit the Eiffel Tower .
>
> Verb: went [ARG0: Mrs. and Mr. Tomaso] went to Europe for vacation and visited Paris and [ARGM–TMP: first] [V: went] [ARG1: to visit the Eiffel Tower] .
>
> Verb: visit [ARG0: Mrs. and Mr. Tomaso] went to Europe for vacation and visited Paris and first went to [V: visit] [ARG1: the Eiffel Tower] .

AllenNLP 온라인에서 샘플을 실행한 결과, 네 개의 서술어가 식별되어 네 개의 프레임이 생성됐다.

첫 번째 프레임은 went에 대한 프레임이다.

그림 10.6 동사 "went", 논항, 수식어 식별하기

동사 went의 논항을 해석할 수 있다. Mrs. and Mr. Tomaso는 행위자이다. 트랜스포머는 동사의 주요 수식어가 여행의 목적인 유럽(to Europe)인 것을 발견했다. 스와 린이 고품질 문법 분석을 얻기 위해 간단한 BERT 모델 구축만 했다는 사실을 생각하면 아주 놀라운 결과이다.

went가 정확하게 Europe과 연관됐다는 것도 알 수 있다. 트랜스포머가 정확하게 동사 visited가 Paris와 관련된 것으로 식별했다.

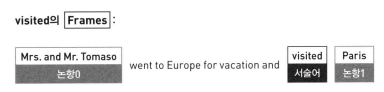

그림 10.7 동사 "visited", 논항 식별하기

트랜스포머는 동사 visited를 에펠탑(Eiffel Tower)과 직접 연결할 수 있었지만 그렇게 하지 않았다.

트랜스포머에게 요청한 다음 과제는 동사 went의 두 번째 사용 문맥을 파악하는 것이다. 두 번 사용된 동사 went와 관련된 모든 논항을 병합하는 함정에 빠지지 않았다. 즉, 시퀀스를 올바르게 분할하여 훌륭한 결과를 얻어냈다.

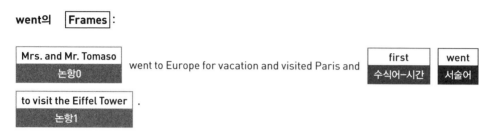

그림 10.8 동사 "went", 논항, 수식어 식별하기

동사 went는 두 번 사용됐지만 트랜스포머는 함정에 빠지지 않았다. 심지어 first가 동사 went의 시간적 수식어(ARGM-TMP, 수식어-시간)라는 것도 발견했다.

마지막으로, 동사 visited가 두번째로 사용됐고, SRL BERT는 그 용법을 정확하게 해석했다.

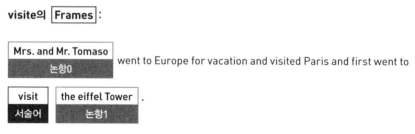

그림 10.9 동사 "visited", 논항 식별하기

이제 좀 더 헷갈리는 문장을 실행해 보자.

10.3.3 예시 3

트랜스포머에게 예시 3이 더 어려울 것이다. 왜냐하면 동사 drink의 변형을 네 번이나 포함하기 때문이다.

John wanted to drink tea, Mary likes to drink coffee but Karim drank some cool water and Faiza would like to drink tomato juice.(존은 차를 마시고 싶었고, 마리는 커피를 좋아하지만 카림은 시원

한 물을 마시고 싶었고, 파이자는 토마토 주스를 마시고 싶었다.)

SRL.ipynb 노트북에서 Sample 3 셀을 실행해 보자.

```
prediction=predictor.predict(
    sentence="John wanted to drink tea. Mary likes to drink coffee but
Karim drank some cool water and Faiza would like to drink tomato juice."
)
head(prediction)
```

동사를 포함하는 출력 부분을 보니, 트랜스포머는 정확하게 수행했음을 알 수 있다.

Verb: wanted [ARG0: John] [V: wanted] [ARG1: to drink tea]. Mary likes to drink coffee but Karim drank some cool water and Faiza would like to drink tomato juice.

Verb: drink [ARG0: John] wanted to [V: drink] [ARG1: tea]. Mary likes to drink coffee but Karim drank some cool water and Faiza would like to drink tomato juice.

Verb: likes John wanted to drink tea. [ARG0: Mary] [V: likes] [ARG1: to drink coffee] but Karim drank some cool water and Faiza would like to drink tomato juice.

Verb: drink John wanted to drink tea. [ARG0: Mary] likes to [V: drink] [ARG1: coffee] but Karim drank some cool water and Faiza would like to drink tomato juice.

Verb: drank John wanted to drink tea. Mary likes to drink coffee but [ARG0: Karim] [V: drank] [ARG1: some cool water] and Faiza would like to drink tomato juice.

Verb: would John wanted to drink tea. Mary likes to drink coffee but Karim drank some cool water and [ARG0: Faiza] [V: would] like [ARG1: to drink tomato juice].

Verb: like John wanted to drink tea. Mary likes to drink coffee but Karim drank some cool water and [ARG0: Faiza] [ARGM—MOD: would] [V: like] [ARG1: to drink tomato juice].

Verb: drink John wanted to drink tea. Mary likes to drink coffee but
Karim drank some cool water and [ARG0: Faiza] would like to [V: drink]
[ARG1: tomato juice].

온라인 인터페이스에서 문장을 실행하면 여러 시각화를 얻을 수 있다. 그중 두 가지를 살펴보자.

첫 번째는 완벽하다. 동사 wanted를 식별하고 연관성을 올바르게 찾아냈다.

그림 10.10 동사 wanted, 논항 식별하기

동사 drank를 식별했을 때, 파이자를 정확하게 배제하고 오로지 some cool water만 논항으로 라벨링
했다.

그림 10.11 동사 drank, 논항 식별하기

지금까지 BERT 기반 트랜스포머가 비교적 좋은 결과를 내는 것을 확인했다. 이제 좀 더 어려운 예시
를 시도해 보자.

10.4 어려운 예시

이 섹션에서는 트랜스포머가 아직 해결하지 못한 문제를 갖고 있는 예시를 실행한다. 마지막으로는 다루기 어려운 예시로 마무리할 것이다.

BERT 기반 트랜스포머가 분석할 수 있는 복잡한 예시를 시작해 보자.

10.4.1 예시 4

예시 4는 좀 더 까다로운 SRL 영역으로 안내한다. 이 예시에서는 Alice가 동사 "liked"와 분리되어 있어, whose husband went jogging every Sunday를 넘는 장기 의존성을 필요로 한다.

문장은 다음과 같다.

Alice, whose husband went jogging every Sunday, liked to go to a dancing class in the meantime. (앨리스는 남편이 매주 일요일마다 조깅을 하는 동안에 댄스 수업에 가는 것을 좋아했다.)

사람은 Alice를 분리하고 서술어를 찾을 수 있다.

Alice liked to go to a dancing class in the meantime.(앨리스는 그 동안에 댄스 수업에 가는 것을 좋아했다.)

BERT 모델도 우리와 같이 서술어를 찾을 수 있을까?

SRL.ipynb에서 코드를 실행하여 확인해 보자.

```
prediction=predictor.predict(
    sentence="Alice, whose husband went jogging every Sunday, liked to go
to a dancing class in the meantime."
)
head(prediction)
```

각 서술어에 대한 동사의 식별 결과와 각 프레임에 대한 라벨이 출력된다.

```
Verb: went Alice, [ARG0: whose husband] [V: went] [ARG1: jogging] [ARGM-
TMP: every Sunday], liked to go to a dancing class in the meantime.

Verb: jogging Alice, [ARG0: whose husband] went [V: jogging] [ARGM-TMP:
every Sunday], liked to go to a dancing class in the meantime.

Verb: liked [ARG0: Alice, whose husband went jogging every Sunday], [V:
liked] [ARG1: to go to a dancing class in the meantime].

Verb: go [ARG0: Alice, whose husband went jogging every Sunday], liked
to [V: go] [ARG4: to a dancing class] [ARGM-TMP: in the meantime].

Verb: dancing Alice, whose husband went jogging every Sunday, liked to
go to a [V: dancing] class in the meantime.
```

모델이 서술어를 찾았는지 확인해 보자. 동사 liked를 찾았고, 동사 liked가 다른 서술어로 인해 Alice 와 떨어져 있었음에도, liked를 잘 찾아냈다.

Verb: liked [ARG0: Alice, whose husband went jogging every Sunday]

이제 AllenNLP 온라인 UI에서 예시를 실행한 후 시각화 결과를 보자. 먼저 트랜스포머가 Alice의 남 편(husband)을 찾는다.

그림 10.12 서술어 "went"가 식별된 모습

트랜스포머는 다음과 같이 설명한다.

- 서술어는 went이다.
- whose husband는 논항이다.
- jogging은 went와 관련된 또 다른 논항이다.
- every Sunday는 [AGM-TMP: every Sunday]로 표현된 것처럼 시간적 수식어이다.

그리고 트랜스포머는 Alice의 남편이 무엇을 하고 있는지 알아낸다.

그림 10.13 동사 "jogging"에 대한 SRL 탐지

동사 jogging이 식별되고 이 동사가 시간적 수식어 every Sunday와 함께 whose husband랑 연관지었다는 것을 알 수 있다. 트랜스포머는 여기서 멈추지않고 Alice가 좋아하는 것을 감지한다.

그림 10.14 동사 "liked" 식별하기

트랜스포머는 동사 go 또한 올바르게 감지하고 분석한다.

그림 10.15 동사 "go"와 그 논항 및 수식어 감지하기

시간적 수식어 the meantime도 식별된 것을 알 수 있다. SRL BERT가 단순히 시퀀스+동사를 학습한 것을 고려하면 상당한 성능이다.

마지막으로, 트랜스포머는 마지막 동사 dancing을 class와 관련된 것으로 식별한다.

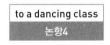

그림 10.16 논항 "class"를 동사 "dancing"에 관련짓기

예시 4의 결과는 꽤 설득력이 있다. 이제 트랜스포머 모델의 한계를 알아보자.

10.4.2 예시 5

예시 5는 동사를 여러 번 반복하지 않는다. 그러나 예시 5에는 여러 의미를 가진 단어가 들어있다. 단어 round의 의미와 문법적 기능은 다양하다. round는 명사, 형용사, 부사, 타동사 또는 자동사가 될 수 있다.

타동사 또는 자동사로서 round는 perfection과 completion을 달성할 수 있다.[29] 이런 의미에서 round 는 off와 함께 사용할 수 있다.

다음 문장은 과거 시제 round를 사용한다.

The bright sun, the blue sky, the warm sand, the palm trees, everything round off.(밝은 태양, 푸른 하늘, 따뜻한 모래, 야자수 등 모든 것이 완벽하게 어우러진다.)

동사 round는 "완벽하게 만들다"는 의미로 사용됐다. 물론 문법적으로 "rounded"가 맞지만, 결과를 살펴보자.

SRL.ipynb의 예시 5를 실행해 보자.

```
prediction=predictor.predict(
    sentence="The bright sun, the blue sky, the warm sand, the palm trees,
everything round off."
)
head(prediction)
```

출력에 동사가 표시되지 않았다. 트랜스포머가 서술어(predicate)를 식별하지 못했다. 사실, 트랜스포머는 동사(verb)를 전혀 찾지 못했다.

```
"verbs": []
```

---

29 역주. perfection은 자동사 동작이 완벽하게 수행됐거나 완전하게 발생했음을 나타내는 것을 가리킨다. 예를 들어 He slept soundly에서 slept이 자동사이며 soundly가 perfection이다. completion은 타동사 동작이 완료됐거나 끝났음을 나타내는 것을 가리킨다. 예를 들어 She finished her homework에서 finished가 타동사이고 her homework가 completion을 나타내는 목적어이다.

반면, 온라인 버전은 동사를 찾아냈다. 온라인 버전이 문장을 더 잘 해석하는 것 같다.

그림 10.17 동사 round, 논항 everything 탐지하기

SRL 트랜스포머에게 친절하게 round에 현재 시제를 나타내는 s를 덧붙여 문장을 바꿔보자.

The bright sun, the blue sky, the warm sand, the palm trees, everything rounds off.

현재 시제로 SRL.ipynb를 다시 실행해보자.

```
prediction=predictor.predict(
    sentence="The bright sun, the blue sky, the warm sand, the palm trees,
everything rounds off."
)
head(prediction)
```

이번에는 다음과 같이 서술어를 발견했다.

```
Verb: rounds [ARG1: The bright sun, the blue sky, the warm sand, the
palm trees, everything] [V: rounds] [ARGM-PRD: off].
```

온라인에서 같은 문장을 실행해 보면 아래의 시각화 결과를 얻을 수 있다.

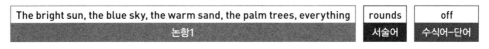

그림 10.18 단어 "rounds"를 동사로 탐지하기

현재 시제 rounds로 쓰여지자 BERT 기반 트랜스포머 모델이 단어 round를 잘 탐지했다.

BERT 모델은 처음에 우리가 기대했던 결과를 생성하지 못했다. 하지만 입력 문장에 약간의 변화를 주자 잘 해결했다.

다음의 사실을 알 수 있다.

- 모델의 버전이 진화함에 따라 결과는 달라질 수 있다.
- 트랜스포머에게 무엇을 해야 하는지 알려줄 수 있는 인지적 측면의 노력이 곧 4차 산업 시대의 사고방식이다.

라벨을 붙이기 어려운 다른 예시를 시도해보자.

10.4.3 예시 6

예시 6은 우리가 흔히 명사라고 생각하는 단어를 사용한다. 하지만 많은 단어가 명사이면서 동사일 수도 있다. 예를 들어 to ice는 하키에서 링크를 가로질러 상대의 골라인 너머까지 퍽(puck, 아이스하키에서 공처럼 치는 고무 원반)을 쏘는 데 사용되는 동사이다.[30]

아이스하키 코치는 팀에게 아이싱을 훈련하라고 지시하는 것으로 하루를 시작할 수 있다. 코치가 소리 지르는 명령문을 생각해 보자.

Now, ice pucks guys!(자, 이제 아이싱 훈련해, 얘들아!)

guys는 성별에 관계없이 사람을 의미할 수 있다.

예시 6 셀을 실행시켜 보자.

```
prediction=predictor.predict(
    sentence="Now, ice pucks guys!"
)
head(prediction)
```

결과는 트랜스포머가 동사를 찾지 못했다. "verbs": [].

트랜스포머는 많은 발전을 했지만, 개발자가 모델을 개선할 여지가 여전히 많다는 것을 알 수 있다. 트랜스포머에게 무엇을 해야 하는지 알려주기위해 여전히 사람의 개입이 필요하다.

---

30   역주. 아이싱을 한다는 의미로. 아이스하키에서의 전문 용어이다.

온라인 인터페이스는 pucks를 동사로 혼동하고 있다.[31]

pucks의 **Frames** :

Now	ice	pucks	guys
수식어-시간	논항2	서술어	수식어-내용

그림 10.19 pucks을 동사로 잘못 라벨링 하는 모델

다른 모델로 이런 문제를 해결할 수 있지만, 그럴지언정 또 다른 문제에 직면하게 될 것이다. 심지어 GPT-3도 여러분이 해결해야 할 문제가 있을 것이다.

> **NOTE**
>
> 전문 용어나 기술 용어가 포함된 커스텀 애플리케이션을 위해 트랜스포머를 구현하다 보면, 어느 순간 다루기 힘든 한계에 도달하게 될 것이다.

이런 한계의 존재로, 프로젝트를 성공시키기 위해선 전문 지식이 필요하다. 따라서, 프로젝트를 성공시키기 위해서는 전문 사전을 만들어야 한다. 이것은 개발자에게는 희소식이다. 팀원들이 좋아할 여러 분야를 넘나드는 인지 기술을 개발할 수 있다는 얘기다.

몇 가지 예시를 직접 만들어 SRL의 한계를 어떻게 극복할 수 있는지 살펴보자. 그런 다음 전처리 기능을 개발해 트랜스포머에게 커스텀 애플리케이션에서 수행해야 할 작업을 보여주는 방법을 살펴보자.

이 장을 마무리 하기 전에, SRL의 동기(motivation)에 대해 알아보자.

---

31 역주. 번역을 하는 시점(2024년 3월)에는 HanLP, AllenNLP Semantic Role Labeling의 온라인 인터페이스에서 앞의 문장을 입력하면 동사를 찾지 못했다.

실제 프로젝트에서 우리를 도와줄 사람은 없다. 우리가 알아서 해야 하고, 만족시켜야 할 사람은 그 프로젝트를 의뢰한 사람뿐이다.

실용주의가 우선한다. 기술적 이념은 그다음이다.

2020년대에는 이전 AI 이념과 새로운 이념이 공존한다. 10년 후쯤에는 전자의 일부와 후자의 일부가 합쳐진 단 하나의 이념이 존재할 것이다.

이 섹션에서는 두 가지 측면으로 SRL의 생산성과 동기에 대해 의문을 가져보자:

- 서술어 분석의 한계
- 의미(semantic)라는 용어 사용에 대한 의문

10.5.1 서술어 분석의 한계

SRL은 서술어에 의존한다. SRL BERT는 동사를 제공하는 경우에만 동작한다. 하지만 동사가 없는 문장도 수없이 많다.

https://demo.allennlp.org/의 "Semantic Role Labeling"에서 단언을 입력하면 SRL BERT가 잘 동작한다.[32]

하지만, 단언이 어떠한 물음에 대한 대답이라면 어떤 일이 벌어질까?

사람 1: What would you like to drink, please?

사람 2: A cup of coffee, please

사람 2의 대답을 입력해도 SRL BERT는 아무것도 찾지 못한다.

---

32 역주. allennlp의 데모 서비스가 종료되었다. 실험을 원한다면 https://hanlp.hankcs.com/en/demos/srl.html에서 실행해보자.

그림 10.20 프레임을 찾지 못한 경우

출력 프레임의 개수는 0개이다. 사람 2의 대답은 생략된 표현이 있어 SRL이 문장을 분석할 수가 없다. 이 경우, 서술어는 명시적(explicit)이지 않고 암시적(implicit)이다.

문장을 이해하는 데 필요하지 않은 단어는 문장에서 생략할 수 있다. 우리는 매일 생략한 문장을 사용한다. 하지만 SRL BERT는 이 모든 문장에 대해 프레임을 반환하지 못한다.

다음 what, where, how로 시작하는 질문(Q)에 대한 대답(A)은 모두 전체 프레임 개수가 0개이다.

Q: What would you like to have for breakfast?(아침 식사로 무엇을 드시겠습니까?)

A: Pancakes with hot chocolate.(핫초코를 곁들인 팬케이크요.)

  (모델은 pancakes=고유 명사(proper noun), with=전치사(preposition), hot=형용사(adjective), chocolate=일반 명사(common noun)으로 추론한다.)

Q: Where do you want to go?(어디로 가고 싶으세요?)

A: London, please.(런던이요.)

  (모델은 London=고유 명사, please=부사로 추론한다.)

Q: How did you get to work today?(오늘 어떻게 출근하셨나요?)

A: Subway.(지하철이요.)

  (모델은 subway=고유 명사로 추론한다.)

문장에 서술어가 없는, SRL BERT가 이해하지 못하는 예제를 수없이 만들 수 있다.

SRL BERT가 프레임을 하나도 얻지 못하는, 대화 중간에 발생하는 질문도 존재한다.

다음은 사람2가 커피를 원하지 않는다고 말한 이후의 대화이다.

Q: So, tea?(차 마실래요?)

A: No thanks.(아니요.)

Q: Ok, hot chocolate?(그럼 핫초코는요?)

A: Nope.(아니요.)

Q: A glass of water?(물 한 잔?)

A: Yup!(네!)

위 대화의 모든 질문은 프레임을 하나도 얻지 못한다.

소셜 미디어에 존재하는 영화, 콘서트, 전시회 리뷰에서도 프레임을 얻지 못하는 문장들을 볼 수 있다.

- Best movie ever!(역대 최고의 영화!)
- Worst concert in my life!(내 인생 최악의 콘서트!)
- Excellent exhibition!(훌륭한 전시회!)

이 섹션에서는 SRL 한계를 확인했다. 이제 SRL을 재정의하고 이를 구현하는 방법을 알아보자.

10.5.2 SRL 재정의하기

SRL BERT는 문장에 서술어가 포함됐다고 전제하지만, 많은 경우 이 가정을 따르지 않는다. 문장을 분석할 때 서술어 분석에만 의존할 수 없다.

서술어는 동사를 포함한다. 서술어는 주어에 대한 자세한 정보를 제공한다. 다음 서술어에는 동사와 추가 정보가 들어있다.

The dog ate his food quickly.(개가 음식을 빠르게 먹었다.)

ate ... quickly는 개가 먹은 방식에 대해 자세히 알려준다. 그러나 다음과 같이 동사만으로도 서술어가 될 수 있다.

Dogs eat.(개가 먹는다.)

문제는 "서술어"와 "동사"가 의미가 아닌 문법의 일부라는 것이다. 문법적, 기능적 관점에서 단어가 어떻게 서로 어울리는지 이해하는 것은 제한적이다.

전혀 의미가 없는 문장을 예를 들어 보자.

Globydisshing maccaked up all the tie.[33]

SRL BERT는 아무 의미 없는 이 문장에 대해 "의미론적" 분석을 완벽하게 수행한다.

그림 10.21 의미 없는 문장 분석하기

몇 가지 결론을 도출할 수 있다.

- SRL 서술어 분석은 문장에 동사가 있을 때만 동작한다.
- SRL 서술어 분석은 생략된 내용을 식별할 수 없다.
- 서술어와 동사는 언어 구조 분석, 문법 분석의 일부이다.
- 서술어 분석은 구조를 식별하지만 문장의 의미는 식별하지 못한다.
- 문법 분석은 서술어 분석보다 그 이상의 것이 필요하다.

의미론(semantics)은 구문이나 문장의 의미에 초점을 맞춘다. 의미론은 문맥과 단어가 서로 연관되는 방식에 중점을 둔다.

문법 분석은 구문(syntax), 굴절(inflection, 단어가 어떤 문법 범주를 나타내기 위해 모양을 바꾸는 현상, 예를 들어 동사가 시제에 따라 모양이 바뀌거나 명사가 주격, 목적격 등에 따라 모양을 바꾸는 것을 가리킴), 구(phrase) 또는 문장에서 단어의 기능 등을 포함한다. 의미역 결정(Semantic Role Labeling, SRL)이라는 용어는 오해의 소지가 있으므로 서술어 역할 결정(predicate role labeling)이라고 명명해야한다.

인간은 서술어가 없는 문장이나 순서 구조를 넘어서는 문장도 완벽하게 이해한다.

감성 분석(sentiment analysis)은 서술어 분석 없이도 문장의 의미를 해독하고 출력을 제공할 수 있다.

---

33   역주. 의미를 알 수 없는 문장 예시. 존재하지 않는 단어들을 포함하고 있다.

감성 분석 알고리즘은 서술어의 존재 여부와 관계없이 "Best movie ever(역대 최고의 영화)"가 긍정적이라는 것을 완벽하게 이해한다.

NOTE

SRL만 사용해 언어를 분석하는 것은 제한적이다. AI 파이프라인에 도입하거나 다른 AI 도구와 함께 사용한다면, 더 효과적으로 NLU를 발전시킬 것이다.

13장, 트랜스포머로 가짜 뉴스 분석하기에서 살펴볼 것처럼, 다른 AI 도구와 함께 SRL을 사용하는 것을 추천한다.

이제 SRL의 범위와 한계에 대한 탐구를 마무리짓겠다.

10.6 정리하기

이번 장에서는 SRL에 대해 살펴봤다. SRL 작업은 인간과 기계 모두에게 어렵다. 트랜스포머 모델은 많은 NLP 작업에서 인간의 기준선에 어느 정도 도달할 수 있음을 보여주었다.

간단한 BERT 기반 트랜스포머로 모호한 서술어 의미를 해소할 수 있었다. 어휘나 구문 라벨 없이 동사(서술어) 의미를 식별할 수 있는 간단한 트랜스포머를 실행해 봤다. 스와 린은 표준 "문장+동사" 입력 형태를 사용해 BERT 기반 트랜스포머를 학습시켰다. SRL만 사용해 언어를 분석하는 것은 제한적이다. AI 파이프라인이나 다른 AI 도구와 함께 SRL을 사용하면 NLU에 더 많은 지능을 추가할 수 있다.

필요한 것만 남긴 문장+서술어 입력으로 학습한 트랜스포머가 단순하거나 복잡한 문제를 해결할 수 있다는 것을 확인했다. 비교적 드문 동사 형태를 사용하면 한계에 도달했다. 하지만 이런 한계를 극복할 수 있다. 해결하지 못한 케이스를 학습 데이터셋에 추가하면, 모델을 개선할 수가 있다.

또한 인류를 위한 AI가 존재한다는 점도 알 수 있었다. 앨런 인공지능 연구소는 많은 무료 인공지능 리소스를 제공한다. 또한 사용자가 AI를 이해하는 데 도움을 주기 위해 NLP 모델의 출력 시각화 기능이 존재한다. AI를 설명하는 것은 AI를 실행하는 것만큼이나 중요하다는 것을 알았다. 시각화와 텍스트 표현을 통해 BERT 기반 모델의 잠재력을 명확하게 파악할 수 있었다.

마지막으로, 다른 AI 도구와 함께 사용하는 방법을 최적화하기 위해 SRL의 범위와 한계를 살펴봤다.

트랜스포머는 분산 아키텍처와 입력 형식으로 NLP 표준화를 지속적으로 개선해 나갈 것이다.

다음 **11장, 데이터가 말하게 하기: 스토리, 질문, 답변**에서 일반적으로 인간만이 잘 수행할 수 있는 작업에 대해 트랜스포머를 적용해 볼 것이다. 개체명 인식(NER, Named Entity Recognition)과 질의응답(question-answering) 작업에 트랜스포머의 잠재력을 살펴볼 것이다.

10.7 문제

01. 의미역 결정(SRL)은 텍스트 생성 작업이다.   참 / 거짓

02. 서술어는 명사이다.   참 / 거짓

03. 동사는 서술어이다.   참 / 거짓

04. 논항은 누가, 무엇을 하고 있는지를 설명할 수 있다.   참 / 거짓

05. 수식어는 부사가 될 수 있다.   참 / 거짓

06. 수식어는 위치가 될 수 있다.   참 / 거짓

07. BERT 기반 모델은 인코더 및 디코더 스택으로 이루어져있다.   참 / 거짓

08. BERT 기반 SRL 모델에는 표준 입력 형식이 있다.   참 / 거짓

09. 트랜스포머는 모든 SRL 작업을 해결할 수 있다.   참 / 거짓

10.8 참고 문헌

· Peng Shi and Jimmy Lin, 2019, Simple BERT Models for Relation Extraction and Semantic Role Labeling: https://arxiv.org/abs/1904.05255
· 앨런 인공지능 연구소: https://allennlp.org/

11장

데이터가 말하게 하기:
스토리, 질문, 답변

독해력에는 많은 기술이 필요하다. 우리는 텍스트를 읽을 때 키워드와 주요 사건을 알아차리고 내용을 이해한다. 그런 다음 콘텐츠에 대한 지식과 표현을 사용하여 질문에 답한다. 또한 함정과 실수를 피하기 위해 각 질문을 검토한다.

트랜스포머가 아무리 강력해졌다고 해도 열린 질문에는 쉽게 답할 수 없다. 열린 환경이란 누군가가 어떤 주제에 대해 어떤 질문이든 할 수 있고, 트랜스포머가 올바르게 대답할 수 있는 환경을 의미한다. 이는 쉽지 않지만 이번 장에서 살펴볼 것처럼 GPT-3로 어느 정도 가능하다. 트랜스포머는 닫힌 질의응답 환경에서 일반적인 데이터셋을 사용하는 경우가 많다. 의료나 법률 같은 예민한 질문과 답변에는 추가적인 NLP 기능이 필요하다.

트랜스포머는 학습 환경이 전처리된 질문-답변 시퀀스로 닫혀 있는지 여부에 관계없이 어떤 질문에도 올바르게 답할 수 없다. 한 시퀀스에 두 개 이상의 주제와 복합 명제가 포함된 경우 트랜스포머 모델이 잘못된 예측을 할 수 있다.

이번 장에서는 다른 NLP 작업을 사용하여 텍스트에서 모호하지 않은 콘텐츠를 찾는 질문 생성기를 구축하는 방법에 중점을 둔다. 질문 생성기는 질문-답변을 구현하는 데 적용된 몇 가지 아이디어를 보여준다.

먼저 무작위로 질문을 던졌을 때 트랜스포머가 매번 잘 답변하는 것이 얼마나 어려운지 살펴본다.

다음으로 **NER(Named Entity Recognition, 개체명 인식)**로 의미 있는 질문을 생성하여 DistilBERT 모델이 질문에 답할 수 있도록 돕는다. 또한 트랜스포머를 위한 질문 생성기의 기반을 마련한다.

판별자(discriminator)로 사전 학습된 ELECTRA 모델을 질문-답변 툴박스에 추가해 본다.

계속해서 텍스트 생성기의 청사진에 **SRL(Semantic Role Labeling, 의미역 결정)** 기능을 추가한다.

그리고 다음 단계 섹션에서는 헤이스택(Haystack) 프레임워크 구현을 포함하여 신뢰할 수 있는 질문-답변 솔루션을 구축하기 위한 아이디어를 살펴본다.

마지막으로, 열린 환경에서 질문-답변 작업을 살펴보기 위해 온라인 GPT-3 다빈치(Davinci) 엔진 인터페이스를 사용해 본다. 다시 말하지만, 개발, 교육, 준비 과정이 필요하지 않다!

이번 장이 끝나면 자신만의 멀티태스크(multi-task) NLP를 구축하거나, 질문-답변을 위해 Cloud AI 사용하는 방법을 알게 될 것이다.

이 장에서는 다음 주제들을 다룬다.

- 무작위 질문-답변의 한계
- NER로 의미 있는 질문 생성하기
- 트랜스포머용 질문 생성기 청사진 설계하기
- NER로 생성한 질문 테스트하기
- 판별자로 사전 학습된 ELECTRA 인코더 살펴보기
- 표준 질문으로 ELECTRA 모델 테스트하기
- 술어(predicate) 식별을 기반으로 SRL로 의미 있는 질문 생성하기
- 질문-답변 트랜스포머를 구현하기 위한 프로젝트 관리 지침 살펴보기
- SRL로 질문을 생성하는 방법 분석하기
- NER과 SRL을 이용한 질문 생성기의 청사진 정의하기
- RoBERTa와 헤이스택의 질문-답변 프레임워크 살펴보기
- 개발이나 준비가 필요 없는 GPT-3 인터페이스 사용하기

먼저 질문-답변 작업을 위해 질문을 생성하는데 적용할 방법론을 살펴보자.

질문-답변은 주로 트랜스포머와 바로 사용할 수 있는 질문-답변 데이터셋이 포함된 NLP 예제가 주어지고, 해당 질문에 답하는 방식으로 진행된다. 트랜스포머는 이 닫힌 환경에서 질문에 답하도록 학습된다.

그러나 더 복잡한 상황에서는 신뢰할 수 있는 트랜스포머 모델 구현을 위해 커스텀하는 방법이 필요하다.

11.1.1 트랜스포머와 방법

질문-답변이나 다른 NLP 작업을 위한 완벽하고 효율적인 범용 트랜스포머 모델은 존재하지 않는다. 프로젝트에 가장 적합한 모델은 해당 데이터셋과 작업에 가장 적합한 결과물을 생성하는 모델이다.

많은 경우 방법은 모델보다 성능이 뛰어나다. 예를 들어, 평균 모델을 사용하는 적절한 방법이 우수한 모델을 사용하는 결함이 있는 방법보다 더 효율적인 결과를 생성하는 경우가 많다.

이 장에서는 DistilBERT, ELECTRA 및 RoBERTa 모델을 실행해 본다. 어떤 모델은 다른 모델보다 더 나은 성능을 제공한다.

그러나 성능이 결과를 보장하지는 않는다. 예를 들어, 우주 로켓 및 우주선 제작 프로젝트에서 NLP 봇에게 질문을 하면 정확한 답변을 얻을 수 있다.

사용자가 로켓의 재생 냉각 노즐과 연소실 상태에 대한 수백 페이지 분량의 보고서에 대해 질문해야 한다고 가정해 보자. 질문은 냉각 상태가 신뢰할 수 있는지 여부와 같이 구체적일 수 있다. 이것이 바로 사용자가 NLP 봇에게 원하는 핵심 정보다.

요약하자면, NLP 봇이 통제 없이 그대로 통계적으로 답변하는 것은 너무 위험하기 때문에 실제로 사용할 수 없다. 신뢰할 수 있는 NLP 봇은 데이터와 규칙에 따라 규칙 기반 시스템을 실행하여 NLP 봇의 답변을 확인한다. NLP 트랜스포머 모델 봇은 사람의 목소리로 부드럽고 신뢰할 수 있는 자연어 답변을 생성한다.

모든 요구 사항에 맞는 범용 트랜스포머 모델과 방법은 존재하지 않는다. 각 프로젝트마다 특정 기능과 맞춤형 접근 방식이 필요하며 사용자의 기대에 따라 크게 달라질 수 있다.

이 장에서는 특정 트랜스포머 모델 선택을 넘어 질문-답변의 일반적인 제약 조건에 초점을 맞춘다. 이 장은 질문-답변 프로젝트 가이드가 아니라 질문-답변에 트랜스포머를 어떻게 사용할 수 있는지 다룬다.

먼저 대비되지 않은 열린 환경에서 질문-답변을 하는 데 중점을 둔다. 트랜스포머 모델을 사용하려면 다른 NLP 작업과 기존 프로그램의 도움이 필요하다. 프로젝트의 목표를 달성하기 위한 몇 가지 방법을 살펴보자.

- 방법 0 무작위로 질문을 던지는 시행착오 방식을 살펴본다.
- 방법 1 질문-답변 작업을 준비하는 데 도움이 되는 NER을 도입한다.
- 방법 2 기본 트랜스포머에 ELECTRA 트랜스포머 모델을 도입한다. 또한 트랜스포머가 질문을 준비하는 데 도움이 되는 SRL을 도입한다.

이 세 가지 방법은 단일 질문-답변 방법으로는 유명 기업 프로젝트에 충분하지 않다는 것을 보여준다. NER과 SRL을 추가하면 트랜스포머 솔루션의 언어 지능이 향상된다.

예를 들어, 항공 우주 기업은 전술적 방위 프로젝트에 대한 답변 신뢰도를 100% 보장하는 질문-답변을 구현하기 위해 다양한 NLP 방법을 결합했다.

이처럼 프로젝트 구현을 위해 다중 방법(multi-method) 솔루션을 설계할 수 있다.

시행착오 접근 방식부터 시작하자.

11.2 방법 0: 시행착오

질문–답변은 매우 쉬워 보인다. 정말 그런지 확인해 보자. 구글 코랩(Google Colab)에서 QA.ipynb를 열고 셀(cell) 단위로 실행해 보자.

첫 번째 셀을 실행하여 트랜스포머를 설치한다.

```
!pip install -q transformers
```

NOTE

> 참고: 허깅페이스 트랜스포머는 시장에 맞게 라이브러리와 모듈을 업데이트하며 지속적으로 발전하고 있다. 기본 버전이 작동하지 않는 경우, !pip install transformers==[노트북 셀이 정상 실행되는 버전]으로 고정해야 할 수도 있다.

이제 허깅페이스의 파이프라인을 가져온다. 여기에는 바로 사용할 수 있는 많은 트랜스포머 모델들이 포함되어 있다. 이 리소스는 다양한 작업을 수행할 수 있도록 높은 수준의 추상화 기능을 제공한다. 간단한 API를 통해 이러한 NLP 작업을 사용할 수 있다. 이 프로그램은 구글 코랩에서 만들어졌다. 무료 지메일 계정을 사용하여 구글 코랩 VM에서 실행하는 것이 좋다.

이제 pipeline을 불러온다.

```
from transformers import pipeline
```

이 작업이 완료되면 트랜스포머 모델과 작업을 인스턴스화 할 수 있는 옵션이 생긴다.

1. 기본 모델과 기본 토크나이저를 사용하여 NLP 작업을 수행한다.

   pipeline("⟨task_name⟩")

2. 사용자 정의 모델을 사용하여 NLP 작업을 수행한다.

   pipeline("⟨task_name⟩", model="⟨model_name⟩")

3. 사용자 정의 모델과 사용자 정의 토크나이저를 사용하여 NLP 작업을 수행한다.

```
pipeline("<task_name>", model="<model_name>", tokenizer="<tokenizer_name>")
```

기본 모델과 토크나이저부터 살펴보자.

```
nlp_qa = pipeline('question-answering')
```

이제 트랜스포머에 질문할 텍스트를 작성한다.

```
sequence = "The traffic began to slow down on Pioneer Boulevard in Los Angeles,
making it difficult to get out of the city. However, WBGO was playing some cool
jazz, and the weather was cool, making it rather pleasant to be making it out
of the city on this Friday afternoon. Nat King Cole was singing as Jo, and Maria
slowly made their way out of LA and drove toward Barstow. They planned to get to
Las Vegas early enough in the evening to have a nice dinner and go see a show."
```

(도시 밖으로 벗어나기 어려울 정도로 로스앤젤레스의 파이오니어 대로의 교통체증이 시작되고 느려졌다. 하지만 WBGO에서 멋진 재즈가 나오고 날씨도 선선했기 때문에 금요일 오후에 도시를 벗어나며 즐거울 수 있었다. 냇 킹 콜(Nat King Cole)이 노래를 부르고 있었고 조(Jo)와 마리아(Maria)는 천천히 LA를 벗어나 바스토로 향했다. 라스베가스에 일찍 도착해 멋진 저녁을 먹고 쇼를 보러 갈 계획이었다.)

시퀀스는 놀라울 정도로 간단하며, API에 질문하고 답변을 얻기만 하면 된다.

```
nlp_qa(context=sequence, question='Where is Pioneer Boulevard?(파이오니어 대로는
어디에 있는가?)')
```

결과는 완벽하다.

```
{'answer': 'Los Angeles,', 'end': 66, 'score': 0.988201259751591, 'start': 55}
```

방금 몇 줄의 코드로 질문-답변 트랜스포머 NLP 작업을 구현했다!

이제 텍스트, 질문, 답변이 포함된 바로 사용 가능한 데이터셋을 다운로드할 수 있다.

여기까지의 내용만으로도 질문-답변 작업을 위한 준비가 모두 완료됐다. 하지만 실제 구현은 결코 간단하지 않다. 사용자가 데이터베이스에 저장된 많은 문서를 질문할 수 있도록 질문-답변 트랜스포머

모델을 구현해야 한다고 가정해 보자. 여기에는 두 가지 중요한 제약 조건이 있다.

- 먼저 일련의 주요 문서로 트랜스포머를 실행하여 시스템이 작동한다는 것을 보여줘야 한다.
- 트랜스포머가 질문에 올바르게 답한다는 것을 어떻게 보장하는지 보여줘야 한다.

몇 가지 질문이 떠오른다.

- 시스템 테스트를 위한 질문은 누가 찾을 수 있을까?
- 전문가가 작업을 수행하기로 동의하더라도 많은 질문에서 잘못된 결과가 나오면 어떻게 될까?
- 결과가 만족스럽지 않은 경우 모델을 계속 학습시킬 것인가?
- 어떤 모델을 사용해도 일부 질문에 대한 답을 얻을 수 없다면 어떻게 할까?
- 제한된 샘플에서 작동은 하지만 프로세스가 너무 오래 걸리고 비용이 너무 많이 들어 확장할 수 없다면 어떻게 해야 할까?

전문가의 도움을 받아 어떤 것이 효과적인지 확인하려면 시간이 오래 걸릴 수 있다. 시행착오는 해결책이 아니다.

이번 장에서는 질문-답변 트랜스포머 모델을 구현하는 데 드는 비용을 절감할 수 있는 몇 가지 방법과 도구를 제공하는 것을 목표로 한다. 고객을 위해 새로운 데이터셋을 구축할 때 질문-답변에 적합한 질문을 찾는 것은 상당히 어려운 일이다.

트랜스포머는 인코더 전용 또는 디코더 전용 스택을 사용하여 원하는 대로 조립할 수 있는 레고 빌딩 블록 셋이라고 생각할 수 있다. 소형, 대형 또는 초대형(XL) 트랜스포머 모델 셋을 사용할 수 있다.

또한 이 책에서 살펴본 NLP 작업을 구현하는 프로젝트의 레고 빌딩 블록 셋이라고 생각할 수도 있다. 다른 소프트웨어 구현과 마찬가지로 목표를 달성하기 위해 두 개 이상의 NLP 작업을 조합할 수 있다. 시행착오를 거치며 질문을 찾는 방식에서 체계적인 접근 방식으로 전환해 보자.

이번 장에서는

- 각 섹션에 설명된 방법을 살펴보기 위해 QA.ipynb를 셀 단위로 계속 실행한다.
- 또한 AllenNLP NER 인터페이스를 사용하여 NER과 SRL 결과의 시각적으로 표현한다. 인터페이스에 문장을 입력한 다음 NEP 또는 SRL을 선택하고 시퀀스를 입력할 수 있다. 이 장에서는 AllenNLP 모델을 사용한다.

먼저 NER 방식으로 질문-답변에 적합한 XL 트랜스포머 모델 질문을 찾아보자.

11.3 방법 1: NER

이 섹션은 NER을 사용하여 좋은 질문을 찾기 위한 아이디어를 보여준다. 트랜스포머 모델은 지속적으로 학습되고 업데이트된다. 또한 학습에 사용되는 데이터셋이 변경될 수 있다. 마지막으로, 이 방식은 매번 동일한 결과를 생성하는 규칙 기반 알고리즘이 아니다. 실행할 때마다 결과가 달라질 수 있다. NER은 사람, 위치, 조직 및 기타 개체를 순서대로 감지할 수 있다. 먼저 질문하기 위해 단락의 주요 부분을 찾아주는 NER 작업을 실행해 본다.

11.3.1 NER을 사용하여 질문 찾기

QA.ipynb를 셀 단위로 실행한다. 이제 프로그램은 기본 모델과 토크나이저를 다루기 위해 NER 작업으로 파이프라인을 초기화한다.

```
nlp_ner = pipeline("ner")
```

이 챕터의 방법 0: 시행착오 섹션에서 실행한 시퀀스를 계속 사용한다.

```
sequence = "The traffic began to slow down on Pioneer Boulevard in Los Angeles,
making it difficult to get out of the city. However, WBGO was playing some cool
jazz, and the weather was cool, making it rather pleasant to be making it out
of the city on this Friday afternoon. Nat King Cole was singing as Jo and Maria
slowly made their way out of LA and drove toward Barstow. They planned to get to
Las Vegas early enough in the evening to have a nice dinner and go see a show."
```

QA.ipynb에서 nlp_ner 셀을 실행한다.

```
print(nlp_ner(sequence))
```

NLP 작업의 결과를 출력한다. 점수는 소수점 이하 두 자리까지 반올림한다.

```
[{'word': 'Pioneer', 'score': 0.97, 'entity': 'I-LOC', 'index': 8},
{'word': 'Boulevard', 'score': 0.99, 'entity': 'I-LOC', 'index': 9},
{'word': 'Los', 'score': 0.99, 'entity': 'I-LOC', 'index': 11},
{'word': 'Angeles', 'score': 0.99, 'entity': 'I-LOC', 'index': 12},
{'word': 'W', 'score': 0.99, 'entity': 'I-ORG', 'index': 26},
{'word': '##B', 'score': 0.99, 'entity': 'I-ORG', 'index': 27},
{'word': '##G', 'score': 0.98, 'entity': 'I-ORG', 'index': 28},
{'word': '##O', 'score': 0.97, 'entity': 'I-ORG', 'index': 29},
{'word': 'Nat', 'score': 0.99, 'entity': 'I-PER', 'index': 59},
{'word': 'King', 'score': 0.99, 'entity': 'I-PER', 'index': 60},
{'word': 'Cole', 'score': 0.99, 'entity': 'I-PER', 'index': 61},
{'word': 'Jo', 'score': 0.99, 'entity': 'I-PER', 'index': 65},
{'word': 'Maria', 'score': 0.99, 'entity': 'I-PER', 'index': 67},
{'word': 'LA', 'score': 0.99, 'entity': 'I-LOC', 'index': 74},
{'word': 'Bar', 'score': 0.99, 'entity': 'I-LOC', 'index': 78},
{'word': '##sto', 'score': 0.85, 'entity': 'I-LOC', 'index': 79},
{'word': '##w', 'score': 0.99, 'entity': 'I-LOC', 'index': 80},
{'word': 'Las', 'score': 0.99 'entity': 'I-LOC', 'index': 87},
{'word': 'Vegas', 'score': 0.9989519715309143, 'entity': 'I-LOC', 'index':88}]
```

허깅페이스 문서에 사용된 라벨에 대한 설명이 나와 있다. 주요 라벨은 다음과 같다.

- I-PER, 사람 이름
- I-ORG, 조직명
- I-LOC, 위치명

결과가 정확하다. Barstow는 토큰 3개로 분할되었다.

NER 섹션의 AllenNLP에서 동일한 시퀀스를 실행하면 시퀀스를 시각적으로 표현할 수 있다.[34]

---

34   역주. allennlp 데모의 서비스가 종료되었다. 대신 https://corener-demo.aiola-lab.com의 ner 섹션을 참고하자.

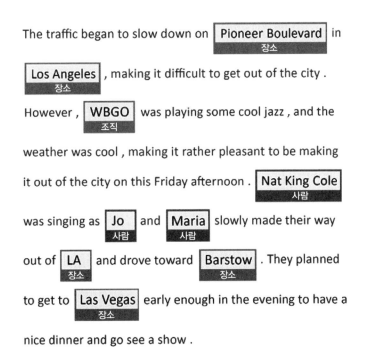

The traffic began to slow down on Pioneer Boulevard in

Los Angeles , making it difficult to get out of the city .

However , WBGO was playing some cool jazz , and the

weather was cool , making it rather pleasant to be making

it out of the city on this Friday afternoon . Nat King Cole

was singing as Jo and Maria slowly made their way

out of LA and drove toward Barstow . They planned

to get to Las Vegas early enough in the evening to have a

nice dinner and go see a show .

그림 11.1 NER

NER이 질문-답변을 위한 질문을 만드는 데 사용할 핵심 개체를 강조했다.

트랜스포머에게 두 가지 유형의 질문을 해 보자.

- 위치와 관련된 질문
- 사람과 관련된 질문

위치 관련 질문부터 시작해 보자.

11.3.1.1 위치 개체 질문

QA.ipynb는 거의 20개에 달하는 개체를 생성했다. 특히 위치 개체가 흥미롭다.

```
[{'word': 'Pioneer', 'score': 0.97, 'entity': 'I-LOC', 'index': 8},
{'word': 'Boulevard', 'score': 0.99, 'entity': 'I-LOC', 'index': 9},
{'word': 'Los', 'score': 0.99, 'entity': 'I-LOC', 'index': 11},
{'word': 'Angeles', 'score': 0.99, 'entity': 'I-LOC', 'index': 12},
{'word': 'LA', 'score': 0.99, 'entity': 'I-LOC', 'index': 74},
{'word': 'Bar', 'score': 0.99, 'entity': 'I-LOC', 'index': 78},
{'word': '##sto', 'score': 0.85, 'entity': 'I-LOC', 'index': 79},
{'word': '##w', 'score': 0.99, 'entity': 'I-LOC', 'index': 80},
{'word': 'Las', 'score': 0.99 'entity': 'I-LOC', 'index': 87},
{'word': 'Vegas', 'score': 0.9989519715309143, 'entity': 'I-LOC', 'index':88}]
```

11.3.1.2 휴리스틱 적용하기

휴리스틱(heuristics) 방법을 적용하여 QA.ipynb의 출력으로 질문을 만들 수 있다.

- 파서(parser)를 사용하여 위치를 원래 형식으로 다시 합치기.
- 템플릿(template) 적용하기

코드를 작성하는 것은 이 책의 범위를 벗어나므로 다음 의사 코드처럼 작업을 수행하는 함수를 작성한다.

```
for i in range beginning of output to end of the output:
    filter records containing I-LOC
    merge the I-LOCs that fit together
    save the merged I-LOCs for questions-answering
```

NER의 출력은 다음과 같다.

- I-LOC, Pioneer Boulevard
- I-LOC, Los Angeles
- I-LOC, LA
- I-LOC, Barstow
- I-LOC, Las Vegas

두 가지 템플릿을 사용하여 질문을 자동으로 생성한다. 예를 들어 무작위 함수를 적용할 수 있다. 다음 의사 코드처럼 작업을 수행하는 함수를 작성한다.

```
from the first location to the last location:
    choose randomly:
        Template 1: Where is [I-LOC]?
        Template 2: Where is [I-LOC] located?
```

질문 5개가 자동으로 표시된다.

```
Where is Pioneer Boulevard?(파이오니어 대로는 어디에 있는가?)
Where is Los Angeles located?(로스앤젤레스가 있는 곳은 어디인가?)
Where is LA?(LA는 어디에 있는가?)
Where is Barstow?(바스토는 어디에 있는가?)
Where is Las Vegas located?(라스베가스가 있는 곳은 어디인가?)
```

우리가 만들었던 시퀀스로 답변할 수 없는 질문도 있다. 하지만 이를 자동으로 관리할 수도 있다. 질문은 다음 방법으로 자동 생성되었다고 가정한다.

- 시퀀스 입력하기
- NER 실행하기
- 자동으로 질문 생성하기

자동 생성된 질문에 답을 가정하고 실행해 보자.

```
nlp_qa = pipeline('question-answering')
print("Question 1.",nlp_qa(context=sequence, question='Where is Pioneer
Boulevard?'))
print("Question 2.",nlp_qa(context=sequence, question='Where is Los Angeles
located?'))
print("Question 3.",nlp_qa(context=sequence, question='Where is LA'))
print("Question 4.",nlp_qa(context=sequence, question='Where is Barstow?'))
print("Question 5.",nlp_qa(context=sequence, question='Where is Las Vegas
located ?'))
```

Question 1만 정답으로 출력되었다.

```
Question 1. {'score': 0.9879662851935791, 'start': 55, 'end': 67, 'answer': 'Los
Angeles.'}
Question 2. {'score': 0.9875189033668121, 'start': 34, 'end': 51, 'answer': 'Pioneer
Boulevard'}
Question 3. {'score': 0.5090435442006118, 'start': 55, 'end': 67, 'answer': 'Los
Angeles.'}
Question 4. {'score': 0.3695214621538554, 'start': 387, 'end': 396, 'answer': 'Las
Vegas'}
Question 5. {'score': 0.21833994202792262, 'start': 355, 'end': 363, 'answer':
'Barstow.'}
```

출력에는 score, 정답의 start 및 end 위치, answer가 표시된다. 이번 실행에서 Question 2의 score는 0.98점이지만, Pioneer Boulevard에 Los Angeles가 있다고 잘못 답변했다.

이제 프로젝트 관리로 트랜스포머를 통제하는 기능을 추가해 보자.

11.3.1.3 프로젝트 관리

트랜스포머를 관리하는 방법과 하드코딩된 함수 예제 네 가지를 살펴본다. 예제는 쉬운, 중간, 어려운, 매우 어려운 네 가지 수준으로 분류한다. 프로젝트 관리는 이 책의 범위를 벗어나므로 네 가지 범주를 간략하게 살펴본다.

1. **쉬운 프로젝트**로는 초등학교용 웹사이트를 예로 들 수 있다. 약간의 HTML 개발로 질문에 일정한 형식의 다섯 가지 답변을 제시하고 아래에 (True, False)를 추가한다. (예: Barstow는 캘리포니아에 있다) 선생님은 관리자 인터페이스로 객관식 질문의 정답을 클릭하면 된다.

2. **중간 프로젝트**는 API를 사용하여 답을 확인하고 자동으로 수정하는 프로그램에 트랜스포머의 질문과 답변을 캡슐화하는 것이다. 트랜스포머가 틀린 답변은 추가 분석을 위해 저장된다.

3. **어려운 프로젝트**는 중간 프로젝트에 세부적인 질문을 하는 챗봇을 구현하는 것이다. 예를 들어, 트랜스포머는 Pioneer Boulevard가 Los Angeles에 있다고 정확하게 알려준다. 챗봇 사용자는 near where in LA?(LA 어디 근처인가요?)와 같은 추가 질문을 할 수 있다. 이 부분은 더 많은 개발이 필요하다.

4. **매우 어려운 프로젝트**는 데이터셋의 수백만 개 레코드에서 I-LOC 개체를 인식하고 지도(map) API로 실시간 스트리밍 결과를 출력하도록 트랜스포머를 학습하는 연구 프로젝트이다.

좋은 소식은 우리가 구현한 것을 사용할 방법 있다는 것이고, 나쁜 소식은 실제 프로젝트에서 트랜스포머나 다른 AI를 구현하려면 강력한 장비와 프로젝트 관리자, 주제별 전문가(Subject Matter Experts, SMEs), 개발자, 최종 사용자 간의 엄청난 팀워크가 필요하다는 것이다.

이제 사람 관련 질문을 해보자.

11.3.1.4 사람 개체 질문

쉬운 질문부터 시작해 보자.

```
nlp_qa = pipeline('question-answering')
nlp_qa(context=sequence, question='Who was singing?(노래하고 있던 사람은 누구인
가?)')
```

출력된 정답이 맞다. 시퀀스에 누가 노래를 불렀는지 명시되어 있다.

```
{'answer': 'Nat King Cole,'
 'end': 277,
 'score': 0.9653632081862433,
 'start': 264}
```

이제 트랜스포머에게 명확하게 명시되지 않았기 때문에 약간의 생각이 필요한 질문을 해보자.

```
nlp_qa(context=sequence, question='Who was going to Las Vegas?(라스베가스에 가고
있던 사람은 누구인가?)')
```

문장을 분리하지 않고는 질문에 대답할 수 없는데, 트랜스포머는 이번에도 잘못 답변했다.

```
{'answer': 'Nat King Cole,'
 'end': 277,
 'score': 0.3568152742800521,
 'start': 264}
```

트랜스포머의 답변은 0.35점밖에 받지 못했다. 이 score는 계산마다 또는 트랜스포머 모델마다 다를 수 있다. 트랜스포머가 의미역 결정 문제에 직면했음을 알 수 있다. 사람 개체 질문에는 SRL 방식을 적용하여 더 나은 결과를 얻어 보자.

방법 2: SRL

트랜스포머는 Las Vegas로 가기 위해 운전하는 사람을 찾을 수 없었고 Jo와 Maria가 아닌 Nat King Cole이 운전하는 것으로 생각했다.

무엇이 잘못되었는지 그리고 트랜스포머가 생각한 내용에 대해 알기 위해 의미역 모델링을 살펴보자. 필요한 경우 잠시 시간을 내어 **10장, BERT 기반 트랜스포머를 사용한 SRL**을 다시 살펴본다.

SRL 섹션의 AllenNLP에서 동일한 시퀀스로 이전 장에서 사용한 SRL BERT 모델을 실행하여 동사 drove의 시각적 표현을 얻었다.[35]

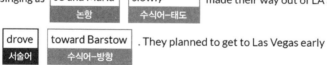

drove의 **Frames** :

The traffic began to slow down on Pioneer Boulevard in Los Angeles ,

making it difficult to get out of the city . However , WBGO was playing

some cool jazz , and the weather was cool , making it rather pleasant to

be making it out of the city on this Friday afternoon . Nat King Cole was

singing as | Jo and Maria / 논항 | | slowly / 수식어–태도 | made their way out of LA and

| drove / 서술어 | | toward Barstow / 수식어–방향 | . They planned to get to Las Vegas early

그림 11.2 SRL 실행 결과

SRL BERT는 프레임 19개를 발견했다. 이 섹션에서는 drove에 중점을 둔다.

> **NOTE**
>
> 결과는 실행할 때마다 또는 AllenNLP가 모델 버전을 업데이트할 때마다 달라질 수 있다.

---

35 역주. Allennlp 데모의 서비스가 종료되었다. 실험을 원한다면 https://hanlp.hankcs.com/en/demos/srl.html에서 실행하자.

동사 drove의 주어를 Jo and Maria로 잘못 파악했다.

NOTE

트랜스포머 모델은 계속 진화하고 있다는 점을 명심한다. 출력은 달라질 수 있지만 개념은 동일하다.

사실인지 QA.ipynb에서 질문해 보자.

```
nlp_qa(context=sequence, question='Who are they?(그들은 누구인가?)')
```

출력이 예상했던 대로 나온다.

```
{'answer': 'Jo and Maria',
 'end': 305,
 'score': 0.8486017557290779,
 'start': 293}
```

정답을 얻기 위해 질문하는 방법을 찾을 수 있을까? 질문을 의역하여 시도해 보자.

```
nlp_qa(context=sequence, question='Who drove to Las Vegas?(라스베가스에 운전해 갔
   던 사람은 누구인가?)')
```

다소 더 나은 결과를 얻을 수 있다.

```
{'answer': 'Nat King Cole was singing as Jo and Maria',
 'end': 305,
 'score': 0.35940926070820467,
 'start': 264}
```

이제 트랜스포머는 Nat King Cole이 노래를 부르고 있었고 Jo와 Maria가 그 사이에 무언가를 하고 있었다는 것을 이해한다.

이제 더 나은 질문을 할 수 있는 방법을 찾아야 한다.

다른 모델을 시도해 보자.

다른 모델을 시도하기 전에 먼저 어떤 모델을 사용 중인지 알아야 한다.

```
print(nlp_qa.model)
```

출력은 질문-답변에 학습된 DistilBERT 모델을 사용했음을 보여준다.

```
DistilBertForQuestionAnswering((distilbert): DistilBertModel(
```

모델에는 출력에서 층 6에 표시된 것처럼 층 6개와 피처 768개가 있다(각 층은 0부터 n까지 번호가 매겨져 있다).

```
(5): TransformerBlock(
        (attention): MultiHeadSelfAttention(
        (dropout): Dropout(p=0.1, inplace=False)
        (q_lin): Linear(in_features=768, out_features=768, bias=True)
        (k_lin): Linear(in_features=768, out_features=768, bias=True)
        (v_lin): Linear(in_features=768, out_features=768, bias=True)
        (out_lin): Linear(in_features=768, out_features=768,bias=True)
```

이제 ELECTRA 트랜스포머 모델을 사용해 보자. 2020년 클라크(Clark et al.)는 **Masked Language Modeling(MLM, 마스크드 언어 모델링)**의 사전 학습 방법을 개선한 트랜스포머 모델을 설계했다.

3장, BERT 모델 미세 조정하기의 마스킹된 언어 모델링 섹션에서 BERT 모델이 학습 과정에서 무작위로 [MASK] 토큰을 삽입하는 것을 보았다.

클라크는 단순히 무작위 토큰 대신 생성자(generator)를 사용하는 방법을 소개했다. BERT 모델은 (마스킹된)손상된 토큰을 예측하도록 학습된다. 클라크는 마스킹된 토큰이 생성된 토큰인지 아닌지를 예측하는 판별자(discriminator)로 ELECTRA 모델을 학습시켰다. 그림 11.3은 ELECTRA가 어떻게 학습되는지 보여준다.

그림 11.3 ELECTRA는 판별자로 학습된다

그림 11.3은 원본 시퀀스가 생성자를 통과하기 전에 마스킹되는 것을 보여준다. 생성자는 무작위 토큰이 아닌 수용 가능한(acceptable) 토큰을 삽입한다. ELECTRA 트랜스포머 모델은 토큰이 원본 시퀀스에서 나왔는지 혹은 생성되었는지 예측하도록 학습된다.

ELECTRA 트랜스포머 모델의 아키텍처와 대부분의 하이퍼파라미터는 BERT 트랜스포머 모델과 동일하다.

이제 더 나은 결과를 얻을 수 있는지 알아보자. QA.ipynb에서 ELECTRA-small-generator가 있는 질문-답변 셀을 실행한다.

```
nlp_qa = pipeline('question-answering', model='google/electra-
smallgenerator', tokenizer='google/electra-small-generator')
nlp_qa(context=sequence, question='Who drove to Las Vegas?')
```

결과물이 우리가 기대했던 것과 다르다.

```
{'answer': 'to slow down on Pioneer Boulevard in Los Angeles, making it difficult
to',
 'end': 90,
 'score': 2.52955573154019736e-05,
 'start': 18}
```

출력은 트랜스포머 모델에 따라 변경될 수 있지만 아이디어는 동일하다.

학습 메시지도 출력된다.

```
- This IS expected if you are initializing ElectraForQuestionAnswering
  from the checkpoint of a model trained on another task or with another
  architecture..
- This IS NOT expected if you are initializing ElectraForQuestionAnswering
  from the checkpoint of a model that you expect to be exactly identical..
```

이러한 경고 메시지가 마음에 들지 않을 수도 있고 나쁜 모델이라고 결론 내릴 수도 있다. 하지만 가능한 모든 방법을 살펴봐야 한다. 물론 ELECTRA는 더 많은 학습이 필요할 수도 있다. 중요한 것은 새로운 아이디어를 찾기 위해 가능한 많이 실험해 봐야 모델을 더 학습시키거나 다른 모델로 넘어갈지 결정할 수 있다는 것이다.

이제 다음 단계로 넘어가보자.

11.4.2 프로젝트 관리 제약사항

기본 DistilBERT 모델과 ELECTRA 트랜스포머로 기대했던 결과를 얻지 못했다.

이제 세 가지 대안이 있다.

- 추가 데이터셋을 사용하여 DistilBERT 및 ELECTRA 또는 다른 모델을 학습한다. 실제 프로젝트에서 데이터셋 학습에는 비용이 많이 든다. 새로운 데이터셋을 구축하고 하이퍼파라미터를 변경해야 하는 경우 몇 달 동안 학습해야 될 수도 있다. 하드웨어 비용도 고려해야 한다. 또한 결과가 만족스럽지 않으면 프로젝트 관리자가 프로젝트를 중단할 수도 있다.
- 요구 사항에 맞지 않을 수도 있지만 허깅페이스 모델처럼 바로 사용할 수 있는 트랜스포머를 사용해 볼 수도 있다. (https://huggingface.co/transformers/usage.html#extractive-question-answer)
- 질문-답변 모델을 돕기 위해 추가 NLP 작업을 사용하여 더 나은 결과를 얻을 수 있는 방법을 찾아 본다.

이 장에서는 기본 DistilBERT 모델에 도움이 되는 추가 NLP 작업을 찾는 데 중점을 둔다.

SRL을 사용하여 술어(predicate)와 논항(argument)을 추출해 보자.

11.4.3 SRL을 사용하여 질문 찾기

AllenNLP는 **10장, BERT 기반 트랜스포머를 사용한 SRL**에서 SRL.ipynb에 구현한 BERT 기반 모델을 사용한다.

SRL 섹션의 AllenNLP에서 시퀀스를 다시 실행하여 시퀀스의 술어를 시각적으로 표현해 보자.[36]

작업 중인 시퀀스를 입력한다.

> The traffic began to slow down on Pioneer Boulevard in Los Angeles, making it difficult to get out of the city. However, WBGO was playing some cool jazz, and the weather was cool, making it rather pleasant to be making it out of the city on this Friday afternoon. Nat King Cole was singing as Jo and Maria slowly made their way out of LA and drove toward Barstow. They planned to get to Las Vegas early enough in the evening to have a nice dinner and go see a show.

BERT 기반 모델이 몇 가지 술어를 발견했다. 우리의 목표는 문장의 동사를 기반으로 질문을 자동으로 생성할 수 있는 SRL 결괏값을 찾는 것이다.

먼저 BERT 모델에서 생성된 술어 후보를 나열한다.

```
verbs={"began," "slow," "making"(1), "playing," "making"(2), "making"(3), "singing,"…,
"made," "drove," "planned," go," see"}
```

프로그램을 작성해야 한다면 아래 의사 코드처럼 동사 카운터(counter)를 적용할 수 있다.

```
def maxcount:
    for in range first verb to last verb:
        for each verb
            counter +=1
            if counter)max_count, filter verb
```

---

[36] 역주. allennlp 데모의 서비스가 종료되었다. 대신https://hanlp.hankcs.com/en/demos/srl.html에서 같은 테스트를 실행해 볼 수 있다.

카운터가 허용 가능한 발생 횟수 (max_count)를 초과하면 해당 동사는 제외된다. 동사의 논항을 명확히 구분하기 위해 작업이 더 필요하다.

make의 과거형인 made도 목록에서 제외해 보자.

이제 목록은 다음과 같다.

```
verbs={"began," "slow," "playing," "singing," "drove," "planned," go," see"}
```

동사를 필터링하는 함수에서 논항의 길이가 긴 동사를 찾을 수 있다. 동사 began에는 매우 긴 논항이 있다.

그림 11.4 동사 "began"에 적용된 SRL

"began"의 논항이 너무 길어서 스크린샷에 맞지 않는다. 텍스트 버전은 "began"의 논항을 해석하는 것이 얼마나 어려운지 보여준다.

```
began: The traffic [V: began] [ARG1: to slow down on Pioneer Boulevard in Los
Angeles , making it difficult to get out of the city] . However , WBGO was
playing some cool jazz] , and the weather was cool , making it rather pleasant
to be making it out of the city on this Friday afternoon . Nat King Cole was
singing as Jo and Maria slowly made their way out of LA and drove toward
Barstow . They planned to get to Las Vegas early enough in the evening to
have a nice dinner and go see a show .
```

최대 길이를 초과하는 논항이 포함된 동사를 필터링하는 함수를 추가한다.

```
def maxlength:
    for in range first verb to last verb:
        for each verb
            if length(argument of verb))max_length, filter verb
```

논항 길이가 최대 길이(max_length)를 초과하는 경우, 해당 동사는 제외된다. 지금은 목록에서 began 만 제외한다.

이제 목록은 다음과 같다.

```
verbs={ "slow", "playing", "singing", "drove", "planned"," go"," see"}
```

작업 중인 프로젝트에 따라 더 많은 규칙을 추가할 수 있다. 또한 매우 제한적인 max_length 값으로 자동 질문 생성자에 사용할 흥미로운 후보를 추출할 수도 있다. 가장 짧은 논항을 가진 동사 후보를 질문으로 변환할 수 있다. 동사 slow는 시퀀스에서 한 번만 등장하고, 논항이 너무 길지 않으며, 시퀀스에서 가장 짧은 논항을 포함하고 있다는 세 가지 규칙에 부합한다.

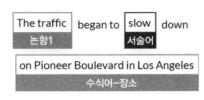

그림 11.5 동사 "slow"에 적용된 SRL

텍스트 출력을 쉽게 파싱해 볼 수 있다.

```
slow: [ARG1: The traffic] began to [V: slow] down [ARG1: on] [ARGM-ADV: Pioneer
Boulevard] [ARGM-LOC: in Los Angeles], [ARGM-ADV: making it difficult to get out
of the city].
```

출력 결과는 계속 진화하는 트랜스포머 모델에 따라 달라질 수 있지만 아이디어는 동일하게 유지된다. 동사 slow가 식별되며 이것이 SRL 출력의 핵심이다.

what 템플릿을 자동으로 생성할 수 있다. 논항 중 어떤 것도 I-PER(사람)으로 지정되지 않았으므로 who 템플릿은 생성하지 않는다. 다음 의사 코드처럼 두 가지 경우를 처리할 함수를 작성할 수 있다.

```
def whowhat:
    if NER(ARGi)==I-PER, then:
        template=Who is [VERB]
    if NER(ARGi)!=I-PER, then:
        template=What is [VERB]
```

이 함수를 사용하려면 동사 형태와 수식어를 처리하는 데 더 많은 작업이 필요하지만 이번 실험에서는 함수를 그대로 적용하여 다음과 같은 질문을 생성해 보자.

```
What is slow?(무엇이 느린가?)
```

다음 셀처럼 기본 pipeline을 실행해 보자.

```
nlp_qa = pipeline ('question-answering')
nlp_qa(context= sequence, question='What was slow?')
```

결과가 만족스럽다.

```
{'answer': 'The traffic',
 'end': 11,
 'score': 0.4652545872921081,
 'start': 0}
```

DistilBERT 모델이 교통이라고(The traffic) 정답을 맞혔다.

자동 질문 생성자는 다음을 수행할 수 있다.

- 자동으로 NER 실행하기
- 기존 코드로 결과 파싱하기
- 개체를 이용하여 질문 생성하기
- 자동으로 SRL 실행하기
- 규칙 기반으로 결과 필터링하기
- NER로 사용할 템플릿을 정하여 SRL 질문 생성하기

이 솔루션은 결코 완전하지 않다. 더 많은 작업이 필요하며 추가 NLP 작업과 코드가 필요할 수도 있다. 하지만 AI를 구현하는 데 얼마나 많은 노력이 필요한지 알 수 있다.

다음으로 동사 playing으로 필터링해 보자. 다음 출력에서 논항이 WBGO와 some cool jazz임을 알 수 있다.

그림 11.6 동사 "playing"에 적용된 SRL

텍스트 버전을 쉽게 파싱할 수 있다.

```
playing: The traffic began to slow down on Pioneer Boulevard in Los Angeles ,
making it difficult to get out of the city . [ARGM-DIS: However] , [ARG0: WBGO] was
[V: playing] [ARG1: some cool jazz]
```

> **NOTE**
>
> 이 결과와 다음 출력은 계속 진화하는 트랜스포머 모델에 따라 달라질 수 있지만 동사와 그 논항을 식별한다는 아이디어는 동일하게 유지된다.

whowhat 함수를 실행하면 논항에 I-PER이 없다는 것을 알 수 있다. what 템플릿이 선택되고 다음 질문이 자동으로 생성된다.

```
What is playing?(무엇이 연주되고 있는가?)
```

다음 셀에서 기본 파이프라인을 실행해 보자.

```
nlp_qa = pipeline('question-answering')
nlp_qa(context=sequence, question='What was playing')
```

출력도 만족스럽다.

```
{'answer': 'cool jazz,,'
 'end': 153,
 'score': 0.35047012837950753,
 'start': 143}
```

singing은 좋은 후보이며, whowhat 함수는 I-PER 템플릿을 찾아 다음 질문을 자동으로 생성한다.

```
Who is singing?(누가 노래를 부르는가?)
```

우리는 이번 장에서 이미 해당 질문을 성공적으로 테스트했다.

다음 동사는 트랜스포머가 해결할 수 없었던 drove다.

동사 go는 좋은 후보이다.

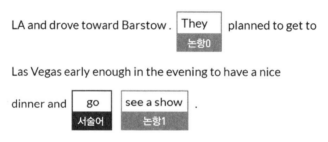

그림 11.7 동사 "go"에 적용된 SRL

올바른 동사 형태를 가진 템플릿을 생성하려면 추가 개발이 필요하다. 작업이 완료되었다고 가정하고 모델에게 다음과 같이 '누가 쇼를 보는가?'라고 질문해 보자.

```
nlp_qa = pipeline('question-answering')
nlp_qa(context=sequence, question='Who sees a show?')
```

출력에 잘못된 답변을 받게된다.

```
{'answer': 'Nat King Cole,'
 'end': 277,
 'score': 0.5587267250683112,
 'start': 264}
```

이것으로 복잡한 시퀀스에서 Nat King Cole과 Jo와 Maria가 같은 시퀀스에 존재하면 트랜스포머 모델과 모든 NLP 모델에 모호성 문제가 발생한다는 것을 알 수 있다. 더 많은 프로젝트 관리와 연구가 필요한 때이다.

다음 단계

질문-답변이나 지름길(shortcut)을 구현하는 쉬운 방법은 없다. 그래서 우리는 질문을 자동으로 생성할 수 있는 방법을 구현하기 시작했다. 자동 질문 생성은 자연어 처리의 핵심 요소이다.

더 많은 트랜스포머 모델을 NER, SRL 및 질문-답변 문제가 포함된 멀티태스크 데이터셋으로 사전 학습시켜야 한다. 또한 프로젝트 관리자는 질문-답변과 같은 특정 작업을 해결하는 데 도움이 되도록 여러 NLP 작업을 결합하는 방법을 배워야 한다.

상호 참조 해결(coreference resolution)은 모델이 작업한 시퀀스에서 주요 항목을 식별하는 데 도움이 될 수 있다. AllenNLP[37]로 생성된 결과가 흥미롭다.

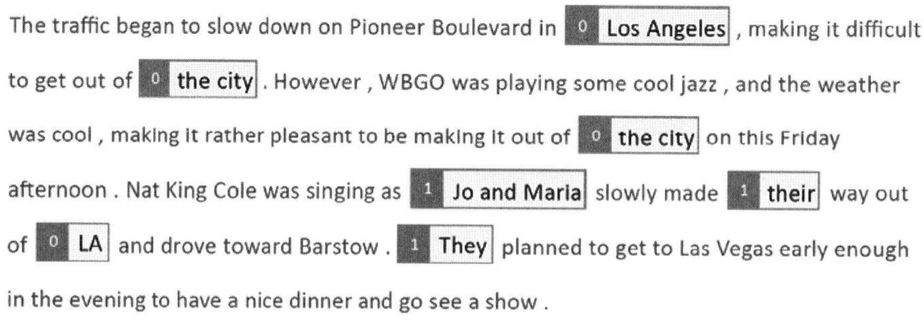

The traffic began to slow down on Pioneer Boulevard in `0` **Los Angeles** , making it difficult to get out of `0` **the city** . However , WBGO was playing some cool jazz , and the weather was cool , making it rather pleasant to be making it out of `0` **the city** on this Friday afternoon . Nat King Cole was singing as `1` **Jo and Maria** slowly made `1` **their** way out of `0` **LA** and drove toward Barstow . `1` **They** planned to get to Las Vegas early enough in the evening to have a nice dinner and go see a show .

그림 11.8 시퀀스의 상호 참조 해결

상호 참조 해결을 추가하여 프로그램을 계속 발전시킬 수 있다.

```
Set0={'Los Angeles', 'the city,' 'LA'}
Set1=[Jo and Maria, their, they}
```

---

[37] 역주. allennlp 데모의 서비스가 종료되었다. 대신 https://corener-demo.aiola-lab.com의 Coreference Resolution 항목을 참조하자.

상호 참조 해결을 사전 학습 작업으로 추가하거나 질문 생성자의 사후 처리(post-processing) 작업으로 추가할 수 있다. 어떤 경우든 사람의 행동을 시뮬레이션하면 질문-답변 작업의 성능을 크게 향상시킬 수 있다. 질문-답변 모델의 사전 학습 프로세스에 더 많은 맞춤형 추가 NLP 작업을 포함시켜 볼 것이다.

물론 이번 장에서 사용한 모델에 DistilBERT 및 ELECTRA와 같은 새로운 전략을 사용하여 사전 학습한 후 사용자가 원하는 질문을 하도록 할 수도 있다. 두 가지 접근 방식을 모두 권장한다.

- 질문-답변 작업을 위한 질문 생성자에 작업한다. 이러한 질문은 교육 목적으로 사용하거나, 트랜스포머를 학습하거나, 실시간으로 사용자에게 아이디어를 제공할 수 있다.
- 특정 NLP 작업을 포함하여 트랜스포머 모델을 사전 학습시켜 질문-답변 성능을 입증할 수 있다. 질문 생성기를 사용하여 추가로 학습한다.

11.5.1 RoBERTa 모델로 헤이스택 살펴보기

헤이스택은 흥미로운 기능을 갖춘 질문-답변 프레임워크이다. 주어진 프로젝트의 요구 사항에 맞는지 살펴볼 가치가 있다.

이 섹션에서는 앞서 다양한 모델과 방법을 사용하여 실험한 문장으로 질문-답변을 실행해 본다.

Haystack_QA_Pipeline.ipynb를 연다.

첫 번째 셀은 헤이스택을 실행하는 데 필요한 모듈을 설치한다.

```
# 헤이스택을 설치한다.
!pip install farm-haystack==0.6.0
# 코랩 호환성을 위해 특정 버전의 urllib와 토치를 설치한다.
preinstalled versions on Colab
!pip install urllib3==1.25.4
!pip install torch==1.6.0+cu101-f https://download.pytorch.org/whl/torch_stable.html
```

이 노트북은 RoBERTa 모델을 사용한다.

```
# 로컬 또는 허깅페이스 허브의 QA 모델을 불러온다 (https://huggingface.co/models)
from haystack.reader.farm import FARMReader
reader = FARMReader(model_name_or_path="deepset/roberta-base-squad2", use_
gpu=True, no_ans_boost=0, return_no_answer=False)
```

4장, RoBERTa 모델 처음부터 사전 학습하기로 돌아가서 RoBERTa 모델에 대한 일반적인 설명을 참고할 수 있다.

노트북의 나머지 셀에서는 이번 챕터에서 자세히 살펴본 질문에 대한 답변을 얻을 수 있다.

```
text = "The traffic began to slow down on Pioneer Boulevard in···/··· have a nice
dinner and go see a show."
```

얻은 답변을 이전 섹션의 결과와 비교하여 어떤 트랜스포머 모델을 구현할지 결정할 수 있다.

11.5.2 GPT-3 엔진으로 Q&A 살펴보기

이번 섹션에서는 학습, 미세 조정, 서버에 프로그램 불러오기, 데이터셋 사용을 피하는 대신 OpenAI 계정에 연결하여 대화형 교육 인터페이스를 사용한다.

GPT-3 엔진의 온라인 교육 인터페이스는 다음처럼 E(설명)와 T(텍스트)로 충분히 좋은 답변을 제공한다.

E = Answer question from this text(다음 질문에 답변하라.)

T = The traffic began to slow down on Pioneer Boulevard in(중략) have a nice dinner and go see a show.(도시밖으로 벗어나기 어려울 정도로 로스앤젤레스의 파이오니어 대로의 (중략)멋진 저녁을 먹고 쇼를 보러 갈 계획이었다.)

다음은 질문-답변 형식의 예시이다.

- Who is going to Las Vegas?: Jo and Maria(누가 라스베가스로 가고 있는가?: 조(Jo)와 마리아 (Maria))

- Who was singing?: Nat King Cole(누가 노래하고 있었는가?: 냇 킹 콜(Nat King Cole))

- What kind of music was playing?: Jazz(어떤 종류의 음악이 재생되고 있었는가?: 재즈)

- What was the plan for the evening?: to have a nice dinner and go see a show(저녁 계획은 무엇이었는가?: 멋진 저녁을 먹고 쇼를 보러 간다.)

이것만 있으면 GPT-3 엔진이 있는 API 없이도 대화형 인터페이스를 통해 다양한 교육용 NLP 작업을 온라인으로 실행할 수 있다.

GPT-3에 기대하는 질문-답변을 변경하며 끝없는 상호 작용을 만들 수 있다. 차세대 NLP가 탄생했다. 4차 산업 시대 개발자, 컨설턴트 또는 프로젝트 관리자는 인지적 접근 방식, 언어학, 심리학 및 기타 여러 학문 분야에 걸치는 새로운 기술을 습득해야 한다. 필요한 경우 시간을 내어 **7장, GPT-3 엔진을 사용한 초인간 트랜스포머 등장**을 다시 살펴보는 것도 좋다.

지금까지 트랜스포머를 사용한 질의-답변의 중요한 측면을 살펴보았다. 이제 살펴본 내용을 요약해 보자.

11.6 정리하기

이번 장에서 우리는 질문-답변 작업이 생각만큼 쉽지 않다는 사실을 발견했다. 트랜스포머 모델을 구현하는 데는 몇 분밖에 걸리지 않는다. 하지만 실제로 동작하려면 몇 시간 또는 몇 달이 걸릴 수 있다!

먼저 허깅페이스 파이프라인의 기본 트랜스포머에 몇 가지 간단한 질문에 대한 답변을 얻었다. 기본 트랜스포머 DistilBERT는 간단한 질문에 꽤 잘 대답했다. 하지만 실생활에서 사용자들은 온갖 종류의 질문을 한다. 트랜스포머가 혼동하여 잘못된 출력을 생성할 수 있다.

그런 다음 무작위 질문에 대해 무작위 답변을 얻을 것인지, 아니면 더 생산적인 질문 생성기를 설계할지 결정했다.

먼저 유용한 콘텐츠를 찾기 위해 NER을 사용했다. NER의 출력으로 질문을 자동으로 생성하는 기능을 설계했다. 품질은 괜찮았지만 더 많은 작업이 필요했다.

ELECTRA 모델을 사용해 보았지만 기대했던 결과를 얻지 못했다. 트랜스포머 모델을 학습에 많은 리소스를 투입할지, 아니면 질문 생성기를 설계할지도 고민했다.

질문 생성기에 SRL을 추가하고 질문을 테스트했다. 또한 NER을 추가하여 몇 가지 의미 있는 질문을 생성했다. 또한 헤이스택 프레임워크도 도입하여 RoBERTa로 질문 답변을 처리하는 방법을 모색했다.

마지막으로 API 없이 OpenAI 교육용 대화형 인터페이스에서 직접 GPT-3 엔진을 사용하여 예제를 실행해 보았다. 클라우드 AI 플랫폼의 성능과 접근성이 점점 더 향상되고 있다.

실험을 통해 얻은 한 가지 결론은 멀티태스크 트랜스포머가 특정 작업으로 학습된 트랜스포머보다 복잡한 NLP 작업에서 성능이 더 낮다는 것이다. 트랜스포머를 구현하려면 잘 준비된 멀티태스크 학습, 고전적인 코드를 이용한 휴리스틱, 질문 생성기가 필요하다. 질문 생성기는 질문을 학습 데이터로 사용하거나 독립형 솔루션으로 사용할 수 있다.

다음 챕터인 **12장, 고객 감정을 감지해 예측하기**에서는 소셜 미디어 피드백의 감성을 분석하는 방법을 살펴보자.

11.7 문제

01. 학습된 트랜스포머 모델은 어떤 질문에도 답할 수 있다.		참 / 거짓
02. 질문-답변은 더 이상 연구가 필요하지 않다.		참 / 거짓
03. NER은 의미 있는 질문을 찾을 때 유용한 정보를 제공할 수 있다.		참 / 거짓
04. SRL은 질문을 생성할 때 필요 없다.		참 / 거짓
05. 질문 생성기는 질문을 생성하는 훌륭한 방법이다.		참 / 거짓
06. 질문-답변에는 신중한 프로젝트 관리가 필요하다.		참 / 거짓
07. ELECTRA 모델은 GPT-2와 동일한 아키텍처를 가지고 있다.		참 / 거짓
08. ELECTRA 모델은 BERT와 동일한 아키텍처를 가지고 있지만 판별자로 학습했다.		참 / 거짓
09. NER은 위치를 인식하여 I-LOC로 라벨을 지정할 수 있다.		참 / 거짓
10. NER은 사람을 인식하여 I-PER로 라벨을 지정할 수 있다.		참 / 거짓

11.8 참고 문헌

- **엘런 인공지능 연구소**: https://allennlp.org/
- **엘런 인공지능 연구소의 독해력 관련 자료**: https://demo.allennlp.org/ reading-comprehension
- **Kevin Clark, Minh-Thang Luong, Quoc V. Le, Christopher D. Manning, 2020, ELECTRA**: Pretraining Text Encoders as Discriminators Rather Than Generators: https://arxiv.org/ abs/2003.10555
- **허깅페이스 파이프라인**: https://huggingface.co/transformers/main_classes/pipelines.html
- **헤이스택의 깃허브 저장소**: https://github.com/deepset-ai/haystack/

12장

고객 감정을 감지해
예측하기

감성 분석(sentiment analysis)은 합성성의 원리(principle of compositionality)[38]를 따른다. 문장의 일부를 이해할 수 없을 때 문장 전체를 이해할 수 있을까? 감성 분석이 NLP 트랜스포머 모델로 가능할까? 이 장에서는 몇 가지 트랜스포머 모델을 사용해 감성 분석을 시도해 보자.

먼저 **SST(Stanford Sentiment Treebank)** 데이터셋을 사용해 보자. SST 데이터셋은 복잡하고 분석하기 쉽지 않다. The movie was great(그 영화는 훌륭했다.)와 같은 문장을 분석하는 것은 쉽다. 하지만 Although the movie was a bit too long, I really enjoyed it(영화가 조금 길긴 했지만, 정말 재미있게 봤다.)과 같이 복잡한 문장의 경우는 어떻게 될까? 이 문장은 분할할 수 있다. 분할할 수 있는 문장을 트랜스포머가 이해하려면 문장의 구조와 논리 형식을 이해할 수 있어야 한다.

그다음 복잡한 문장과 간단한 문장으로 여러 트랜스포머 모델을 테스트해 보자. 어떤 모델을 사용하든 충분한 학습을 하지 않으면 동작하지 않는다는 것을 알게 될 것이다. 트랜스포머 모델은 사람과 같은 면이 있다. 모델은 실제 인간의 기준선에 도달하기 위해 노력해야 하는 학생과 같다.

DistilBERT, RoBERTa-large, BERT-base, MiniLM-L12-H384-uncased, 그리고 BERT 기반 다국어 모델(BERT-base multilingual model)을 실행하는 것은 재밌다. 그러나 이들 중 일부는 더 많은 학습이 필요하다는 것을 알게 될 것이다.

이 과정에서 감성 분석 결과를 사용해 고객 관계(customer relationships)를 개선하는 방법을 살펴보고 웹사이트에 구현할 수 있는 멋진 별 다섯 개 인터페이스를 살펴볼 것이다.

마지막으로, 감성 분석을 위해 OpenAI의 GPT-3의 온라인 인터페이스를 사용할 것이다. AI 개발이나 API가 전혀 필요하지 않다!

이번 장은 다음 주제들을 다룬다.

- 감성 분석을 위한 SST
- 긴 시퀀스의 합성성(compositionality) 정의
- AllenNLP(RoBERTa)를 사용한 감성 분석
- 복잡한 문장을 실행해 트랜스포머의 새로운 영역 살펴보기
- 허깅페이스(Hugging Face) 감성 분석 모델 사용하기
- 감성 분석을 위한 DistilBERT

---

38   역주. NLP 모델이 복잡한 문장의 구성 표현과 이를 결합하는 규칙을 검토해 시퀀스의 의미를 이해해야 한다는 것을 의미

- MiniLM-L12-H384-uncased 실험하기
- RoBERTa-large-mnli 살펴보기
- BERT 기반 다국어 모델 조사하기
- GPT-3을 사용한 감성 분석

SST를 살펴보는 것으로 이 장을 시작해 보자.

SST(Stanford Sentiment Treebank)

이 장에서는 먼저 트랜스포머가 감성 분석에서 학습할 데이터셋 SST를 살펴본다. 그리고 AllenNLP를 사용해 RoBERTa-large 트랜스포머를 실행할 것이다.

2013년 소처(Socher et al.)은 긴 구문에 대한 의미론적 단어 공간을 설계했다. 그들은 긴 시퀀스에 적용하는 합성성의 원리를 정의했다. 합성성의 원리는 NLP 모델이 복잡한 문장의 구성 표현과 이를 결합하는 규칙을 검토해 시퀀스의 의미를 이해해야 한다는 것을 의미한다.

합성성의 원리를 파악하기 위해 SST에서 샘플을 가져와보자.

이 섹션과 챕터는 독립적으로 구성됐다. 섹션 내 작업을 직접 실행해 보든지, 내용을 읽고 제공된 스크린샷을 보든지 선택할 수 있다.

상호 작용할 수 있는 감성 트리 뱅크(https://nlp.stanford.edu/sentiment/treebank.html)로 이동하자.

여러분들은 원하는 것을 선택할 수 있다. 감성 트리 그래프가 표시될 것이다. 이미지를 클릭하면 감성 트리를 볼 수 있다.

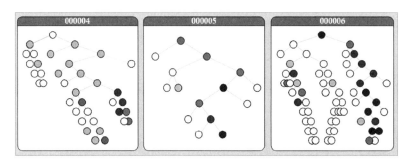

그림 12.1 감성 트리 그래프

이 예에서는 Jacques Derrida, a pioneer in deconstruction theories in linguistics(자크 데리다 (Jacques Derrida), 언어학의 해체주의 이론의 선구자)라는 문장을 포함하는 그래프 6을 클릭했다. 길고 복잡한 문장이 나타난다.

Whether or not you're enlightened by any of Derrida's lectures on the other and the self, Derrida is an undeniably fascinating and playful fellow.(자아와 타자에 대한 데리다(Derrida)의 강연으로 깨달음을 얻었든 아니든, 데리다가 매혹적이고 유쾌한 동료임은 부정할 수 없다.)

소처는 벡터 공간에서의 합성성과 논리 형식에 대해 연구했다.

예를 들어 자크 데리다 샘플을 구성하는 논리 형식을 정의한다는 것은 다음을 이해한다는 것을 의미한다.

- Whether, or, 그리고 not이라는 단어와 Whether 구문을 구분하는 쉼표를 해석하는 방법
- 또 다른 and를 갖는, 문장의 두 번째 부분(쉼표 뒤에 부분)을 이해하는 방법

벡터 공간을 정의한 후, 소처는 합성성의 원리를 나타내는 복잡한 그래프를 생성했다.

그래프를 섹션별로 볼 수 있다. 첫 번째 섹션은 문장의 Whether 세그먼트[39]이다.

---

39 역주. NLP에서 세그먼트(segment)란, 문장의 부분적인 구조를 나타낸다. 단어, 구, 구문 등과 같은 작은 단위로 구성하는 것을 가리킨다.

12장 고객 감정을 감지해 예측하기 373

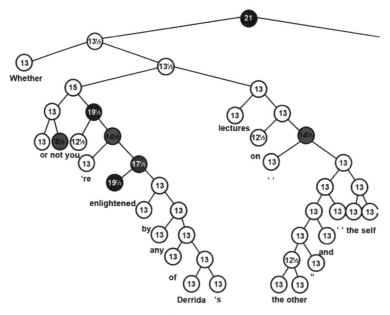

그림 12.2 "Whether" 세그먼트

문장이 두 개의 주요 부분으로 정확하게 나눠졌다. 두 번째 부분도 정확하다.

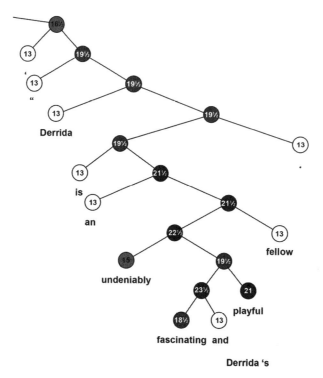

그림 12.3 문장의 메인 세그먼트

소처가 고안한 방법에서 몇 가지 결론을 내릴 수 있다.

- 감성 분석은 문장에서 긍정 단어와 부정 단어를 세는 작업으로 단순화할 수 없다.
- 트랜스포머 모델 또는 어느 NLP 모델이든 복잡한 문장의 구성 요소가 논리 형식에 어떻게 부합하는지 이해하기 위해 합성성의 원리를 학습할 수 있어야 한다.
- 트랜스포머 모델은 복잡한 문장의 미묘한 차이를 해석하기 위해 벡터 공간을 구축할 수 있어야 한다.

이제 이 이론을 RoBERTa-large 모델을 사용해 실습해 보자.

12.1.1 RoBERTa-large를 사용한 감성 분석

이 섹션에서는 AllenNLP 리소스를 사용해 RoBERTa-large 트랜스포머를 실행할 것이다. 2019년 리우(Liu et al.)는 기존 BERT 모델을 분석한 결과, 예상만큼 학습하지 않았다는 사실을 발견했다. 모델 학습 시간을 생각해 보면 그리 놀라운 일은 아니었다. 이들은 BERT 모델의 사전 학습을 개선해 **RoBERTa(Robustly Optimized BERT Pretraining Approach)**를 개발했다.

그럼, SentimentAnalysis.ipynb에서 RoBERTa-large 모델을 실행해 보자.

첫 번째 셀을 실행해 allennlp-models를 설치하자.

```
!pip install allennlp==1.0.0 allennlp-models==1.0.0
```

이제 Jacque Derrida 샘플을 실행해 보자.

```
!echo '{"sentence": "Whether or not you're enlightened by any of Derrida's
lectures on the other and the self, Derrida is an undeniably fascinating
and playful fellow."}' | ₩
allennlp predict https://storage.googleapis.com/allennlp-public-models/sst-
roberta-large-2020.06.08.tar.gz -
```

먼저 24개 층과 16개 어텐션 헤드를 가진 RoBERTa-large 모델의 아키텍처가 출력된다.

```
"architectures": [
  "RobertaForMaskedLM"
  ],
  "attention_probs_dropout_prob": 0.1,
  "bos_token_id": 0,
  "eos_token_id": 2,
  "hidden_act": "gelu",
  "hidden_dropout_prob": 0.1,
  "hidden_size": 1024,
  "initializer_range": 0.02,
  "intermediate_size": 4096,
  "layer_norm_eps": 1e-05,
  "max_position_embeddings": 514,
  "model_type": "roberta",
  "num_attention_heads": 16,
  "num_hidden_layers": 24,
  "pad_token_id": 1,
  "type_vocab_size": 1,
  "vocab_size": 50265
}
```

필요하다면 **3장, BERT 모델 미세 조정하기**의 BERT 모델 설정하기 섹션에서 설명한 BERT 아키텍처를 살펴보고 모델 파라미터를 수정해 활용할 수 있다.

감성 분석 결과는 0과 1사이 값을 갖는다. 0에 가까울수록 부정, 1에 가까울수록 긍정을 뜻한다.

로짓(logits)과 확률(probs)을 포함한 감성 분석 결과도 출력된다.

```
prediction: {"logits": [3.646597385406494, -2.9539334774017334], "probs":
[0.9986421465873718, 0.001357800210826099]
```

NOTE

모델은 확률적 알고리즘을 사용한다. 따라서 실행할 때마다 결과는 달라질 수 있다.

또한, 사용한 토큰 ID와 최종 예측 라벨이 출력된다.

"token_ids": [0, 5994, 50, 45, 47, 769, 38853, 30, 143, 9, 6113, 10505, 281, 25798, 15, 5, 97, 8, 5, 1403, 2156, 211, 14385, 4347, 16, 41, 35559, 12509, 8, 23317, 2598, 479, 2], "label": "1",

모델이 지속적으로 업데이트되기 때문에 사용한 토큰 ID는 그림 12.2.3과 다를 수 있다.

사용한 토큰 자체도 출력된다.

"tokens": ["\<s\>", "\u0120Whether", "\u0120or", "\u0120not", "\u0120you","\u0120re", "\u0120enlightened", "\u0120by", "\u0120any", "\u0120of", "\u0120Der", "rid", "as", "\u0120lectures", "\u0120on", "\u0120the", "\u0120other", "\u0120and", "\u0120the", "\u0120self", "\u0120,", "\u0120D", "err", "ida", "\u0120is", "\u0120an", "\u0120undeniably", "\u0120fascinating", "\u0120and", "\u0120playful", "\u0120fellow", "\u0120.", "\</s\>"]}

몇 가지 샘플을 입력해 사전 학습된 RoBERTa 모델을 직접 실험해 보는 것도 좋다.

다른 트랜스포머 모델을 사용해 감성 분석으로 고객 행동을 어떻게 예측하는지 알아보자.

12.2 감성 분석으로 고객 행동 예측하기

이번 섹션에서는 허깅페이스 트랜스포머 모델로 감성 분석 작업을 실행하고 어떤 모델이 가장 좋은 결과를 생성하는지를 확인한다.

먼저 허깅페이스 DistilBERT 모델을 사용해 보자.

12.2.1 DistilBERT를 사용한 감성 분석

DistilBERT로 감성 분석 작업을 수행한 결과로 고객 행동을 예측하는 방법을 살펴보자.

SentimentAnalysis.ipynb을 열어 트랜스포머를 설치하고 필요한 모듈을 불러오자.

```
!pip install -q transformers
from transformers import pipeline
```

시퀀스를 받아 모델을 실행하는 classify 함수를 정의하자.

```
def classify(sequence,M):
    #DistilBertForSequenceClassification(기본 모델)
    nlp_cls = pipeline('sentiment-analysis')
    if M==1:
        print(nlp_cls.model.config)
    return nlp_cls(sequence)
```

함수에 M=1을 전달하면 현재 사용 중인 DistilBERT의 설정이 출력된다.

```
DistilBertConfig {
  "activation": "gelu",
  "architectures": [
    "DistilBertForSequenceClassification"
  ],
  "attention_dropout": 0.1,
  "dim": 768,
  "dropout": 0.1,
  "finetuning_task": "sst-2",
    "hidden _ dim": 3072,
    "id2label": {
        "0": "NEGATIVE",
        "1": "POSITIVE"
    },
    "initializer _ range": 0.02,
    "label2id": {
        "NEGATIVE": 0,
        "POSITIVE": 1
    },
    "max _ position _ embeddings": 512,
    "model _ type": "distilbert",
    "n _ heads": 12,
    "n _ layers": 6,
    "output _ past": true,
    "pad _ token _ id": 0,
    "qa _ dropout": 0.1,
    "seq _ classif _ dropout": 0.2,
    "sinusoidal _ pos _ embds": false,
    "tie _ weights _ ": true,
    "vocab _ size": 30522
}
```

층 개수가 6, 헤드 개수가 12이다. 설정 파라미터 중 몇몇은 이름만으로 정의를 알 수 있다.

이제 classify 함수에 보낼 시퀀스 목록을 만들어보자.

```
seq=3
if seq==1:
    sequence="The battery on my Model9X phone doesn't last more than 6 hours
and I'm unhappy about that."# 내 Model9X 핸드폰 배터리는 6시간도 버티지 못한다. 불만족스럽다.
if seq==2:
    sequence="The battery on my Model9X phone doesn't last more than 6 hours
and I'm unhappy about that. I was really mad! I bought a Moel10x and things
seem to be better. I'm super satisfied now."# 내 Model9X 핸드폰 배터리는 6시간도 버티지
못한다. 불만족스럽다. 정말 화가 났다! Moel10x는 나은 것 같다. 이번에는 정말 만족하고 있다.
if seq==3:
    sequence="The customer was very unhappy" #고객이 정말 불만족했다.
if seq==4:
    sequence="The customer was very satisfied"#고객이 정말 만족했다.
print(sequence)
M=0 #모델 구성 출력=1, 기본값=0
CS=classify(sequence,M)
print(CS)
```

원한다면 시퀀스를 추가해서 실험해도 좋다.

seq=3으로 세 번째 시퀀스의 결과를 보자. 예상하듯 부정 결과를 얻는다.

```
[{'label': 'NEGATIVE', 'score': 0.9997098445892334}]
```

이 결과에서 고객 행동을 예측하는 함수를 정의하는 데에 도움이 될 실마리를 얻을 수 있다.

- 예측 결과를 고객 관리 데이터베이스에 저장한다.
- 고객이 특정 기간(주, 월, 년) 동안 서비스나 제품에 대해 불만을 제기한 횟수를 센다. 불만을 자주 제기하는 고객은 더 나은 제품이나 서비스를 받기 위해 경쟁업체로 옮길 수 있다.
- 부정적인 피드백 메시지가 계속 발생하는 제품 및 서비스를 감지한다. 제품이나 서비스의 결함을 발견해 개선할 수 있다.

허깅페이스 트랜스포머를 실험해 보자.

12.2.2 허깅페이스 모델을 사용한 감성 분석

이번 섹션에서는 허깅페이스의 트랜스포머 모델 목록을 살펴보고 몇 가지 샘플로 결과를 평가한다. 프로젝트를 진행할 때 여러 모델을 테스트해 가장 적합한 모델을 사용하는 것이 좋다.

허깅페이스 모델을 실행할 것이다.(https://huggingface.co/models)

허깅페이스에서 제공하는 문서에서 우리가 사용할 각 모델에 대한 설명을 볼 수 있다.(https://huggingface.co/transformers/)

여러 모델을 테스트할 것이다. 모델을 구현할 경우 실행하려는 NLP 작업에 맞게 미세 조정하거나 사전 학습이 필요할 수도 있다. 각 경우 다음을 참고하면 된다.

- 미세 조정의 경우, **3장, BERT 모델 미세 조정하기**를 참조
- 사전 학습의 경우, **4장, RoBERTa 모델 처음부터 사전 학습하기**를 참조

먼저 허깅페이스에서 제공하는 모델(https://huggingface.co/models)을 살펴보고 Tasks 창에서 Text Classification을 선택하자.

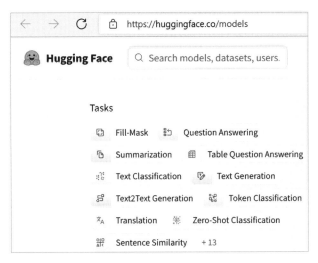

그림 12.4 텍스트 분류 모델 선택하기

텍스트 분류를 사전 학습한 트랜스포머 모델 목록

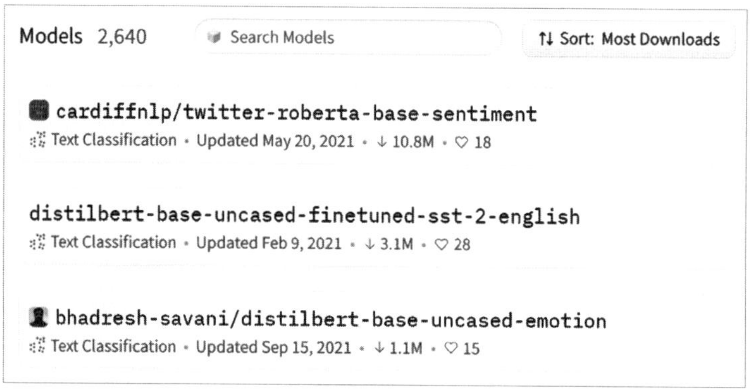

그림 12.5 텍스트 분류를 사전 학습한 허깅페이스 모델들

다운로드 수가 가장 많은(Most downloads) 것부터 나타난다. 이제 온라인에서 테스트할 수 있는 트랜스포머 모델을 살펴볼 것이다.

먼저 DistilBERT부터 시작해 보자.

12.2.2.1 SST 용도의 DistilBERT

distilbert−base−uncased−finetuned−sst−2−english 모델은 SST 데이터셋으로 미세 조정한 모델이다.

합성성의 원리를 잘 이해해야 하는 예를 들어보자.

Though the customer seemed unhappy, she was, in fact satisfied but thinking of something else at the time, which gave a false impression.(고객은 정말 불만족스러워 보였지만, 사실 그녀는 만족했으며 당시에 다른 생각을 하고 있어서 잘못된 인상을 주었다.)

이 문장은 트랜스포머가 분석하기 어렵고 논리 형식 학습을 요구한다.

모델 결과는 거짓 음성(false negative)이다.

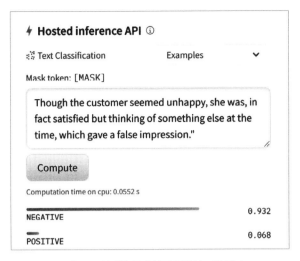

그림 12.6 복잡한 문장 분류 작업의 모델 결과

결과가 거짓 음성이라고 해서 모델이 제대로 작동하지 않는다는 의미는 아니다. 추가 학습이 필요하다는 의미일 수도 있다.

필자가 책을 집필하는 시점에 BERT 계열 모델은 GLUE 및 SuperGLUE 순위표에서 높은 순위를 기록하고 있다. 순위는 계속 바뀌겠지만 트랜스포머의 기본 개념은 바뀌지 않을 것이다.

이 예제는 실제 프로젝트에서 도움될 중요한 교훈을 준다. 모델이 프로젝트의 모든 문장을 정확하게 분류할 수는 없다. 즉, 고객이 불만을 제기한 횟수를 추정할 때면 거짓 음성과 거짓 양성(false positive)이 발생할 것이다. 따라서, 앞으로 몇 년 동안은 사람의 정기적인 개입이 필수적이다.

MiniLM 모델을 사용해 보자.

12.2.2.2 MiniLM-L12-H384-uncased

Microsoft/MiniLM-L12-H384-uncased 모델은 다른 BERT 기반 모델과는 다르게 마지막 셀프어텐션(self-attention) 층의 크기를 최적화하여 더 나은 성능을 얻은 모델이다. 12개 층, 3,300만 개 파라미터를 가지고 BERT-base보다 2.7배 빠르다.

합성성의 원리를 이해할 수 있는지 앞의 문장을 테스트해보자.

다음 그림과 같이 모델이 긍정과 부정 각각에 점수를 비슷하게 나눠 부여한 점이 흥미롭다.

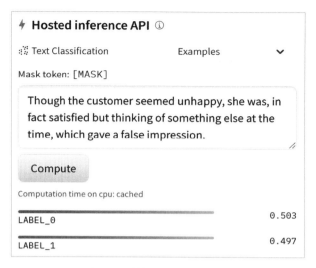

그림 12.7 복잡한 문장의 감성 분석 결과

긍정으로 나와야 하는 문장인데, 약 0.5점으로 긍정/부정에 결정적이지 않은 결과를 보여주는 것을 알 수 있다.

함의(entailment)와 관련된 모델을 사용해 보자.

12.2.2.3 RoBERTa-large-mnli

다중 장르 자연어 추론(Multi-Genre Natural Language Inference, MultiNLI) 작업(https://cims.nyu.edu/~sbowman/multinli/)은 고객이 의미하는 바를 파악할 때, 복잡한 문장 해석에 도움이 될 수 있다. 이 작업은 어떤 시퀀스가 다음 시퀀스를 함의하는지 여부를 판단하는 작업이다.

이를 위해서 입력 형식을 지정하고 시퀀스 분할 토큰으로 시퀀스를 분할해야 한다.

Though the customer seemed unhappy⟨/s⟩⟨/s⟩ she was, in fact satisfied but thinking of something else at the time, which gave a false impression

모델 결과는 중립(neutral)이다.

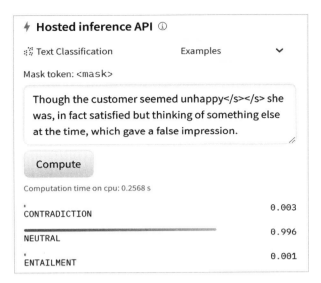

그림 12.8 약간 긍정적인 문장의 함의 추론 모델 결과

모델 결과에 오류는 없다. 두 번째 시퀀스를 첫 시퀀스로 추론할 수 없기 때문이다. 모델 결과는 정확하다.

마지막으로, 긍정 감성 문장으로 BERT 기반 다국어 모델을 실험해 보자.

12.2.2.4 BERT 기반 다국어 모델

마지막 실험으로 BERT 기반 다국어 모델(nlptown/bert−base−multilingual−uncased−sentiment.)을 실행해 보자.

이 모델은 아주 잘 설계된 모델이다.

친근하고 긍정적인 영어 문장을 테스트해 보자.

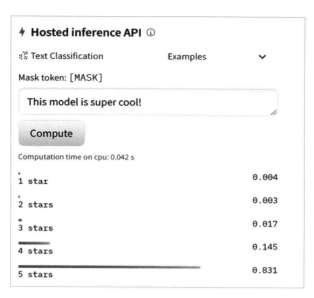

그림 12.9 영어 문장 감성 분석 결과

프랑스어로 "이 모델은 정말 멋져요"를 뜻하는 문장("Ce modèle est super bien!")을 테스트해 보자.

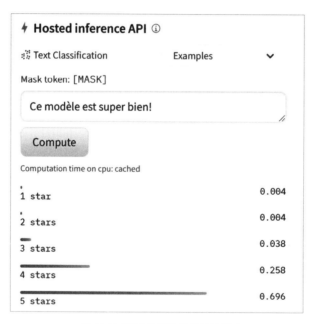

그림 12.10 프랑스어 문장 감성 분석 결과

허깅페이스에서 이 모델의 url은 https://huggingface.co/nlptown/bert-base-multilingual-uncased-sentiment이다.

다음 코드를 사용해 웹사이트에 구현할 수 있다.

```
from transformers import AutoTokenizer, AutoModelForSequenceClassification
tokenizer = AutoTokenizer.from_pretrained("nlptown/bert-base-
multilingualuncased-sentiment")
model = AutoModelForSequenceClassification.from_pretrained("nlptown/
bertbase-multilingual-uncased-sentiment")
```

기다리는 시간이 약간 필요하지만, 좋은 결과를 얻을 수도 있다.

웹사이트에 이 모델을 구현해 전 세계 고객의 평균 만족도를 구할 수 있다. 또한 고객 서비스를 개선하고 고객 반응을 예측하기 위한 지속적인 피드백으로 사용할 수 있다.

이제 GPT-3는 어떻게 감성 분석을 하는지 알아보자.

GPT-3를 사용한 감성 분석

이번 섹션의 예제를 실행하려면 OpenAI 계정이 필요하다. 교육용 인터페이스는 API, 개발 또는 학습이 없이도 사용 가능하다. 사용자가 문장을 입력하기만 하면 된다. 몇 개의 트윗(tweet)을 입력해 감성 분석을 해보자.

Tweet: I didn't find the movie exciting, but somehow I really enjoyed watching it!(영화가 정말 재밌었던 것은 아니지만, 어쨌든 볼만했다!)

Sentiment: Positive(긍정)

Tweet: I never ate spicy food like this before but find it super good!(이렇게 매운 음식은 처음이었지만 정말 좋았다!)

Sentiment: Positive(긍정)

만족스러운 결과를 얻을 수 있었다. 좀 더 어려운 시퀀스를 입력해 보자.

Tweet: It's difficult to find what we really enjoy in life because of all of the parameters we have to take into account.(고려해야 할 변수들이 너무 많기 때문에 우리는 인생에서 진정으로 좋아하는 것을 찾기 쉽지 않다.)

Sentiment: Positive(긍정)

이번에 모델은 틀렸다! 입력한 문장은 전혀 긍정적이지 않다. 문장은 삶의 어려움을 토로하고 있다. "즐기다"를 뜻하는 단어 enjoy가 GPT-3에 편견을 유도했다.

단어 enjoy 대신 are으로 바꾸면 모델 결과는 부정이 된다.

Tweet: It's difficult to find what we really are in life because of all of the parameters we have to take into account.(고려해야 할 변수들이 너무 많기 때문에 우리는 인생에서 진정한 자기 자신을 찾기 쉽지 않다.)

Sentiment: Negative(부정)

하지만, 이 결과도 틀린 것이다! 인생을 파악하기 어렵다해서 트윗 시퀀스가 부정적이라고 판단할 수는 없다. 모델의 정확한 결과는 중립적(neutral)이어야 한다. 이후 다른 NLP 작업에서 GPT-3에게 왜 인생을 파악하기 어려운지 설명해 달라고 요청할 수도 있다.

NLP 작업과 관련없는 사용자가 NLP 작업을 실행한다는 것은 4차 산업혁명이 어디로 가고 있는지를 보여준다. 즉, 사람의 개입은 줄고 자동화된 기능은 강화하는 방향으로 가고 있다는 것을 알 수 있다. 하지만, 트랜스포머가 예상한 것과 다른 결과를 생성할 때, 전처리 기능을 설계하는 것과 같은 새로운 기술이 필요한 상황도 있다. 인간은 아직 쓸모가 있다!

바로 사용할 수 있는(ready-to-use) 코드를 사용한 트윗 분류 예시는 **7장, GPT-3 엔진을 사용한 초인간 트랜스포머 등장**의 OpenAI GPT-3 작업 실행하기 섹션에서 확인할 수 있다. 이번 섹션의 예제를 해당 코드로 구현할 수도 있다.

이제 우리가 아직 가치있다는 것을 어떻게 증명할 수 있을지 알아보자.

4차 산업 시대에 관한 몇 가지 생각

허깅페이스 트랜스포머를 사용해 감성 분석 결과가 중립으로 나온 문장이 있었다.

필자는 해당 문장을 중립으로 라벨링하는 것이 불편했다. OpenAI GPT-3가 더 잘할 수 있는지 궁금했다. 왜냐하면 GPT-3는 학습하지 않은 것들도 잘 할 수 있는 파운데이션 모델이기 때문이다.

필자는 12.2 챕터에 나왔던 다음 문장을 다시 살펴봤다.

Though the customer seemed unhappy, she was, in fact, satisfied but thinking of something else at the time, which gave a false impression.

문장을 자세히 보니, customer가 she인 것을 알 수 있었다. 더 들여다보면 그녀(she)가 실제로는 만족 (in fact satisfied)했음을 알 수 있다. 효과가 있는 모델을 찾을 때까지 맹목적으로 모델 테스트를 하지 않기로 결심했다. 이런 방식은 생산적이지 않다.

필자는 문제의 근원 파악에 논리와 실험이 필요했다. 자동으로 원인을 파악해 주는 알고리즘에 의존하고 싶지 않았다. 때때로 우리는 우리의 뉴런을 사용해야 한다.

기계가 she를 customer로 식별하기 어렵다는 게 문제였을까? **10장, BERT 기반 트랜스포머를 사용한 SRL**에서 했던 것처럼 SRL BERT을 사용해 보자.

12.4.1 SRL을 사용해 대명사 식별 알아보기

10장은 SRL과 다른 도구를 함께 사용하는 것을 권장하며 끝냈다. 이번 섹션에서 그렇게 해볼 것이다.

먼저 She was satisfied를 Semantic Role Labeling 인터페이스에서 실행해 봤다.[40]

결과는 정확했다.

---

[40] 역주. allennlp 데모의 서비스가 종료되었다. 대신 https://hanlp.hankcs.com/en/demos/srl.html에서 같은 테스트를 실행해볼 수 있다.

그림 12.11 간단한 문장의 SRL 결과

술어 was 프레임의 분석 결과는 명확하다. was가 동사, She가 **논항1**, satisfied가 **논항2**이다.

문장을 조금 더 복잡하게해도 동일한 결과를 얻을 수 있을까? 동일한 결과가 나오는 것을 알 수 있다.

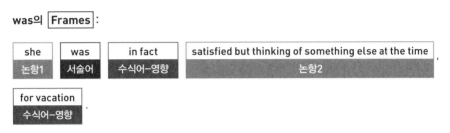

그림 12.12 다른 단어와 합쳐진 동사 "satisfied", 잘못된 결과

satisfied는 여전히 **논항2**로 분류돼, 정확하게 분석됐다.

was 의미를 수정하는 수식어-영향에 주목해보자. **수식어-영향**는 thinking을 갖는 논항2와 연관있어서 단어 false는 오해의 소지가 있다.

술어 thinking은 false impression을 주었다. 하지만 thinking은 이 문장에서 술어로 식별되지 않았다. **10장, BERT 기반 트랜스포머를 사용한 SRL**에서 보았던 것처럼, 생략된 she was가 식별되지 않은게 아닐까?

생략없이 전체 문장을 입력해 보자.

Though the customer seemed unhappy, she was, in fact, satisfied but she was thinking of something else at the time, which gave a false impression.

10장에서 본 것처럼 SRL을 사용할 때 표현 일부를 생략하면 문제가 발생한다는 것을 여기서도 확인할 수 있다. 전체 문장의 SRL 결과를 보면 다섯 개의 정확한 술어를 가진 프레임을 확인할 수 있다.

첫 번째 프레임은 unhappy가 seemed와 정확하게 연관있다는 것을 보여준다.

그림 12.13 "Unhappy"는 정확하게 "seemed"와 연관되어 있다

두 번째 프레임는 satisfied가 was의 논항으로 식별됨을 보여준다.

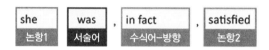

그림 12.14 "satisfied"는 그림 12.12의 논항2에서 분리됐다.

BERT SRL이 정확하게 분석하기를 바라는 동사 thinking을 포함하는 술어의 결과를 보자. 생략 없이 "she was"를 반복해서 사용했더니 정확한 결과를 보여준다.

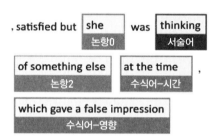

그림 12.15 생략하지 않은 문장의 정확한 결과

SRL을 사용해 대명사를 식별하며 단서 두 개를 얻을 수 있었다.

- 단어 false는 복잡한 문장에서 알고리즘이 다른 단어와 관련되도록 혼란을 야기했다.
- she was의 반복이 생략된 표현이었다.

두 단서를 갖고 다시 허깅페이스를 사용해 보자.

12.4.2 생략하지 않은 문장으로 허깅페이스 모델을 사용해 감성 분석하기

이번 챕터의 SST 용도의 DistilBERT 섹션에서 사용한 DistilBERT base uncased fine-tuned SST-2 모델로 돌아가자.

두 단서를 확인해 볼 것이다.

- **she was의 생략**

생략하지 않은 문장의 결과를 보자.

Though the customer seemed unhappy, she was, in fact, satisfied but she was thinking of something else at the time, which gave a false impression

결과는 여전히 부정이다.

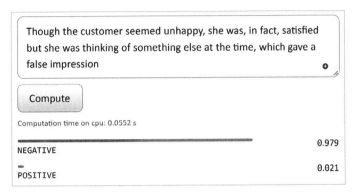

그림 12.16 거짓 음성

- **단어 false가 없다면 긍정적인 문장**

문장에서 false를 제거하되 원래 문장처럼 she was를 생략하자.

Though the customer seemed unhappy, she was, in fact, satisfied but thinking of something else at the time, which gave an impression

드디어 긍정 결과를 얻었다!

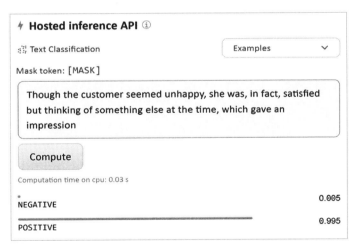

그림 12.17 참 양성

일부 표현을 생략한 문장에서 단어 false가 SRL에 혼란을 야기한다는 것을 확인했다.

또한 false가 허깅페이스 감성 분석 모델에도 혼란을 야기한다는 것을 확인했다.

GPT-3가 더 잘할 수 있을까? GPT-3에서도 테스트해보자.

12.4.3 GPT-3를 사용한 감성 분석하기

OpenAI Playground(플레이그라운드)의 트윗 분류기(tweet classifier) 예제를 수정해 문장을 분석해보자. 세 단계로 진행된다.

- **1단계: GPT-3에 기대하는 것 보여주기.**

  Sentence: The customer was satisfied(문장: 그 고객은 만족했어.)
  Sentiment: Positive(감성: 긍정)

  Sentence: The customer was not satisfied((문장: 그 고객은 불만족했어.)
  Sentiment: Negative(감성: 부정)

  Sentence: The service was 👍(문장: 그 서비스는 👍)
  Sentiment: Positive(감성: 긍정)

  Sentence: This is the link to the review(문장: 다음은 리뷰 링크입니다.)
  Sentiment: Neutral(감성: 중립)

- **2단계: 원하는 출력 형식 예시 보여주기.**

  1. "I loved the new Batman movie!"(새로 나온 배트맨 영화가 아주 좋았어!)
  2. "I hate it when my phone battery dies"(휴대폰 배터리가 방전되는 게 너무 싫어)
  3. "My day has been 👍"(나의 하루는 👍였어)
  4. "This is the link to the article"(다음은 기사 링크입니다.)
  5. "This new music video blew my mind"(새로운 뮤직비디오는 내 마음을 사로 잡았어)

  Sentence sentiment ratings.(문장 감성 평가)
  1: Positive(긍정)
  2: Negative(부정)
  3: Positive(긍정)
  4: Neutral(부정)
  5: Positive(중립)

- **3단계: 분석할 문장 입력하기(아래 세 번째 문장이 관심 문장)**

  1. "I can't stand this product"(이 제품 정말 싫어.)
  2. "The service was bad! 😭"(서비스가 별로야! 😭)

3. "Though the customer seemed unhappy she was in fact satisfied but thinking of something else at the time, which gave a false impression"(고객은 정말 불만족스러워 보였지만, 사실 그녀는 만족했으며 당시에 다른 생각을 하고 있어서 잘못된 인상을 주었다.)
4. "The support team was ♥♥"(지원 팀은 ♥♥)
5. "Here is the link to the product."(제품 링크입니다.)

Sentence sentiment ratings.(문장 감성 평가)를 입력하면 다음 결과를 얻는다.
1: Negative(부정)
2: Positive(긍정)
3: Positive(긍정)
4: Positive(긍정)
5: Neutral(중립)

세 번째 문장의 결과가 긍정으로 정확한 결과를 얻었다. 이 결과를 신뢰할 수 있을까? OpenAI Playground에서 예제를 입력해 실험해볼 수 있다. 여기서는 코드를 사용한 결과를 확인해 보자.

12.4.3.1 GPT-3 코드를 사용한 분석

OpenAI Playground에서 View code를 클릭하고 curl, 파이썬, node.js, json 등 여러 라이브러리 환경의 코드를 볼 수 있다. 파이썬을 선택 후 보이는 코드를 복사해 SentimentAnalysis.ipynb에 붙여 넣고 응답의 "choices"만 출력하는 코드를 한 줄 추가해 실행해 보자.

```
response = openai.Completion.create(
  engine="davinci",
  prompt="This is a Sentence sentiment classifier\nSentence: \"The customer
was satisfied\"\nSentiment: Positive\n###\nSentence: \"The customer was not
satisfied\"\nSentiment: Negative\n###\nSentence: \"The service was 👍\"\n
Sentiment: Positive\n###\nSentence: \"This is the link to the review\"\nSen
timent: Neutral\n###\nSentence text\n\n\n1. \"I loved the new Batman movie!
\"\n2. \"I hate it when my phone battery dies\"\n3. \"My day has been 👍\"\n4.
\"This is the link to the article\"\n5. \"This new music video blew my mind\"
\n\n\nSentence sentiment ratings:\n1: Positive\n2: Negative\n3: Positive\
n4: Neutral\n5: Positive\n\n\n###\n nSentence text\n\n\n1. \"I can't stand
this product\"\n2. \"The service was bad! 😩\"\n3. \"Though the customer
seemed unhappy she was in fact satisfied but thinking of something else at the
time, which gave a false impression\"\n4. \"The support team was ♥♥\"\n5. \"
Here is the link to the product.\"\n\n\nSentence sentiment ratings:\n",
```

```
    temperature=0.3,
    max_tokens=60,
    top_p=1,
    frequency_penalty=0,
    presence_penalty=0,
    stop=["###"]
)
r = (response["choices"][0])
print(r["text"])
```

출력된 내용을 보니, 응답이 일정하지 않다.

- **첫 번째 실행: 우리 문장(3)은 중립이다.**
  1: Negative(부정)
  2: Negative(부정)
  3: Neutral(중립)
  4: Positive(긍정)
  5: Positive(긍정)
- **두 번째 실행: 우리 문장(3)은 긍정이다.**
  1: Negative(부정)
  2: Negative(부정)
  3: Positive(긍정)
  4: Positive(긍정)
  5: Neutral(중립)
- **세 번째 실행: 우리 문장(3)은 긍정**
- **네 번째 실행: 우리 문장(3)은 부정**

이를 통해 아래 결론을 얻을 수 있다.

- SRL은 문장이 간단하고 완전한 경우(생략이 없는 경우) 신뢰할 수 있는 감성 분석 결과를 얻을 수 있다.
- SRL은 문장이 적당히 어려운 경우 신뢰할 수 있는 결과를 얻을 수도, 아닐 수도 있다.
- SRL은 문장이 복잡한 경우(생략이 있거나, 여러 명제를 포함하거나, 모호한 구문이 많은 경우 등)에는 결과가 안정적이지 않아 신뢰할 수 없다.

따라서 앞으로 개발자의 역할은 다음과 같을 것이다.

- 클라우드 AI와 바로 사용 가능한 모듈로 인해 AI 개발이 덜 필요할 것이다.
- 더 많은 설계 기술이 필요할 것이다.
- AI 알고리즘을 공급하고, 제어하고, 결과를 분석하는 고전적인 파이프라인 개발에 사고력과 목표 지향적인 개발이 필요할 것이다.

이 장에서는 사상가(thinker), 설계자, 파이프라인 개발자로서 개발자의 미래를 보여준다!

이제 12장의 내용을 정리하고 트랜스포머의 새로운 지평을 살펴보자.

12.5 정리하기

이번 장에서는 몇 가지 고급 이론을 살펴봤다. 합성성의 원리는 직관적이지 않다. 합성성의 원리는 트랜스포머 모델이 전체 문장을 이해하기 위해서는 문장의 모든 부분을 이해해야 한다는 것을 의미한다. 여기에는 문장 세그먼트 간의 연결을 제공하는 논리 형식 규칙을 포함한다.

감성 분석의 이론적 난이도 때문에 많은 양의 트랜스포머 모델 학습, 인력과 컴퓨팅 리소스가 필요하다. 많은 트랜스포머 모델이 다양한 작업을 학습했지만, 특정 작업에 대해서는 더 많은 학습이 필요한 경우가 많다.

우리는 RoBERTa-large, DistilBERT, MiniLM-L12-H384-uncased, 그리고 우수한 BERT 기반 다국어 모델을 테스트했다. 일부 모델은 흥미로운 결과를 보였지만 더 많은 학습이 필요한 것을 확인할 수 있었다.

감성 분석은 매우 복잡한 시퀀스와 문장에 대한 깊은 이해를 필요로 한다. 따라서 감성 분석이 아닌 RoBERTa-large-mnli 모델을 사용해 문장 간 함의 여부도 추론해 보았다. 여기서 얻은 교훈은 한 가지 결과만을 사용하지 말자는 것이다. 다양한 작업에 다양한 모델을 사용해보자. 트랜스포머의 유연성 덕분에 동일 모델에 다양한 작업, 혹은 다수 모델에 동일한 작업을 시도할 수 있다.

이 과정에서 고객 관계를 개선하기 위한 아이디어를 얻기도 했다. 고객의 불평이 잦다면 경쟁 업체로 떠날 수 있다. 여러 고객이 제품이나 서비스에 대해 불만을 제기하면 향후 발생할 수 있는 문제를 예측하고 제품이나 서비스를 개선해야 한다. 또한 고객의 피드백을 트랜스포머 모델로 실시간 분석해 서비스 품질을 파악할 수도 있다.

마지막으로, GPT-3 온라인 인터페이스만으로 감성 분석을 했다. 놀라울 정도로 효과적이었지만, 어려운 시퀀스를 풀기 위해서는 여전히 사람이 필요하다는 것을 알 수 있었다. SRL이 복잡한 시퀀스에서 문제를 식별하는 데 어떻게 도움이 되는지 확인했다.

사상가, 설계자, 파이프라인 개발자로서 개발자의 미래는 매우 밝다는 결론을 내릴 수 있다.

다음 **13장 트랜스포머로 가짜 뉴스 분석하기**에서는 감성 분석을 사용해 가짜 뉴스에 대한 감정 반응(emotional reactions)을 분석해 볼 것이다.

12.6 문제

01. 감성 분석을 위해 트랜스포머를 사전 학습할 필요는 없다.   참 / 거짓

02. 문장은 항상 긍정적이거나 부정적이다. 중립적일 수는 없다.   참 / 거짓

03. 합성성의 원리는 트랜스포머가 문장의 모든 부분을 이해해야 한다는 것을 의미한다.   참 / 거짓

04. RoBERTa-large는 트랜스포머의 사전 학습 과정을 개선하기 위해 설계됐다.   참 / 거짓

05. 트랜스포머는 고객이 만족하는지 여부를 알려줄 수 있다.   참 / 거짓

06. 제품이나 서비스의 감성 분석 결과가 지속적으로 부정적이라면, 분석 결과는   참 / 거짓
    제품이나 서비스를 개선하기 위한 적절한 결정을 내리는 데 도움이 된다.

07. 모델 결과가 좋지 않다면, 모델을 바꾸기 전에 더 학습해야 한다.   참 / 거짓

12.7 참고 문헌

· **Richard Socher, Alex Perelygin, Jean Wu, Jason Chuang, Christopher Manning, Andrew Ng, and Christopher Potts, Recursive Deep Models for Semantic Compositionality over a Sentiment Treebank**: https://nlp.stanford.edu/~socherr/EMNLP2013_RNTN.pdf

· **허깅페이스의 파이프라인과 모델 관련 문서**:
  https://huggingface.co/transformers/main_classes/pipelines.html
  https://huggingface.co/models
  https://huggingface.co/transformers/

· **Yinhan Liu, Danqi Chen, Omer Levy, Mike Lewis, Luke Zettlemoyer, and Veselin Stoyanov, 2019, RoBERTa**: A Robustly Optimized BERT Pretraining Approach: https://arxiv.org/ pdf/1907.11692.pdf

· **앨런 인공지능 연구소**: https://allennlp.org/

· **앨런 인공지능 연구소의 독해력 관련 자료**: https://demo.allennlp.org/ sentiment-analysis

· **RoBERTa-large에 기여한 자오펑 우(Zhaofeng Wu)**: https://zhaofengwu.github.io/

· **스탠퍼드 감성 트리**: https://nlp.stanford.edu/sentiment/treebank.html

13장

트랜스포머로
가짜 뉴스 분석하기

우리 모두는 처음 태어났을 때 지구가 평평하다고 생각하게 된다. 아기 때 평평한 바닥에서 기어 다녔으며, 유치원 때는 평평한 놀이터에서 놀았다. 초등학교에서는 평평한 교실에 앉아 있었다. 그런 다음, 부모님과 선생님들이 지구가 둥글고, 지구 반대편에 사는 사람들이 뒤집힌 상태라고 말해주었다. 우리가 왜 지구에서 떨어지지 않는지 이해하는 데는 꽤 오랜 시간이 걸렸다. 심지어 오늘날에도 아름다운 일몰을 볼 때, 우리는 여전히 "해가 지는 것"을 보고, 지구가 태양을 회전하는 것을 직접 관찰할 수는 없다!

가짜 뉴스와 그렇지 않은 것을 파악하는 데는 시간과 노력이 필요하고, 우리는 가짜 뉴스와 그렇지 않은 것을 구별해나가야 한다.

이 장에서는 의견이 대립하는 몇 가지 주제를 다룰 것이다. 우리는 기후 변화, 총기 통제, 그리고 도널드 트럼프의 트윗과 같은 주제들에 대해 사실이 무엇인지 확인할 것이다. 이를 위해 트윗, 페이스북 포스트, 그리고 다른 정보 소스들을 분석에 활용할 것이다.

우리의 목표는 결코 누군가나 무언가를 판단하는 것이 아니다. 가짜 뉴스는 의견과 사실 모두를 포함한다. 뉴스는 종종 현지 문화에 의한 사실 인식에 따라 달라진다. 따라서, 주제에 대한 더 많은 정보를 수집하고, 매일 받는 정보의 정글에서 길을 찾는 데 도움이 될 아이디어와 도구를 활용할 것이다.

트랜스포머의 성능이 아닌, 윤리적인 방법에 초점을 맞출 것이다. 이런 이유로 GPT-3 엔진을 사용하지 않을 것이다. 인간의 판단을 대체하지 않는 대신, 우리는 사람들이 직접 판단을 내릴 수 있는 도구를 제공할 것이다. GPT-3 엔진은 많은 작업에 대해 인간 수준의 성능을 달성했다. 그러나, 도덕적이고 윤리적인 결정은 인간에게 맡겨두어야 한다.

우선, 가짜 뉴스에 대해 감정적이고 이성적으로 반응하는 방식을 정의하는 것부터 시작해 볼 것이다.

그다음으로, 트랜스포머와 휴리스틱을 이용해 가짜 뉴스를 식별하는 몇 가지 방법을 정의할 것이다.

이전 장에서 구축한 자원을 이용해 가짜 뉴스를 이해하고 설명할 것이다. 의견에 대한 판단은 하지 않을 것이다. 또한, 뉴스를 설명하는 트랜스포머 모델을 제공할 것이다. 이를 이용해 원한다면 메시지가 가짜 뉴스임을 탐지하는 강력한 트랜스포머 모델을 만들어 볼 수 있을 것이다.

교육 목적으로 트랜스포머 모델을 사용하는 것이며, 뉴스의 사실 여부와는 무관하다.

이 장은 다음의 주제들을 다룬다.

- 인지적 불일치
- 가짜 뉴스에 대한 감정적 반응
- 가짜 뉴스에 대한 행동적 특징
- 가짜 뉴스에 대한 이성적 접근
- 가짜 뉴스 해결 로드맵
- 소셜 미디어에 감성 분석 트랜스포머 적용하기
- NER와 SRL을 이용해 총기 규제에 관한 의견 분석하기
- 트랜스포머에 의해 추출된 정보를 사용하여 신뢰할 수 있는 웹사이트 찾기
- 트랜스포머 결과를 사용해 교육에 활용하기
- 객관적이지만 비판적인 시각으로 전 대통령 트럼프의 트윗을 읽는 방법

첫 번째 단계는 가짜 뉴스에 대한 감정적이고 이성적인 반응을 탐색하는 것이다.

가짜 뉴스에 대한 감정 반응

인간의 행동은 우리의 사회적, 문화적, 경제적 결정에 엄청난 영향을 끼친다. 인간의 감정은 이성적 사고만큼이나, 그보다 더 많이, 우리의 경제에 영향을 미친다. 행동 경제학은 감정이 우리의 의사 결정과정에 미치는 영향을 설명한다. 물건을 구입할 때 실제로 필요한 물건을 구입하기도 하지만 때때로 감정적 욕구를 만족시키는 소비재를 구입하기도 한다. 때로는 예산을 초과하더라도 순간의 충동에 휩쓸려 스마트폰을 사게 될 수도 있다.

가짜 뉴스에 대한 감정적이고 이성적인 반응은 입력되는 정보에 대해 느리게 생각하느냐, 빠르게 반응하느냐에 따라 달라진다. 다니엘 카너먼(Daniel Kahneman)은 이 과정을 그의 연구와 책, 『생각에 관한 생각(Thinking, Fast and Slow)(2013)』에서 설명했다.

그는 버논 스미스(Vernon L. Smith)와 함께 행동경제학 연구로 노벨 경제학상을 수상했다. 우리는 행동할 때 이전에 합리적이라고 생각했던 것들을 바탕으로 결정을 한다. 하지만 불행히도, 이러한 결정 중 많은 부분은 이성이 아닌 감정에 기반한다.

이러한 개념을 행동 플로우 차트로 가짜 뉴스에 적용해 보자.

13.1.1 인지부조화가 일으키는 감정적 반응

인지부조화는 가짜 뉴스를 트위터, 페이스북 및 기타 소셜 미디어 플랫폼의 최상위 순위로 이끈다. 트윗의 내용에 서로 이견이 없다면 논쟁이 일어나지 않을 것이다. 예를 들어, 만일 누군가 "기후 변화가 중요하다"라고 트윗을 쓴다면 다른 사람들은 별다른 반응이 없을 것이다.

우리 마음속에서 상반된 생각들 사이에 긴장이 쌓이면 인지부조화 상태에 진입한다. 결과적으로 우리는 토스터기에서의 합선이 생기는 것처럼 불안정한 상태가 된다.

생각해 볼 만한 많은 예시가 있다. 우리가 야외에 있을 때 코로나19로 인한 마스크 착용이 필요한가? 록다운은 좋은 것인가 나쁜 것인가? 코로나바이러스 백신은 효과적인가? 아니면 코로나바이러스 백신은 위험한가? 인지부조화는 간단한 노래를 연주하면서 계속해서 실수를 저지르는 음악가와 같다.

가짜 뉴스 증후군은 인지부조화를 기하급수적으로 증가시킨다. 한 전문가는 백신이 안전하다고 주장하고, 다른 전문가는 조심해야 한다고 말한다. 한 전문가는 야외에서 마스크를 착용하는 것이 쓸모없다고 말하고, 다른 한 전문가는 뉴스 채널에서 착용해야 한다고 주장한다. 각 진영은 상대방을 가짜 뉴스라고 비난하기도 한다.

한 진영에게는 상당한 부분의 가짜 뉴스가 상대 진영의 진실인 것처럼 보일 것이다.

한 가지 예로, 2022년에 미국의 공화당과 민주당은 2020년 대통령 선거 규칙이나 예정된 선거의 조직에 대해 합의하지 못한 상태였다.

우리는 한 신문을 펼쳐보고 다른 반대 의견을 읽기만 해도 더 많은 주제를 찾아볼 수 있다. 그럼에도 불구하고, 이 챕터에서는 다음 예시들로부터 몇 가지 상식적인 전제를 얻을 수 있다.

- 가짜 뉴스를 자동으로 감지하는 트랜스포머 모델을 찾는 것은 의미가 없다. 소셜 미디어와 다문화적 표현의 세계에서 각 그룹에게는 진실이 다른 그룹에게는 가짜 뉴스이기도 하다.
- 한 문화에서 진리로 받아들여지는 것을 다른 문화에서의 진리로 표현하려는 것은 의미가 없다. 글로벌 시대에서 각 나라마다, 각 대륙마다 그리고 소셜 미디어의 어디에서든 문화는 다양하다.
- 가짜 뉴스가 절대적이라는 것은 미신이다.
- 우리는 가짜 뉴스에 대한 더 나은 정의를 찾아야 한다.

필자의 의견은 (물론 사실은 아니지만!)가짜 뉴스는 인지적인 갈등상태로, 인지적 추론에 의해서만 해소될 수 있는 것이라는 것이다. 그렇기 때문에 가짜 뉴스 문제를 해결하는 것은 두 당사자 간 또는 우리 자신의 마음 안에서 갈등을 해소하는 것과 같다.

필자가 권장하고 싶은 것은 트랜스포머 모델로 각각의 갈등 같은 긴장을 해체하고 아이디어를 분석하는 것이다. "가짜 뉴스와 싸우기", "내면의 평화 찾기"와 같은 것을 하려는 것이 아니며 트랜스포머를 사용하는 척하며 "가짜 뉴스에 대항하기 위해 절대적인 진실 찾기"를 하려는 것도 아니다.

우리는 단어 시퀀스(메시지)에 대한 더 깊은 이해를 얻고 주제에 대해 보다 심오하고 광범위한 의견을 형성하기 위해 트랜스포머를 사용할 것이다.

더 많은 사람들이 트랜스포머를 사용해 더 나은 시야와 의견을 얻을 수 있으면 하는 바람이다.

이를 위해 이 챕터를 직접 실행시켜 가며 이해할 수 있도록 설계했다. 트랜스포머는 언어 시퀀스에 대한 이해를 깊게 하고 보다 광범위한 의견을 형성하며 우리의 인지 능력을 개발하는 훌륭한 방법이다.

이제, 누군가 갈등의 여지가 있는 트윗을 게시할 때 무슨 일이 벌어지는지 알아보자.

다음 트윗은 내가 일부 변형한 트위터에 게시된 메시지다. 이 챕터에서 보이는 트윗들은 트위터 인터페이스 표시 없이 원시 데이터만 나타내고 있다. 만약 주요 정치인이나 유명 배우가 아래와 같은 내용을 트윗으로 올린다면 많은 사람들이 그 내용에 동의하지 않을 것이다.

> Climate change is bogus. It's a plot by the liberals to take the economy down.
>
> (기후 변화는 허위이다. 자유주의자들이 경제를 무너뜨리려는 음모이다.)

이것은 감정적인 반응을 일으킬 것이다. 트윗이 여기저기서 쌓일 것이다. 이것은 바이러스성을 가지고 트렌드가 되어 퍼져나갈 것이다.

트윗을 트랜스포머 도구에서 실행하여 이 트윗이 어떻게 누군가의 마음속에 인지부조화 폭풍을 일으킬 수 있는지 이해해 보자.

이 섹션에서 사용할 Fake_News.ipynb 노트북을 열어보자.

NOTE

> 구글 코랩에서 Fake_News.ipynb 노트북을 실행하는 데 문제가 있는 경우, Fake_News_Analsis_with_ChatGPT.ipynb 노트북을 실행해 보자.

앨런 인공지능 연구소로 시작해 보자. 우리는 **12장, 고객 감정을 감지해 예측하기**에서 감정 분석에 사용한 RoBERTa 트랜스포머 모델을 실행할 것이다.

먼저 allennlp-models를 설치해야 한다.

```
!pip install allennlp==1.0.0 allennlp-models==1.0.0
```

AllenNLP는 계속해서 버전을 업데이트하고 있다. 작성 당시에는 2.4.0 버전까지 존재하지만, 이번 장의 예제에서는 낮은 버전으로도 충분하다. 업데이트된 확률적 알고리즘이나 모델은 서로 다른 결과를 생성할 수 있다.

그런 다음 우리는 트윗의 출력을 자세히 분석하기 위해 다음 셀을 Bash로 실행한다.(모델 및 출력에 대한 정보는 다음과 같다)

```
!echo '{"sentence":"Climate change is bogus. It is a plot by the liberals to
take the economy down."}' | ₩
allennlp predict https://storage.googleapis.com/allennlp-public-models/sst-
roberta-large-2020.06.08.tar.gz -
```

출력 결과는 트윗이 부정적임을 보여준다. 긍정적인 값은 0이고, 부정적인 값은 거의 1에 가깝다.

```
"probs": [0.0008486526785418391, 0.999151349067688]
```

트랜스포머의 확률적인 알고리즘으로 인해 출력 결과는 실행마다 다를 수 있다.

이제 https://allennlp.org/로 이동하여 분석 결과를 시각적으로 표현해 볼 것이다.

트랜스포머 모델은 지속적으로 학습되고 업데이트되므로 결괏값은 실행 시점마다 다를 수 있다. 이 장에서는 트랜스포머 모델의 추론에 초점을 맞출 것이다.

감성 분석(https://demo.allennlp.org/sentiment-analysis)을 선택하고 **RoBERTa large 모델**을 사용하여 분석을 실행한다.[41]

마찬가지로 트윗 내용이 부정적이라는 결과를 얻었다. 여기서 더 나아가, RoBERTa의 결정에 어떤 단어들이 영향을 미쳤는지 볼 수 있다.

모델 해석(Model interpretations)으로 이동한다. 모델을 해석하면 결과 도출 방식에 대한 통찰력을 얻을 수 있다. 한 가지를 선택해 살펴보거나 세 가지 옵션을 자세히 들여다 볼 수 있다.

---

[41]   역주. allennlp 데모의 서비스가 종료되었다. 모델 해석 기능은 제공하지 않지만, http://text-processing.com/demo/sentiment/에서 다양한 문장의 감성 분석 결과를 확인할 수 있다. 문장의 감성 분석 결과를 확인할 수 있다.

- **간단한 기울기 시각화(Simple Gradient Visualization):** 이 접근 방식은 두 가지 시각화를 제공한다. 첫 번째 시각화는 입력과 관련된 클래스 점수의 기울기를 계산한다. 두 번째 시각화는 클래스와 입력으로부터 추론된 중요한 특징 (saliency map)을 제공한다.

- **통합 기울기 시각화(Integrated Gradient Visualization):** 이 모델은 신경망 변경이 필요 없다. 이 시각화의 아이디어는 신경망의 입력으로부터 예측 결과를 생성하는 데 사용된 기울기의 기여도를 묘사하는 것이다.

- **부드러운 기울기 시각화(Smooth Gradient Visualization):** 이 접근 방식은 출력 예측과 입력을 사용하여 기울기를 계산한다. 목표는 입력의 특징을 식별하는 것이다. 그러나 해석을 개선하기 위해 노이즈가 추가된다.

이 섹션에서는 **모델 해석**으로 이동한 다음, **간단한 기울기 시각화**를 클릭하고 **예측 해석**을 클릭하여 다음 표현을 얻어보자.

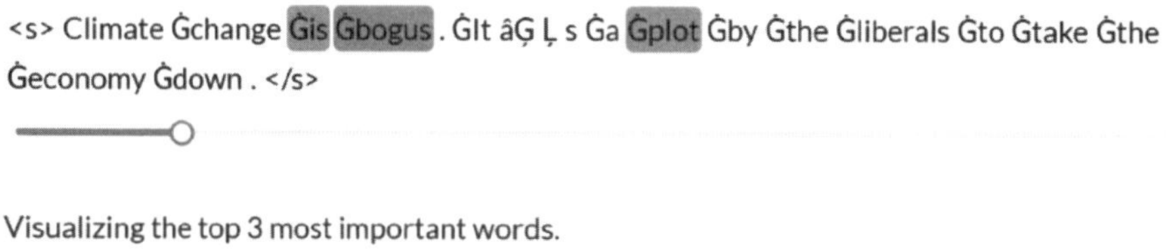

Visualizing the top 3 most important words.

그림 13.1 상위 3개의 가장 중요한 단어 시각화

부정 예측에 큰 영향을 미치는 것은 is + bogus + plot이다.

이 시점에서, 우리가 인지부조화를 설명하기 위해 이렇게 간단한 예를 살펴보는 이유에 대해 궁금해 할 수 있다. 아래 트윗에서 이에 대해 설명할 것이다.

강경파 공화당원이 앞의 트윗을 작성했다. 이 구성원을 Jaybird65라고 부르겠다. 놀랍게도, 다른 공화당원이 다음 트윗을 했다.

> I am a Republican and think that climate change consciousness is a great thing!
> (저는 공화당원이며 기후 변화에 대한 인식은 훌륭한 일이라 생각합니다!)

이 트윗은 Hunt78이라는 구성원이 작성했다. 이 문장을 Fake_News.ipynb에서 실행해 보자.

```
!echo '{"sentence":"I am a Republican and think that climate change
consciousness is a great thing!"}' | ₩
allennlp predict https://storage.googleapis.com/allennlp-public-models/
sst-roberta-large-2020.06.08.tar.gz -
```

출력은 당연하게도 "긍정"이다.

"probs": [0.9994876384735107, 0.0005123814917169511]

Jaybird65의 머릿속에 인지부조화의 폭풍우가 몰아치고 있다. 그는 Hunt78을 좋아하지만 의견이 다르다. 그의 정신적 폭풍우는 더욱 거세지게 된다. Jaybird65와 Hunt78 사이에서 일어나는 이후의 트윗을 읽는다면, Jaybird65의 감정을 상처받게 할 몇 가지 놀라운 사실을 발견할 수 있을 것이다.

Jaybird65와 Hunt78은 분명 서로를 알고 있다.

- 각각의 트위터 계정을 방문해 보면, 둘 다 사냥꾼임을 알 수 있다.
- 둘 다 강경파 공화당원임을 알 수 있다.

Jaybird65의 초기 트윗은 뉴욕 타임즈 기사에 대한 반응으로 기후 변화가 지구를 파괴하고 있다고 언급했다.

Jaybird65는 꽤 혼란스럽다. 그는 Hunt78이 자신과 같이 공화당원이며, 또한 사냥꾼이라는 것을 알 수 있다. 그렇다면 Hunt78이 기후 변화를 믿는다는 것은 어떻게 이해해야 할까?

이 트위터 스레드는 엄청난 수의 격렬한 트윗으로 이어진다.

하지만 가짜 뉴스 토론의 근원은 뉴스에 대한 감정적인 반응에 있다는 것을 알 수 있다. 기후 변화에 대한 합리적인 접근은 간단히 다음과 같을 것이다.

- 원인이 무엇이든 간에, 기후는 변화하고 있다.
- 인류를 변화시키기 위해 경제를 망가뜨릴 필요는 없다.
- 전기 자동차를 계속해서 만들고, 대도시에서 보다 많은 보행 공간을 마련하며, 더 나은 농업 습관을 가져야 한다. 수익을 창출할 가장 가능성이 높은 새로운 방식으로 사업을 진행하기만 하면 된다.

그러나 감정이 인간에게 미치는 영향은 강하다.

뉴스에서 감정적인 반응과 합리적인 반응으로 이어지는 과정을 표현해 보자.

13.1.1.2 가짜 뉴스의 행동적 표현

가짜 뉴스는 감정적인 반응으로 시작되어 종종 개인 공격으로 이어진다.

그림 13.2는 인지부조화가 사고 흐름을 방해할 때 가짜 뉴스를 향한 감정적인 반응 3 단계를 나타낸다.

13.1.1.3 1단계: 수신된 뉴스

두 명 또는 그룹의 사람들은 각각의 미디어를 통해 얻은 뉴스에 반응한다. 페이스북, 트위터, 다른 소셜 미디어, TV, 라디오, 웹사이트. 각 정보 소스는 편향된 의견을 포함하고 있다.

13.1.1.4 2단계: 합의

두 명 또는 그룹의 사람들은 동의하거나 동의하지 않을 수 있다. 만약 동의하지 않는다면, 우리는 3단계에 진입하게 되며, 그동안 충돌이 격화될 수 있다.

만약 그들이 동의한다면, 합의는 열이 쌓이는 것을 막고, 그 소식은 진짜 뉴스로 받아들여진다. 그러나, 모든 당사자들이 받고 있는 그 소식이 가짜가 아니라고 믿는다고 해서 그게 가짜가 아닌 것은 아니다. 다음은 가짜가 아닌 소식으로 라벨링된 소식이 가짜일 수 있는 몇 가지 내용이다.

- 12세기 초, 유럽 대부분의 사람들은 지구가 우주의 중심이고 태양계가 지구를 중심으로 회전한다고 동의했다.
- 1900년, 대부분의 사람들은 대양을 넘어 날아다니는 비행기 같은 것은 절대 없을 것이라고 믿었다.
- 2020년 1월, 대부분의 유럽인들은 COVID-19가 중국에만 영향을 주는 바이러스로, 세계적인 팬데믹이 아니라고 믿었다.

중요한 것은 두 당사자나 전체 사회 간의 합의가 들어오는 소식이 진실이거나 거짓이라는 것을 의미하지 않는다는 것이다. 만약 두 당사자가 의견이 다르다면, 이는 충돌로 이어질 것이다.

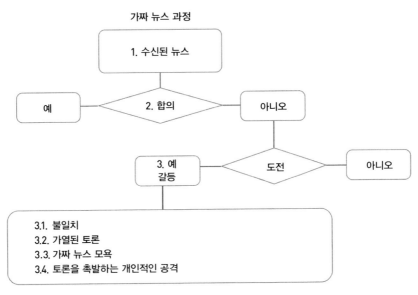

그림 13.2 뉴스에서 가짜 뉴스 갈등까지 이어지는 경로의 표현

소셜 미디어에서 회원들은 일반적으로 같은 생각을 가진 사람들과 모이게 되고, 어떤 일이 있어도 자신의 생각을 바꾸기 힘들어한다. 이는 사람이 트윗에서 표현한 의견을 종종 고수하며, 누군가가 그들의 메시지에 도전하자마자 충돌이 격화된다는 것을 보여준다.

13.1.1.5 3단계: 갈등

그림 13.2와 같이 가짜 뉴스 갈등은 네 가지 단계로 나눌 수 있다.

- **3.1**: 갈등은 의견 충돌로 시작된다. 각 당사자는 트위터나 페이스북 또는 다른 플랫폼에 메시지를 게시할 것이다. 몇 차례 교류한 후, 갈등은 양 당사자가 해당 주제에 관심이 없어져서 식을 수도 있다.

- **3.2**: Jaybird65와 Hunt78 사이의 기후 변화 논의로 돌아가보면, 상황이 심각해질 수 있다는 것을 알 수 있다. 대화가 고조된다!

- **3.3**: 어느 순간, 한 당사자의 주장은 반드시 가짜 뉴스로 전락한다. Jaybird65는 화를 내며 여러 개의 트윗에서 인간의 기후 변화가 가짜 뉴스라고 주장할 것이다. Hunt78는 화를 내며 인간이 기후 변화에 기여하는 것을 부인하는 것이 가짜 뉴스라고 말할 것이다.

- **3.4**: 이러한 토론은 종종 개인적인 공격으로 끝난다. 가끔은 우리가 어떻게 거기에 이르게 되었는지 알 수 없더라도, Godwin의 법칙이 대화에 들어온다. Godwin의 법칙은 대화 중 한 당사자가 상대방을 설명하는 최악의 비유를 찾을 것이라고 주장한다. 때로는 "당신 자유주의자들은 기후 변화

로 우리 경제를 무너뜨리려고 하는 히틀러 같은 사람들이다"라는 메시지로 나타날 수 있다. 이러한 유형의 메시지는 트위터, 페이스북 및 기타 플랫폼에서 볼 수 있다. 심지어 기후 변화에 관한 대통령 연설 중 실시간 채팅에도 나타날 수 있다.

이러한 토론에 합리적인 접근 방식이 있어 양측을 달래고 중간 지점에서 합의를 이루어 전진할 수 있는 방법이 있을까?

트랜스포머와 휴리스틱을 활용하여 합리적인 접근 방식을 만들어 보려고 해보자.

가짜 뉴스에 대한 이성적 접근법

트랜스포머는 역사상 가장 강력한 NLP 도구이다. 이번 챕터에서는 가짜 뉴스로 인한 갈등에 참여하는 두 당사자를 감정적인 수준에서 합리적인 수준으로 이끌 수 있는 방법을 먼저 정의한다.

그런 다음 트랜스포머 도구와 휴리스틱을 사용할 것이다. 총기 통제와 전 대통령인 트럼프의 코로나 바이러스-19 대유행 중 트윗을 대상으로 트랜스포머 샘플을 실행할 것이다. 또한 기존 함수로 구현할 수 있는 휴리스틱에 대해서도 설명할 것이다.

이러한 트랜스포머 NLP 작업이나 다른 작업들을 의사 결정에 활용해 볼 수 있을 것이다. 로드맵과 방법론을 활용해 선생님들, 부모님들, 친구들, 동료들, 진실을 찾고자 하는 누구에게든 도움이 될 수 있다.

트랜스포머를 사용해 가짜 뉴스에 합리적으로 접근하기 위한 로드맵부터 시작해 보자.

13.2.1 가짜 뉴스 해결 로드맵 정의하기

그림 13.3은 가짜 뉴스를 합리적으로 분석하는 과정을 정의한다. 이 과정에는 트랜스포머 NLP 작업과 전통적인 기능이 포함된다.

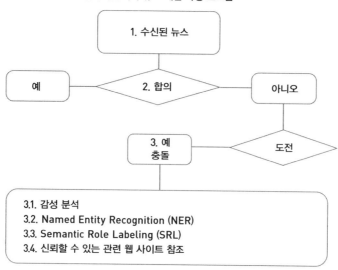

합리적인 가짜 뉴스 해결 과정 로드맵

```
                    ┌──────────────────┐
                    │  1. 수신된 뉴스   │
                    └──────────────────┘
                             │
        ┌────┐        ◇─────────────◇        ┌──────┐
        │ 예 │────────│   2. 합의    │────────│ 아니오│
        └────┘        ◇─────────────◇        └──────┘
                             │                    │
                     ┌───────────┐         ◇───────────◇
                     │  3. 예    │─────────│   도전    │
                     │  충돌     │         ◇───────────◇
                     └───────────┘
                             │
        ┌──────────────────────────────────────────┐
        │ 3.1. 감성 분석                              │
        │ 3.2. Named Entity Recognition (NER)        │
        │ 3.3. Semantic Role Labeling (SRL)          │
        │ 3.4. 신뢰할 수 있는 관련 웹 사이트 참조      │
        └──────────────────────────────────────────┘
```

그림 13.3 가짜 뉴스에 대한 감정적인 반응에서 이성적인 표현으로 전환하는 과정

우리는 합리적인 사고과정이 거의 항상 감정적인 반응이 시작된 후에 시작된다는 것을 알 수 있다.

감정으로 반응하기 전에 합리적인 사고과정을 하도록 노력해야 한다. 이렇게 함으로써 토론이 중단되는 상황을 피할 수 있다. 그림 13.3의 단계 3에는 네 가지 도구가 포함되어 있다.

- **3.1**: 감성 분석을 통해 "감정적"으로 상위권인 긍정, 부정 단어를 분석한다. AllenNLP 자원을 사용하여 Fake_News.ipynb 노트북에서 RoBERTa 대형 트랜스포머를 실행할 것이다. 또한 AllenNLP의 시각 도구를 사용하여 키워드와 설명을 시각화할 것이다. 이전에 **12장, 고객 감정을 감지해 예측하기**에서 감성 분석에 대해 설명했었다.

- **3.2**: 소셜 미디어 메시지에서 개체를 추출하기 위한 **Named Entity Recognition (NER)**을 3.4단계에 사용한다. **11장, 데이터가 말하게 하기: 스토리, 질문, 답변**에서 이에 관한 내용을 설명했다. 이 작업에는 허깅페이스의 BERT 트랜스포머 모델을 사용할 것이다. 또한 AllenNLP.org의 시각 도구를 사용하여 개체와 설명을 시각화할 것이다.

- **3.3**: 소셜 미디어 메시지에서 동사에 라벨을 지정하기 위한 **Semantic Role Labeling(SRL)**을 3.4 단계에 사용한다. **10장, BERT 기반 트랜스포머를 사용한 SRL**에서 이에 대해 설명됐다. Fake_News.ipynb에서 AllenNLP의 BERT 모델을 사용할 것이다. 또한 AllenNLP.org의 시각 도구를 사용하여 라벨링 작업의 출력을 시각화할 것이다.

- **3.4**: 신뢰할 수 있는 관련 웹 사이트를 보여줄 것이다. 일반적인 프로그래밍도 여전히 필요하다.

이제 총기 규제에 대해 살펴보자.

13.2.2 총기 규제 논쟁

미국 헌법의 제2 개정은 다음과 같은 권리를 주장한다.

> 잘 규율된 민병대는 자유로운 주(State)의 안보에 필수적이므로, 무기를 소장하고 휴대하는 인민의 권리는
> 침해될 수 없다.

수십 년 동안 미국은 이 문제에 대해 분열되어 왔다.

- 많은 사람들은 무기를 소지하는 것이 자신들의 권리이며, 총기 통제를 감수하고 싶지 않다고 주장한다.
  그들은 무기를 소지하는 것이 폭력을 일으킨다는 주장은 가짜 뉴스라고 주장한다.
- 반면에, 많은 사람들은 총기를 소지하는 것이 위험하며, 총기 통제 없이 미국은 폭력적인 나라로 남
  을 것이라고 주장한다. 그들은 무기를 가지고 다니는 것이 위험하지 않다는 주장은 가짜 뉴스라고
  주장한다.

감성 분석으로 시작해보자.

13.2.2.1 감성 분석

만약 트위터 트윗이나 페이스북 메시지, 연설 중에 유튜브 채팅이나 다른 어떤 소셜 미디어를 읽는다
면, 당사자들이 격렬한 싸움을 벌이는 것을 볼 수 있을 것이다. TV 쇼는 필요하지 않다. 트윗 전투가
당사자들을 뒤죽박죽으로 만들 때, 팝콘을 먹으면서 그저 지켜보기만 해도 된다.

한쪽에서 온 트윗과 반대편 페이스북 메시지를 하나씩 살펴보자. 멤버들의 이름을 변경하고 텍스트의
욕설을 제거하도록 수정했다. 우선 총기 소지 찬성 의견을 살펴보자.

13.2.2.2 총기 소지 찬성 의견 분석

이 트윗은 한 사람의 솔직한 의견이다.

> Afirst78: I have had rifles and guns for years and never had a problem. I raised
> my kids right so they have guns too and never hurt anything except rabbits.
> (Afirst78: 나는 여러 해 동안 소총과 총을 가지고 있었고 문제가 없었습니다. 나는 내 아이들을 올바르게
> 키웠기 때문에 그들도 총을 가지고 있었고 토끼 외에는 아무것도 상처 입히지 않았습니다.)

Fake_News.ipynb에서 이것을 실행해 보자.

```
!echo '{"sentence": "I have had rifles and guns for years and never had
a problem. I raised my kids right so they have guns too and never hurt
anything except rabbits."}' | ₩
allennlp predict https://storage.googleapis.com/allennlp-public-models/
sst-roberta-large-2020.06.08.tar.gz -
```

예측값은 긍정이다.

```
prediction: {"logits": [1.9383275508880615, -1.6191326379776], "probs":
[0.9722791910171509, 0.02772079035639763]
```

AllenNLP에서 결과를 시각화한다. 단순 기울기 시각화는 예측값에 대한 설명을 제공한다.

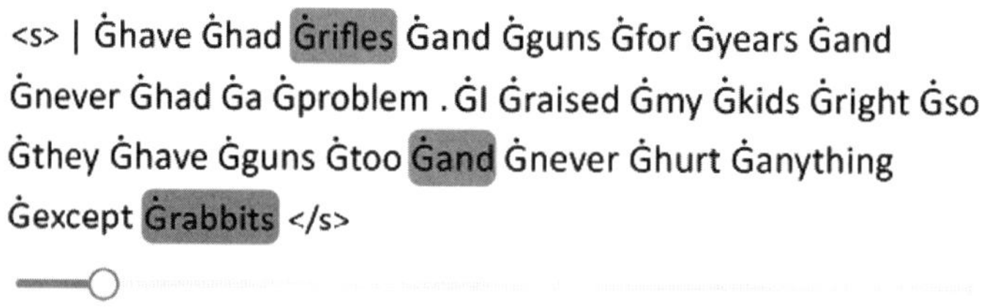

<s> | Ġhave Ġhad Ġrifles Ġand Ġguns Ġfor Ġyears Ġand
Ġnever Ġhad Ġa Ġproblem . ĠI Ġraised Ġmy Ġkids Ġright Ġso
Ġthey Ġhave Ġguns Ġtoo Ġand Ġnever Ġhurt Ġanything
Ġexcept Ġrabbits </s>

그림 13.4 입력 문장의 단순한 기울기 시각화

해당 설명은 Afirst78의 트윗에 대한 감성 분석 결과로, 소총(rifles) 그리고(and), 토끼(rabbit)를 강조한다.

> **NOTE**
>
> 결과는 실행마다 또는 시간이 지남에 따라 달라질 수 있다. 이는 트랜스포머 모델이 지속적으로 학습되고 업데이트되기 때문이다. 그러나 이 챕터에서의 초점은 특정 결과가 아닌 프로세스에 있다.

각 단계마다 아이디어와 기능을 소개할 것이다. Fake_News_FUNCTION_1은 이 섹션에서 정의하게 되는 첫 번째 함수이다.

Fake_News_FUNCTION_1: 소총 + 그리고 + 토끼(rifles + and + rabbits)를 추출하고 추가 분석을 위해 기록해 두자. 이 예제에서 "소총(rifles)"은 "위험한(dangerous)" 것이 아님을 알 수 있다.

이제 NYS99의 총기를 통제해야 한다는 견해를 분석해 보겠다.

13.2.2.3 총기 규제 찬성 의견 분석

> NYS99: I have heard gunshots all my life in my neighborhood,
> have lost many friends, and am afraid to go out at night.
> (NYS99: "나는 평생 동안 내 동네에서 총성을 항상 들었고, 많은 친구들을 잃었고, 밤에 나가기가 무서워.)

Fake_News.ipynb에서 먼저 분석을 실행해 보자.

```
!echo '{"sentence": "I have heard gunshots all my life in my neighborhood,
have lost many friends, and am afraid to go out at night."}' | ₩
allennlp predict https://storage.googleapis.com/allennlp-public-models/
sst-roberta-large-2020.06.08.tar.gz -
```

예측값은 부정이다.

```
prediction:  {"logits": [-1.3564586639404297, 0.5901418924331665],
"probs": [0.12492450326681137, 0.8750754594802856]
```

AllenNLP 온라인을 사용하여 키워드를 찾아보자. 샘플을 실행하고 부드러운 기울기 시각화에서 다음을 강조했다.

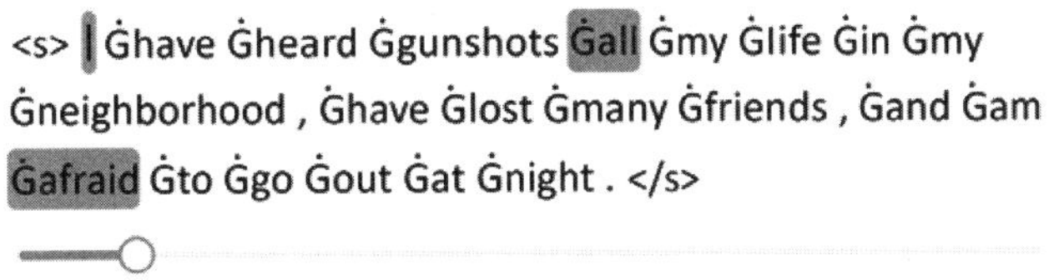

그림 13.5 입력 문장의 부드러운 기울기 시각화

이 섹션의 기능 2에서는 "afraid"라는 키워드가 돋보인다. 이제 "두려움(afraid)"이 "총기(guns)"와 관련되어 있다는 것을 알 수 있다.

모델이 이러한 인지부조화를 해석하는 데 문제가 있다는 것을 알 수 있다. 따라서 인간의 비판적 사고는 여전히 필요하다.

Fake_News_FUNCTION_2: 두려움과 총기를 추출해 이후 분석에 사용할 것이다.

이제 두 함수를 나란히 놓으면, 두 정당이 서로 싸우는 이유를 명확히 이해할 수 있다.

- **Fake_News_FUNCTION_1**: 소총 + 그리고 + 토끼(rifles + and + rabbits)
  Afirst78은 아마도 미국의 중서부 주에 살고 있을 것이다. 이러한 주 중 많은 곳들은 인구가 적고 매우 조용하며 범죄율이 낮다. Afirst78은 대도시를 여행해 본 적이 없을 수도 있으며 시골에서 조용한 삶의 즐거움을 즐기고 있다.

- **Fake_News_FUNCTION_2**: 두려움 + 총기(afraid + the topic guns)
  NYS99는 아마도 대도시나 주요 미국 도시의 광역지역에 살고 있을 것이다. 범죄율은 종종 높고 폭력은 일상적인 현상이다. NYS99은 중서부 주에서 Afirst78의 생활 방식을 보지 못했을 수도 있다.

이 챕터에서 설명된 것과 같은 해결책을 사용해 위와 같은 의견의 대립을 줄일 수 있을 것이다.

더 나은 정보를 제공하는 일이 가짜 뉴스 전투를 줄이는 열쇠이다. 이제 개체명 인식을 적용해 보자.

13.2.2.4 개체명 인식(NER)

이번 챕터는 여러 가지 방법으로 트랜스포머를 사용하여 하나의 메시지를 다양한 관점에서 분석하는 방법을 보여준다. 챕터에 등장하는 방법들을 하나의 웹페이지로 구성하고 실제 운영환경에 적용해 보는 것도 좋다.

이제 트윗과 페이스북 메시지를 분석해 보자. 메시지에 개체가 없다는 것을 알 수 있지만, 프로그램은 그 사실을 알지 못한다. 첫 번째 메시지에 대해서만 분석을 수행해 볼 것이다.

먼저 허깅페이스의 transformers를 설치해야 한다.

```
!pip install -q transformers
from transformers import pipeline
from transformers import AutoTokenizer,
AutoModelForSequenceClassification,AutoModel
```

이제 다음 코드를 실행할 수 있다.

```
nlp_token_class = pipeline('ner')
nlp_token_class('I have had rifles and guns for years and never had a
problem. I raised my kids right so they have guns too and never hurt
anything except rabbits.')
```

개체명이 없으므로 결과가 생성되지 않는다. 그러나 이는 개체명 분석이 파이프라인에서 제외되어야 한다는 의미는 아니다. 다른 문장에는 해당 지역의 이름이 포함될 수 있으며, 해당 지역의 문화에 대한 단서를 제공하는 위치 정보를 제공할 수 있다.

계속 진행하기 전에 사용 중인 모델을 확인해 보자.

```
nlp_token_class.model.config
```

모델이 9개의 라벨과 1,024개의 피처를 사용하여 어텐션 층 구성한다는 것을 알 수 있다.

```
BertConfig {
  "_num_labels": 9,
  "architectures": [
    "BertForTokenClassification"
  ],
  "attention_probs_dropout_prob": 0.1,
  "directionality": "bidi",
  "hidden_act": "gelu",
  "hidden_dropout_prob": 0.1,
  "hidden_size": 1024,
  "id2label": {
    "0": "O",
    "1": "B-MISC",
    "2": "I-MISC",
    "3": "B-PER",
    "4": "I-PER",
    "5": "B-ORG",
    "6": "I-ORG",
    "7": "B-LOC",
    "8": "I-LOC"
  },
```

우리는 BERT 24-layer 트랜스포머 모델을 사용하고 있다. 만약 아키텍처를 탐색하고 싶다면 nlp_token_class.model을 실행해보자.

이제 메시지에 SRL을 실행해 볼 차례다.

13.2.2.5 SRL(의미역 결정)

이제 Fake_News.ipynb 파일을 노트북에 있는 순서대로 셀 단위로 실행할 것이다. 양쪽 시각을 모두 검토할 것이다.

먼저, 총기 소지 찬성 관점부터 시작해 보자.

13.2.2.6 총기 소지 찬성 의견의 SRL

Fake_News.ipynb에서 다음 셀을 먼저 실행하겠다.

```
!echo '{"sentence": "I have had rifles and guns for years and never had
a problem. I raised my kids right so they have guns too and never hurt
anything except rabbits."}' | ₩
allennlp predict https://storage.googleapis.com/allennlp-public-models/
bert-base-srl-2020.03.24.tar.gz -
```

매우 상세한 결과를 얻을 수 있으며, 라벨을 자세히 분석하는 데 유용할 것이다.

```
prediction:  {"verbs": [{"verb": "had", "description": "[ARG0: I] have [V:
had] [ARG1: rifles and guns] [ARGM-TMP: for years] and never had a problem
...
```

이제 SRL 분석을 진행해 보겠다. 먼저 이 메시지에 대해 SRL 작업을 실행한다. 첫 번째 동사인 "had"는 Afirst78이 경험 많은 총 소유주임을 나타낸다.

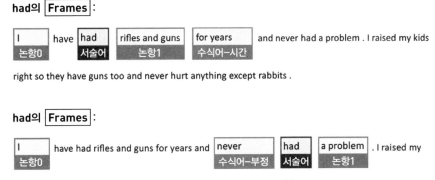

그림 13.6 동사 "had"에 대한 SRL

첫 번째 프레임의 I + rifles and guns와 guns + for year는 Artist78이 수년간 총을 소지했던 경험을 말해준다.

두 번째 프레임에서는 I + never + had + a problem 단어들이 총기를 소지했음에도 문제가 없었다는 정보를 추가로 보여준다.

단어 raised는 Artist78의 부모로서의 경험을 보여준다.

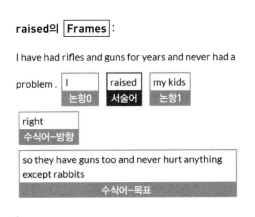

그림 13.7 raised에 대한 SRL 동사

다음 단어들이 총기 소지에 찬성하는 입장을 설명한다. 나의 아이들 + 총을 소지했었고 아무에게도 해를 끼친 적이 없다(my kids + ...have guns too and never hurt anything)

실행마다 또는 모델이 업데이트될 때마다 결과가 다를 수 있지만 과정은 동일하다.

여기에서 찾은 내용을 일부 구문 분석과 함께 함수 컬렉션에 추가할 수 있다.

- **Fake_news_FUNCTION_3**: 나 + 소총과 총 + 수년 간(I + rifles and guns + for years)
- **Fake_news_FUNCTION_4**: 나의 아이들 + 소지하고 있고 아무에게도 해를 끼친 적이 없다.

(my kids + have and never hurts anything)

이제 총기 소지 반대 메시지를 탐구해 보자.

13.2.2.7 총기 규제 SRL

먼저 Fake_News.ipynb에서 페이스북 메시지를 실행할 것이다. 노트북에서 생성된 순서대로 셀을 하나씩 실행해 보자.

```
!echo '{"sentence": "I have heard gunshots all my life in my neighborhood,
have lost many friends, and am afraid to go out at night."}' | ₩
allennlp predict https://storage.googleapis.com/allennlp-public-models/
bert-base-srl-2020.03.24.tar.gz -
```

핵심 동사들이 자세히 라벨링되어 있는 것을 확인할 수 있다.

```
prediction: {"verbs": [{"verb": "heard", "description": "[ARG0: I] have
[V: heard] [ARG1: gunshots all my life in my neighborhood]"
```

이제 AllenNLP(HanLP)로 이동한 다음 **SRL 섹션**을 실행해 보자. 문장을 입력하고 트랜스포머 모델을 실행할 것이다. 이 메시지의 동사 heard를 통해 심각한 현실을 확인할 수 있다.

그림 13.8 동사 heard에 대한 SRL

다음과 같이 다섯 번째 함수를 구성해 단어 분석에 활용할 수 있을 것이다.

- **Fake_News_FUNCTION_5**: 듣다 + 총성 + 평생 동안(heard + gunshots + all my life)

동사 lost에 대한 분석 결과는 아래와 같다.

그림 13.9 동사 lost에 대한 SRL

이를 바탕으로 아래와 같은 여섯 번째 함수를 만들 수 있다.

- **Fake_News_FUNCTION_6**: 잃다 + 많은 + 친구들(lost + many + friends)

다양한 트랜스포머 모델로 메시지를 분석할 때마다 사용자에게 참고할 수 있는 사이트를 제안하는 것이 좋다.

13.2.2.8 참조 사이트

지금까지 NLP 작업에서 트랜스포머를 실행하고 데이터를 구문 분석하기 위한 여섯 가지의 함수를 대략적으로 정의해 봤다.

> **NOTE**
>
> 결과는 실행할 때마다 달라질 수 있다. 여섯 가지 함수는 서로 다른 시점에 만들어졌고, 이전 섹션과 약간 다른 결과를 줬다. 그래도 주요 아이디어는 똑같다. 이제 이 여섯 가지 함수에 초점을 맞춰보자.

- **총기 소지 찬성**: Fake_News_FUNCTION_1: 절대 + 문제 + 총(never + problems + guns)
- **총기 규제 찬성**: Fake_News_FUNCTION_2: 듣다 + 두려운 + 총(heard + afraid + guns)
- **총기 소지 찬성**: Fake_News_FUNCTION_3: 나 + 소총과 총 + 년(I + riffles and guns + years)
- **총기 소지 찬성**: Fake_News_FUNCTION_4: 나의 아이들 + 총을 소지하다 + 아무에게도 해를 끼친 적이 없다(my kids + have guns + never hurt anything)
- **총기 규제 찬성**: Fake_News_FUNCTION_5: 듣다 + 두려운 + 총(heard + afraid + guns)
- **총기 규제 찬성**: Fake_News_FUNCTION_6: 잃다 + 많은 + 친구들(lost + many + friends)

리스트를 재정리하고 양쪽 관점을 분리하여 결론을 도출해 보자.

13.2.2.9 총기 소지 찬성 의견과 총기 규제 찬성 의견

총기 소지 찬성 주장은 미국의 주요 도시에서 무슨 일이 일어나고 있는지에 대한 정보가 부족하다는 것을 보여준다.

- **총기 소지 찬성**: Fake_News_FUNCTION_1: 절대 + 문제 + 총(never + problems + guns)
- **총기 소지 찬성**: Fake_News_FUNCTION_3: 나 + 소총과 총 + 년(I + riffles and guns + years)
- **총기 소지 찬성**: Fake_News_FUNCTION_4: 나의 아이들 + 총을 소지하다 + 아무에게도 해를 끼친 적이 없다(my kids + have guns + never hurt anything)

총기 규제 찬성 주장은 미드웨스트에 많은 얼마나 많은 조용한 지역들이 있는지에 대한 정보가 부족하다는 것을 보여준다.

- **총기 규제 찬성**: Fake_News_FUNCTION_2: 듣다 + 두려운 + 총(heard + afraid + guns)
- **총기 규제 찬성**: Fake_News_FUNCTION_5: 듣다 + 총성 + 평생동안(heard + gunshots + all my life)
- **총기 규제 찬성**: Fake_News_FUNCTION_6: 잃다 + 많은 + 친구들(lost + many + friends)

서로 반대 의견을 가진 사람들에게 이러한 사실을 알려주는 데 각 함수를 활용할 수 있다.

예를 들어, FUNCTION1을 의사 코드로 표현해 보자면,

```
FUNCTION 1:
FUNCTION 2, 5, 6의 키워드들을 종합해 "afraid guns lost many friends gunshots"라는 내
용으로 구글 검색을 수행한다.
```

이 프로세스의 목표는 다음과 같다.

- 먼저, 메시지를 해석하기 위해 트랜스포머 모델을 실행한다. NLP 트랜스포머는 계산기와 같은 역할을 한다. 결괏값을 해석하는 것은 사람의 몫이다!
- 그런 다음 숙련된 NLP 사용자에게 능동적으로 정보를 검색하고 더 잘 읽도록 요청한다.

트랜스포머 모델은 사용자가 메시지를 더 깊이 이해하는 데 도움을 준다. 하지만 사용자에게 특정한 의견을 강요하지는 않는다.

각 함수의 결과를 적절히 파싱해 주어야 할 것이다. 수백 개가 넘는 메시지를 처리할 수 있도록 적절히 자동화해야 한다.

구글 검색 결과는 달라질 수 있지만, 가장 상단의 링크들은 총기 소지자들에게 다양한 반대 의견의 근거가 있다는 것을 보여줄 수 있을 것이다.

www.amnesty.org › arms-control ▾ Traduire cette page
Gun violence - key facts | Amnesty International
When people are **afraid** of **gun** violence, this can also nave a negative impact on people's right
to ... How **many** people are injured by **gunshots** worldwide? ... We created March For Our Lives
because our **friends** who **lost** their lives would have ...

everytownresearch.org › impact-gun... ▾ Traduire cette page
The Impact of Gun Violence on Children and Teens ...
29 mai 2019 - They are also harmed when a **friend** or family member is killed with a **gun**, when
... **Gun** homicides, non-fatal **shootings**, and exposure to **gun** violence stunt ... **worried** some or
a lot of the time that they might get killed or dle.35.

www.hsph.harvard.edu › magazine ▾ Traduire cette page
Guns & Suicide I Harvard Public Health Magazine I Harvard ...
Gun owners and their families are **much** more likely to kill themselves than are ... Zachary may
have been **afraid** of **losing** his commercial driver's license, a great ... In public health lingo,
these potentially lifesaving **friends** and colleagues are ... other natural allies such as hunting
groups, **shooting** clubs and **gun** rights groups.

www.pbs.org › extra › student-voices ▾ Traduire cette page
How teens want to solve America's school shooting problem ...
14 févr. 2019 - It's not having students practice lock-downs out of **fear** that an attack like ... The
problem America has is that we give everyone a **gun** without **any** mental health testing. ... After
the Florida school **shooting** my **friends** and I were having a ... We can't have more Innocent
lives **lost** just because of one person's ...

그림 13.10 총과 폭력에 관한 검색 결과

다음 의사 코드로 총기 규제에 찬성하는 사람을 찾는다고 상상해 보자.

```
FUNCTION 2:
FUNCTION 1, 3, 4의 키워드들을 종합해 "never problem guns for years kids never hurt
anything"이라는 내용으로 구글 검색을 수행한다.
```

구글 검색은 총기 소지에 찬성하는 사람들의 의견을 보여주지는 않았다. 검색 결과는 흥미롭게도 대
부분 교육적이고 중립적인 것들이었다.

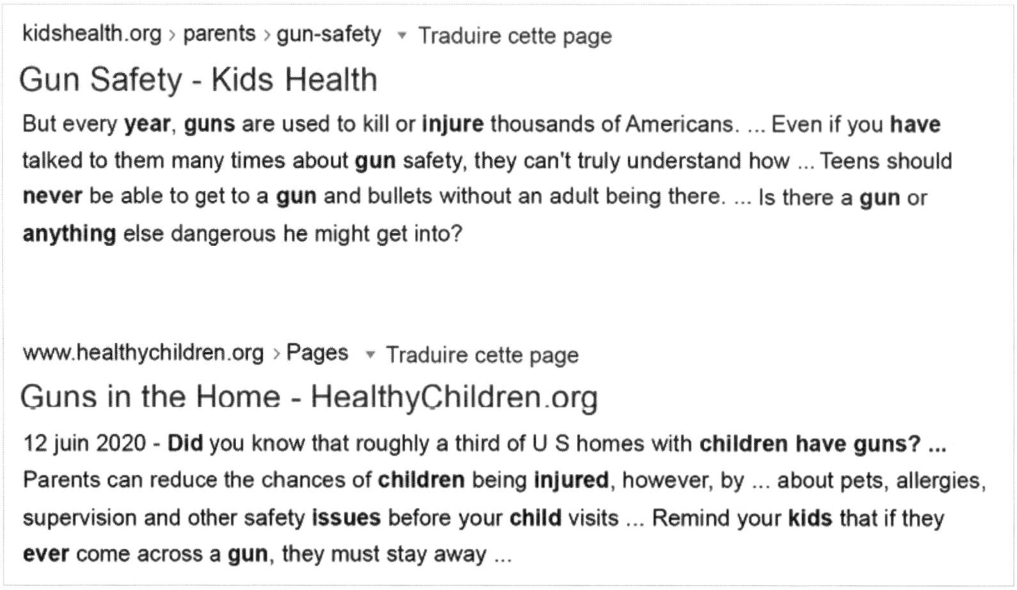

kidshealth.org › parents › gun-safety ▾ Traduire cette page

Gun Safety - Kids Health

But every **year**, guns are used to kill or **injure** thousands of Americans. ... Even if you **have** talked to them many times about **gun** safety, they can't truly understand how ... Teens should **never** be able to get to a **gun** and bullets without an adult being there. ... Is there a **gun** or **anything** else dangerous he might get into?

www.healthychildren.org › Pages ▾ Traduire cette page

Guns in the Home - HealthyChildren.org

12 juin 2020 - **Did** you know that roughly a third of U S homes with **children have guns?** ... Parents can reduce the chances of **children** being **injured**, however, by ... about pets, allergies, supervision and other safety **issues** before your **child** visits ... Remind your **kids** that if they **ever** come across a **gun**, they must stay away ...

그림 13.11 총기 안전에 관한 검색 결과

네이버의 서점, 잡지 및 기타 교육 자료에서도 자동 검색을 실행할 수 있을 것이다.

가장 중요한 것은 의견이 다른 사람들이 싸움을 벌이지 않고 서로 대화하는 것이다. 서로를 이해하는 것이 양측에 공감을 발전시키는 가장 좋은 방법이다.

소셜미디어의 내용은 그럴듯하다. 하지만, 제3자를 무조건적으로 신뢰하지 말자. 트랜스포머로 메시지를 분석하며 주도적으로 생각하자!

이 주제에 대해서 총기 소지에 관한 안전 지침을 따르는 방식으로 합의할 수 있을 것이다. 예를 들어, 집에 총기를 두지 않거나 안전하게 보관하는 것으로 합의할 수 있으며, 이렇게 함으로써 어린이가 총기에 접근하지 못하도록 할 수 있다.

이제 COVID-19와 전 대통령 트럼프의 트윗에 대해 이야기해 보겠다.

13.2.3 코로나19와 전 대통령 트럼프의 트윗

정치적인 의견과는 무관하게 도널드 트럼프가 말한 내용들이다. 도널드 트럼프에 대해 이야기되는 내용이 너무 많아서 모든 정보를 분석하는 데에는 책 한 권이 필요할 정도다. 이 책은 정치적 내용과 무관한 기술적인 책이므로 트윗을 과학적으로 분석할 것이다.

우리는 총기 규제 찬성 섹션에서 가짜 뉴스에 대한 교육적으로 접근하는 방식을 설명했다. 여기서 같은 작업을 반복하지는 않을 것이다.

대신, AllenNLP의 BERT 모델을 사용하여 Fake_News.ipynb 노트북에서 SRL 분석을 수행했다.

이 섹션에서는 가짜 뉴스의 논리에 초점을 맞출 것이다. 이를 위해, BERT 모델을 SRL에 적용하고 그 결과를 AllenNLP의 웹사이트에서 시각화할 것이다.

이제 몇 가지 대통령 트윗을 살펴보겠다.

13.2.3.1 SRL

SRL은 우리 모두에게 훌륭한 교육 도구다. 우리는 종종 트윗을 수동적으로 읽거나 다른 사람들의 의견을 받아들인다. SRL을 사용해 메시지를 분해하면 가짜 정보와 정확한 정보를 구별하기 위한 소셜 미디어 분석 기술을 개발할 수 있다.

교실에서 교육 목적으로 SRL 트랜스포머를 사용하는 것을 추천한다. 학생들은 트랜스포머를 활용해 트윗의 각 동사 및 연결된 단어들에 대해 분석할 수 있다. 이는 어린 세대가 소셜 미디어에서 능동적인 독자가 되는 데 도움이 될 수 있다.

먼저 비교적 다툼이 없는 트윗을 분석한 후 갈등을 겪고 있는 트윗들을 분석해 보겠다.

이 책을 쓰는 동안 발견된 가장 최신 트윗을 분석해 보겠다. "검은 미국인"이라는 사람을 언급하는 트윗에서 해당 인물의 이름을 제외하고 전 대통령의 일부 텍스트를 다시 표현했다.

X is a great American, is hospitalized with coronavirus, and has requested prayer. Would you join me in praying for him today, as well as all those who are suffering from COVID-19?
(X 는 위대한 미국인입니다. 그리고 코로나 바이러스로 병원에 입원해있습니다. 그리고 기도를 요청했습니다. COVID-19로 고통받는 사람들과 그를 위해 함께 기도해 주시겠습니까?[42])

AllenNLP의 **SRL** 섹션으로 이동하여 문장을 실행하고 결과를 확인해 보겠다.

동사 hospitalized는 의견과 무관한 실제 사실과 관련된 것만 보여준다.

---

42 역주. 여기서 has requested prayer는 '기도를 요청했다' 또는 '기도를 요청 받았다'로 해석 가능하다.

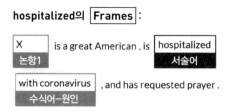

그림 13.12 동사 "hospitalized"에 대한 SRL 논항들

메시지는 단순하다. X + hospitalized + with coronavirus.

동사 requested는 메시지가 정치적인 성향을 띠고 있다는 것을 보여준다.

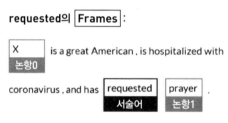

그림 13.13 동사 requested에 대한 SRL 논항들

그 사람이 전 대통령에게 기도를 요청했는지 아니면 강조하기 위한 것인지는 확실하지 않다.

한 가지 좋은 방법은 HTML 페이지를 표시해 사용자들에게 의견을 묻는 것이다. 예를 들어, 사용자들에게 SRL 작업의 결과를 제시하고 다음 두 가지 질문에 답하도록 요청할 수 있다.

트럼프 전 대통령이 기도해 달라는 요청을 받았을까요? 아니면 정치적 목표를 위해 트윗으로 요청을 했을까요?

전 대통령 트럼프가 자신이 간접적으로 X를 위해 기도하도록 요청받았다고 주장하는 것이 가짜 뉴스인가요, 아닌가요?

사람들은 이에 대해 스스로 생각해 보고 판단할 수 있을 것이다.

이제 트위터에서 차단된 트윗을 살펴보겠다. 이름을 제외하고 일부 표현을 순화했지만, 인터넷에서 실행하고 결과를 시각화하면 몇 가지 유의미한 SRL 결과들을 얻을 수 있다.

다음은 일부 수정된 내용의 트윗이다.

> These thugs are dishonoring the memory of X.
> When the looting starts, actions must be taken.
> (이 폭력배들은 X에 대한 기억을 더럽히고 있습니다.
> 약탈이 시작되면 조치를 취해야 합니다.)

원본 트윗의 주요 내용들을 순화했음에도 불구하고, SRL 분석 결과는 부정적인 내용들을 보여준다.

그림 13.14 동사 dishonoring에 대한 SRL 논항들

SRL 분석을 통해 "폭력배(thugs)"와 "기억(memory)" 그리고 "약탈(looting)"이라는 단어들은 서로 무관하다는 것을 알 수 있다.

이러한 SRL 논항들이 왜 서로 무관한지 생각해 보는 것이 좋은 연습이 될 것이다.

이 연습을 통해 트랜스포머 모델 사용자들은 제시된 어떤 주제에 대해 비판적인 시각을 갖도록 하는 SRL 기술을 습득할 수 있을 것이다.

비판적 사고는 가짜 뉴스 유행을 막는 가장 좋은 방법이다.

지금까지, 트랜스포머, 휴리스틱 및 교육적인 웹사이트와 함께 가짜 뉴스에 대한 합리적인 접근 방식을 살펴보았다. 가짜 뉴스 토론에서의 많은 논쟁은 감정적이고 비합리적인 반응으로 귀결된다.

찬반 여론이 존재하는 세상에서는, 진실이 무엇인지에 대해 서로 동의하지 않기 때문에 완전히 객관적인 가짜 뉴스 감지를 위한 트랜스포머 모델은 없을 것이다. 한쪽은 트랜스포머 모델의 출력에 동의할지라도, 다른 한쪽은 그 모델이 편향되어 있다고 말할 것이다.

가장 좋은 접근 방식은 다른 사람들의 의견에 귀를 기울이고 감정을 가라앉히는 것이다.

13.3 마치기 전에

이 장에서는 실제로 존재하지 않는 마법같은 트랜스포머 모델을 찾는 것보다는 다양한 트랜스포머 모델들을 문제에 적용하는 것에 초점을 맞췄다.

즉, NLP 문제를 해결하기 위한 두 가지 옵션이 있을 것이다. 새로운 트랜스포머 모델을 찾거나 신뢰할 수 있고 지속적으로 사용할 수 있는 트랜스포머 모델 활용법을 찾는 것이다.

이제 이 장을 마무리하고 트랜스포머 모델의 해석으로 넘어가도록 하겠다.

13.4 정리하기

가짜 뉴스는 인간으로서 우리의 감정적인 역사 깊숙이에서 시작된다. 어떤 사건이 발생하면 감정은 우리가 상황에 신속하게 대응할 수 있도록 돕기 위해 우리를 지배한다. 위협을 받을 때는 감정적으로 강하게 반응하도록 설계되어 있다.

가짜 뉴스는 강한 감정적 반응을 일으킨다. 우리는 이러한 뉴스가 일시적으로나 영구적으로 삶을 파괴할지도 모른다는 두려움을 가지고 있다. 예를 들어, 많은 사람들은 기후 변화가 지구상의 인간을 멸종시킬 수 있다고 믿는다. 다른 사람들은 기후 변화에 불필요하게 과하게 대응한다면 우리의 경제를 파괴하고 사회를 붕괴시킬 수 있다고 주장한다. 일부 사람들은 총기가 위험하다고 믿는다. 또 다른 사람들은 미국 수정 헌법 제2조가 총기 소지 권리를 부여한다고 이야기한다.

우리는 COVID-19, 전 대통령 트럼프, 기후 변화를 둘러싼 다른 격렬한 갈등을 살펴봤다. 각각의 경우들에 대해서 감정적인 반응들이 갈등으로 격화하는 것을 확인했다.

그런 다음 가짜 뉴스에 대한 감정적 인식을 합리적인 수준으로 끌어올리기 위한 로드맵을 설계했다. 트랜스포머를 활용한 NLP 도구들을 사용해 트윗, 페이스북 메시지 및 기타 미디어에서 핵심 정보를 찾을 수 있다는 것을 보였다.

누군가에게는 실제, 누군가에게는 가짜로 인식되는 뉴스에서 그들의 근거를 확인해 보았다. 일반적인 프로그래밍도 여전히 도움이 된다.

이제 여러분들은 트랜스포머 모델과 NLP 도구들 그리고 샘플 데이터들을 확인해 보았다.

인공지능을 인류의 이익을 위해 활용할 수 있다. 여러분은 이러한 트랜스포머 도구와 아이디어를 가져가서 모두를 위한 더 나은 세상을 만들기 위해 사용할 수 있다.

트랜스포머를 이해하는 좋은 방법은 내부 과정을 시각화하는 것이다. 다음 장인 **블랙박스 트랜스포머 모델 해석하기**에서는 트랜스포머가 어떻게 점진적으로 시퀀스의 의미를 만들어내는지 분석할 것이다.

13.5 문제

01. 가짜 뉴스로 라벨링된 뉴스는 항상 가짜이다.   참 / 거짓

02. 모두가 동의하는 뉴스는 항상 정확하다.   참 / 거짓

03. 트랜스포머를 트윗 감성 분석에 사용할 수 있다.   참 / 거짓

04. 페이스북 메시지에서 DistilBERT 모델을 사용해 주요 개체명을 추출할 수 있다.   참 / 거짓

05. 유튜브 채팅에서 주요 동사는 BERT 기반 모델을 사용하여 의미역 결정을   참 / 거짓
    수행함으로써 식별할 수 있다.

06. 감정적 반응은 가짜 뉴스에 대한 자연스러운 첫 번째 반응이다.   참 / 거짓

07. 가짜 뉴스에 대한 합리적인 접근은 자신의 입장을 명확히 하는 데 도움이 된다.   참 / 거짓

08. 신뢰할 수 있는 웹사이트와 트랜스포머를 연결하면 어떤 뉴스가 가짜인지   참 / 거짓
    이해하는 데 도움이 된다.

09. 트랜스포머를 사용해 신뢰할만한 웹사이트들을 요약해 가짜 뉴스라고 알려진   참 / 거짓
    주제들을 이해할 수 있다.

10. 모두의 이익을 위해 인공지능을 사용한다면 세상을 바꿀 수 있다.   참 / 거짓

13.6 참고 문헌

- Daniel Kahneman, 2013, Thinking, Fast and Slow
- **허깅페이스 파이프라인**: https://huggingface.co/transformers/main_classes/pipelines.html
- **앨런 인공지능 연구소**: https://allennlp.org/

14장

블랙박스
트랜스포머 모델
해석하기

수 백만에서 수 십억 개의 파라미터를 가진 트랜스포머는 아무도 해석할 수 없는 거대한 블랙박스처럼 보인다. 따라서 많은 개발자들이 이 놀라운 성능의 트랜스포머를 사용하다가 낙담하기도 했다. 하지만 최근에는 혁신적인 첨단 도구들로 이 문제를 해결하기 시작했다.

설명 가능한 모든 AI 방법론과 알고리즘을 설명하는 것은 이 책의 범위를 벗어난다. 대신 이번 챕터에서는, 트랜스포머를 사용하는 사람에게 인사이트를 제공하는, 바로 사용할 수 있는 시각화 인터페이스를 다룰 것이다.

이번 장에서는 먼저 제시 빅(Jesse Vig)의 BertViz를 설치하고 실행한다. Jesse는 훌륭한 시각화 인터페이스를 만들어서, BERT 트랜스포머 어텐션 헤드의 동작을 확인할 수 있도록 했다. BertViz는 BERT 모델과 상호 작용 할 수 있도록 잘 설계된 인터페이스를 제공한다.

다음으로는 **LIT(Language Interpretability Tool)**를 사용해서 트랜스포머의 행동을 시각화할 것이다. LIT는 PCA나 UMAP을 활용하여 트랜스포머의 예측을 시각화하는 도구이다. PCA와 UMAP 또한 살펴보겠다.

그리고 나서, 딕셔너리 러닝(dictionary learning)을 수행하며 BERT의 층을 통과하는 트랜스포머의 여정을 시각화할 것이다. **LIME(Local Interpretable Model-agnostic Explanations)**의 기능을 사용하면 트랜스포머가 어떻게 언어를 이해하는지 시각화할 수 있다. 트랜스포머가 단어부터 시작해서, 문맥 속의 단어를 배우고, 마지막으로 장기의존성(long-range dependency)을 배우는 것을 확인할 것이다.

장을 마치면 상호 작용을 통해 트랜스포머의 활동을 시각화할 수 있을 것이다. 딕셔너리 러닝을 시각화하는 방법이나, BertViz, LIT에도 아직 한계는 있다. 하지만 비록 초기 단계의 도구일지라도 트랜스포머를 이해하는데 도움이 될 것이다.

이 장에서는 다음 주제들을 다룬다.

- BertViz의 설치와 실행
- BertViz의 상호 작용 인터페이스 실행
- 프로빙(probing) 방식과 논-프로빙(non-probing) 방식의 차이
- 주성분 분석(Principal Component Analysis, PCA) 떠올리기
- LIT로 트랜스포머 출력 분석하기
- LIME에 대한 소개
- 딕셔너리 러닝으로 트랜스포머 시각화하기
- 단어 단위의 다의어 명확화
- 단기, 중기, 장기 의존성 시각화
- 트랜스포머 핵심 요소 시각화

먼저 BertViz를 설치하고 사용해 보겠다.

BertViz로 트랜스포머 시각화하기

제시 빅은 2019년에 작성한 논문 「A Multiscale Visualization of Attention in the Transformer Model」에서 트랜스포머의 효율성을 인정함과 동시에, 어텐션 메커니즘을 해석하는 것이 어렵다는 것을 설명한다. 이 논문은 시각화 도구인 BertViz의 수행 과정을 묘사하고 있다.

BertViz는 어텐션 헤드의 동작을 시각화하고 트랜스포머 모델의 행동을 해석한다.

BertViz는 BERT와 GPT-3를 해석하기 위해 설계되었다. 이번 섹션에서는 BERT 모델의 동작을 시각화할 것이다.

이제 BertViz를 설치하고 실행하자.

14.1.1 BertViz 실행하기

다섯 단계만 수행하면 트랜스포머의 어텐션 헤드를 시각화하고 상호 작용할 수 있다. 깃허브의 Chapter14 경로에 있는 BertViz.ipynb 노트북을 열어보자.

첫 번째 단계로, BertViz와 의존성(requirements)을 설치할 것이다.

14.1.1.1 1단계: BertViz를 설치하고, 모듈 불러오기

노트북에서 BertViz, 허깅페이스 트랜스포머, 그 외 기본적인 의존성을 불러온다.

```
!pip install bertViz
from bertViz import head_view, model_view
from transformers import BertTokenizer, BertModel
```

헤드 시각화(head view)와 모델 시각화(model view) 라이브러리를 불러왔다. 이제 BERT 모델과 토크나이저를 불러올 것이다.

14.1.1.2 2단계: 모델을 불러오고 어텐션 가져오기

BertViz는 BERT, GPT-2, RoBERT 등의 모델을 지원한다. BertViz의 깃허브에서 더 많은 정보를 확인할 수 있다. (https://github.com/jessevig/BertViz)

이번 섹션에서는, bert-base-uncased 모델과 사전 학습된 토크나이저를 사용한다.

```
# 모델을 불러오고 어텐션 가져오기
model_version = 'bert-base-uncased'
do_lower_case = True
model = BertModel.from_pretrained(model_version, output_attentions=True)
tokenizer = BertTokenizer.from_pretrained(model_version, do_lower_case=do_
lower_case)
```

이제 두 문장을 입력할 것이다. 모델의 동작을 분석하기 위해 여러 시퀀스를 시도해 볼 수 있다. sentence_b_start는 5단계: Model view에서 사용하기 위한 변수이다.

```
sentence_a = "A lot of people like animals so they adopt cats"
#많은 사람이 동물을 좋아해서 고양이를 입양한다.
sentence_b = "A lot of people like animals so they adopt dogs"
#많은 사람이 동물을 좋아해서 강아지를 입양한다.
inputs = tokenizer.encode_plus(sentence_a, sentence_b, return_
tensors='pt', add_special_tokens=True)
token_type_ids = inputs['token_type_ids']
input_ids = inputs['input_ids']
attention = model(input_ids, token_type_ids=token_type_ids)[-1] sentence_b_
start = token_type_ids[0].tolist().index(1) input_id_list = input_ids[0].tolist()
# 0번째 배치
tokens = tokenizer.convert_ids_to_tokens(input_id_list)
```

여기까지가 전부이다! 시각화 인터페이스를 사용할 준비가 모두 끝났다.

14.1.1.3 3단계: 헤드 시각화

마지막 한 줄을 더하면, 어텐션 헤드를 시각화할 수 있다.

```
head_view(attention, tokens)
```

각 층에 있는 12개의 어텐션 헤드 정보를 서로 다른 색으로 확인할 수 있다. 처음에는 그림 14.1처럼 0번 층이 표시된다.

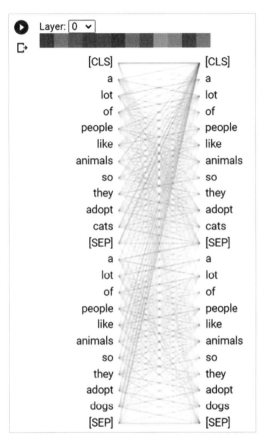

그림 14.1 어텐션 헤드 시각화

14.1.1.4 4단계: 어텐션 헤드를 선택하고 표시하기

토큰 정보 위에 있는 색상표는 해당 층의 어텐션 헤드를 나타낸다.

층 번호를 고르고 어텐션 헤드(색상표)를 눌러보자.

문장 속 토큰이 여러 토큰에 대한 어텐션으로 세분화된다. 이번 섹션에서는 트랜스포머의 헤드를 쉽게 설명하기 위해 '토큰'을 '단어'를 의미하는 포괄적 표현으로 사용하겠다.

'animal'이라는 단어를 선택하면, 그림 14.2와 같이 나타난다.

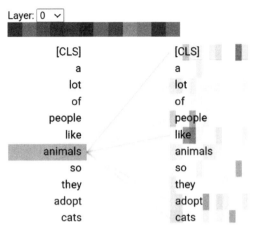

그림 14.2 층, 어텐션 헤드, 토큰을 선택

BertViz를 사용하여 animals와 다양한 단어 사이에 관계가 형성되었음을 확인했다. 결과가 이상해 보일 수 있으나, 이제 0번 층에 불과하므로 충분히 이해할 수 있다.

그림 14.3에서처럼, 1번 층에서는 좀 더 연관있는 단어가 나타난다.

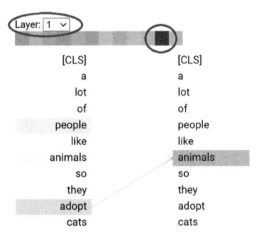

그림 14.3 1번 층에서, 11번째 어텐션 헤드를 시각화

11번째 어텐션 헤드는 animals, people, adopt와 관계를 형성했다.

cats를 선택하면, 그림 14.4처럼 흥미로운 결과를 볼 수 있다.

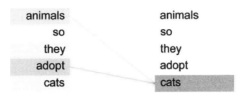

그림 14.4 cats와 다른 토큰과의 관계 시각화

cats와 animals 사이에 관계가 형성되어 있다. 모델이 고양이(cats)를 동물(animals)로 학습한 것이다.

문장을 바꾸고 층과 어텐션 헤드를 선택해 가며 트랜스포머가 어떻게 관계를 형성하는지 시각화해 볼 수 있다. 물론 한계도 있다. 관계정보를 보면 트랜스포머가 어떻게 잘 동작하는지 또는 왜 틀리는지 알 수 있다. 두 사례 모두 트랜스포머의 작동 방식을 설명하거나 층, 파라미터, 데이터가 많이 필요한 이유를 설명하는데 유용한 정보이다.

이제 BertViz로 모델을 시각화하는 방법을 알아보자.

14.1.1.5 5단계: 모델 시각화

다음 한 줄로 BertViz에서 트랜스포머 모델을 시각화할 수 있다.

```
model_view(attention, tokens, sentence_b_start)
```

그림 14.5처럼, BertViz는 모든 층과 헤드를 하나의 창(view)으로 보여준다.

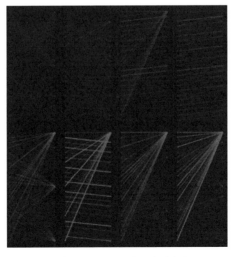

그림 14.5 BertViz의 모델 시각화

헤드 하나를 클릭하면, 단어-대-단어 또는 문장-대-문장 옵션에 따라 헤드를 시각화한다. 어텐션 헤드를 살펴보면 층을 거치면서 트랜스포머의 표현력이 점점 발전하는 것을 확인할 수 있다. 예를 들어, 그림 14.6은 첫 번째 층의 어텐션 헤드를 살펴보면 다음과 같다.

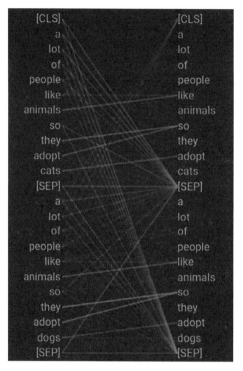

그림 14.6 낮은 층에서의 어텐션 헤드 동작

가끔씩 구분자 [SEP]와 단어 사이에 관계가 형성되는데 대부분 큰 의미는 없다. 때로는 특정 토큰이 모든 층의 모든 어텐션 헤드에서 활성화되지 않는 경우도 있으며, 트랜스포머의 학습 정도에 따라 해석의 품질이 제한적일 수 있다.

어떠한 경우에도, BertViz는 흥미롭고 교육적인 도구이자 유용한 트랜스포머 해석 도구이다.

이제 직관적인 LIT 도구를 실행해 보자.

LIT의 시각화 인터페이스로 모델이 잘못 처리하는 예제를 찾고, 비슷한 예제를 살펴보고, 컨텍스트에 따라 어떻게 달라지는지 확인하며 트랜스포머와 관련된 여러 언어 문제를 찾을 수 있다.

LIT는 BertViz처럼 단순히 어텐션 헤드의 활성도를 보여주는 것에 그치지 않는다. 대신, 문제가 발생한 이유를 분석하고 해결책을 찾도록 도와준다.

시각화 방법으로 **UMAP(Uniform Manifold Approximation and Projection)**과 PCA 중 하나를 선택하여 수행한다. PCA는 특정 방향과 크기로 더 많은 선형 투영(linear projection)을 수행하는 방법이며, UMAP은 투영을 여러 미니 클러스터로 세분화하는 방법이다. 모델의 출력을 분석할 때, 두 방법 모두 어떻게 분석할 것인지에 따라 의미가 달라진다. 두 가지를 모두 수행하며 동일 모델에 대한 다양한 관점을 살펴보는것도 가능하다.

이번 섹션에서는 PCA를 선택하여 LIT를 수행할 것이다. PCA의 원리를 간단히 복습하며 시작하겠다.

14.2.1 PCA

PCA는 주어진 데이터를 더 높은 수준으로 표현한다.

지금 주방에 있다고 생각해 보자. 주방은 3차원의 좌표공간이다. 주방에 있는 모든 물건은 x, y, z 좌표로 표현할 수 있다.

요리를 하기 위해 재료를 모아서 조리대 위에 놓는다면, 조리대는 주방을 높은 수준으로 표현한 공간이 된다.

조리대 역시 좌표공간이며, 요리를 하기 위해 주방의 주요 특징을 조리대에 놓는 행위는 PCA를 수행한 것으로 볼 수 있다. 특정 요리를 위한 주요 성분(principal components)을 레시피에 맞게 배치했기 때문이다.

NLP에도 같은 개념을 적용할 수 있다. 예를 들어, 사전은 단어의 나열일 뿐이지만, 일부 단어가 모여 의미를 형성한다면 특정 시퀀스를 나타내는 주요 성분이 된다.

LIT에서 시퀀스의 PCA 표현은 트랜스포머를 시각화하는 데 도움을 준다.

NLP PCA 표현을 구하기 위한 주요 단계는 다음과 같다.

- **분산**: 데이터셋에서 단어의 분산. 빈도와 의미의 빈도 등.
- **공분산**: 단어와 데이터셋 내의 다른 단어 사이 관계에 대한 분산
- **고윳값과 고유 벡터**: 좌표를 사용하기 위해 공분산에 대한 방향과 크기를 표현할 수 있어야 한다. 고유 벡터는 방향을, 고윳값은 크기를 나타낸다.
- **데이터 도출**: 마지막 단계는 특징 벡터의 행을 데이터의 행과 곱하여 특징 벡터를 오리지널 데이터셋에 반영하는 것이다.
- **표시할 데이터** = 특징 벡터의 행 * 데이터의 행

PCA 투영으로 분석할 데이터를 선명하게 선형적으로 시각화할 수 있다.

이제 LIT를 실행해 보자.

14.2.2 LIT 실행하기

LIT는 온라인으로 실행하거나 구글 코랩(Google Colab) 노트북으로 실행할 수 있다. 다음 링크에서 두 방법 모두 확인할 수 있다.

- https://pair-code.github.io/lit/

튜토리얼에는 다양한 NLP 작업이 나와있다.

- https://pair-code.github.io/lit/tutorials/

이번 섹션에서는 LIT를 온라인으로 실행하여 감성 분류기를 살펴볼 것이다.

- https://pair-code.github.io/lit/tutorials/sentiment/

'Explore this demo yourself'를 누르면 LIT의 직관적인 인터페이스를 확인할 수 있다. 다음과 같이 작은 트랜스포머 모델을 사용한다.

그림 14.7 모델 선택하기

모델을 누르면 다른 모델로 교체할 수 있다. 허깅페이스의 'hosted API'에서도 이와 비슷한 모델의 테스트를 제공하고있다.(https://huggingface.co/sshleifer/tiny-distilbert-base-uncased-finetuned-sst-2-english)

LIT의 온라인 버전이 업데이트 됨에 따라 NLP 모델은 조금씩 달라질 수 있다. 모델이 달라질 뿐 전체적인 콘셉트는 동일할 것이다.

PCA 프로젝터를 선택하고 각 샘플에서 이진분류 감성 라벨을 사용하도록 한다.

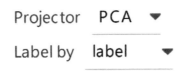

그림 14.8 프로젝터와 라벨 선택하기

이제 데이터 테이블에서 문장(sentence)과 분류 라벨(label)을 클릭해보자.

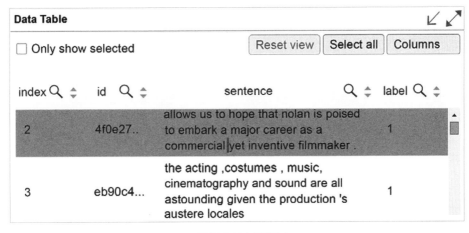

그림 14.9 문장 선택하기

확률적으로 동작하는 알고리즘이므로 결과는 실행 시마다 달라질 수 있다.

선택한 문장은 데이터포인트 편집기(datapoint editor)에도 나타난다.

그림 14.10 데이터포인트 편집기

데이터포인트 편집기를 사용하면 문장을 편집할 수 있다. 어떤 문장이 다른 클래스로 잘못 분류되어 원인을 찾으려 한다고 가정해 보자. 문장이 올바르게 분류될 때까지 조금씩 문장을 수정하면서, 모델이 어떻게 동작하고 왜 오류가 발생했는지 확인할 수 있다.

선택한 문장은 PCA 프로젝터에도 분류 결과와 함께 표시된다.

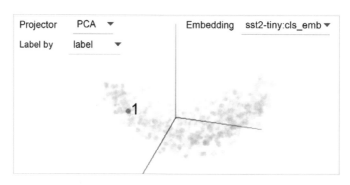

그림 14.11 PCA 프로젝터로 분류 결과 확인

PCA 프로젝터의 한 점을 클릭하면 데이터포인트 편집기에 해당하는 문장이 나타나며, 이런 방식으로 여러 결과를 비교할 수 있다.

이처럼 LIT는 직접 상호 작용할 수 있는 여러 탐색기능을 가지고 있다.

NOTE

LIT로 확인한 결과가 항상 납득할만한 것은 아니다. 하지만 많은 경우 LIT는 가치 있는 인사이트를 준다. 새로운 도구와 기법에 관심을 가지는 것은 매우 중요하다.

이제 딕셔너리 러닝으로 트랜스포머의 층을 시각화해 보자.

딕셔너리 러닝을 활용한 트랜스포머 시각화

딕셔너리 러닝을 활용한 트랜스포머 시각화는 트랜스포머 팩터(factor)를 기반으로 한다.

14.3.1 트랜스포머 팩터

트랜스포머 팩터는 문맥화된 단어로 구성한 임베딩 벡터이다.[43] 문맥화되지 않은 단어는 다의성(polysemy) 문제를 야기한다. 예를 들어, separate는 동사일 수도 형용사일 수도 있으며 분리하다, 구별하다, 흩어지다 등 다양한 의미를 가질 수 있다.

때문에 2021년 윤(Yun et al.)은 임베딩 벡터를 만들 때 문맥화된 단어를 사용했다. 단어 임베딩 벡터는 단어 팩터의 희소(sparse) 선형 표현으로 나타낼 수 있다. 예를 들어, separate를 데이터셋의 문맥에 따라 다음과 같이 표현할 수 있다.

separate=0.3 "keep apart" + 0.3 "distinct" + 0.1 "discriminate" + 0.1 "sever" + 0.1 "disperse" + 0.1 "scatter"

선형 표현을 희소한 상태로 유지하기 위해 (다시 말하면, 0으로 가득 찬 거대한 행렬을 만들지 않기 위해) 0 값을 가지는 단어는 표시하지 않았다. 즉 다음과 같은 무의미한 정보는 나타내지 않았다.

separate= 0.0 "putting together" + 0.0 "identical"

요점은 팩터의 계수를 0보다 큰 값으로 강제하여 희소한 상태를 유지하는 것이다.

트랜스포머의 각 층은 각 단어에 대한 은닉 상태(hidden state)를 조회하고, 문맥 속의 단어를 이해하려 노력하며 보이지 않는 종속성을 찾아간다. 트랜스포머 팩터의 희소 선형 조합(sparse linear superposition)은 추론할 계수의 희소 벡터와 딕셔너리 행렬(dictionary matrix)로 표현할 수 있다.

---

[43] 역주. 트랜스포머 모델의 층을 통과한 단어는 문장 속 다른 단어와의 관계를 고려해 얻은 임베딩으로 문맥화(Contextualized) 됐다고 볼 수 있다. 각 단어를 다의성을 가진 다른 단어의 문맥화된 임베딩의 선형 결합으로 나타낼 수 있고, 이때 각 단어의 문맥화된 임베딩을 트랜스포머 팩터라 부른다.

$$\varphi R^{dxm} \alpha$$

각 요소는 다음과 같다.

- φ(phi)는 딕셔너리 행렬이다.
- α는 추론할 계수의 희소 벡터이다.

윤은 단어의 더 깊은 의미를 찾기 위해 알고리즘에 가우시안 노이즈(ε)를 추가했다.

또한, 표현을 희소한 상태로 유지하기 위해 방정식에 $\alpha > 0$ 조건을 추가했다.

층의 은닉 상태 집합을 X로, X에 속하는 트랜스포머 팩터의 희소 선형 조합을 x로 표기했다.

종합하면, 다음과 같이 아름답게 딕셔너리 러닝 모델을 표현할 수 있다.

$$X = \varphi\alpha + \varepsilon \quad s.t. \ \alpha > 0$$

딕셔너리 행렬에서 φ:,c는 행렬의 열을 의미하며 트랜스포머 팩터로 구성되어있다.

φ:,c는 세 가지 수준으로 구분할 수 있다.

- **낮은 수준(Low-level)**: 단어의 의미를 명확히 하여 다의어 문제를 해결하는 트랜스포머 팩터
- **중간 수준(Mid-level)**: 문장 단위의 패턴을 고려하여 중요한 문맥 정보를 가져다주는 트랜스포머 팩터
- **높은 수준(High-level)**: 더 넓은 범위의 종속성을 설명하는 트랜스포머 팩터

혁신적이고 흥미로우며 효율적인 방법이지만, 아직 시각화를 수행할수는 없다. 윤은 시각화를 위해, AI 해석을 위한 표준 도구인 LIME을 활용하였다.

14.3.2 LIME 소개

LIME(Local Interpretable Model-Agnostic Explanations)는 이름 그대로 AI를 설명(explainable) 하기 위한 방법이다. 모델에 독립적인(model-agnostic) 방법이므로 '딕셔너리 러닝을 통한 트랜스포머 시각화'에도 바로 적용할 수 있다.

- 이 방법은 트랜스포머 층의 행렬, 가중치, 행렬곱 등을 깊게 파고들지 않는다.
- 이 방법은 **2장, 트랜스포머 모델 아키텍처 살펴보기**에서 살펴본 트랜스포머 동작 원리를 설명해주지 는 않는다.
- 이번 장에서, 이 방법은 희소 선형 조합의 수학적 결과를 참조한다.

LIME은 데이터셋의 모든 정보를 분석하지는 않는다. 대신 LIME은 예측의 특성을 살펴보며 모델이 국소적으로 신뢰할 만한지(locally reliable) 검사한다.

모델을 모든 관점에 대해 검사하는 대신, 좁은 환경에서의 예측에 집중하는 것이다.

이런 특성은 NLP를 다룰 때 더욱 효과적이다. LIME이 단어의 문맥을 탐색하여 모델 출력에 대한 가치 있는 정보를 제공하기 때문이다.

'딕셔너리 러닝을 통한 트랜스포머 시각화'를 위해 x를 다음과 같이 표현할 수 있다.

$$x \in R^d$$

x에 대한 해석 가능한 표현은 이진 벡터이다.

$$x' \in \{0, 1\}^{d'}$$

이번 목표는 특정 피쳐가 국소적으로 존재하는지 또는 존재하지 않는지 결정하는 것이다. NLP에서, 피쳐는 단어로 재구성될 수 있는 토큰을 의미한다.

LIME에서 g는 트랜스포머 등의 머신러닝 모델을 의미하며, G는 g를 포함하고 있는 트랜스포머 모델 집합이다.

$$g \in G$$

LIME의 알고리즘은 어떤 트랜스포머 모델에도 적용될 수 있다.

이 시점에서 우리는 다음을 알고 있다.

- LIME은 단어를 대상으로 하며 다른 단어들로부터 문맥(local context)을 찾는다.
- 즉, LIME으로 단어의 문맥을 알 수 있고 왜 다른 단어가 아니라 이 단어가 선택되었는지 설명할 수 있다.

LIME과 같은 설명 가능한 AI를 살펴보는 것은 트랜스포머와 NLP를 다루는 이 책의 범위를 벗어난다. LIME에 대한 더 많은 정보는 참고 문헌 섹션을 참고하자.

이제 LIME으로 '딕셔너리 러닝을 통한 트랜스포머 시각화'를 어떻게 수행할 수 있는지 살펴보겠다.

먼저 시각화 인터페이스를 확인해보자.

14.3.3 시각화 인터페이스

다음은 트랜스포머 시각화를 위한 상호 작용 페이지의 주소이다. https://transformervis.github.io/transformervis/

그림 14.12처럼, 시각화 인터페이스로 특정 층의 트랜스포머 팩터를 클릭 한번으로 분석할 수 있다.

Visualization

In the following box, input a number c indicating the transformer factor $\Phi_{:,c}$ you want to visualize. Then click the button " Visualize! " to visualize this transformer factor at a particular layer. For a transformer factor $\Phi_{:,c}$ and for a layer-l, the visualization is done by listing the 200 word and context with the largest sparse coefficients $\alpha_c^{(l)}$'s

421 ← Enter an integer from 0 to 531, indicating the transformer factor you want to visualize.

그림 14.12 트랜스포머 팩터 선택하기

팩터를 선택한 후에는 어떤 층에서 이 팩터를 시각화할 것인지 선택할 수 있다.

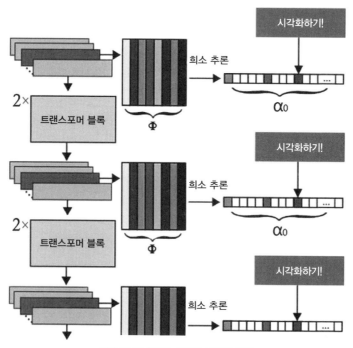

그림 14.13 층마다 시각화 버튼이 있다

첫 부분에서 층에 따른 팩터의 활성도를 확인할 수 있다.

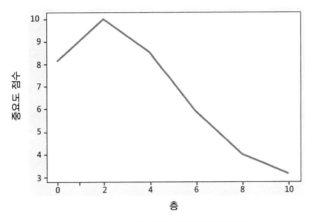

그림 14.14 각 층에 따른 팩터의 중요도

421번 팩터는 낮은 층에서 separate의 어휘 영역에 중점을 둔다.

> • music, and while the band initially kept these releases separate, alice in chains' self@-@
> • and o. couesi were again regarded as separate as a result of further work in texas,
> • in july 2014, and changed to read" a separate moh is presented to an individual for each
> • without giving it proper structure or establishing it as a separate doctrine.
> • those species, and is now considered to form a separate, monotypic genus – homarinus.
> •rp, each npc is typically played by a separate crew member.
> •," abzug" is presented as a separate track.

그림 14.15 낮은 층에서 표현한 "separate"

더 높은 층을 시각화하면 더 넓은 범위의 표현을 확인할 수 있다. 421번 팩터는 separate를 표현했었다. 하지만 그림 14.16처럼, 트랜스포머는 더 높은 층에서 더 깊은 이해를 바탕으로 separate를 distinct와 연결지었다.

• cigarette smoking; it was not even recognized as a distinct disease until 1761.
• the australian freshwater himantura were described as a separate species, h. dalyensis, in 2008
• japan, judo and jujutsu were not considered separate disciplines at that time.
• though during the episodes, the scenes took place in separate parts of the episode.
• triaenops in 1947, retained both as separate species; in another review, published in 1982
•ycoperdon< unk>), but separate from l. pyriforme.
• although it is a separate award, its appearance is identical to its british
•ted upper atmosphere in which the gods dwell, as distinct from the

그림 14.16 높은 층에서 표현한 트랜스포머 팩터

다양한 트랜스포머 팩터로 시각화하면, 트랜스포머가 층을 지나며 언어에 대한 인식을 확장한다는 것을 알 수 있다.

좋은 예시들과 더불어 이상한 결과도 보일 것이다. 좋은 예시들을 중심으로 트랜스포머가 언어를 배우는 과정을 이해해 보자. 틀린 결과들로는 모델이 실수를 하는 이유를 생각해 보자. 이 시각화 인터페이스에 사용된 트랜스포머 모델은 최고의 성능을 가지거나 완벽하게 학습된 모델은 아니다.

어떠한 경우라도, 끊임없이 발전하고 있는 이 분야에 관심을 가지고 있자!

모델을 이해하기 위해, 이 장의 깃허브 저장소에 있는 Understanding_GPT_2_models_with_Ecco.ipynb를 살펴보자. 이 노트북으로, 트랜스포머가 토큰을 생성하기 전에 후보를 선택하는 방법을 확인할 수 있다.

이번 섹션에서, 트랜스포머가 각 층을 거치며 단어의 의미를 배워가는 것을 보았다. 트랜스포머는 결정을 내리기 전에 후보들을 생성한다. 노트북에서 보이듯이 트랜스포머는 확률적이며, 가장 가능성이 높은 후보들을 선별하여 고른다. 다음 문장을 읽어보자.

```
"The sun rises in the_____."
```

문장 마지막에는 어떤 단어가 어울릴까? 트랜스포머도 인간처럼 순간적으로 멈칫하면서 출력해 낸다.

GPT-2 모델은 sky라는 단어를 골랐다.

그림 14.17 문장 완성하기

하지만 그림 14.18처럼 GPT-2가 고민했던 다양한 단어들이 있다.

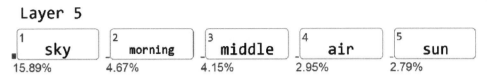

그림 14.18 고려했던 다양한 후보들

sky의 순위가 가장 높은 것을 볼 수 있지만, 두 번째인 morning도 제법 어울리는 단어이다. 모델이 확률적이기 때문에 여러번 실행해보면 다른 결과가 나올수도 있다.

AI와 트랜스포머 관련 분야는 완벽해 보인다.

하지만 아직 우리가 해야 할 일이 많이 남아있다.

14.4 내부를 볼 수 없는 모델 분석하기

이번 장에서 확인한 시각적 인터페이스 기능은 꽤 훌륭해보이지만 한계점이 존재한다!

OpenAI의 GPT-3의 경우에는 온라인이나 API로 실행되기 때문에 **서비스형 소프트웨어(Software as a Service, SaaS)**로 제공되는 모델의 가중치에 접근할 수 없다. 연구와 컴퓨터 성능에 수백만 달러를 투자하는 기업들은 오픈 소스가 아닌 종량제 서비스를 제공한다. 이러한 추세는 몇 년 동안 더욱 확대될 것이다.

만약 GPT-3의 소스 코드에 접근하거나 가중치를 확보한다고 해도 9,216개의 어텐션 헤드(96개 층 × 96개 헤드)를 시각적 인터페이스로 분석하기는 쉽지 않다.

오류를 분석하는 것은 여전히 대부분 인간의 몫인 것이다.

예를 들어, 영어에서 프랑스어로 번역할 때 coach라는 단어로 인해 발생할 수 있는 다의성(polysemy) 문제를 생각해 보자. 영어에서 coach는 훈련시키는 사람 또는 버스를 의미하는 단어이다. 하지만 프랑스 단어 coach는 훈련시키는 사람만을 의미한다.

OpenAI의 GPT-3 플레이그라운드(https://platform.openai.com/playground)에서 coach를 포함한 문장을 번역하면 복합적인 결과를 얻을 수 있다.

다음 문장은 OpenAI에서 올바르게 번역된다.

> English: The coach broke down, and everybody complained.(영어: 코치(버스)가 쓰러졌고 모두가 불평했다.)
> French(프랑스어): Le bus a eu un problème et tout le monde s'est plaint.

coach가 적절하게 버스(Le bus)로 번역되었지만, 앞 뒤 문맥이 더 필요했을지도 모른다.

결과는 확률적이므로, 올바른 결과가 나와도 다음번에는 틀릴 수 있다.

반면에 다음 문장은 잘못 번역되었다.

> English: The coach was dissatisfied with the team and everybody
> complained.(영어: 코치는 팀에 불만이 있었고 모두가 불평했다.)
> French: Le bus était insatisfait du équipe et tout le monde s'est plaint.(프랑스
> 어: 버스는 팀에 불만이 있었고 모두가 불평했다.)

이번에는 GPT-3가 사람을 의미하는 coach를 버스로 잘못 번역했다. 마찬가지로 결과는 확률적이고
실행 시마다 다를 수 있다.

두 번째 문장에 문맥을 추가한다면 더 나은 번역이 나온다.

> English: The coach of the football team was dissatisfied and everybody
> complained.(영어: 축구팀 코치는 불만족스러워했고 모두가 불평했다.)
> French(프랑스어): Le coach de l'équipe de football était insatisfait et tout le
> monde s'est plaint.

이번 번역은 영어 문장에서의 coach와 같은 의미인 프랑스 단어 coach를 잘 사용했다. 더 많은 문맥
을 제공한 덕분이다.

OpenAI의 AI 솔루션(특히 트랜스포머)은 지속적으로 발전하고 있다. 또한 작은 부분에서 4차 산업의
AI 기반 의사 결정은 NLP나 번역 작업 수준의 정교함 없이도 효과적이다.

하지만 클라우드 AI API에서 인간의 개입과 개발은 앞으로도 상당 기간동안 계속 필요할 것이다!

트랜스포머 모델은 단어 수준의 다의어를 구분하고 낮은 수준, 중간 수준, 상위 수준 종속성을 해결한다. 모델은 이런 능력을 얻기 위해 수백만에서 조 단위의 파라미터를 연결하고 학습한다. 이러한 거대한 모델을 해석하는 것은 어려워 보이지만, 다양한 도구가 개발되어 있다.

가장 먼저 BertViz를 설치했다. 상호 작용할 수 있는 인터페이스에서 어텐션 헤드의 동작을 해석해 보았다. 각 층에서 한 단어가 다른 단어와 어떻게 연관되는지 확인했다.

다음으로 논-프로빙 작업을 살펴보았다. NER 같은 프로빙 작업은 트랜스포머가 내부적으로 언어를 어떻게 표현하는지에 대한 인사이트를 준다. 하지만 논-프로빙 방식은 모델의 예측을 분석한다. 예를 들어, LIT를 사용하면 PCA나 UMAP으로 BERT의 출력값을 표현하고 클러스터를 분석하며 예측이 적합한지 확인할 수 있다.

마지막으로, 딕셔너리 러닝을 활용하여 트랜스포머를 시각화했다. 트랜스포머 팩터를 선택하고 낮은 층에서 높은 층을 거치며 팩터의 표현이 진화하는 것을 분석하고 시각화했다. 팩터는 점진적으로 단어 수준의 다의어에서 문장의 문맥 그리고 장기 종속성까지 다루게 된다.

트랜스포머의 활동을 사용자 친화적인 방식으로 시각화하고 해석할 수 있다는 것이 이 장의 핵심이다. 이번 장에서 소개한 도구들은 점점 발전해 나갈 것이다. 다음 장에서는 새로운 트랜스포머 모델을 살펴보고, 트랜스포머 프로젝트에서 적합한 모델을 고르기 위해 위험을 관리하는 방법을 알아볼 것이다.

14.6 문제

01. BertViz는 BERT의 마지막 층만 보여준다.   참 / 거짓

02. BertViz로 BERT의 각 층에 있는 어텐션 헤드를 시각화할 수 있다.   참 / 거짓

03. BertViz로 토큰 간의 관계를 시각화할 수 있다.   참 / 거짓

04. LIT는 BertViz처럼 어텐션 헤드 내부의 모습을 시각화한다.   참 / 거짓

05. 프로빙(probing)은 모델이 내부적으로 언어를 어떻게 표현하는지 분석하는 방법이다.   참 / 거짓

06. NER은 프로빙 방식의 작업이다.   참 / 거짓

07. PCA와 UMAP은 논-프로빙(non-probing) 방식의 작업이다.   참 / 거짓

08. LIME은 모델에 독립적(agnostic)이다.   참 / 거짓

09. 트랜스포머의 층을 지날수록 토큰간 관계가 심화된다.   참 / 거짓

10. 트랜스포머의 시각화는 AI를 설명하는 새로운 축을 제공했다.   참 / 거짓

14.7 참고 문헌

- **BertViz**: Jesse Vig, 2019, A Multiscale Visualization of Attention in the Transformer Model,2019, https://aclanthology.org/P19-3007.pdf
- **BertViz**: https://github.com/jessevig/BertViz
- **LIT, 감성 분석 표현에 대한 설명**: https://pair-code.github.io/lit/tutorials/sentiment/
- **LIT**: https://pair-code.github.io/lit/
- **딕셔너리 러닝과 트랜스포머 시각화**: Zeyu Yun, Yubei Chen, Bruno A Olshausen, Yann LeCun, 2021, Transformer visualization via dictionary learning: contextualized embedding as a linear superposition of transformer factors, https://arxiv.org/ abs/2103.15949
- **딕셔너리 러닝과 트랜스포머 시각화**: https://transformervis.github. io/transformervis/

15장

NLP부터
범용 트랜스포머
모델까지

지금까지 인코더와 디코더 층이 있는 오리지널 트랜스포머 모델의 변형을 살펴보고, 인코더 또는 디코더로만 이루어진 스택이 있는 다른 모델도 살펴봤다. 또한 층과 파라미터의 크기도 증가시켜 보았다. 그러나 동일한 층과 병렬화된 어텐션 헤드를 사용하는 트랜스포머의 기본 구조는 모두 같다.

이번 장에서는 오리지널 트랜스포머의 기본 구조를 존중하면서도 몇 가지 중요한 변화를 준 혁신적인 트랜스포머 모델을 살펴본다. 레고 조각 상자가 제공하는 수많은 가능성처럼 수많은 트랜스포머 모델이 등장할 것이다. 수백 가지 방법으로 조립할 수 있다! 트랜스포머 모델의 각 층은 레고의 첨단 AI 조각이다.

먼저 수많은 제품 중에서 어떤 트랜스포머 모델을 선택할지, 그리고 어떤 생태계(ecosystem)에서 구현할지 고민해 볼 것이다.

그런 다음 리포머 모델의 **LSH(Locality Sensitivity Hashing)** 버킷(bucket)과 청크화(chunking)를 살펴볼 것이다. 그런 다음 DeBERTa 모델에서 풀기(disentanglement)란 무엇인지 알아볼 것이다. 또한 디코더에서 위치를 관리하는 방법도 소개한다. 고성능 트랜스포머 모델인 DeBERTa는 인간 기준 성능을 뛰어넘는다.

마지막 단계는 ViT, CLIP, DALL-E와 같은 강력한 컴퓨터 비전 트랜스포머를 살펴보는 것이다. CLIP과 DALL-E를 OpenAI GPT-3에 추가하고 구글 BERT(구글에서 학습)를 극소수의 **파운데이션 모델** 그룹에 추가할 수 있다.

이러한 강력한 파운데이션 모델은 트랜스포머가 범용(task-agnostic)이라는 것을 증명한다. 트랜스포머는 시퀀스를 학습한다. 이러한 시퀀스는 시각, 소리, 그리고 시퀀스로 표현되는 모든 유형의 데이터를 포함한다.

이미지 또한 언어처럼 시퀀스로 이루어진 데이터이다. ViT, CLIP, DALL-E 모델로 학습하여 비전 모델을 혁신적인 수준으로 끌어올려 볼 것이다.

이 장이 끝나면 범용 트랜스포머의 세계가 상상력과 창의력의 세계로 진화했음을 알게 될 것이다.

이 장에서는 다음 주제들을 다룬다.

첫 번째 단계로 모델과 생태계를 선택하는 방법을 살펴보자.

모델과 생태계 선택하기

트랜스포머 모델을 다운로드하여 테스트하려면 기계와 인적 자원이 필요하다고 생각했다. 또한 이때까지 플랫폼에 온라인 샌드박스가 없었다면 몇 가지 예제를 테스트하는 작업을 하지 못해 더 사용하기 위험하다고 생각했을 수도 있다.

하지만 허깅페이스에서는 리포머와 DeBERTa 섹션에서 살펴볼 것처럼 사전 학습된 모델을 실시간으로 자동으로 다운로드한다! 덕분에 머신에 직접 아무것도 설치하지 않고도 구글 코랩에서 허깅페이스 모델을 실행할 수 있다. 또한 허깅페이스 모델을 온라인으로 테스트할 수도 있다.

"설치"없이도 분석할 수 있다. "설치할 것이 없다"는 것은 다음을 의미할 수 있다.

- 온라인에서 트랜스포머 작업 실행
- 사전 설치된 구글 코랩 VM에서 트랜스포머를 실행하여 사전 학습된 모델을 원활하게 다운로드하고 코드 몇 줄로 실행
- API로 트랜스포머 실행

"설치"의 정의는 지난 몇 년 동안 확장되었다. "온라인"의 정의도 넓어졌다. 코드 몇 줄로 API를 메타 온라인(meta-online) 테스트로 실행해 볼 수 있다.

이 섹션에서는 "설치 없이"와 "온라인"을 넓은 의미로 사용한다. 그림 15.1은 "온라인" 모델을 테스트하는 방법을 보여준다.

그림 15.1 온라인 트랜스포머 모델 테스트

지난 10년 동안 테스트는 다음처럼 유연하고 생산성 있도록 발전했다.

- 허깅페이스는 DeBERTa 및 다양한 모델의 API를 호스팅한다. 또한 허깅페이스는 트랜스포머 모델을 학습하고 배포할 수 있는 AutoML 서비스를 제공한다.

- OpenAI의 GPT-3 엔진은 온라인 플레이그라운드에서 실행되며 API를 제공한다. OpenAI는 다양한 NLP 작업을 처리하는 모델을 제공한다. 이 모델은 학습이 필요 없다. GPT-3의 10억 개 파라미터 제로 샷 엔진은 인상적이다. 많은 파라미터를 가진 트랜스포머 모델이 전반적으로 더 나은 결과를 생성한다. 마이크로소프트 애저(Azure), 구글 클라우드 AI, AllenNLP 및 기타 플랫폼에서 흥미로운 서비스를 제공한다.

- 논문을 읽어 온라인 모델을 분석할 수도 있다. 좋은 예로는 2021년 구글에서 발표한 페더스(Fedus et al.)의 「Switch Transformers: Scaling to Trillion Parameter Models with Simple and Efficient Sparsity(스위치 트랜스포머: 간단하고 효율적인 희소성으로 수조 개 파라미터 모델로 확장하기)」가 있다. 구글은 **8장, 법률 및 금융 문서에 트랜스포머를 적용하여 요약하기**에서 연구한 T5 모델의 크기를 늘렸다. 이 논문에서는 GPT-3와 같은 대규모 온라인 모델의 전략을 확인했다.

그러나 결국 솔루션을 선택하는 위험을 감수하는 것은 본인이다. 플랫폼과 모델을 탐색하는 데 투자한 시간은 선택을 마친 후 프로젝트 구현을 최적화하는 데 도움이 된다.

그림 15.2에 표시된 것처럼 세 가지 방법으로 선택한 것을 호스팅할 수 있다.

- 로컬 머신에서 API를 실행할 수 있다. OpenAI, 구글 Cloud AI, 마이크로소프트 애저 AI, 허깅페이스 등이 좋은 API를 제공한다. 애플리케이션은 로컬 머신에 있을 수 있지만 클라우드 서비스를 사용할 수도 있다.

- **Amazon Web Services(AWS)** 또는 구글 클라우드와 같은 클라우드 플랫폼에서 모델을 학습, 미세 조정, 테스트 및 실행할 수 있다. 이 경우 로컬 머신에 애플리케이션이 없고 모든 것이 클라우드에 있다.

- 로컬 머신, 데이터센터 가상 머신 또는 어디서든 API를 사용할 수 있다. 즉, API가 풍차, 비행기, 로켓 또는 자율 주행 차량과 같은 물리적 시스템에 통합될 수 있다. 따라서 시스템은 API를 통해 다른 시스템과 영구적으로 연결될 수 있다.

그림 15.2 모델에 대한 옵션 구현하기

결국 결정을 내리는 것은 여러분의 몫이다. 충분히 테스트하고, 분석하고, 비용을 계산하고, 팀과 협력하여 다양한 관점에 귀를 기울이자. 트랜스포머의 작동 원리를 더 많이 이해할수록 더 나은 선택을 할 수 있다.

이제 오리지널 트랜스포머 모델을 변형한 리포머에 대해 살펴보자.

15.2 리포머

2020년 키타예프(Kitaev et al.)는 어텐션과 메모리 문제를 해결하기 위해 리포머를 설계하여 기존 트랜스포머 모델에 추가했다.

리포머는 먼저 LSH 버킷과 청크화로 어텐션 문제를 해결한다.

LSH는 데이터셋에서 가장 가까운 이웃을 검색한다. 해시 함수는 데이터포인트(datapoint) q가 p에 가까우면 hash(q) == hash(p)로 결정한다. 이 경우 데이터포인트는 트랜스포머 모델 헤드의 키(key)다.

LSH 함수는 서로 유사한 객체를 가져와서 같은 정렬된 버킷에 넣는 것처럼 LSH 버킷화 프로세스로 키를 LSH 버킷(그림 15.3의 B1~B4)으로 변환한다.

정렬된 버킷은 병렬화를 위해 청크(그림 15.3의 C1~C4)로 분할된다. 마지막으로, 어텐션은 해당 청크와 이전 청크의 동일한 버킷 내에서만 적용된다.

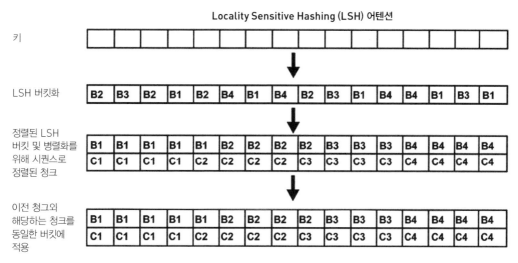

그림 15.3 LSH 어텐션 헤드

LSH 버킷화와 청크화는 모든 단어 쌍을 처리하는 $O(L^2)$에서 각 버킷의 내용만 처리하는 $O(LogL)$로 복잡성을 크게 줄여준다.

또한 리포머는 다중 층 모델에 대한 정보를 저장하는 대신 각 층의 입력을 재계산하여 메모리 문제도 해결한다. 재계산은 일부 대규모 다중 층 모델의 경우 테라바이트의 메모리를 소비하는 대신 온디맨드 방식으로 이루어진다.

이제 표도르 도스토예프스키의 『죄와 벌』 영어 번역본으로 학습된 리포머 모델을 사용한다.

15.2.1 예제 실행하기

호스팅된 추론 API를 사용하여 온라인에서 직접 실행해 보자. 입력 문장은 다음과 같다.

The student was impoverished and did not know what to do.(학생은 가난했고 무엇을 해야 할지 몰랐다.)

온라인 인터페이스 링크에 입력이 포함되어 있다.(https://huggingface.co/google/reformer-crime-and-punishment?text=The+student+was+impoverished+and+did+not+know+what+to+do)

호스팅된 추론 API가 입력 문장과 함께 나타난다. compute를 클릭하면 입력 바로 아래에 결과가 표시된다.

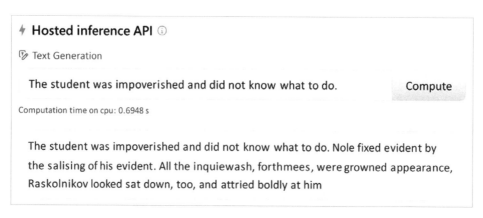

그림 15.4 리포머의 호스팅된 추론 API

알고리즘이 확률적이기 때문에 다른 응답을 얻을 수 있다. 리포머는 OpenAI의 GPT-3와 같은 수십억 비트(bits) 정보를 가진 슈퍼컴퓨터는 아니지만 합리적으로 학습되었다. 리포머의 결과가 그다지 인상적이지 않다. 더 나은 결과를 얻으려면 더 많은 학습과 미세 조정이 필요하다.

OpenAI의 GPT-3 엔진은 똑같은 입력 문장을 넣으면 텍스트 완성에 대해 다음 결과를 생성한다.

학생은 가난했고 무엇을 해야 할지 몰랐다. 의지할 사람도 없었고 머물 곳도 찾을 수 없었다. 학생은 가방에서 메모지를 꺼내 다음처럼 글을 쓰기 시작했다. "제 이름은 XXXX입니다. 저는 XXXX의 학생입니다. 저는 가족도, 친구도, 돈도 없습니다."

결과를 비교하면 GPT-3엔진이 더 설득력이 있다. 회원가입 후 OpenAI의 플레이그라운드에 접속할 수 있다.(https://openai.com/)

이는 파라미터 수십억 개를 포함하는 고도로 잘 학습된 트랜스포머 모델이 혁신적인 트랜스포머 모델 아키텍처보다 성능이 뛰어날 수 있음을 보여준다.

슈퍼컴퓨터 기반의 클라우드 AI 플랫폼이 로컬이나 덜 강력한 클라우드 플랫폼보다 점차 더 나은 성능을 발휘할까? 솔루션을 고르기 전에 프로토타입을 통해 이러한 문제를 해결해야 한다.

DeBERTa의 또 다른 혁신적인 아키텍처를 살펴보자.

트랜스포머에 대한 또 다른 새로운 접근 방식은 풀기를 통해 찾을 수 있다. AI에서 풀기는 표현 기능을 분리하여 학습 프로세스를 보다 유연하게 만들 수 있다. Pengcheng He, Xiaodong Liu, Jianfeng Gao, Weizhu Chen은 다음 논문으로 트랜스포머에 풀기를 적용한 DeBERTa를 소개했다. DeBERTa: Decoding-enhanced BERT with Disentangled Attention: https://arxiv.org/abs/2006.03654

DeBERTa에 구현된 두 가지 주요 아이디어는 다음과 같다.

- 트랜스포머 모델에서 콘텐츠 벡터와 위치 벡터를 풀어내어, 두 벡터를 개별적으로 학습한다.
- 사전 학습 시 디코더에서 마스킹된 토큰을 예측할 때 절대 위치를 사용한다.

논문 저자는 깃허브에서 코드를 제공한다.(https://github.com/microsoft/DeBERTa)

DeBERTa는 SuperGLUE 순위표에서 인간 기준 성능을 넘어섰다.

Rank	Name	Model
1	ERNIE Team - Baidu	ERNIE 3.0
2	Zirui Wang	T5 + Meena, Single Model (Meena Team - Google Brain)
3	DeBERTa Team - Microsoft	DeBERTa / TuringNLRv4

그림 15.5 SuperGLUE 순위표에서 DeBERTa

허깅페이스의 클라우드 플랫폼에서 예제를 실행해 보자.

15.3.1 예제 실행하기

허깅페이스의 클라우드 플랫폼에서 예제를 실행하려면 다음 링크를 클릭한다.

https://huggingface.co/cross-encoder/nli-deberta-base

호스팅된 추론 API에 사용 가능한 클래스 이름 및 예제가 출력된다.

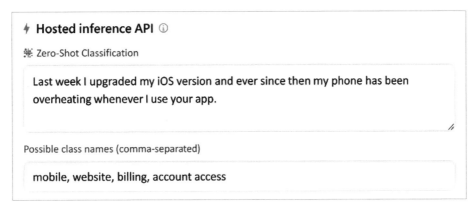

그림 15.6 DeBERTa의 호스팅된 추론 API

분류할 클래스 종류는 mobile, website, billing, account access이다.

결과는 흥미롭다. GPT-3 키워드 작업과 비교해 보자. 먼저 https://openai.com/에 가입한다.

다음처럼 Text와 Keywords를 입력한다.

Text: Last week I upgraded my iOS version and ever since then my phone has been overheating whenever I use your app.

Keywords: app, overheating, phone

결과 키워드는 app, overheating, phone이다.

지금까지 DeBERTa와 GPT-3 트랜스포머를 살펴봤다. 이제 트랜스포머를 비전 모델로 확장해 보자.

범용 모델에서 비전 트랜스포머까지

1장, 트랜스포머란 무엇인가?에서 살펴본 것 같이 파운데이션 모델에는 두 가지 고유한 특성이 있다.

- 이머전스(Emergence) – 파운데이션 모델로써 트랜스포머 모델은 학습되지 않은 작업을 수행할 수 있다. 슈퍼컴퓨터에서 학습된 대형 모델이며, 다른 많은 모델처럼 특정 작업을 대상으로 학습되지 않았다. 파운데이션 모델은 시퀀스를 이해하는 방법을 학습한다.

- 단일화(Homogenization) – 동일한 기본 아키텍처로 여러 도메인에서 동일한 모델을 사용할 수 있다. 파운데이션 모델은 다른 어떤 모델보다 데이터를 통해 새로운 기술을 더 빠르고 더 잘 학습할 수 있다.

GPT-3 및 구글 BERT(구글에서 학습한 BERT 모델만 해당)는 범용 파운데이션 모델이다. 이러한 범용 모델은 ViT, CLIP, DALL-E 모델로 이어진다. 트랜스포머는 놀라운 시퀀스 분석 능력을 가지고 있다.

트랜스포머 모델의 추상화 수준은 다중 모달 뉴런(multi-modal neurons)으로 이어진다.

다중 모달 뉴런은 이미지를 픽셀 또는 이미지 패치로 토큰화한다. 비전 트랜스포머는 이것을 단어로 처리할 수 있다. 이미지가 인코딩되면 트랜스포머 모델은 그림 15.7처럼 토큰을 모든 단어 토큰으로 간주한다.

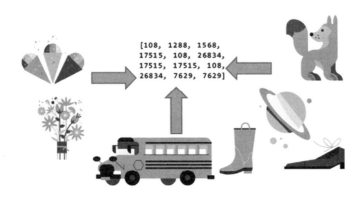

[108, 1288, 1568,
17515, 108, 26834,
17515, 17515, 108,
26834, 7629, 7629]

그림 15.7 이미지를 단어와 유사한 토큰으로 인코딩할 수 있다.

이 섹션에서는 다음을 다룬다.

- ViT, 이미지를 단어 패치로 처리하는 비전 트랜스포머
- CLIP, 텍스트와 이미지를 인코딩하는 비전 트랜스포머
- DALL-E, 텍스트로 이미지를 구성하는 비전 트랜스포머

먼저 이미지를 단어 패치로 처리하는 비전 트랜스포머인 ViT에 대해 살펴보자.

15.4.1 ViT - 비전 트랜스포머

2021년 도소비츠키(Dosovitskiy et al.)는 논문 제목에서 비전 트랜스포머 아키텍처의 본질을 다음처럼 요약했다. '대규모 이미지 인식을 위한 트랜스포머의 이미지는 16×16 단어의 가치가 있다.'

이미지는 16×16 단어의 패치로 변환할 수 있다.

코드를 살펴보기 전에 먼저 ViT의 아키텍처를 살펴보자.

15.4.1.1 ViT의 기본 아키텍처

비전 트랜스포머는 이미지를 단어 패치로 처리할 수 있다. 이 섹션에서는 과정을 세 단계로 진행한다.

1. 이미지를 패치로 분할하기
2. 패치의 선형 투영(linear projection)
3. 하이브리드 입력 임베딩 서브 층

첫 번째 단계로 이미지를 동일한 크기의 패치로 분할한다.

15.4.1.2 1단계: 이미지를 패치로 분할하기

그림 15.8처럼 이미지를 n개의 패치로 분할한다. 모든 패치의 크기가 16×16처럼 동일하다면 패치 개수에 대한 규칙은 없다.

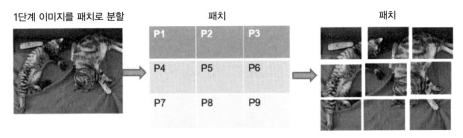

그림 15.8 이미지를 패치로 분할하기

이제 동일한 크기의 패치가 시퀀스의 단어를 나타낸다. 아직 패치로 무엇을 할 것인가에 대한 문제가 남아 있다. 각 유형의 비전 트랜스포머에는 고유한 방법이 있다.

이제 ViT로 입력하기 위해 2단계에서는 평평한(flatten) 이미지로 선형 투영을 준비해 보자.

15.4.1.3 2단계: 평평한 이미지로 선형 투영 준비하기

1단계에서는 이미지를 동일한 크기의 패치로 변환했다. 패치를 사용한 이유는 이미지를 픽셀 단위로 처리하는 것을 피하기 위함이다. 하지만 패치를 처리하는 방법을 찾아야 하는 과제가 남아 있다.

구글 리서치 팀은 그림 15.9처럼 이미지를 분할하여 얻은 패치를 사용하여 평평한 이미지의 선형 투영을 설계하기로 결정했다.

2단계: 평평한 이미지의 선형 투영

그림 15.9 평평한 이미지의 선형 투영

아이디어는 단어 시퀀스와 유사한 패치 시퀀스를 얻는 것이다. 이제 평평한 이미지 시퀀스를 임베딩하는 문제가 남았다.

15.4.1.4 3단계: 하이브리드 입력 임베딩 서브 층

단어와 유사한 이미지 시퀀스는 트랜스포머에 들어갈 수 있다. 문제는 여전히 이미지라는 점이다! 구글 리서치는 그림 15.10의 하이브리드 입력 모델이 작업을 수행할 수 있다고 판단했다.

- 컨볼루션(convolutional) 네트워크를 추가하여 패치의 선형 투영을 임베딩한다.
- 위치 인코딩을 추가하여 원본 이미지의 구조를 유지한다.
- 그런 다음 임베딩된 입력을 표준 BERT와 유사한 인코더로 처리한다.

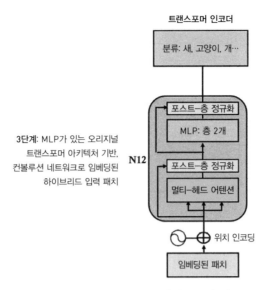

트랜스포머 인코더

분류: 새, 고양이, 개…

포스트-층 정규화

MLP: 층 2개

포스트-층 정규화

멀티-헤드 어텐션

3단계: MLP가 있는 오리지널
트랜스포머 아키텍처 기반,
컨볼루션 네트워크로 임베딩된
하이브리드 입력 패치

N12

위치 인코딩

임베딩된 패치

그림 15.10 하이브리드 입력 서브 층과 표준 인코더

구글 리서치에서 NLP 트랜스포머 모델을 비전 트랜스포머로 변환하는 현명한 방법을 발견했다. 이제 비전 트랜스포머의 허깅페이스 예제를 코드로 구현해 보자.

15.4.1.5 코드로 보는 비전 트랜스포머

이 섹션에서는 비전 트랜스포머의 특정 아키텍처와 관련된 코드에 중점을 둔다.

깃허브의 이번 챕터 저장소에 있는 Vision_Transformers.ipynb를 연다.

구글 코랩 VM에는 torch나 torchvision같은 많은 패키지가 사전 설치되어 있다. 노트북의 첫 번째 셀에 있는 명령의 주석 처리를 해제하면 설치된 패키지가 출력된다.

#아래 주석을 해제하고 실행해 사전 설치된 모듈 목록을 출력한다.
#!pip list -v

그런 다음 노트북의 **비전 트랜스포머(ViT)** 셀로 이동한다. 노트북이 먼저 허깅페이스 트랜스포머를 설치하고 필요한 모듈을 임포트한다.

```
!pip install transformers
from transformers import ViTFeatureExtractor, ViTForImageClassification
from PIL import Image
import requests
```

그런 다음 COCO 데이터셋에서 이미지를 다운로드한다. 더 많은 실험을 하고 싶다면 해당 웹사이트에서 포괄적인 데이터셋을 찾을 수 있다. https://cocodataset.org/

VAL2017 데이터셋을 다운로드하자. COCO 데이터셋 웹사이트의 지침에 따라 프로그램을 통해 이미지를 얻거나 로컬에서 데이터셋을 다운로드할 수 있다.

VAL2017에는 ViT 모델을 테스트할 수 있는 이미지 5,000개가 포함되어 있다. 이미지 5,000개 중 어떤 이미지라도 실행할 수 있다.

고양이 이미지로 노트북을 테스트해 보자. 먼저 URL로 고양이 이미지를 검색한다.

```
url = 'http://images.cocodataset.org/val2017/000000039769.jpg'
image = Image.open(requests.get(url, stream=True).raw)
```

그런 다음 구글의 피처 추출기(feature extractor)와 분류 모델을 다운로드한다.

```
feature_extractor = ViTFeatureExtractor.from_pretrained('google/vit-basepatch16-224')
model = ViTForImageClassification.from_pretrained('google/vit-basepatch16-224')
```

이 모델은 224×244 해상도 이미지로 학습되었지만 피처 추출 및 분류를 위해 16×16 패치를 사용한다. 노트북이 모델을 실행하고 예측을 수행한다.

```
inputs = feature_extractor(images=image, return_tensors="pt")
outputs = model(**inputs)
logits = outputs.logits
# 모델이 1,000개 ImageNet 클래스 중 하나를 예측한다.
predicted_class_idx = logits.argmax(-1).item()
print("Predicted class:",predicted_class_idx,": ", model.config.
id2label[predicted_class_idx])
```

출력은 다음과 같다.

```
Predicted class: 285 : Egyptian cat
```

예측 뒤에 나오는 코드를 살펴보면 다음과 같은 세부적인 정보를 얻을 수 있다.

- model.config.id2label로 클래스의 라벨을 나열할 수 있다. 1,000개의 클래스와 각각의 설명이 출력된다.

```
{0: 'tench, Tinca tinca',1: 'goldfish, Carassius auratus', 2: 'great
white shark, white shark, man-eater, man-eating shark, Carcharodon
carcharias',3: 'tiger shark, Galeocerdo cuvieri',....,999: 'toilet
tissue, toilet paper, bathroom tissue'}
```

- model 명령어로, 컨볼루션 입력 서브 층으로 시작하는 모델의 아키텍처를 확인할 수 있다.

```
(embeddings): ViTEmbeddings(
   (patch_embeddings): PatchEmbeddings(
      (projection): Conv2d(3, 768, kernel_size=(16, 16), stride=(16, 16)
   )
)
```

컨볼루션 입력 임베딩 서브 층 이후 모델은 BERT와 유사한 인코더이다.

NLP 트랜스포머에서 이미지용 트랜스포머로, 그리고 모든 것을 위한 트랜스포머로 빠르게 이어지는 혁신적인 움직임을 천천히 살펴보길 바란다.

이제 또 다른 컴퓨터 비전 모델인 CLIP을 살펴보자.

15.4.2 CLIP

CLIP(Contrastive Language-Image Pre-Training)은 트랜스포머의 철학을 따른다. 트랜스포머 타입의 층에 데이터 시퀀스를 연결한다. 이번에는 텍스트 쌍을 전달하는 대신 텍스트-이미지 쌍을 전달한다. 데이터가 토큰화, 인코딩, 임베딩되면 범용 모델인 CLIP은 다른 데이터 시퀀스와 마찬가지로 텍스트-이미지 쌍을 학습한다.

이것은 두 이미지를 대조(contrast)하며 학습하는 방법이다. 마치 우리가 틀린 그림 찾기를 할 때 두 이미지를 비교하는 것과 유사하다.

코드를 살펴보기 전에 먼저 CLIP의 아키텍처를 살펴보자.

15.4.2.1 CLIP의 기본 아키텍처

대조(contrastive) 이미지의 차이점과 유사점으로 이미지가 서로 어떻게 어울리는지 학습한다. 이미지와 캡션은 사전 학습을 통해 서로를 향해 가는 길을 찾는다. 사전 학습 후 CLIP은 새로운 작업을 학습한다.

CLIP은 GPT 모델처럼 다양한 용도로 전이(transfer)될 수 있다. 예를 들어 새로운 시각적 콘셉트를 학습하고 동작 인식 등에 사용할 수 있다. 캡션에 따라 무궁무진한 분야로 응용할 수 있는 것이다.

ViT는 이미지를 단어와 같은 패치로 분할한다. CLIP은 그림 15.11처럼 코사인 유사도를 극대화하기 위해 (캡션, 이미지) 쌍에 대해 텍스트와 이미지 인코더를 동시 학습한다.

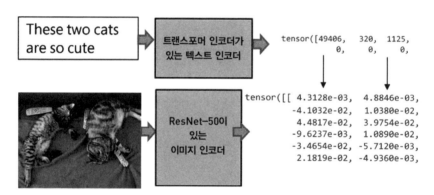

그림 15.11 텍스트와 이미지 공동 학습

그림 15.11은 트랜스포머가 입력된 텍스트로 표준 트랜스포머 인코더를 실행하는 방법을 보여준다. 인코더는 트랜스포머 구조에서 이미지에 대해 ResNet 50층의 CNN을 실행한다. ResNet 50은 멀티 헤드 QKV 어텐션 헤드의 풀링(pooling) 메커니즘으로 평균 풀링(average pooling)을 사용하도록 수정되었다.

CLIP이 텍스트-이미지 시퀀스를 학습하여 예측하는 방법을 살펴보자.

15.4.2.2 코드로 보는 CLIP

깃허브에서 이번 챕터 저장소에 있는 Vision_Transformers.ipynb를 열고 노트북의 CLIP 셀로 이동한다.

프로그램은 파이토치와 CLIP을 설치하는 것으로 시작된다.

```
!pip install ftfy regex tqdm
!pip install git+https://github.com/openai/CLIP.git
```

또한 프로그램은 이미지에 접근하기 위해 모듈과 CIFAR-100을 임포트한다.

```
import os
import clip
import torch
from torchvision.datasets import CIFAR100
```

인덱스가 0에서 9,999 사이인 이미지 10,000개를 사용할 수 있다. 다음 단계로 예측할 이미지를 선택한다.

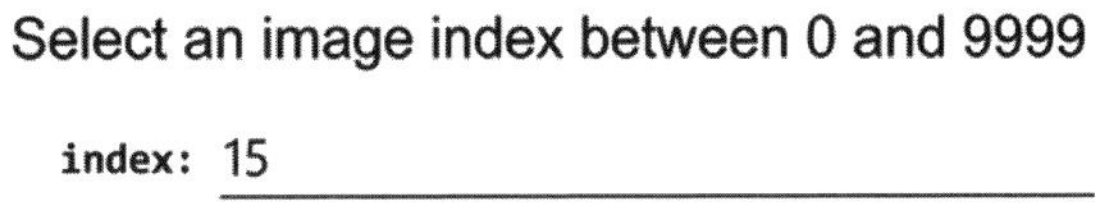

Select an image index between 0 and 9999

index: 15

그림 15.12 이미지 인덱스 선택하기

그런 다음 프로그램은 사용 가능한 장치(GPU 또는 CPU)에 모델을 불러온다.

```
# 모델 불러오기
device = "cuda" if torch.cuda.is_available() else "cpu"
model, preprocess = clip.load('ViT-B/32', device)
```

이미지가 다운로드된다.

```
# 데이터셋 다운받기
cifar100 = CIFAR100(root=os.path.expanduser("~/.cache"), download=True,
train=False)
```

입력이 준비되었다.

```
# 입력 데이터 준비하기
image, class_id = cifar100[index]
image_input = preprocess(image).unsqueeze(0).to(device)
text_inputs = torch.cat([clip.tokenize(f"a photo of a {c}") for c in
cifar100.classes]).to(device)
```

예측하기 전에 선택한 입력을 시각화해 보자.

```
import matplotlib.pyplot as plt
from torchvision import transforms
plt.imshow(image)
```

출력된 index 15가 사자라는 것을 알 수 있다.

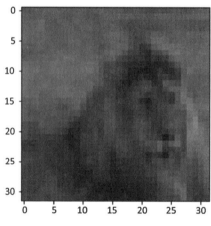

그림 15.13 인덱스 15의 이미지

우리는 인간이기 때문에 이것이 사자라는 것을 알 수 있지만, NLP 용으로 설계된 트랜스포머는 이미지가 무엇인지 학습해야 한다. 이제 이미지를 얼마나 잘 인식할 수 있는지 살펴본다.

이 프로그램은 피처를 계산할 때 이미지 입력과 텍스트 입력을 분리하여 공동 트랜스포머 모델을 실행하는 것을 보여준다.

```
# 피처 계산하기
with torch.no_grad():
    image_features = model.encode_image(image_input)
    text_features = model.encode_text(text_inputs)
```

이제 CLIP이 예측을 수행하고 예측 결과 상위 5개를 출력한다.

```
# 이미지와 가장 유사한 상위 다섯 라벨 선택하기
image_features /= image_features.norm(dim=-1, keepdim=True)
text_features /= text_features.norm(dim=-1, keepdim=True)
similarity = (100.0 * image_features @ text_features.T).softmax(dim=-1)
values, indices = similarity[0].topk(5)
# 결과 출력하기
print("\nTop predictions:\n")
for value, index in zip(values, indices):
    print(f"{cifar100.classes[index]:>16s}: {100 * value.item():.2f}%")
```

더 많은 예측을 얻거나 더 적은 예측을 얻으려면 topk(5)를 수정한다. 예측 결과 상위 5개가 출력된다.

```
Top predictions:
    lion: 96.34%
    tiger: 1.04%
    camel: 0.28%
    lawn_mower: 0.26%
    leopard: 0.26%
```

CLIP은 사자를 찾았고, 이는 트랜스포머 아키텍처의 유연성을 보여준다.

다음 셀에는 클래스가 표시된다.

```
cifar100.classes
```

클래스를 살펴보면 클래스당 하나의 라벨만 사용할 수 있다는 제한이 있지만 CLIP이 잘 찾은 것을 알 수 있다.

```
[...,'kangaroo','keyboard','lamp','lawn_mower','leopard','lion', 'lizard', ...]
```

노트북에는 CLIP의 아키텍처와 설정을 설명하는 몇 가지 다른 셀이 포함되어 있다.

model 셀은 ViT 모델처럼 컨볼루션 임베딩으로 시작하여 멀티 헤드 어텐션이 있는 "표준" 크기(768)의 트랜스포머로 이어지는 시각 인코더를 확인할 수 있다.

```
CLIP(
    (visual): VisionTransformer(
        (conv1): Conv2d(3, 768, kernel_size=(32, 32), stride=(32, 32), bias=False)
        (ln_pre): LayerNorm((768,), eps=1e-05, elementwise_affine=True)
        (transformer): Transformer(
            (resblocks): Sequential(
                (0): ResidualAttentionBlock(
                    (attn): MultiheadAttention(
                        (out_proj): NonDynamicallyQuantizableLinear(in_features=768,
out_features=768, bias=True)
                    )
                    (ln_1): LayerNorm((768,), eps=1e-05, elementwise_affine=True)
                    (mlp): Sequential(
                        (c_fc): Linear(in_features=768, out_features=3072, bias=True)
                        (gelu): QuickGELU()
                        (c_proj): Linear(in_features=3072, out_features=768, bias=True)
                    )
                    (ln_2): LayerNorm((768,), eps=1e-05, elementwise_affine=True)
                )
```

model 셀의 또 다른 흥미로운 측면은 이미지 인코더와 공동으로 실행되는 512 크기의 텍스트 인코더이다.

```
(transformer): Transformer(
  (resblocks): Sequential(
    (0): ResidualAttentionBlock(
      (attn): MultiheadAttention(
        (out_proj): NonDynamicallyQuantizableLinear(in_features=512, out_
features=512, bias=True)
      )
      (ln_1): LayerNorm((512,), eps=1e-05, elementwise_affine=True)
      (mlp): Sequential(
        (c_fc): Linear(in_features=512, out_features=2048, bias=True)
        (gelu): QuickGELU()
        (c_proj): Linear(in_features=2048, out_features=512, bias=True)
      )
      (ln_2): LayerNorm((512,), eps=1e-05, elementwise_affine=True)
    )
```

아키텍처, 설정, 파라미터를 설명하는 셀을 살펴보고 CLIP이 어떻게 데이터를 표현하는지 확인하자.

범용 트랜스포머 모델이 이미지–텍스트 쌍을 텍스트–텍스트 쌍으로 처리한다는 것을 보였다. 음악–텍스트, 소리–텍스트, 음악–이미지 및 모든 유형의 데이터 쌍에 범용 모델을 적용할 수 있다.

이제 이미지와 텍스트를 처리할 수 있는 또 다른 범용 트랜스포머 모델인 DALL-E에 대해 살펴보자.

15.4.3 DALL-E

DALL-E는 CLIP과 마찬가지로 범용 모델이다. CLIP은 텍스트–이미지 쌍을 사용했다. DALL-E는 텍스트와 이미지 토큰을 다르게 처리한다. DALL-E의 입력은 토큰 1,280개로 구성된 텍스트와 이미지의 단일 스트림이다. 토큰 256개는 텍스트에, 토큰 1,024개는 이미지에 사용된다. DALL-E는 CLIP처럼 파운데이션 모델이다.

DALL-E는 Salvador Dali와 픽사(Pixar)의 WALL-E에서 이름을 따왔다. DALL-E는 텍스트 프롬프트(prompt)를 입력하고 이미지를 생성하는 방식으로 사용된다. 먼저 DALL-E는 텍스트로 이미지를 생성하는 방법을 학습해야 한다.

DALL-E는 파라미터 120억 개를 가진 GPT-3 버전이다.

이 트랜스포머는 텍스트-이미지 쌍의 데이터셋을 사용하여 텍스트 설명으로부터 이미지를 생성한다.

15.4.3.1 DALL-E의 기본 아키텍처

그림 15.14에서 볼 수 있듯이, CLIP과 달리 DALL-E는 BPE 인코딩된 텍스트 토큰 최대 256개를 이미지 토큰 32×32 = 1,024개와 연결한다.

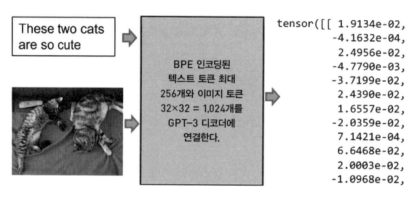

그림 15.14 텍스트 및 이미지 입력을 연결한 DALL-E

그림 15.14는 고양이 이미지가 입력 텍스트와 연결된 것을 보여준다.

DALL-E에는 인코더와 디코더 스택이 있으며, 트랜스포머 모델에 컨볼루션 함수를 적용한 하이브리드 아키텍처로 구축되어 있다. 코드로 모델이 어떻게 작동하는지 살펴보자.

15.4.3.2 코드로 보는 DALL-E

이 섹션에서는 DALL-E가 이미지를 재구성하는 방법을 살펴본다.

> **NOTE**
>
> 구글 코랩에서 DALL-E를 실행하기 전에 **런타임(Runtime)** 메뉴의 **세션 관리(Manage sessions)**에서 모든 활성 세션을 종료하자. 그런 다음 셀 하나하나 실행해 DALL-E를 실행해보자.
> 이 장의 깃허브 저장소에서 DALL-E.ipynb를 사용해 독립적으로 실행해볼 수도 있다.

Vision_Transformers.ipynb를 열고, 노트북의 DALL-E 셀로 이동한다. 노트북은 먼저 OpenAI DALL-E를 설치한다.

```
!pip install DALL-E
```

노트북이 이미지를 다운로드하고 처리한다.

```
import io
import os, sys
import requests
import PIL

import torch
import torchvision.transforms as T
import torchvision.transforms.functional as TF

from dall_e import map_pixels, unmap_pixels, load_model
from IPython.display import display, display_markdown

target_image_size = 256

def download_image(url):
    resp = requests.get(url)
    resp.raise_for_status()
    return PIL.Image.open(io.BytesIO(resp.content))

def preprocess(img):
    s = min(img.size)
    if s < target_image_size:
        raise ValueError(f'min dim for image {s} < {target_image_size}')
    r = target_image_size / s
    s = (round(r * img.size[1]), round(r * img.size[0]))
    img = TF.resize(img, s, interpolation=PIL.Image.LANCZOS)
    img = TF.center_crop(img, output_size=2 * [target_image_size])
    img = torch.unsqueeze(T.ToTensor()(img), 0)
    return map_pixels(img)
```

이제 프로그램이 OpenAI DALL-E 인코더와 디코더를 불러온다.

```
# GPU로 변경 가능(예를 들면 'cuda:0')
dev = torch.device('cpu')
```

```
# 모델을 더 빠르게 불러오려면 이 파일을 로컬에 다운로드하고 경로를 로컬 경로로 변경하세요.
enc = load_model("https://cdn.openai.com/dall-e/encoder.pkl", dev)
dec = load_model("https://cdn.openai.com/dall-e/decoder.pkl", dev)
```

인코더와 디코더 블록을 살펴보고 하이브리드 모델이 어떻게 작동하는지 확인할 수 있도록 enc 및 dec 셀을 추가했다.

이 섹션에서 처리된 mycat.jpg 이미지는 이 책 깃허브 저장소에서 Chapter15 디렉터리에서 다운로드 할 수 있다.

```
x=preprocess(download_image('https://github.com/Denis2054/AI_Educational/
blob/master/mycat.jpg?raw=true'))
```

마지막으로 원본 이미지를 표시한다.

```
display_markdown('Original image:')
display(T.ToPILImage(mode='RGB')(x[0]))
```

이미지가 출력된다.

그림 15.15 고양이 이미지

이제 프로그램이 재구성된 이미지를 처리하고 표시한다.

```
import torch.nn.functional as F

z_logits = enc(x)
z = torch.argmax(z_logits, axis=1)
z = F.one_hot(z, num_classes=enc.vocab_size).permute(0, 3, 1, 2).float()

x_stats = dec(z).float()
x_rec = unmap_pixels(torch.sigmoid(x_stats[:, :3]))
x_rec = T.ToPILImage(mode='RGB')(x_rec[0])

display_markdown('Reconstructed image:')
display(x_rec)
```

재구성된 이미지는 원본과 매우 유사해 보인다.

그림 15.16 고양이 이미지를 재구성한 DALL-E

결과는 인상적이다. DALL-E는 스스로 이미지를 생성하는 방법을 배웠다.

이 책을 집필할 당시에는 DALL-E의 전체 소스 코드가 제공되지 않았으며 앞으로도 제공되지 않을 수도 있다. 텍스트 프롬프트에서 이미지를 생성하는 OpenAI API는 아직 온라인에 공개되지 않았다. 하지만 눈을 크게 뜨고 지켜보자!

그동안 OpenAI에서 DALL-E를 계속 사용할 수 있다.(https://openai.com/index/dall-e)

페이지를 접근하여 예제까지 아래로 스크롤한다. 예시로 샌프란시스코의 알라모 광장 사진을 프롬프트로 선택했다.

TEXT PROMPT a photo of alamo square, san francisco, from a street at night

그림 15.17 샌프란시스코의 알라모 광장 프롬프트

그런 다음 "밤에"를 "아침에"로 수정했다.

at night
at night
in the afternoon
in the morning

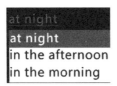

그림 15.18 프롬프트 수정하기

그러자 DALL-E가 수많은 text2image 이미지를 생성했다.

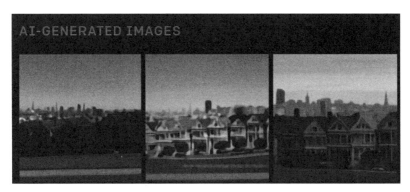

그림 15.19 텍스트 프롬프트에서 이미지 생성하기

우리는 세 가지 비전 트랜스포머인 ViT, CLIP, DALL-E를 구현했다. 마무리하기 전에 마지막으로 몇 가지 생각을 정리해 보자.

15.5 확장되는 모델 세계

새로운 스마트폰처럼 새로운 트랜스포머 모델이 거의 매주 등장한다. 일부 모델은 프로젝트 관리자에게 놀랍기도 하고 도전과제를 제시하기도 한다.

- **ERNIE**: 지속적으로 사전 학습하여 언어 이해에 대한 인상적인 결과를 도출하는 프레임워크.

  논문: https://arxiv.org/abs/1907.12412

  도전 과제: 허깅페이스에서 모델을 제공한다. 완전히 학습된 모델인가? SuperGLUE 순위표에서 인간 기준 성능을 뛰어넘도록 바이두(Baidu)가 학습시킨 모델인가? (2021년 12월) https://super.gluebenchmark.com/leaderboard 가장 좋은 모델인가 아니면 그냥 장난감 모델인가? 이렇게 작은 버전의 모델에서 AutoML을 실행하는 목적은 무엇인가? 바이두 플랫폼이나 유사한 플랫폼에서 접근할 수 있나? 비용은 얼마나 들까?

- **SWITCH**: 희소(sparse) 모델링으로 최적화된 파라미터 1조 개 모델

  논문: https://arxiv.org/abs/2101.03961

  도전 과제: 논문은 환상적이다. 모델은 어디에 있나? 실제 완전히 학습된 모델을 사용할 수 있나? 비용은 얼마나 들까?

- **Megatron-Turing**: 파라미터 5,000억 개 트랜스포머 모델.

  블로그: https://developer.nvidia.com/blog/using-deepspeed-and-megatron-to-train-megatron-turing-nlg-530b-the-worlds-largest-and-most-powerful-generative-language-model/

  도전 과제: 시장에서 가장 우수한 모델 중 하나다. API를 통해 접근할 수 있나? 본격적인 모델이 될까? 비용은 얼마나 들까?

- **XLNET**은 BERT처럼 사전 학습되지만, 저자들은 이 모델이 BERT 모델 성능을 뛰어넘는다고 주장한다.

  논문: https://proceedings.neurips.cc/paper/2019/file/dc6a7e655d7e5840e66733e9ee67cc69-Paper.pdf

  도전 과제: XLNET이 실제로 구글이 사용하는 버전인 구글 BERT의 성능을 뛰어넘을 수 있을까? 구글 BERT 또는 XLNET 모델 중 가장 우수한 버전에 접근할 수 있을까?

목록은 끝이 없으며 계속 늘어나고 있다!

이들 모두를 테스트하는 것은 앞서 언급한 문제 외에도 여전히 어려운 과제이다. 몇 가지 트랜스포머 모델만이 파운데이션 모델로서 자격이 있다. 파운데이션 모델은 반드시 다음과 같아야 한다.

- 다양한 업무에 대해 충분히 학습해야 한다.
- 독보적인 수준의 NLU로 학습되지 않은 작업도 수행할 수 있어야 한다.
- OpenAI GPT-3처럼 정확한 결과를 합리적으로 보장할 만큼 충분히 큰 규모여야 한다.

많은 사이트에서 교육 목적으로는 유용하지만, 벤치마킹에 적합할 만큼 충분히 학습되고 규모가 크다고 볼 수 없는 트랜스포머를 제공한다.

가장 좋은 방법은 트랜스포머 모델을 최대한 깊게 이해하는 것이다. 어느 순간 전문가가 되어, 첨단 기술 혁신의 정글에서 길을 찾는 것이 스마트폰을 선택하는 것만큼이나 쉬워질 것이다!

정리하기

새로운 트랜스포머 모델이 계속 시장에 출시되고 있다. 따라서 간행물과 서적을 읽고 일부 시스템을 테스트하여 최신 연구를 따라잡는 것이 좋다.

이를 통해 어떤 트랜스포머 모델을 선택하고 어떻게 구현할지 평가할 수 있다. 시장에 출시되는 모든 모델을 몇 달씩 들여다볼 수는 없다. 프로젝트가 운영 중이라면 매달 트랜스포머 모델을 변경할 수도 없다. 4차 산업 시대는 끊임없는 API 생태계로 향하고 있다.

모든 모델을 학습하는 것은 불가능하다. 하지만 트랜스포머 모델에 대한 지식을 고도화하면 새로운 모델을 빠르게 이해할 수 있다.

트랜스포머 모델의 기본 구조는 변경되지 않는다. 인코더 또는 디코더 스택 층은 동일하게 유지된다. 어텐션 헤드를 병렬화하여 계산 속도를 최적화할 수 있다.

리포머 모델은 LSH 버킷과 청크화를 적용한다. 또한 정보를 저장하는 대신 각 층의 입력을 다시 계산하여 메모리 문제를 최적화한다. 그러나 GPT-3처럼 파라미터 10억 개를 사용하는 모델도 동일한 예제에 대해 수용할 만한 결과를 생성한다.

DeBERTa 모델은 콘텐츠와 위치를 풀어서 학습 프로세스를 더욱 유연하게 만든다. 결과는 인상적이다. 그러나 GPT-3와 같은 파라미터 10억 개를 사용하는 모델도 DeBERTa의 결과와 동일할 수 있다.

ViT, CLIP, DALL-E는 범용 텍스트-이미지 비전 트랜스포머 모델의 매력적인 세계를 보여준다. 언어와 이미지의 결합은 새롭고 생산적인 정보를 만들어낸다.

이제 바로 사용할 수 있는 AI와 자동화된 시스템이 어디까지 발전할 수 있을지가 문제다. 다음 장에서는 메타휴먼의 부상에 따른 트랜스포머 기반 AI의 미래를 시각화해 본다.

01. 리포머 트랜스포머 모델에는 인코더가 포함되지 않는다.　　　　　　참 / 거짓

02. 리포머 트랜스포머 모델에는 디코더가 포함되지 않는다.　　　　　　참 / 거짓

03. 리포머 모델에서 입력은 층별로 저장된다.　　　　　　　　　　　　참 / 거짓

04. DeBERTa 트랜스포머 모델은 콘텐츠와 위치 정보에 풀기(disentangle)를　참 / 거짓
　　적용했다.

05. 프로젝트에 사용할 트랜스포머 모델을 선택하기 전에 사전 학습된　　참 / 거짓
　　트랜스포머 모델 수백 개를 테스트해야 한다.

06. 최신 트랜스포머 모델이 항상 가장 좋다.　　　　　　　　　　　　참 / 거짓

07. 멀티태스크 트랜스포머 모델 한 개 보다 NLP 작업마다 하나의 트랜스포머 모델을　참 / 거짓
　　사용하는 것이 좋다.

08. 트랜스포머 모델은 항상 미세 조정해야 한다.　　　　　　　　　　참 / 거짓

09. OpenAI GPT-3 엔진은 미세 조정 없이도 광범위한 NLP 작업을　　　참 / 거짓
　　수행할 수 있다.

10. AI 알고리즘은 항상 로컬 서버에서 구현하는 것이 좋다.　　　　　참 / 거짓

- **허깅페이스 리포머**: https://huggingface.co/transformers/model_doc/reformer.html?highlight =reformer

- **허깅페이스 DeBERTa**: https://huggingface.co/transformers/model_doc/deberta. html

- **Pengcheng He, Xiaodong Liu, Jianfeng Gao, Weizhu Chen, 2020, Decoding-enhanced BERT with Disentangled Attention**: https://arxiv.org/abs/2006.03654

- **Alexey Dosovitskiy, Lucas Beyer, Alexander Kolesnikov, Dirk Weissenborn, Xiaohua Zhai, Thomas Unterthiner, Mostafa Dehghani, Matthias Minderer, Georg Heigold, Sylvain Gelly, Jakob Uszkoreit, Neil Houlsby, 2020, An Image is Worth 16x16 Words**: Transformers for Image Recognition at Scale: https://arxiv.org/abs/2010.11929

- **OpenAI**: https://openai.com/

- **William Fedus, Barret Zoph, Noam Shazeer, 2021, Switch Transformers**: Scaling to Trillion Parameter Models with Simple and Efficient Sparsity: https://arxiv.org/abs/2101.03961

- **Alec Radford, Jong Wook Kim, Chris Hallacy, Aditya Ramesh, Gabriel Goh, Sandhini Agarwal, Girish Sastry, Amanda Askell, Pamela Mishkin, Jack Clark, Gretchen Krueger, Ilya Sutskever, 2021, Learning Transferable Visual Models From Natural Language Supervision**: https://arxiv.org/abs/ 2103.00020

- **C7LIP**: https://github.com/openai/CLIP

16장

트랜스포머 기반 코파일럿의 등장

4차 산업 시대가 본격화되면서 모든 것이 기계간 연결, 커뮤니케이션, 의사 결정에 관련될 것이다. AI는 주로 즉시 사용 가능한(ready-to-use) 종량제 (pay-as-you-go) 클라우드 AI 솔루션에 내장될 것이다. 빅테크 기업은 재능 있는 AI 전문가를 채용해 API, 인터페이스, 통합 도구를 만들 것이다.

AI 전문가는 개발부터 설계까지 다루며 설계자, 시스템 통합 담당자, 클라우드 AI 파이프라인 관리자의 역할을 맡을 것이다. 따라서 엔지니어 개발자보다 엔지니어 컨설턴트에게 더 많은 AI 일자리가 생기고 있다.

1장, 트랜스포머란 무엇인가?에서 학습하지 않은 NLP 작업을 수행할 수 있는 파운데이션 모델을 소개했다. **15장, NLP부터 범용 트랜스포머 모델까지**에서 파운데이션 트랜스포머 모델을 사용해 이미지 작업, NLP 작업 등을 수행하는 범용 모델로 확장했다.

이 장에서는 범용 OpenAI GPT-3 모델을 코파일럿(Copilot) 작업으로 확장할 것이다. 새로운 세대의 AI 전문가와 데이터 과학자가 AI 코파일럿을 사용해 소스 코드를 자동으로 생성하고 의사 결정을 내리는 방법을 다뤄볼 것이다.

이 장에서는 프롬프트 엔지니어링에 대해 자세히 살펴보는 것으로 시작할 것이다. 예제는 회의록을 요약하는 작업으로 구성되어 있다. 트랜스포머는 생산성을 높여주지만, NLP는 여전히 AI에게 어려운 과제임을 확인할 수 있다.

OpenAI 코덱스(Codex)를 사용해 코파일럿 사용 방법을 익힐 것이다. 개발자가 소스 코드를 작성할 때, 깃허브 코파일럿은 코덱스를 사용해 소스 코드를 제안한다. 코덱스는 자연어를 소스 코드로 변환할 수도 있다.

도메인별 GPT-3 엔진을 사용해 새로운 AI 기법을 알아볼 것이다. 이 장에서는 12,288차원 임베딩을 생성하고 이를 머신러닝 알고리즘에 사용하는 방법을 다뤄볼 것이다. 또한 트랜스포머가 자동으로 지시(instruction)를 생성하는 방법도 살펴볼 것이다.

편향된 입력과 출력을 필터링하는 방법을 살펴본 후 트랜스포머 기반 추천 엔진을 살펴볼 것이다. 2020년대 AI는 윤리적인 방법으로 구축되어야 한다.

추천 시스템은 모든 소셜 미디어 플랫폼에 스며들어 동영상, 게시물, 메시지, 책 등 소비할 다양한 상품을 추천한다. 교육용 다목적 트랜스포머 기반의 추천 시스템을 머신러닝 사용해 구축해볼 것이다.

트랜스포머 모델은 시퀀스를 분석한다. NLP에서 시작했지만 컴퓨터 비전까지 성공적으로 확장할 수 있었다. JAX로 개발한 트랜스포머 기반 컴퓨터 비전 프로그램을 살펴볼 것이다.[44]

마지막으로, 가상 시스템을 메타버스(metaverse)로 전환할 때 AI 코파일럿이 사용되는 부분을 살펴볼 것이며, 이는 10년 내에 확산될 것이다. 애플리케이션을 개발할 때, 소스 코드를 작성하는 개발자가 파일럿(pilot)이다. IDE에서 자동 완성을 활성화하면 코드 전체 줄이 아닌 메소드 단위로 자동 완성이 된다. 코파일럿(copilot)을 사용하면 코드 전체 단락 단위로 자동 완성을 사용할 수 있다!

이 장에서는 다음의 주제들을 다룬다.

- 프롬프트 엔지니어링
- 깃허브 코파일럿
- 코덱스를 사용해 자연어를 소스 코드로 변환하는 모델
- 임베딩 데이터셋
- 임베디드 기반 머신러닝
- 지시 시리즈(instruct series)
- 콘텐츠 필터 모델
- 트랜스포머 기반 추천 엔진 살펴보기
- NLP 시퀀스 학습(NLP sequence learning)을 행동 예측으로 확장하기
- JAX로 트랜스포머 모델 구현하기
- 트랜스포머 모델을 컴퓨터 비전에 사용하기

알아야 할 핵심 기술인 프롬프트 엔지니어링부터 시작하자.

---

44   역주. JAX는 구글이 개발한 고성능 딥러닝과 과학 계산용 라이브러리이다. 넘파이와 비슷한 API를 제공하며 딥러닝 모델을 구축하고 훈련하는 데 사용한다. 텐서플로우, 파이토치 등과 같은 다른 딥러닝 프레임워크와 비슷한 기능을 제공하지만, 몇 가지 차이점이 존재한다. 가장 주목할만한 차이점 중 하나는 JAX가 자동 미분(automatic differentiation)을 GPU에서 사용해 딥러닝 모델 학습 속도를 크게 향상 시킬 수 있다는 점이다.

프롬프트 엔지니어링

특정 언어를 구사하는 것은 유전이 아니다. 인간의 뇌에 부모의 언어를 저장하는 영역이 따로 존재하지 않다. 인간의 뇌는 언어를 말하고, 읽고, 쓰고, 이해할 수 있도록 어릴 때부터 뉴런을 설계한다. 사람마다 문화적 배경과 어린 시절의 의사소통 방식에 따라 각기 다른 언어 신경 회로를 갖고 있다.

사람은 성장하면서 듣는 언어 대부분이 미완성 문장, 문법 오류, 단어 오용, 잘못된 발음, 기타 여러 가지 왜곡된 언어 등의 형태로 엉망임을 알게 된다.

사람은 언어를 사용해 메시지를 전달한다. 상대방이나 청중에 맞게 언어를 조정해야 한다는 것을 깨닫는다. 원하는 결과("출력")를 얻기 위해 "입력" 혹은 "프롬프트"를 추가해야 할 수도 있다. GPT-3와 같은 파운데이션 트랜스포머 모델은 수백 가지 작업을 무한한 방식으로 수행할 수 있다. 다른 언어들과 마찬가지로 트랜스포머 모델을 사용함에 있어서 프롬프트와 응답을 익혀야 한다. 사람에 가까운 수준의 트랜스포머와 효과적으로 소통해 최대 결과를 얻기 위해서는 최소한의 정보를 제공해야 한다. 원하는 결과를 얻기 위해 제공한 최소 입력 정보를 minI로, 최대 결과를 maxR로 표기하도록 하자.

커뮤니케이션을 다음과 같이 표현할 수 있다.

$$\text{minI(input)} \rightarrow \text{maxR(output)}$$

이를 트랜스포머와의 대화로 나타내기 위해 "input"을 "prompt"로, "output"을 "response"로 바꿔서, 입력한 프롬프트가 트랜스포머의 반응에 영향을 미친다는 것을 나타낼 것이다. 트랜스포머와의 대화 퀄리티 d(T)는 다음과 같이 나타낼 수 있다.

$$d(T) = \text{minI(prompt)} \rightarrow \text{maxR(response)}$$

어떤 결과를 얻기 위해, 입력한 프롬프트가 최소 입력 정보일 확률이 1에 가까울수록, 최대 결과를 얻을 확률도 1에 가까워진다.

입력한 프롬프트가 최소 입력 정보일 확률이 0에 가까울수록, 최대 결과를 얻을 확률도 0에 가까워진다.

입력한 프롬프트는 이러한 확률에 영향을 끼친다! 왜냐하면 트랜스포머는 입력 프롬프트와 응답을 다음 응답 생성하는 데에 사용하기 때문이다.

어렸을 때나 성인이 되어서도 언어를 배우는 데는 수년이 걸린다. 트랜스포머와 소통하는 언어인, minI(prompt)를 효과적으로 설계하는 방법을 배우는 데도 상당한 시간이 필요하다. 트랜스포머와 그 아키텍처, 알고리즘이 계산을 하는 방식을 이해해야 한다. 그런 다음 트랜스포머가 예상대로 작동하도록 입력, 즉 프롬프트를 설계하는 방법을 이해하는 데 상당한 시간을 할애해야 한다.

이 섹션에서는 대화체를 중점적으로 다룬다. NLP 작업을 위한 OpenAI GPT-3의 프롬프트는 회의록이나 대화록에서 입력을 가져오는 경우가 많은데, 이는 구조화되지 않은 경우가 많다. 회의록이나 대화록을 요약하는 경우 상당히 어려울 수 있다. 이 섹션에서는 일상적인 영어부터 제한된 컨텍스트를 가진 일상적 또는 공식적인 영어까지 일곱 가지 상황에서 동일한 대화록을 요약하는 데 초점을 맞출 것이다.

유의미한 컨텍스트가 있는 일상적인 영어부터 시작하자.

16.1.1 유의미한 컨텍스트가 있는 일상 영어

일상 영어는 문장이 짧고 제한된 어휘를 사용한다.

OpenAI GPT-3에 "요약" 작업을 실행해 보자. www.openai.com에 접속해 회원 가입하고 로그인을 해보자.

Jane과 Tom의 일상 대화를 요약하는 데에 필요한 정보를 GPT-3에 입력해 보자. Jane과 Tom은 일을 시작하는 두 명의 개발자이다. Tom은 Jane에게 커피를 제안하고 Jane은 이를 거절하는 대화이다.

이 경우 그림 16.1과 같이 입력 정보가 충분하므로 minI(prompt)=1이 된다.

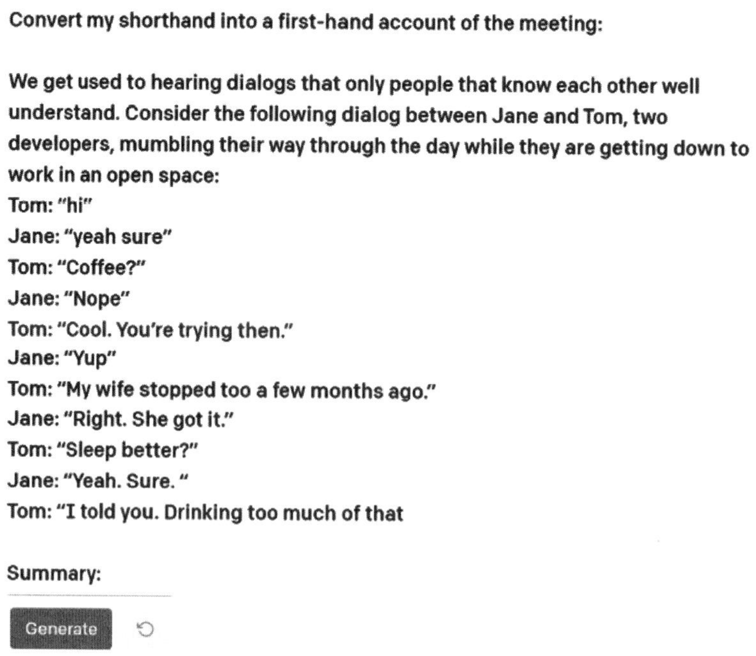

Convert my shorthand into a first-hand account of the meeting:

We get used to hearing dialogs that only people that know each other well understand. Consider the following dialog between Jane and Tom, two developers, mumbling their way through the day while they are getting down to work in an open space:
Tom: "hi"
Jane: "yeah sure"
Tom: "Coffee?"
Jane: "Nope"
Tom: "Cool. You're trying then."
Jane: "Yup"
Tom: "My wife stopped too a few months ago."
Jane: "Right. She got it."
Tom: "Sleep better?"
Jane: "Yeah. Sure. "
Tom: "I told you. Drinking too much of that

Summary:

Generate ↺

내가 메모한 것을 회의 기록으로 변환해:

우리는 서로를 잘 아는 사람들만 이해할 수 있는 대화를 듣는 데 익숙해져 있다. 제인과 톰, 두 개발자가 오픈 스페이스에서 일하면서 하루 종일 중얼거리며 대화하는 다음 대화를 고려해 보자.

톰: "안녕"

제인: "안녕"

톰: "커피?"

제인: "괜찮아"

톰: "좋네. 커피 안 마시려고 하고 있구나."

제인: "응"

톰: "내 아내도 몇 달 전부터 커피를 안 마시기 시작했어"

제인: "그렇군요. 그녀가 해냈구나."

톰: "잠이 더 잘와!"

제인: "응, 그럼"

톰: "내가 말했잖아. 너무 많이 마시는 것 같다고."

요약:

그림 16.1 잘 작성된 대화 요약하기

Generate를 클릭하면 그림 16.2처럼 놀라운 결과를 얻는다.

Summary:
Tom and Jane are two developers at a company that <u>are</u> getting started for the day. They are both drinking coffee. Tom asks Jane if she wants any coffee or if she has tried giving it up. Jane says she has, and that she is feeling better. Tom's wife also quit coffee and Tom asks if Jane slept|

Generate ↺ ↻ 260

요약: 한 회사의 두 개발자인 톰과 제인은 하루 일과를 시작하고 있다. 둘 다 커피를 마시고 있다. 톰은 제인에게 커피를 더 마실 수 있는지, 아니면 커피를 끊으려고 노력하는 중인지 묻고 있다. 제인은 커피를 끊으려고 노력하고 있고 기분이 나아졌다 말하고 있다.
톰의 아내도 커피를 끊었고 톰은 제인이 잠을 잘 잤는지 묻고 있다.

그림 16.2 GPT-3가 생성한 수용할 만한 요약

AI가 혼란스러운 일상 대화, 회의, 목적 없는 수다에서 구조를 찾아낼 수 있다고 결론을 지을 수 있을까? 이 질문에 대답하는게 쉽지 않다. 환유[45]를 추가해 입력을 좀 더 복잡하게 만들어보자.

16.1.2 환유를 사용한 일상 영어

Tom은 단어 coffee를 사용했다. 하지만 Tom이 coffee 대신에 "java"를 사용하면 어떻게 될까? coffee는 음료를 가리키지만, java는 자바 섬(Java Island)에서 유래한 커피 재료를 가리킨다. 환유는 coffee 대신 java를 사용한 것처럼 대상의 속성을 사용하는 비유의 한 종류이다. java는 커피 아이콘을 가진 프로그래밍 언어이기도 하다.

coffee 대신에 java를 사용하는 경우, GPT-3는 다의성 문제를 직면하게 된다. 왜냐하면 java는 환유를 사용한 경우로 커피를 의미하는 커피의 성분을 뜻하거나, Java 섬을 뜻하거나, 프로그래밍 언어 중 하나를 뜻할 수도 있기 때문이다.

인간은 다의성에 익숙하다. 단어의 다양한 의미를 배우며, 컨텍스트가 없이 단어 하나만으로는 큰 의미가 없다는 것을 알고 있다. Jane과 Tom의 예제에서는 두 명이 개발자이기 때문에 상황이 더 복잡해진다. 둘은 커피에 대해 이야기하는 것일까 아니면 프로그래밍 언어에 대해 이야기하는 것일까?

---

45   역주. 어떤 낱말 대신에 그것을 연상시키는 다른 낱말을 쓰는 비유의 한 종류. 예를 들어 '미국 대통령' 대신에 '백악관'을 사용하는 것과 같은 경우이다.

Tom이 커피를 끊은 아내에 대해 이야기하고 있기 때문에 인간이라면 쉽게 대답할 수 있다.

단어 java가 단어 coffee를 대체할 때, GPT-3는 다의성 때문에 혼동해 오답을 생성할 수 있다.

Summary:

Tom asked Jane if she wanted to work on Java and she declined. He asked if she wanted to work on it and she said she would, then he told her that his wife stopped drinking it and said she was sleeping better. Then Jane said she was, too.

> **요약**: 톰은 제인에게 그녀가 Java로 일하고 싶은지 물었다. 그녀는 거절했다. 그는 그녀가 이 작업을 하고싶은지 물었고 그녀는 그렇다고 답했다. 그 다음 그가 그녀에게 그의 아내가 커피를 마시는 것을 그만뒀다고 말했다. 그리고 그녀가 더 잘 잔다고 답했다. 그다음 제인도 그렇다고 답했다.

그림 16.3 프롬프트가 혼란을 야기할 때 GPT-3의 틀린 응답

따라서 minI(prompt)가 0에 가까울 때, maxR(response)일 확률은 0에 가까워진다는 것을 확인할 수 있다.

인간의 대화에 생략된 표현이 있으면 분석하기가 훨씬 더 어려워질 수 있다.

16.1.3 생략이 있는 일상 영어

상황은 더 복잡해질 수 있다. Tom이 커피 한 잔을 마시고 있는데 Jane이 Tom을 바라보며 커피 잔을 바라보며 자연스럽게 인사를 건네는 상황을 생각해 보자.

Tom은 Jane에게 커피나 자바를 원하냐고 묻는 대신 이렇게 말한다.

```
"want some?"
```

Tom의 대화에서 coffee를 생략했다. Jane은 Tom이 커피 잔을 들고 있는 모습만 봐도 Tom이 무슨 의미로 얘기 했는지 이해할 수 있다.

OpenAI GPT-3은 단어 drinking을 감지하고 이 동사를 질문 Want some?과 연관을 짓는다.

프로그래밍 언어로 이해하지 않기를 원하는 상황에서, GPT-3가 생성한 다음 요약은 정확하다는 것을 알 수 있다.

Summary:

Tom and Jane are two developers that are talking to each other about their day. Jane doesn't drink coffee, but Tom is giving it away for free. Tom's wife also stopped drinking <u>coffee</u>, and is sleeping better. Tom also tells Jane that he told her that she was drinking too much coffee.

> **요약**: 톰과 제인은 그들의 하루에 관해 이야기를 나누고 있는 두 명의 개발자다. 제인은 커피를 마시지 않는다. 그러나 톰은 공짜로 나눠주고 있다. 톰의 아내 또한 커피를 마시는 것을 그만뒀다. 그리고 더 잘 자고 있다. 톰은 또한 제인에게 그가 그녀에게 커피를 너무 많이 마신다고 말했던 것에 대해 말하고 있다.

그림 16.4 GPT-3가 생성한 정확한 응답

인간은 쉽게 이해할 수 있지만 AI에게는 어려울 수 있는, 모호한 컨텍스트가 있는 경우를 살펴보자.

16.1.4 모호한 컨텍스트가 있는 일상 영어

Tom이 커피 잔을 들고 있다는 점에서, Tom이 무슨 말을 하는지 Jane이 이해하기 위해 Tom이 Jane에게 아내를 언급할 필요가 없어진다.

Tom이 아내를 언급하는 부분과 동사 drinking을 제거하자. coffee나 java 대신 want some은 그대로 두자.

Tom: "hi"
Jane: "yeah sure"
Tom: "Want some?"
Jane: "Nope"
Tom: "Cool. You're trying then."
Jane: "Yup"
Tom: "Sleep better?"
Jane: "Yeah. Sure. "

톰: "안녕"
제인: "안녕"
톰: "한 잔 줄까?"
제인: "아니"
톰: "좋네, 커피 안 마시려고 하고 있구나."
제인: "응"
톰: "잠이 더 잘와?"
제인: "응, 그럼"

그림 16.5 모호한 컨텍스트

혼란스러운 대화가 출력에 반영됐다.

Summary: Tom and Jane are discussing the meeting they had with the team yesterday. Tom is telling Jane that she's in charge of getting the team to try to sleep better, and Jane is telling Tom that she slept well.

요약: 톰과 제인은 어제 했던 팀 회의에 대해 논의하고 있다. 톰은 제인에게 그녀가 그 팀이 더 잘 자도록 하는 것을 담당하고 있다고 얘기하고 있다. 그리고 제인은 톰에게 그녀가 잘 잤다고 얘기하고 있다.

그림 16.6 좋지 못한 GPT-3의 응답

프롬프트가 너무 모호해서 부적절한 응답을 야기했다. 따라서 다음과 같이 요약이 가능하다.

minI(prompt)가 0에 가까워질 때, maxR(response)의 확률은 0에 가까워지므로 d(T) 또한 0에 가까워진다.

인간은 의사소통할 때 상대방의 문화, 과거 관계, 시각적 상황 및 기타 보이지 않는 요소들을 대화에 반영한다. 제3자에게 보이지 않는 요소들은 다음이 있다.

- 상대방의 모습(행동, 표정, 몸짓 등)을 보지 않고 텍스트 읽기
- 제3자는 모르나 대화 참여자끼리는 서로 알고 있는 것에 대해 듣기
- 제3자와는 다른 문화에서 발생한 사건들

이러한 요소는 무수히 많다.

이러한 보이지 않는 요소들이 AI의 눈을 가리게 만드는 것을 알 수 있다.

현재 예제에 센서를 도입해 보자.

16.1.5 센서를 사용한 일상 영어

사고 실험을 위해 실내에 비디오 센서를 도입해 보자. 비디오 피드(video feed)[46]와 이미지 캡션(image captioning)[47]을 사용해 다음과 같이 대화 초반에 컨텍스트를 제공할 수 있다고 상상해 보자.

인간은 때때로 서로를 잘 아는 사람들만 이해할 수 있는 대화를 한다. Jane과 Tom의 다음 대화를 생각해보자. 비디오 피드가 Tom이 커피를 마시고 있고 Jane이 키보드로 타이핑하고 있다는 이미지 캡션을 생성한다고 가정하자. 또한 Jane과 Tom은 두 명의 개발자로, 탁 트인 공간에서 하루 일과를 시작하며 중얼거리고 있다는 캡션을 생성한다고 가정하자.

그리고 다음과 같은 혼란스러운 대화를 프롬프트로 입력한다.

Tom: "hi" (안녕)
Jane: "yeah sure" (응, 그래)
Tom: "Want some?" (한 잔 줄까?)
Jane: "Nope" (아니)
Tom: "Cool. You're trying then." (좋네. 커피 안 마시려고 노력하고 있구나.)
Jane: "Yup" (응)
Tom: "Sleep better?" (잠이 더 잘 와?)
Jane: "Yeah. Sure. " (응, 그럼)

GPT-3는 처음에 중요한 의미를 갖는 단어를 생략했지만, 다음과 같이 수용할 만한 결과를 출력한다.

요약: 한 개발자가 키보드로 타이핑하는 모습이 보입니다. 다른 개발자가 방으로 들어와 그녀에게 커피 한 잔을 권합니다. 그녀는 거절하지만 그는 고집을 부립니다. 그들은 그녀의 수면과 커피에 대해 이야기합니다.

---

46   역주. 비디오 피드는 비디오 신호나 스트리밍 데이터로 구성된 실시간 영상을 가리킨다.
47   역주. 이미지 캡션은 이미지의 내용을 텍스트로 설명하는 기술이다. 주어진 이미지를 분석해 이미지에 포함된 객체, 장면, 상황 등을 이해하고 이를 자연어로 표현하는 캡션을 생성한다.

결과는 실행할 때마다 바뀔 수 있다. GPT-3는 상위 확률의 결과를 살펴보고 그 중 가장 좋은 것을 선택한다. 이미지 캡션으로 컨텍스트를 제공했기에 GPT-3가 좋은 결과를 낼 수 있었다.

하지만 Tom이 커피 잔을 들고 있지 않아 GPT-3에게 시각적 컨텍스트를 제공하지 않는다면 어떨까?

16.1.6 센서가 있지만 시각적 컨텍스트가 없는 일상 영어

인공지능에게 가장 어려운 상황은 Tom이 매일 이벤트를 언급하지만 오늘은 언급하지 않는 경우이다. Tom이 매일 아침 커피 잔을 들고 들어온다고 가정해 보자. Tom은 커피를 마시기 전에 Jane에게 커피를 마실 것인지 물어본다. 우리의 사고 실험은 가능한 모든 경우를 상상하는 것이다. 이 경우(Tom이 커피 잔을 들고 오지 않은 오늘) 사고 실험의 비디오 피드에는 아무것도 표시되지 않아 다시 혼란스러워진다. 또한 비디오 피드에는 그들이 개발자, 회계사 또는 컨설턴트인지 알 수 없다. 따라서 컨텍스트에서 해당 부분을 제거하면 다음과 같은 컨텍스트가 남는다.

Tom: "hi" (안녕)

Jane: "yeah sure" (응, 그래)

Tom: "Want some?" (한 잔 줄까?)

Jane: "Nope" (아니)

Tom: "Cool. You're trying then." (좋네. 커피 안 마시려고 노력하고 있구나.)

Jane: "Yup" (응)

Tom: "Sleep better?" (잠이 더 잘 와?)

Jane: "Yeah. Sure. " (응, 그럼)

결과는 놀랍다. GPT-3가 터무니없는 결과를 생성한다. GPT-3는 확률적 알고리즘이다. 입력이 조금만 바뀌어도 전혀 다른 결과가 나올 수 있다. GPT-3는 상대방이 무슨 말을 하는지 추측하려고 한다. GPT-3는 대화가 무언가를 소비하는 내용임을 감지한다. 필자는 GPT-3가 불법 약물에 대한 얘기를 출력해서 이번 섹션에 실지 않았다.

GPT-3는 사용하는 언어의 수준을 결정하고 이를 관련 상황과 연관 짓는다.

같은 실험을 격식 차린 영어(formal English)로 재현한다면 결과는 어떻게 달라질까?

16.1.7 컨텍스트가 없는 격식 차린 영어

컨텍스트를 배제하고 격식 차린 영어를 실험해 보자. 격식 차린 영어는 긴 문장, 문법에 맞는 표현, 말투(manner)를 담고 있다. 컨텍스트는 제외하고 이전 대화를 격식 차린 영어로 바꾸어 보자.

Tom: "Good morning, Jane" (좋은 아침, 제인)

Jane: "Good morning, Tom" (좋은 아침, 톰)

Tom: "Want some as well?" (너도 좀 원해?)

Jane: "No, thank you. I'm fine." (아니, 됐어. 괜찮아)

Tom: "Excellent. You are on the right track!" (훌륭하네. 잘하고 있어!)

Jane: "Yes, I am" (응, 맞아)

Tom: "Do you sleep better these days?" (요즘 잠은 너 잘 자?)

Jane: "Yes, I do. Thank you. " (응, 맞아. 고마워)

이 정도의 영어 수준과 말투를 토대로, GPT-3는 Tom이 마시고 있는 것을 파악해서 Jane에게 제안하고 있다는 것을 이해한다. GPT-3 결과는 만족스러운 수준이다.

요약: 톰이 제인에게 "좋은 아침"이라고 인사합니다. 톰은 자신이 마시는 음료수를 제인에게 권합니다. 제인은 "아니, 됐어. 괜찮아"라고 말합니다. 톰은 "훌륭해"라고 말하며 제인이 잘하고 있다고 말합니다. 제인은 "응, 맞아"라고 말합니다. 톰은 제인이 요즘 잠을 더 잘자냐고 묻습니다.

대화에 다른 사람이나 다른 사물을 등장시켜 무궁무진한 상황을 상상할 수 있다.

이제까지의 실험을 요약해 보자.

16.1.8 프롬프트 엔지니어링 학습

인간은 말하고자 할 때, 종종 생각이 혼란스러워 구조화되지 않은 문장을 재구성하기 위해 다양한 방법을 사용한다. 인간은 종종 다른 사람이 말하는 내용을 이해하기 위해 추가 질문을 해야한다. OpenAI GPT-3와 같이 학습된 트랜스포머와 상호 작용할 때도 이러한 점을 감안해야한다.

트랜스포머와의 대화 d(T)와 응답 maxR(response)은 입력 minI(prompt)의 품질에 따라 달라진다는 점을 유의해야한다.

$$d(T) = minI(prompt) \rightarrow maxR(response)$$

입력한 프롬프트가 최소 입력 정보일 확률이 1에 가까울수록, 최대 결과를 얻을 확률도 1에 가까워진다.

입력한 프롬프트가 최소 입력 정보일 확률이 0에 가까울수록, 최대 결과를 얻을 확률도 0에 가까워진다.

프롬프트 엔지니어링을 연습하고 실험하는 것은 좋은 시도이다. 프롬프트 엔지니어링은 AI의 다음 수준으로 나아갈 수 있는 새로운 기술이다.

프롬프트 엔지니어링 사용 능력은 코파일럿(copilots) 사용 능력으로 이어진다.

16.2 | 코파일럿

비주얼 스튜디오(Visual Studio)에서 사용할 수 있는 OpenAI가 지원하는 AI 기반 개발(AI-driven development)의 세계에 온 것을 환영한다.

16.2.1 깃허브 코파일럿(Github Copilots)

깃허브 코파일럿에 대해 알아보자.

https://github.com/github/copilot-docs

이번 섹션에서는 PyCharm(JetBrains)에서 깃허브 코파일럿을 사용할 것이다.

https://docs.github.com/ko/copilot/getting-started-with-github-copilot

설명서를 따라 JetBrains를 설치하고 PyCharm에서 OpenAI Github Copilot을 활성화한다.

깃허브 코파일럿은 총 네 가지 단계로 진행된다(그림 16.7을 참고).

- OpenAI 코덱스(Codex)는 인터넷에 공개된 코드와 텍스트를 학습한다.
- 학습된 모델은 깃허브 코파일럿 서비스에 연결된다.
- 깃허브 서비스는 코드 편집기(이 경우 PyCharm)에서 작성한 코드와 OpenAI 코덱스 간 전후 흐름을 관리한다. 깃허브 서비스 관리자(Manager)는 코드 제안을 하고 사용자와의 상호 작용을 다시 깃허브 서비스로 보낸다.
- 코드 편집기는 개발 작업 공간이다.

그림 16.7 깃허브 코파일럿의 네 가지 단계

깃허브 코파일럿에서 제공한 설명서를 따라 PyCharm에서 깃허브에 로그인한다.

이때 발생한 문제는 https://github.com/features/copilot/의 "Frequently asked questions" 섹션을 참고해 해결할 수 있다.

PyCharm에서 설정을 마치면 다음과 같이 입력해 보자.

```
import matplotlib.pyplot as plt
def draw_scatterplot
```

위 코드를 입력하자마자 이후에 어떤 소스 코드를 입력하면 좋을지 제안을 받을 수 있다.

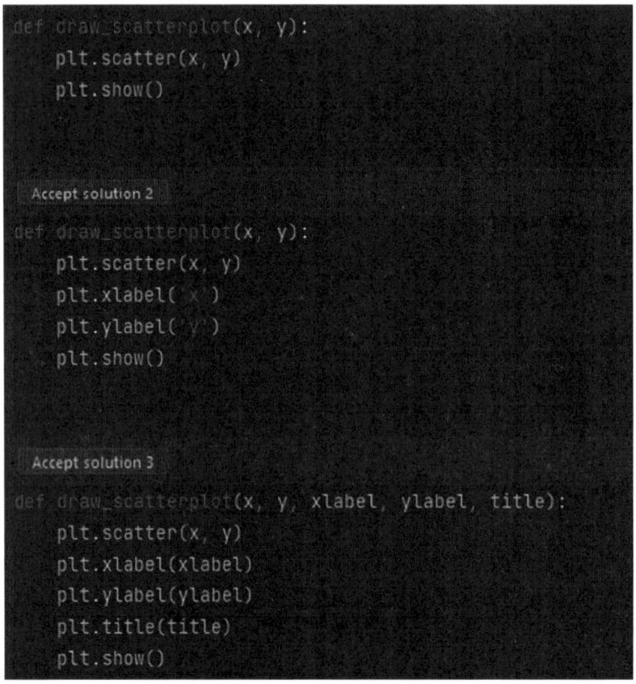

그림 16.8 제안받은 소스 코드들

제안 중에서 원하는 소스 코드를 선택하면 코드 편집기에 표시가 된다. [Tab↹]을 사용해 제안을 확인할 수 있다. 혹은 기다리면 또 다른 제안을 받을 수도 있다.

```
import matplotlib.pyplot as plt
def draw_scatterplot(x, y):
    plt.scatter(x, y)
```

```
    plt.xlabel('x')
    plt.ylabel('y')
    plt.show()
draw_scatterplot([1, 2, 3, 4, 5], [1, 4, 9, 16, 25])
```

플롯(plot)은 다음과 같이 출력된다.

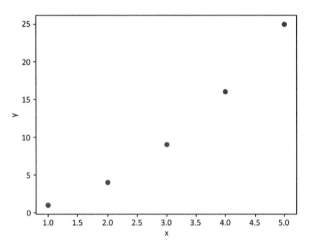

그림 16.9 코파일럿이 제안한 소스 코드로 표시한 플롯

이 책의 깃허브 저장소의 Chapter 16 폴더에 있는 Github_Copilot.py를 실행하여 위 결과를 확인할
수 있다.

이 기술은 사용자에게 직접적으로 보이지 않으며 자연스럽게 모든 개발 영역으로 점진적으로 확장될
것이다. 이 시스템에는 다른 파이프라인과 함께 GPT-3 기능이 포함되어 있다. 파이썬, 자바스크립트
등에서 사용할 수 있다.

OpenAI 코덱스로 구동되는 깃허브 코파일럿 작업에 익숙해지려면 프롬프트 엔지니어링 학습이 필요
하다.

코파일럿을 사용해 훈련하기에 좋은 OpenAI 코덱스를 살펴보자.

NOTE

2023년 3월, 마이크로소프트 깃허브 코파일럿은 코덱스를 여전히 지원하고 있다.
3월 23일부터 OpenAI는 코덱스 지원을 중단했다. 대신 GPT-3.5-turbo와 GPT-4 사용을 권장한다. **17장, 초인간 트랜**
스포머를 사용한 OpenAI의 ChatGPT와 GPT-4에서 GPT-3.5-turbo와 GPT-4를 다룰 것이다.
OpenAI의 도메인별 엔진은 프로젝트의 성능을 향상시킬 수 있는 유용한 결과를 제공한다.

<table>
<tr><td>16.3</td><td># 도메인별 GPT-3 엔진</td></tr>
</table>

이 섹션에서는 도메인별 작업을 수행할 수 있는 GPT-3 엔진을 살펴본다. 이 섹션의 세 가지 하위 섹션에서 세 가지 모델을 실행해 볼 것이다.

- Embedding2ML. GPT-3을 사용해 머신러닝 알고리즘에 임베딩을 제공하는 모델
- 모든 작업에 대한 지침을 GPT-3에 요청하는 지시 시리즈(instruct series)
- 허용되지 않는 모든 형태의 입력 및 출력과 편향성(bias)을 필터링하는 콘텐츠 필터

Domain_Specific_GPT_3_Functionality.ipynb 파일을 열어보자.

Embedding2ML부터 시작해 보자.

16.3.1 Embedding2ML

OpenAI는 다양한 기능을 가진, 다양한 차원의 여러 임베딩 모델을 학습시켰다.

- Ada (1,024차원)
- Babbage (2,048차원)
- Curie (4,096차원)
- Davinci (12,288차원)

각 엔진에 대한 자세한 설명은 OpenAI 웹사이트에서 확인할 수 있다.

https://platform.openai.com/docs/guides/embeddings

Davinci 모델은 12,288차원 임베딩을 제공한다. 이 섹션에서는 Davinci 모델을 사용해 공급망 데이터셋(SCM, Supply Chain Management)의 임베딩을 생성할 것이다. 그러나 생성한 임베딩을 트랜스포머 임베딩 하위층으로 보내지는 않을 것이다!

임베딩을 여섯 단계에 걸쳐 사이킷런(scikit-learn) 라이브러리에서 시작해 클러스터링 머신러닝 프로그램으로 전송한다.

- **1단계**: OpenAI를 설치하고 임포트하고 API 키 입력하기
- **2단계**: 데이터셋 불러오기
- **3단계**: 열(column) 결합하기
- **4단계**: GPT-3 임베딩 실행하기
- **5단계**: 임베딩을 사용해 클러스터링(k-means) 하기
- **6단계**: 클러스터링 결과 시각화하기(t-SNE)

위 여섯 단계를 요약하면 그림 16.10과 같다.

그림 16.10 임베딩을 클러스터링 알고리즘에 전달하는 여섯 단계

구글 코랩(Google Colab) 파일인 Domain_Specific_GPT_3_Functionality.ipynb을 열고 노트북의 Embedding2ML with GPT-3 engine 섹션을 보자.

이 섹션에서 설명한 각 단계는 노트북 셀과 일치한다. 프로세스의 각 단계를 살펴보자.

16.3.1.1 1단계: OpenAI 설치하고 임포트하기

하위 단계들을 시작해 보자.

- 셀을 실행한다.
- 런타임을 재시작한다.
- 셀을 재시작해서 런타임이 재시작 됐는지 확인한다.

```
try:
    import openai
except:
    !pip install openai
    import openai
```

API 키를 입력한다.

```
openai.api_key="[YOUR_KEY]"
```

이제 데이터셋을 불러오자.

16.3.1.2 2단계: 데이터셋 불러오기

이 책의 깃허브 저장소에서 tracking.csv를 확인할 수 있다. 셀을 실행하기 전에 이 파일을 불러오자. 이 파일은 SCM 데이터를 담고 있다.

```
import pandas as pd
df = pd.read_csv('tracking.csv', index_col=0)
```

데이터는 총 일곱 필드를 갖는다.

- Id
- Time
- Product
- User
- Score
- Summary
- Text

데이터 일부를 확인해 보자.

```
print(df)
```

```
        Time Product        User   Score      Summary      Text
Id
1      01/01/2016 06:30 WH001 C001    4        on time     AGV1
2      01/01/2016 06:30 WH001 C001    8           late      R1      NaN
3      01/01/2016 06:30 WH001 C001    2          early      R15     NaN
4      01/01/2016 06:30 WH001 C001   10   not delivered     R20     NaN
5      01/01/2016 06:30 WH001 C001    1        on time      R3      NaN
...                  ...    ...    ...    ...              ...      ...
1049   01/01/2016 06:30 WH003 C002    9        on time     AGV5     NaN
1050   01/01/2016 06:30 WH003 C002    2           late    AGV10     NaN
1051   01/01/2016 06:30 WH003 C002    1          early     AGV5     NaN
1052   01/01/2016 06:30 WH003 C002    6   not delivered    AGV2     NaN
1053   01/01/2016 06:30 WH003 C002    3        on time     AGV2     NaN


[1053 rows x 7 columns]
```

열을 결합해서 원하는 클러스터를 만들 수 있다.

16.3.1.3 3단계: 열 결합하기

Product 열과 Summary 열을 결합해 제품과 제품의 배송 상태를 볼 수 있다. 이 예제는 실험적인 예제일 뿐이라는 걸 기억하자. 실제 프로젝트에서는 결합하려는 열을 신중하게 결정해야 할 것이다.

원한다면 다음 코드를 독자가 원하는 대로 수정해서 사용할 수도 있다.

```
df['combined'] = df.Summary.str.strip()+ "-" + df.Product.str.strip()
print(df)
```

combined라는 새로운 열을 확인할 수 있다.

```
          Time Product User … Text                combined
Id                       …
1     01/01/2016 06:30 WH001 C001 … AGV1            on time-WH001
2     01/01/2016 06:30 WH001 C001 … R1 NaN          late-WH001
3     01/01/2016 06:30 WH001 C001 … R15  NaN        early-WH001
4     01/01/2016 06:30 WH001 C001 … R20  NaN     not delivered-WH001
5     01/01/2016 06:30 WH001 C001 … R3 NaN          on time-WH001

…                 …            …   …   …   …   …                …
1049 01/01/2016 06:30 WH003 C002 … AGV5 NaN        on time-WH003
1050 01/01/2016 06:30 WH003 C002 … AGV10 NaN        late-WH003
1051 01/01/2016 06:30 WH003 C002 … AGV5 NaN         early-WH003
1052 01/01/2016 06:30 WH003 C002 … AGV2 NaN  not delivered-WH003
1053 01/01/2016 06:30 WH003 C002 … AGV2 NaN        on time-WH003
[1053 rows x 8 columns]
```

combined 열을 사용해 임베딩 모델을 실행해 보자.

16.3.1.4 4단계: GPT-3 임베딩 모델 실행하기

이제 davinci-similarity 모델을 실행해 combined 열의 12,288차원 임베딩을 얻을 수 있다.

```
import time
import datetime
# 시작 시간
start = time.time()
def get_embedding(text, engine="davinci-similarity"):
    text = text.replace("₩n", " ")
    return openai.Engine(id=engine).embeddings(input = [text])['data'][0]
['embedding']

df['davinci_similarity'] = df.combined.apply(lambda x: get_embedding(x,
engine='davinci-similarity'))

# 종료 시간
end = time.time()
etime=end-start
conversion = datetime.timedelta(seconds=etime)
```

```
print(conversion)
print(df)
```

결과가 인상적이다. combined 열의 차원은 12,288이다.

```
0:04:44.188250
        Time        … davinci_ similarity
Id                  …
1 01/01/2016 06:30 … [−0.0047378824, 0.011997132, −0.017249448, −0....
2 01/01/2016 06:30 … [−0.009643857, 0.0031537763, −0.012862709, −0....
3 01/01/2016 06:30 … [−0.0077407444, 0.0035147679, −0.014401976, −0....
4 01/01/2016 06:30 … [−0.007547746, 0.013380095, −0.018411927, −0.0...
5 01/01/2016 06:30 … [−0.0047378824, 0.011997132, −0.017249448, −0....
...             ... ...                                          ...
1049 01/01/2016 06:30 … [−0.0027823148, 0.013289047, −0.014368941, −0....
1050 01/01/2016 06:30 … [−0.0071367626, 0.0046446105, −0.010336877, 0....
1051 01/01/2016 06:30 … [−0.0050991694, 0.006131069, −0.0138306245, −0...
1052 01/01/2016 06:30 … [−0.0066779135, 0.014575769, −0.017257102, −0....
1053 01/01/2016 06:30 … [−0.0027823148, 0.013289047, −0.014368941, −0....
[1053 rows x 9 columns]
```

결과를 넘파이(numpy) 행렬로 바꾸어보자.

#행렬 만들기
```
import numpy as np
matrix = np.vstack(df.davinci_similarity.values)
matrix.shape
```

행렬의 모양(shape)은 1,053 × 12,288이다.

```
(1053, 12288)
```

여기서 얻은 행렬을 사이킷런(scikit-learn) 클러스터링 알고리즘에 입력해 보자.

16.3.1.5 5단계: 임베딩을 사용해 클러스터링(k-means)하기

4단계에서 얻은 행렬을 트랜스포머의 다음 하위층이 아닌 k-means 클러스터링 알고리즘에 입력해 보자. 먼저 사이킷런의 k-means를 임포트하자.

```
from sklearn.cluster import KMeans
```

12,288차원의 데이터셋을 사용해 고전적인 k-means 클러스터링 알고리즘을 실행하자.

```
n_clusters = 4
kmeans = KMeans(n_clusters = n_clusters,init='k-means++',random_state=42)
kmeans.fit(matrix)
labels = kmeans.labels_
df['Cluster'] = labels
df.groupby('Cluster').Score.mean().sort_values()
```

입력한 n_clusters=4에 따라 결과는 총 네 개의 클러스터를 갖는다.

```
Cluster
2 5.297794
0 5.323529
1 5.361345
3 5.741697
```

각 데이터의 라벨을 출력해 보자.

```
print(labels)
```

출력은 다음과 같다.

```
[2 3 0 ... 0 1 2]
```

이제 t-SNE를 사용해 클러스터링 결과를 시각화해 보자.

16.3.1.6 6단계: 클러스터링 결과 시각화하기(t-SNE)

t-SNE는 지역 유사성(local similarity)을 유지한다.[48]

t-SNE를 시각화하기 위해 matplotlib 라이브러리를 사용한다.

```
from sklearn.manifold import TSNE
import matplotlib
import matplotlib.pyplot as plt
```

시각화하기 전에 t-SNE 알고리즘을 실행해야 한다.

```
#t-SNE
tsne = TSNE(n_components=2, perplexity=15, random_state=42, init='random',
    learning_rate=200)
vis_dims2 = tsne.fit_transform(matrix)
```

이제 matplotlib을 사용해 시각화할 수 있다.

```
x = [x for x,y in vis_dims2]
y = [y for x,y in vis_dims2]
for category, color in enumerate(['purple', 'green', 'red', 'blue']):
    xs = np.array(x)[df.Cluster==category]
    ys = np.array(y)[df.Cluster==category]
    plt.scatter(xs, ys, color=color, alpha=0.3)
    avg_x = xs.mean()
    avg_y = ys.mean()

    plt.scatter(avg_x, avg_y, marker='x', color=color, s=100)
plt.title("Clusters of embeddings-t-SNE")
```

---

48 역주. PCA를 적용하기 전 두 데이터의 거리는 PCA를 적용 후 줄어들게 된다. 이때, 적용 전 거리가 가장 큰 두 데이터 포인트 사이 거리가 최대한 줄어들지 않게 PCA는 동작한다.

각 데이터 포인트는 속한 클러스터에 따라 다른 색을 갖는 동그라미 모양으로 플롯에 표시된다. 그리고 각 클러스터의 중심(centroid)은 엑스 모양으로 표시된다.

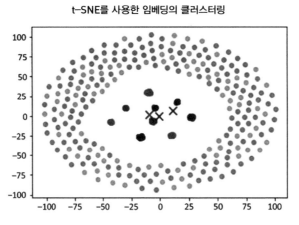

그림 16.11 t-SNE를 사용한 임베딩의 클러스터링 결과

지금까지 GPT-3 모델을 실행해 12,288차원의 임베딩을 얻었다. 그런 다음 클러스터링 알고리즘에 연결했다. 이와 같은 방식으로 트랜스포머를 머신러닝에 결합할 수 있는 방식은 무궁무진하다!

데이터 프레임을 자세히 보고 싶다면 노트북의 Peeking into the embeddings 섹션을 참고하자.

이제 지시 시리즈를 살펴보자.

16.3.2 지시 시리즈

개인 비서, 메타버스 속 아바타, 웹사이트 및 기타 여러 도메인에서 사용자가 도움을 요청할 때, 명확한 지시를 제공해야 하는 경우가 더 많아질 것이다. Domain_Specific_GPT_3_Functionality.ipynb의 instruct series 섹션을 살펴보자.

이번 섹션에서는 트랜스포머에 다음 프롬프트를 사용해 마이크로소프트 Edge에서 자녀 보호 기능을 설정하는 방법을 요청하자.

먼저 완성(completion) 셀을 실행하자.

```
import os
import openai
os.environ['OPENAI_API_KEY'] ='[YOUR_API_KEY]'
print(os.getenv('OPENAI_API_KEY'))
openai.api_key = os.getenv("OPENAI_API_KEY")
response = openai.Completion.create(
    engine="davinci-instruct-beta",
    prompt="Explain how to set up parent control in Edge.\n\n\nACTIONS:",
    temperature=0,
    max_tokens=120,
    top_p=1,
    frequency_penalty=0,
    presence_penalty=0
)
r = (response["choices"][0])
print(r["text"])
```

응답 결과 지시 목록은 다음과 같다.

---

1. Start Internet Explorer.(인터넷 익스플로러를 시작합니다.)

2. Click on the tools menu.(도구 메뉴를 클릭합니다.)

3. Click on the Internet options.(인터넷 옵션을 클릭합니다.)

4. Click on the advanced tab.(고급 탭을 클릭합니다.)

5. Click to clear or select the enable personalized favorite menu check box.
(클릭하여 개인화된 즐겨찾기 메뉴 사용 확인 상자를 선택합니다.)

요청할 수 있는 지시의 종류는 무궁무진하다. 창의력과 상상력을 발휘해서 더 많은 예시를 시도해 보자!

때로는 허용되지 않는 입력과 출력이 존재한다. 콘텐츠 필터를 구현해 해결해 보자.

16.3.3 콘텐츠 필터

편견과 허용되지 않는 언어 및 모든 형태의 비윤리적인 입력은 AI 애플리케이션에서 제외되어야 한다.

OpenAI에는 학습된 콘텐츠 필터 모델이 있다. 이번 섹션에서 예제를 실행해 보자. Domain_Specific_GPT_3_Functionality.ipynb에서 content filter 섹션을 살펴보자.

그림 16.12에 보이는 것처럼 입력과 출력에 필터를 사용하는 것을 권장한다.

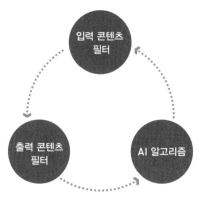

그림 16.12 콘텐츠 필터 구현하기

세 가지 과정을 거쳐 구현하기를 권장한다.

- 모든 입력 데이터에 콘텐츠 필터 적용하기
- 학습된 AI 알고리즘 실행하기
- 모든 출력 데이터에 콘텐츠 필터 적용하기

이번 섹션에서는 입력과 출력 모두 변수명 content를 사용한다.

혐오감을 일으키는 문장을 입력해 보자.

```
content = "Small and fat children should not play basketball at school."
            작고 뚱뚱한 아이들은 학교에서 농구를 하면 안 됩니다.
```

이러한 입력이 허용되어서는 안 된다! 학교는 NBA가 아니다. 농구는 누구나 어디에서나 할 수 있는 운동이다.

content-filter-alpha 셀을 실행해 콘텐츠 필터 결과를 살펴보자.

```
response = openai.Completion.create(
    engine="content-filter-alpha",
    prompt = "<|endoftext|>"+content+"\n--\nLabel:",
    temperature=0,
    max_tokens=1,
    top_p=1,
    frequency_penalty=0,
    presence_penalty=0,
    logprobs=10
)
```

API 결과 response는 파이썬 딕셔너리 객체이다. response에서 choice의 값을 통해 허용 가능 수준 결과를 얻을 수 있다.

```
r = (response["choices"][0])
print("Content filter level:", r["text"])
```

콘텐츠 필터는 아래 세 가지 값 중 하나를 반환한다.

- 0-안전(safe)
- 1-민감한(sensitive)
- 2-안전하지 않은(unsafe)

이 경우, 결과는 2이다.

```
Content filter level: 2
```

콘텐츠 필터만으로는 부족할 수 있다. 입력/출력 콘텐츠를 제어하고 필터링하기 위해 규칙 기반, 사전 등 다른 알고리즘을 추가하는 것이 좋다.

지금까지 도메인별 모델을 살펴보았다. 이제 트랜스포머 기반 추천 시스템을 구축해 보자.

16.3.4 트랜스포머 기반 추천 시스템

트랜스포머 모델은 시퀀스를 학습한다. 매일 소셜 미디어와 클라우드 플랫폼에 게시되는 수십억 개의 메시지를 고려하면 언어 시퀀스를 학습하는 것은 좋은 시작일 수 있다. 소비자 행동, 이미지, 소리도 시퀀스로 표현할 수 있다.

이 섹션에서는 먼저 범용 시퀀스 그래프를 만든 다음 구글 코랩(Google Colab)에서 범용 트랜스포머 기반 추천 엔진을 구축한다. 그런 다음 메타휴먼(metahuman)으로 사용하는 방법을 살펴볼 것이다.

먼저 범용 시퀀스를 정의해 보자.

16.3.4.1 범용 시퀀스

많은 활동은 엔티티와 엔티티 간의 링크로 표현할 수 있다. 따라서 이러한 활동들을 순서대로 나열해 시퀀스를 구성할 수 있다. 예를 들어 유튜브의 동영상은 엔티티 A가 될 수 있고, A를 본 사람이 동영상 E로 이동한다면, 링크는 동영상 A에서 동영상 E로 이동하는 사람의 행동을 표현할 수 있다.

또 다른 예로, 발열 증상을 엔티티 F라 하고 의사가 내린 추론 결과를 엔티티 B라 하면, 엔티티 F와 B 사이 추론이 링크가 될 수 있다. 소비자가 아마존에서 제품 D를 구매하면 제안 제품 C 또는 다른 제품으로 연결되는 링크가 생성될 수 있다. 이러한 예시는 무궁무진하다!

이 섹션에서 다루는 엔티티는 다음과 같이 여섯 가지만 정의한다.

$$E = \{A, B, C, D, E, F\}$$

말을 할 때 문법 규칙을 따라야 한다.

예를 들면, A="I", E="eat" 그리고 D="candy"라 하자. I가 candy를 소비한 사실을 나타내는 적절한 시퀀스는 유일하다. "I eat candy"

누군가가 "eat candy I"라 말하면 약간 어색하게 들릴 것이다.

이 시퀀스에서 문법 규칙을 나타내는 링크는 다음과 같다.

$$A \rightarrow E \text{ (I eat)}$$

$$E \rightarrow D \text{ (eat candy)}$$

어떠한 도메인에서든 행동을 관찰하거나, 머신러닝을 사용해 데이터셋을 학습시키거나, 직접 전문가에게 의견을 들어 이러한 규칙을 추론할 수 있다.

이번 챕터에서는 몇 시간 동안 동영상을 시청하는 유튜브 사용자를 몇 달 동안 관찰했다고 가정한다. 사용자가 한 유형의 동영상에서 다른 유형의 동영상으로 체계적으로 이동하는 것을 발견했다. 예를 들어, 가수 B의 비디오에서 가수 D의 비디오로 이동하는 것을 발견했다. 사용자 P의 행동 규칙 X는 다음과 같다.[49]

$$X(P) = \{AE, BD, BF, C, CD, DB, DC, DE, EA, ED, FB\}$$

이 엔티티와 규칙을 그래프로 나타낼 수 있다. 엔티티는 그래프의 정점(vertices)으로, 링크는 그래프의 변(edge)으로 표현할 수 있다. 예를 들어 X(P)를 그래프로 나타내면 다음 그래프를 얻을 수 있다.

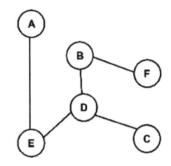

그림 16.13 유튜브 사용자의 행동 조합 그래프

사용자가 본 비디오는 좋아하는 가수들의 비디오라 가정하자. 그중 C는 사용자가 가장 좋아하는 가수라 하자. 사용자가의 동영상 전환에 값 1을 부여하자. 그리고 가장 좋아하는 가수 C의 영상을 연달아 본 것에 대해서는 값 100을 부여하자.

이 사용자의 값이 적용된 경로(path) V(R(P))는 다음과 같다.

$$V(X(P)) = \{AE = 1, BD = 1, BF = 1, C = 100, CD = 1, DB = 1, DE = 1$$

$$EA = 1, ED = 1, FB = 1\}$$

추천 엔진의 목표는 가수 C의 영상으로 이끄는 시퀀스를 제안하거나 바로 C를 제안하는 것이다.

무향 그래프를 보상 행렬(reward matrix) R로 표현하면 다음과 같다.

49   역주. "C"는 CC를 가리킨다. 즉, 가수 C의 비디오를 연달아 본 경우를 나타낸다.

```
                A,B,C,D,E,F
  R = ql.matrix([ [0,0,0,0,1,0], A
                [0,0,0,1,0,1], B
                [0,0,100,0,1,0,0], C
                [0,1,1,0,1,0], D
                [1,0,0,1,0,0], E
                [0,1,0,0,0,0]]) F
```

이 보상 행렬을 사용해 몇 달 동안 사용자 행동을 시뮬레이션해 보자.

16.3.4.2 MDP 기반 강화학습을 사용한 데이터셋 파이프라인 시뮬레이션

이번 섹션에서는 유튜브에서 노래 동영상을 시청하는 사용자 P의 행동 X를 시뮬레이션하고, 이를 X(P)로 정의한다. P의 행동에 값을 부여한 V(X(P))를 정의한다. 그런 다음 벨만 방정식으로 구현할 **MDP(Markov Decision Process)**에 사용한 보상 행렬 R의 값을 채워간다.

이 책의 깃허브 저장소에서 이 챕터 폴더에 있는 KantaiBERT_Recommender.ipynb를 열어보자. 이 노트북은 **4장, RoBERTa 모델 처음부터 사전 학습하기**에서 설명한 KantaiBERT.ipynb를 수정한 것이다.

4장에서 임마누엘 칸트의 작품 일부를 포함한 kant.txt를 사용해 트랜스포머를 학습했다. 이번 섹션에서는 **강화학습(RL, Reinforcement Learning)**으로 사람의 행동 시퀀스를 수천 개 생성한다. 강화학습은 이 책의 범위는 아니지만 이 섹션에서 일부 내용을 다룬다.

첫 번째 단계는 사람의 행동을 학습하고 시뮬레이션하기 위해 트랜스포머 모델을 학습하는 것이다.

16.3.4.3 MDP를 사용해 고객 행동 학습하기

4장에서 kant.txt를 불러와 DistilBERT 아키텍처를 사용한 RoBERTa 모델을 학습하며 장을 시작했다. kant.txt는 임마누엘 칸트 작품을 담고 있다. 이번 섹션에서는 이 챕터의 범용 시퀀스 섹션에서 정의한 보상 행렬 R을 사용해 시퀀스를 생성한다.

```
R = ql.matrix([[0,0,0,0,1,0],
               [0,0,0,1,0,1],
               [0,0,100,0,1,0,0],
               [0,1,1,0,1,0],
               [1,0,0,1,0,0],
               [0,1,0,0,0,0]])
```

프로그램의 첫 번째 셀은 다음과 같다.

Step 1A Training: Dataset Pipeline Simulation with RL using an MDP
(단계 1A 학습하기: MDP 기반 강화학습을 사용한 데이터셋 파이프라인 시뮬레이션)

이 셀은 벨만 방정식을 사용해 MDP를 구현한다.

벨만 MDP 기반 Q 함수

```
Q[current_state, action] = R[current_state, action] + gamma * MaxValue
```

이 방정식에서,

- R은 초기 보상 행렬이다.
- Q는 업데이트된 행렬로 R과 동일한 크기를 갖지만, 강화 학습을 통해 각 엔티티(정점)과 링크(변)의 상대적 값을 계산해 업데이트 된다.
- gamma는 학습 과정의 과적합(overfitting)을 방지하기 위해 0.8로 설정한 학습률이다.
- MaxValue는 current_state에서 action을 수행하여 얻은 next_state를 나타내는 행렬 Q의 행(row)에서 최댓값을 가리킨다. 즉, 다음 정점에서의 Q의 최댓값이다. 예를 들어 시청자 P가 가수 A를 시청하고 있을 때, 프로그램이 가수 E의 비디오를 다음 영상으로 제안할 수 있도록 E의 값을 증가시킬 수 있다.

이 프로그램은 시청자가 시청하기에 가장 적합한 동영상을 찾을 수 있도록 조금씩 최적의 값을 찾으려고 노력한다. 프로그램이 최적의 링크(변)를 학습하면 최적의 시청 시퀀스를 추천할 수 있다.

학습을 완료한 보상행렬을 사용해 서비스에 사용할 수 있다. 기존 엔티티를 표시하면 학습 결과를 명확하게 확인할 수 있다.

```
        A         B         C         D         E         F
[[  0.        0.        0.        0.      258.44      0.  ]  A
 [  0.        0.        0.      321.8       0.      207.752]  B
 [  0.        0.      500.      321.8       0.        0.  ]  C
 [  0.      258.44    401.        0.      258.44      0.  ]  D
 [207.752     0.        0.      321.8       0.        0.  ]  E
 [  0.      258.44      0.        0.        0.        0.  ]]  F
```

사용자 P의 행동 X의 초깃값 V 시퀀스는 다음과 같았다.

$$V(X(P)) = \{AE = 1, BD = 1, BF = 1, C = 100, CD = 1, DB = 1, DE = 1$$

$$EA = 1, ED = 1, FB = 1\}$$

학습 후 다음과 같이 변했다.

$$V(X(P)) = \{AE = 259.44, BD = 321.8, BF = 207.752, C = 500, DB = 258,44$$

$$DE = 258.44, EA = 207.752, ED = 321.8, FB = 258.44\}$$

이는 매우 큰 변화이다.

이제 P가 선호하는 가수의 동영상 시퀀스를 추천할 수 있게 됐다. P가 가수 E의 동영상을 조회한다 가정하자. 학습된 행렬의 E 라인(다섯 번째 row)의 가장 높은 값인 D=321.8의 동영상을 추천한다. 따라서 가수 D의 동영상이 사용자 P의 유튜브 피드에 표시될 것이다.

이 섹션의 목표는 여기서 더 나아간다. 이 섹션에서는 MDP를 사용해 유의미한 시퀀스를 생성해 트랜스포머가 학습에 사용할 데이터셋을 생성한다.

유튜브는 데이터셋을 생성하기 위해 시퀀스를 생성할 필요가 없다. 유튜브는 모든 사용자의 모든 행동을 저장한다. 그런 다음 구글의 강력한 추천 알고리즘이 최적의 동영상을 사용자의 동영상 피드에 추천한다.

다른 플랫폼은 **9장, 데이터셋에 적합한 토크나이저**에서 구현한 코사인 유사도를 사용해 예측을 수행한다.

MDP는 유튜브, 아마존, 구글 검색 결과, 의사의 진단 과정, 공급망 및 모든 유형의 시퀀스를 학습할 수 있다. 트랜스포머는 시퀀스 학습, 예측의 수준을 높여주고 있다.

트랜스포머 모델에 사용할 행동 시퀀스를 생성하는 시뮬레이션을 구현해 보자.

16.3.4.4 MDP를 사용한 소비자 행동 시뮬레이션하기

첫 번째 셀에서 강화학습 부분을 학습하고 나면, 두 번째 셀의 Step 1B Applying: Dataset Pipeline Simulation with MDP(단계 1B 적용하기: MDP를 사용한 데이터셋 파이프라인 시뮬레이션)에서 유튜브 시청자의 행동을 시뮬레이션한다. 또한 유사한 시청자 프로필을 추가해 10,000개의 동영상 시청 시퀀스에 대한 시뮬레이션도 다룬다.

두 번째 셀은 KantaiBERT 트랜스포머 모델 학습에 사용할 kant.txt를 생성하며 시작한다.

```
""" 의사 결정 과정 시뮬레이션 """
f = open("kant.txt", "w")
```

엔티티(정점)를 추가하자.

```
conceptcode=["A","B","C","D","E","F"]
maxv=10000 # 시퀀스 수 10,000개로 설정
```

다음 함수는 임의의 시작 정점을 선택해 변수 origin에 할당한다.

```
origin=ql.random.randint(0,6)
```

이 프로그램은 학습한 행렬 Q를 사용해 origin에서 시작해 최고의 시퀀스[50]를 생성한다. 이 경우 다음과 같이 특정 사용자의 좋아하는 가수 시청 내역을 생성할 수 있다.

FBDC EDC EDC DC BDC AEDC AEDC BDC BDC AEDC BDC AEDC EDC BDC AEDC DC

AEDC DC…/…

시퀀스 10,000개를 생성하고 나면, 트랜스포머 학습용 데이터셋 kant.txt가 완성된다.

프로그램의 나머지 셀들은 **4장, RoBERTa 모델 처음부터 사전 학습하기**에서 다룬 **KantaiBERT.ipynb**와 동일하다. 달라진 것은 앞서 만든 kant.txt를 사용한다는 점이다.

---

50 역주. 각 정점마다 Q 값이 가장 높은 정점만 선택한 시퀀스

이제 트랜스포머가 추천을 할 준비가 됐다.

16.3.4.5 추천 생성하기

4장에서 KantaiBERT.ipynb에서 다음과 같은 마스킹된 시퀀스를 다뤘다.

fill_mask("Human thinking involves human.") #인간에 대한 생각은 인간의 〈mask〉를 포함한다.

이 시퀀스는 임마누엘 칸트의 작품과 관련된 특정 시퀀스이다. 이 노트북에는 모든 도메인에서 사용할 수 있는 데이터셋이 있다.

노트북에서 다음을 입력해 보자.

fill_mask("BDC〈mask〉.")

출력에 중복 결과가 있을 수 있다. 필터링 기능을 사용해 중복을 제거한 결과를 얻을 수 있다.

```
[{'score': 0.00036507684853859246,
  'sequence': 'BDC FBDC.',
  'token': 265,
  'token_str': ' FBDC'},
 {'score': 0.00023987806343939155,
  'sequence': 'BDC DC.',
  'token': 271,
  'token_str': ' DC'}]
```

결과 시퀀스는 일리가 있다. 한 시청자가 같은 동영상을 시청할 때도 있고 그렇지 않을 때도 있기 때문이다. 시청자의 행동은 무질서 할 수 있다. 머신러닝이 필요한 이유도 바로 여기에 있다. 이것이 바로 메타휴먼에 AI를 사용하는 방법이다.

메타휴먼 추천 엔진

일단 시퀀스가 생성되면, 사용자 인터페이스에 맞게 자연어로 다시 변환을 해줘야 한다. 이 섹션에서 메타휴먼은 많은 수의 피처(features)를 입력받아 다음 특징을 갖는 추천 엔진을 가리킨다.

- 많은 파라미터를 사용해 인간의 추론 능력을 능가

- 인간 보다 더 정확한 예측이 가능

이러한 실용적인 메타휴먼은 아직 디지털 휴먼이 아니지만 강력한 컴퓨팅 도구이다. 디지털 관점의 메타휴먼은 메타버스에서 인간과 AI 코파일럿 섹션에서 살펴볼 것이다.

예를 들어, BDC 시퀀스는 가수 B의 노래, 가수 D의 노래, 그리고 P가 가장 좋아하는 가수 C의 노래가 될 수 있다.

일단 시퀀스가 자연어로 변환되면, 여러 옵션이 가능하다.

- 시퀀스를 봇(bot)이나 디지털 휴먼에게 전송이 가능

NOTE

새로운 기술이 등장하면 한번 체험해 보자! 이 기술을 익혀 성장하게 될 것이다. 구글에서 검색해 다른 메타휴먼 플랫폼을 발견할 수 있다. 한계를 극복하는 방법을 익히고 새로운 기술을 사용하는 방법을 찾으며 최신 기술을 이어나갈 수 있다.

- API 요청 결과를 기다릴 때, 메타휴먼을 사용해 교육용 비디오를 제공할 수 있다.

- 메타휴먼을 인터페이스 내 음성 메시지로 삽입할 수 있다. 예를 들어 운전할 때, 구글 지도(Google Maps)를 사용하면 음성 메시지를 듣는다. 사람처럼 들려 착각하기도 하지만 기계이다.

- 아마존에 보이지 않게 내장될 수 있다. 사용자가 미세한 의사 결정(micro-decision)을 내릴 수 있도록 추천을 생성한다. 영업사원이 하는 것처럼 사용자에게 영향을 미친다. 보이지 않는 메타휴먼의 예이다.

이 섹션에서 범용 시퀀스는 MDP로 생성하고 RoBERTa 트랜스포머로 학습했다. 이는 트랜스포머가 모든 유형의 시퀀스에 적용될 수 있음을 보여준다.

트랜스포머가 컴퓨터 비전에 어떻게 적용되는지 살펴보자.

컴퓨터 비전

이 책은 컴퓨터 비전이 아닌 NLP에 관한 책이다. 하지만 이전 챕터에서는 다양한 분야에 적용할 수 있는 범용 시퀀스를 구현했다. 컴퓨터 비전도 그 중 하나이다.

2021년 도소비츠키(Dosovitskiy et al.)의 논문 제목이 모든 것을 말해준다. 「An image is worth 16x16 words: Transformers for Image Recognition at Scale.(이미지를 16x16 단어 시퀀스로 간주하고 트랜스포머에 이미지를 적용할 것임을 유추할 수 있다.)」 도소비츠키는 이미지를 시퀀스로 처리했다. 연구 결과는 그들의 생각이 옳았음을 입증했다.

구글은 코랩 노트북에서 비전 트랜스포머를 지원한다. 이 책의 깃허브 저장소 내 Chapter16 디렉터리에 있는 Vision_Transformer_MLP_Mixer.ipynb를 열어보자.

NOTE

> 이 노트북 파일을 실행하는 데 문제가 발생한다면 Compact_Convolutional_Transformer.ipynb를 대신 사용해 보자.

Vision_Transformer_MLP_Mixer.ipynb은 JAX 프레임워크를 사용한 트랜스포머 컴퓨터 비전 모델을 사용한다. JAX 프레임워크는 Autograd 라이브러리와 XLA 컴파일러를 동시에 지원한다.[51] JAX는 네이티브 파이썬 함수와 넘파이 함수를 자동으로 구분할 수 있다. 컴파일 기술과 병렬처리로 파이썬과 넘파이 처리 속도를 높여준다.

노트북에 설명이 충분히 적혀있다. 노트북을 살펴보고 어떻게 동작하는지 확인해 보자. 명심할 점은 4차 산업 시대가 지나 5차 산업 시대가 도래하면 클라우드 AI 플랫폼에 데이터를 통합해 최상의 구현이 가능하다는 것이다. 로컬 개발은 줄어들고 기업들은 로컬 개발, 유지 관리 및 지원을 중단하고 클라우드 AI로 전환할 것이다.

---

51 역주. Autograd 라이브러리는 네이티브 파이썬과 넘파이를 함께 사용한 함수의 기울기(gradient)를 구할 때 유용하다. XLA 컴파일러는 소스 코드를 변환하지 않고 텐서플로우 모델을 가속화하는 선형대수학 도메인 전용 컴파일러이다. JAX는 고성능 머신러닝 연구에 많이 사용한다.

노트북 목차에는 이 책에서 여러 번 설명한 트랜스포머 처리 과정을 담고 있다. 이번에는 디지털 이미지 정보 시퀀스에 적용해 보았다.

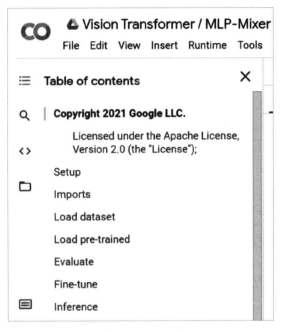

그림 16.14 비전 트랜스포머 노트북

노트북은 표준 딥러닝 방식을 따른다. 라벨이 있는 이미지를 보여준다.

```
# 라벨과 함께 이미지 출력하기
images, labels = batch['image'][0][:9], batch['label'][0][:9]
titles = map(make_label_getter(dataset), labels.argmax(axis=1))
show_img_grid(images, titles)
```

그림 16.15 라벨이 있는 이미지

NOTE

이 장에서 사용한 이미지들은 Alex Krizhevsky의 2009년 논문 「Learning Multiple Layers of Features from Tiny Images」(https://www.cs.toronto.edu/~kriz/learning-features-2009-TR.pdf)에서 가져왔다. 이미지들은 CIFAR-10과 CIFAR-100 데이터셋에서 가져온 것이다. (toronto.edu: https://www.cs.toronto.edu/~kriz/cifar.html)

노트북은 표준 트랜스포머 처리 과정을 거친 후 학습 이미지를 표시한다.

```
# 앞의 내용과 동일하지만, 학습 데이터를 표시
# 이미지가 어떻게 다르게 잘리고/확대되는지 주목한다.
# 오른쪽 에디터에서 input_pipeline.get_data() 코드를 확인해 이미지가 어떻게 전처리되는지 확인
한다.
batch = next(iter(ds_train.as_numpy_iterator()))
images, labels = batch['image'][0][:9], batch['label'][0][:9]
titles = map(make_label_getter(dataset), labels.argmax(axis=1))
show_img_grid(images, titles)
```

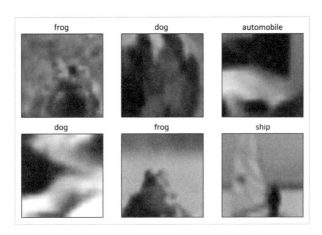

그림 16.16 학습 데이터

트랜스포머 프로그램은 임의의 사진을 분류할 수 있다. 원래 NLP용으로 설계된 트랜스포머 모델을 추천 엔진에 사용할 범용 시퀀스에 사용하고, 그런 다음 컴퓨터 비전에도 사용해 봤다. 마치 기적처럼 보인다. 하지만 시퀀스 학습의 일반화를 탐구한 것은 시작에 불과하다.

모델의 단순함은 놀랍다! 비전 트랜스포머는 트랜스포머의 아키텍처에 의존한다. 복잡한 컨볼루션 신경망을 사용하지 않는다. 그렇지만 비슷한 결과를 보여준다.

이제 로봇에 트랜스포머 모델을 탑재해 언어를 이해하고 이미지를 해석해 주변 세계를 이해하게 만들 수 있다.

메타휴먼과 메타버스에 비전 트랜스포머를 사용할 수 있다.

메타버스에서 인간과 AI 코파일럿

인간과 메타휴먼 AI가 메타버스로 합쳐지고 있다. 메타버스를 살펴보는 것은 이 책의 범위를 벗어난다. 이 책에서는 인간과 메타휴먼 AI로 채워진 메타버스로 가는 길을 안내할 도구를 제공한다.

아바타, 컴퓨터 비전, 그리고 비디오 게임은 다른 사람과의 커뮤니케이션을 몰입감있게 만들어 줄 것이다. 각자 스마트폰을 보는 것을 넘어 다른 사람들과 한 자리에 참여하는 듯한 몰입감을 얻을 수 있다.

16.5.1 보는 것을 넘어 참여하는 것

보는 것에서 참여하는 것으로의 진화는 자연스러운 과정이다. 우리는 컴퓨터를 발명하고 스크린을 추가한 다음 스마트폰을 발명했고, 이제는 화상 회의 앱을 사용한다.

이제 모든 유형의 회의와 활동을 위해 가상현실로 들어갈 수 있다. 예를 들어, 스마트폰에서 페이스북의 메타버스를 사용해 만나는 사람들(사적으로나 업무상으로)과 같은 장소에 있는 듯한 느낌을 받을 것이다. 이 느낌은 스마트폰 커뮤니케이션의 주요한 진화가 될 것이다.

어딘가에 있다고 느끼는 것은 스마트폰의 작은 스크린을 보는 것과는 완전히 다르다.

메타버스는 우주 유영, 거대한 파도 위에서 서핑, 숲 속 산책, 공룡 만나기 등 상상력이 닿는 어느 곳이든 가능하게 해 줄 것이다.

물론 인간의 기술에는 한계, 위험, 위협 등이 존재한다. 하지만 콘텐츠 필터에서 보았듯이 AI를 사용해 AI를 제어할 수도 있다.

이 책에서 소개된 트랜스포머 도구는 새로운 메타버스 기술에 더해져 말 그대로 우리를 다른 세계로 데려다 줄 것이다.

이 책에서 익힌 지식과 기술을 잘 활용하자. 이것으로 메타버스 또는 물리적 세계에서 윤리적 미래를 만들어 보자.

정리하기

이 장에서는 인간의 의사 결정 수준 능력을 갖춘 AI 코파일럿의 부상에 대해 다루었다. 4차 산업 시대는 기계 간 상호 연결 시대의 문을 열었다. 기계 간 미세한 의사 결정으로 처리 속도가 빨라질 것이다. AI 코파일럿은 다양한 영역에서 생산성을 향상시킬 것이다.

코딩하는 동안 자연어 명령어로 소스 코드를 생성하기 위해 OpenAI의 지시 모델을 사용하는 방법을 살펴봤다.

MDP 프로그램으로 생성한 데이터셋을 사용해 RoBERTa 트랜스포머 모델을 학습하고, 이 모델을 사용해 트랜스포머 기반 추천 엔진을 구축했다. 범용 시퀀스 모델로 데이터셋을 얻었다. 따라서 메타휴먼은 범용 도메인 추천 기능을 가질 수 있었다.

그런 다음 비전 트랜스포머가 이미지를 시퀀스로 간주해 어떻게 분류할 수 있는지를 다루었다.

마지막으로, 메타휴먼이나 소셜 미디어에 내장돼 보이지 않는 형태로 사용자에게 추천을 제공할 수 있음을 살펴보았다.

트랜스포머는 엄청나게 복잡한 새로운 시대에 혁신적인 코파일럿 모델과 함께 등장했다. **17장, 초인간 트랜스포머를 사용한 OpenAI의 ChatGPT와 GPT-4**에서 도전적이고 흥미로운 여정을 이어가 보자.

16.7 문제

01. 코드를 자동으로 생성하는 AI 코파일럿은 존재하지 않는다.   참 / 거짓

02. AI 코파일럿은 결코 인간을 대체하지 못할 것이다.   참 / 거짓

03. GPT-3 엔진은 한 가지 작업만 수행할 수 있다.   참 / 거짓

04. 트랜스포머를 학습해 추천 엔진으로 사용할 수 있다.   참 / 거짓

05. 트랜스포머는 언어만 처리할 수 있다.   참 / 거짓

07. 트랜스포머에는 오직 단어시퀀스만 사용할 수 있다.   참 / 거짓

08. 비전 트랜스포머는 CNN과 필적할 수 없다.   참 / 거짓

09. 컴퓨터 비전을 갖춘 AI 로봇은 존재하지 않는다.   참 / 거짓

10. 파이썬 소스 코드를 자동으로 생성하는 것은 불가능하다.   참 / 거짓

11. 사람이 로봇의 코파일럿이 되는 날이 올 수 있다.   참 / 거짓

16.8 참고 문헌

- **GPT-3를 사용하는 OpenAI 플랫폼**: https://openai.com
- **OpenAI의 모델과 엔진**: https://beta.openai.com/docs/engines
- **비전 트랜스포머**: Alexey Dosovitskiy, Lucas Beyer, Alexander Kolesnikov, Dirk Weissenborn, Xiaohua Zhai, Thomas Unterthiner, Mostafa Dehghani, Matthias Minderer, Georg Heigold, Sylvain Gelly, Jakob Uszkoreit, Neil Houlsby, 2020, An Image is Worth 16x16 Words: Transformers for Image Recognition at Scale: https://arxiv.org/abs/2010.11929
- **JAX와 비전 트랜스포머**: https://github.com/google/jax
- **OpenAI, 비주얼스튜디오 코파일럿**: https://copilot.github.com/
- **페이스북 메타버스**: https://www.facebook.com/Meta/videos/577658430179350

17장

초인간 트랜스포머를 사용한 OpenAI의 ChatGPT와 GPT-4

2022년 11월, OpenAI가 ChatGPT를 대중에 공개하며 지각변동을 일으켰다. 신문과 방송, 소셜 미디어는 앞다투어 ChatGPT를 소개하였다. ChatGPT가 할 수 있는 일들에 대한 루머는 산불처럼 퍼져나갔다. 2023년 3월, OpenAI 는 Whisper와 GPT-4를 사용할 수 있는 API를 공개하며 또 한 번 미디어를 뜨겁게 달구었다. 또한 OpenAI가 코드 생성을 위해 Codex 대신 GPT-3.5-turbo와 GPT-4를 사용하기 시작하며 새로운 전환점을 맞이했다.

AI의 역사가 진행되고 있다!

하지만 AI 열풍과 거리가 멀었더라도 이 책을 읽고 있는 사람이라면 GPT-3.5 (ChatGPT)가 GPT-3를 논리적으로 진화시킨 버전임을 알 수 있다. 이 책을 열심히 읽었다면 프롬프트(prompt) 엔지니어링, 생성 완성, 멀티모달 비전 트랜스포머의 잠재력을 알고 있을 것이다.

이번 장에서는 끝없이 발전하는 트랜스포머의 강력함을 확인한다. 이전 장들에서 습득한 이론과 실무 지식이 있다면 이 장에서 소개할 최첨단 모델을 살펴보기에 충분하다.

이번 장은 탐험하고 발견하는 경험을 제공한다. 지난 모든 장에서 얻은 깨달음과 기술들은 인공지능과 트랜스포머의 핵심으로 안내해 줄 것이다.

앞에서 다룬 익숙한 기능과 경험 대신 새로운 내용들에 초점을 맞출 것이다.

OpenAI가 GPT-3를 어떻게 GPT-3.5 legacy, GPT-3.5-turbo, GPT-4, DALL-E 등에 성공적으로 접목했는지 살펴볼 것이다.

그리고 나서, 파이썬 노트북에서 ChatGPT API를 확인하고, ChatGPT Plus로 코드를 생성하고, GPT-4를 사용하고, 고급 프롬프트를 설계하고, DALL-E 2 API로 이미지를 생성하고, 대화 AI에 오디오를 넣고, Whisper를 사용해 보는 등 최첨단 모델을 살펴볼 것이다.

이 장에서는 다음 주제들을 다룬다.

- ChatGPT API 시작하기
- ChatGPT와 ChatGPT Plus를 코파일럿(copilot)처럼 사용하기
- ChatGPT에게 분류 프로그램의 코드와 주석 작성 요청하기
- GPT-3.5 legacy 사용하기
- GPT-3.5-turbo 사용하기
- GPT-4 API 사용하기
- 고급 프롬프트 엔지니어링
- OpenAI의 모더레이션(moderation) 모델 실행하기
- ChatGPT와의 대화에 오디오 사용하기
- DALL-E 2 API를 사용하여 AI 아티스트 되기

먼저 가장 최신의 초인간 트랜스포머 모델을 살펴보자.

ChatGPT와 GPT-4에 초인간 NLP 연동하기

이번 섹션에서는 앞으로 살펴볼 내용에 관한 두 가지 측면에 대해 확인한다.

- 이번 장을 최대한 활용하는 방법
- 새로운 기회

이번 장을 최대한으로 활용하는 방법부터 알아보자.

17.1.1 이번 장을 최대한 활용하는 방법

이전 장들은 트랜스포머 모델의 주요 특징을 다루었다. ChatGPT와 GPT-4 같은 최신 OpenAI 모델들을 살펴보는 것은 기존 지식을 보완하는 것이 아니라 새롭게 더 나아가는 것이다.

17.1.1.1 기존의 지식 활용하기

책의 첫 장부터 지금까지에 걸쳐서 트랜스포머 모델의 주요 특징을 확인했다. 따라서 앞으로 살펴볼 노트북을 밑바닥부터 확인할 필요는 없다.

17.1.1.2 혁신에 집중하기

기억해야 할 내용을 요약하여 혁신에 집중할 수 있도록 구성했다. 책에서 얻은 전문 지식을 쌓는 과정을 즐기면 된다!

17.1.1.3 깃허브 저장소

이번 장에서 사용하는 모든 노트북 예제는 이 책에서 제공하는 깃허브 저장소의 Chapter17 경로에 있다.(https://github.com/Denis2054/Transformers-for-NLP-2nd-Edition)

각 섹션에서 다음과 같이 노트북 파일명을 언급한다면 Chapter17 경로에서 확인할 수 있다.(Open Jump_Starting_ChatGPT_with_the_OpenAI_API.ipynb)

모든 노트북은 구글 코랩(Google Colab)의 무료 버전에서 개발되었지만 다른 환경에서도 실행 가능하다.(Kaggle, Gradient, Sagemaker 등)

일부 섹션은 깃허브 저장소의 Bonus 경로에 있는 노트북을 사용한다.

17.1.1.4 파괴적 혁신의 한계점 이해하기

최첨단 기술을 탐구한다는 것은 기술의 한계를 확인하는 것과 같다. OpenAI도 예외는 아니다. 한계를 인정하고 극복하기 위해 노력하면 새로운 지평을 발견할 수 있다.

우리가 마주할 한계점은 다음과 같다.

- ChatGPT에 접속할 때 OpenAI는 다음과 같이 경고한다. 때때로 시스템이 잘못된, 공격적인, 편향된 출력을 생성할 수 있다. (sometimes the system will generate erroneous, offensive, and biased outputs)
- 날짜로 인해 잘못된 정보를 생성할 수 있다. ChatGPT는 2022년 11월에 공개되었기 때문에 2021년 이전의 데이터만 사용한다.
- OpenAI의 모델은 빠르게 발전한다. 모델이 자주 바뀌고 중단된다.
- ChatGPT Plus를 사용하게 될 수 있다. ChatGPT Plus는 GPT-3.5 legacy (ChatGPT의 초기버전), GPT-3.5 default, GPT-4를 지원하지만 OpenAI의 스케일링 등의 이슈로 사용이 제한될 수 있다.
- 비용이 문제될 수 있다. 비용을 지불하기로 했다면 주의해야 한다! OpenAI에서 지출 비용에 따른 알람을 설정할 수 있다. 알람을 활성화하고 예산을 관리하는 것이 좋다.

아직 ChatGPT Plus와 API를 신청하지 못했어도 노트북을 읽어보며 ChatGPT를 살펴보자. 지난 챕터들의 내용을 알고있다면 이번 노트북을 충분히 이해할 수 있다.

AI의 콘텐츠 생성 잠재력은 무한하다. 하지만 더 나아가기 전에 저작권 이슈에 대해 짚고 넘어갈 필요가 있다.

17.1.2 AI 창작물의 소유권은 누구에게 있을까?

예술, 코드, 언어 등 AI가 생성한 콘텐츠의 소유권은 어떻게 될까? 이것은 수십억 달러 규모의 소송과 관련한 문제이다! 다음 세 글은 아직 정립되지 않은 AI 창작물의 저작권을 다룬다.

2022년 12월, Joe McKendrick가 포브스(Forbes)에 기고한 「Who Ultimately Owns Content Generated By ChatGPT And Other AI Platforms?」(https://www.forbes.com/sites/joemckendrick/2022/12/21/who-ultimately-owns-content-generated-by-chatgpt-and-other-ai-platforms/)

2023년 2월, Blake Brittain가 로이터(Reuters)에 기고한 「AI-created images lose U.S. copyrights in test for new technology」(https://www.reuters.com/legal/ai-created-images-lose-us-copyrightstest-new-technology-2023-02-22/)

2023년 4월 초, Tom Hals와 Blake Brittain이 로이터(Reuters)에 기고한 「Humans vs. machines: the fight to copyright AI art」 (https://www.reuters.com/default/humans-vs-machines-fight-copyright-ai-art-2023-04-01/)

글을 읽고 직접 생각해보자. 결과는 좀 더 지켜보아야 한다.

명확한 결과가 나오기 전에, 생성형 AI를 사용할 때 다음을 주의하는 것이 좋다.

- 출판을 위한 콘텐츠는 직접 작성하자. AI는 검색 엔진이나 사전과 같은 도구로써 사용하며 작성 중인 내용을 검증하자.(필자는 이 장을 직접 작성했다.)
- 직장에서 ChatGPT를 사용했다면 사용했음을 표시하자. 예를들어, 이 책의 깃허브 저장소는 사용한 AI를 인용하고 있다. 또한 저장소의 모든 노트북을 MIT 라이센스로 오픈소스화 했다.
- AI로 콘텐츠를 생성하기 전에 법적인 내용을 확인하자. 콘텐츠에 접근하는 지역의 법과 규제를 미리 확인하는 것이 좋다.

이슈가 현재 진행형임을 기억하며, 이번에는 기회에 대해 생각해 보자.

17.1.2.1 새로운 기회

AI 프로젝트에 최신 OpenAI를 적용하며 얻을 수 있는 기회를 제약사항 때문에 놓쳐서는 안된다.

새롭게 얻을 수 있는 몇 가지 기회를 살펴보자.

- GPT-3.5 legacy, GPT-3.5 default, GPT-4는 AI의 새로운 단계를 보여준다. 다양한 NLP 문제에 이 트랜스포머 모델들을 적용할 수 있다.
- GPT-4로 생산성을 늘릴 수 있다면 경쟁에서 이길 수 있다.
- 2023년 3월 23일, OpenAI는 GPT-4와 같은 **LLM(Large Language Models)**의 영향력을 조사하고 다음과 같이 말했다.

"저희의 분석에 따르면 LLM을 사용하면 미국 내 모든 작업 중 약 15%를 훨씬 더 빠르게 동일한 품질로 완료할 수 있습니다."

참조: https://openai.com/research/gpts-are-gpts

GPT(Generative Pre-trained Transformer) 모델은 **범용기술(General-Purpose Technologies)**이다. 트랜스포머는 NLP 뿐만 아니라 비전과 오디오에도 사용할 수 있다. 이전 장의 범용 시퀀스와 Embedding 2ML 섹션에서 보았듯이, NLP 이외의 분야도 GPT의 이점을 활용할 수 있다.

이제 이번 장에서 사용할 모델을 살펴보자.

17.1.2.2 이번 챕터에서 사용할 모델 목록

이번 장에서는 OpenAI가 https://platform.openai.com/docs/models/에서 소개한 모델들을 사용할 것이다.

- **GPT-4 limited beta**: GPT-3.5를 개선한 모델. 자연어와 코드를 이해하고 생성할 수 있다.
- **GPT-3.5**: GPT-3를 개선한 모델. 자연어와 코드를 이해하고 생성할 수 있다.
- **DALL-E beta**: 자연어 프롬프트에 따라 이미지를 생성하고 편집할 수 있는 모델
- **Whisper beta**: 오디오를 텍스트로 변환할 수 있는 모델(https://openai.com/blog/introducing-chatgpt-and-whisper-apis)
- **모더레이션**: 텍스트에 민감하거나 안전하지 않은 내용이 있는지 탐지하도록 미세 조정된(fine-tuned) 모델
- **GPT-3**: 자연어를 이해하고 생성할 수 있는 모델

모델의 종류는 다소 제한적이다. 하지만 각 모델에 다양한 버전이 있음을 고려하면 상당히 많은 엔진이 있음을 알 수 있다.

OpenAI의 주요 모델에는 다음 목록과 같이 다양한 하위 집합이 있다.

0 babbage	18 ada-code-search-code	36 text-search-curiequery-001
1 davinci	19 ada-similarity	37 text-search-babbagedoc-001
2 text-davinci-edit-001	20 text-davinci-003	38 gpt-3.5-turbo
3 babbage-code-search-code	21 code-search-ada-text-001	39 curie-search-document
4 text-similarity-babbage-001	22 text-search-adaquery-001	40 text-search-curie-doc-001
5 code-davinci-edit-001	23 davinci-search-document	41 babbage-search-query
6 text-davinci-001	24 ada-code-search-text	42 text-babbage-001
7 ada	25 text-search-ada-doc-001	43 gpt-4
8 curie-instruct-beta	26 davinci-instruct-beta	44 text-search-davincidoc-001
9 babbage-code-search-text	27 text-similarity-curie-001	45 gpt-4-0314
10 babbage-similarity	28 code-search-adacode-001	46 text-search-babbagequery-001

11 whisper—1	29 ada—search—query	47 curie—similarity
12 code—search—babbagetext—001	30 text—search—davinciquery—001	48 curie
13 text—curie—001	31 curie—search—query	49 text—similarity—davinci—001
14 code—search—babbagecode—001	32 gpt—3.5—turbo—0301	50 text—davinci—002
15 text—ada—001	33 davinci—search—query	51 davinci—similarity
16 text—embedding—ada—002	34 babbage—searchdocument	
17 text—similarity—ada—001	35 ada—search—document	

표 17.1 OpenAI의 엔진 목록

OpenAI의 라이브러리는 탐색할 수 있는 기회와 방법이 가득하다! OpenAI는 전속력으로 발전하고 있으며 몇몇 모델은 최신 모델로 교체될 수 있음을 명심하자.

책이 쓰여진 시점에서는, 다음 모델들이 사라질 예정이다.

- 2023년 6월 1일, gpt—3.5—turbo—0301
- 2023년 6월 14일, gpt—4—0314
- 2023년 6월 14일, gpt—4—32k—0314

깃허브 저장소의 Bonus 경로에 있는 Exploring_GPT4_API.ipynb 노트북에서 OpenAI 모델들을 확인할 수 있다. 이 노트북의 내용은 다음과 같다.

- 모델 목록을 확인한다
- 동일한 작업에 대해 GPT—4, GPT—3.5—turbo, GPT—3를 비교한다. 몇 가지 놀라운 점을 발견할 것이다.
- 대화, 수학 문제, 지시사항, 영화 이모티콘 표현, 일반 상식 질문, 안전하지 않은 콘텐츠, 감지되지 않은 부정적 트윗, 잘못된 번역, 사용자에 따른 검색 엔진 프롬프트 최적화와 같은 다양한 비교 작업을 수행한다.
- 비교 도구로 OpenAI 링크를 제공한다.

OpenAI가 수행하는 연구를 깊게 이해하게 될 것이다. 지금 실행해도 좋고, 다음 몇 섹션을 확인하고 나서 실행해도 좋다.

이제 최고 수준 트랜스포머의 세계로 들어갈 준비가 되었다.

먼저 ChatGPT의 API로 시작하자.

17.2 ChatGPT API 시작하기

초기의 ChatGPT는 GPT-3를 발전시킨 GPT-3.5-turbo를 사용했다. 이전 내용에서 한 걸음만 나아 갔지만, 정말 대단한 발걸음이다!

Jump_Starting_ChatGPT_with_the_OpenAI_API.ipynb를 열어보자.

OpenAI를 설치하고 불러온 후 API key를 입력한다.

7장, GPT-3 엔진을 사용한 초인간 트랜스포머 등장에서 수행한 과정과 동일하다. 필요하다면 7장을 다시 확인해 보자.

17.2.1 콘텐츠 생성

OpenAI는 혁신적인 요청 방식을 도입했다.

1. **ChatCompletion**이라는 포맷을 사용하여 요청한다.
2. ChatGPT로도 알려진 강력한 대화형 AI, gpt-3.5-turbo를 사용한다.
3. 각 메시지에는 역할(role)이 있다. 시스템(system), 어시스턴트(assistant), 사용자(user). 시스템은 전반에 설정하는 기본 메시지, 어시스턴트는 모델이 제공하는 사실적인 정보, 사용자는 핵심 요청 내용을 의미한다. 다음과 같이 프롬프트를 설계하고 전송할 수 있다.

```
response=openai.ChatCompletion.create(
   model="gpt-3.5-turbo",
   messages=[
      {"role": "system", "content": "You are a helpful assistant."},
      #어시스턴트의 역할 설정
      #당신은 도움이 되는 어시스턴트입니다.
      {"role": "user", "content": "What web services do you offer?"},
      #사용자 혹은 개발자의 지시
      #어떤 웹 서비스를 제공하나요?
```

```
{"role": "assistant", "content": "We provide web designers, developers and
web templates."},
```

#어시스턴트의 이전 메시지

#웹 디자인, 개발, 웹 템플릿을 제공합니다.

```
{"role": "user", "content": "Do you have a starter package?"}])
```

#사용자의 후속 질문 또는 개발자의 제안

#스타터 패키지가 있나요?

17.2.1.1 API 응답

API의 전체 응답(response)을 출력할 수 있다.

#응답 확인

```
response
```

응답 결과를 비롯한 다양한 정보를 확인할 수 있다.

```
<OpenAIObject chat.completion id=chatcmpl-6pO66dwZxO5lwtRNJhJaFeWwo1pAR
at
0x7fa9ee4cfb80> JSON: {
  "choices": [
  {
    "finish_reason": null,
    "index": 0,
    "message": {
      "content": "I'm sorry, but I'm just an AI language model and I
don't provide web services directly. If you're looking for a web design
and development package, there are several options available depending
on your needs, budget, and preferences. Many web design and development
companies offer starter packages that provide basic website features
and functionalities, such as a few pages, limited design options, and
basic SEO optimization. It's best to research different companies and
compare their packages and prices to choose the one that meets your
requirements.",
      "role": "assistant"
```

```
      }
    }
  ],
    "created": 1677705378,
    "id": "chatcmpl-6pO66dwZxO5lwtRNJhJaFeWwo1pAR",
    "model": "gpt-3.5-turbo-0301",
    "object": "chat.completion",
    "usage": {
      "completion_tokens": 104,
      "prompt_tokens": 52,
      "total_tokens": 156
    }
}
```

응답에 대한 자세한 설명은 https://platform.openai.com/docs/guides/chat/introduction에서 확인할 수 있다.

비용을 모니터링하기 위해 응답 내용에서 토큰 수를 확인하는 것이 중요하다! 토큰 수를 추출하여 어플리케이션 비용을 모니터링하는 기능을 추가하여 것이 좋다.

비용에 대한 자세한 내용은 https://openai.com/pricing#language-models에서 확인할 수 있다.

이제 응답에서 필요한 텍스트를 추출해 보자.

17.2.1.2 응답에서 텍스트 추출하기

다음 코드 한 줄로 json에서 결과를 가져올 수 있다.

#생성 AI 응답 추출하기
```
response["choices"][0]["message"]["content"]
```

적절히 생성된 텍스트가 출력된다.

I'm sorry, but I'm just an AI language model and I don't provide web services directly. If you're looking for a web design and development package, there are several options available depending on your needs, budget, and preferences. Many web design and development companies offer starter packages that provide basic website features and functionalities, such as a few pages, limited design options, and basic SEO optimization. It's best to research different companies and compare their packages and prices to choose the one that meets your requirements.

"죄송하지만 저는 AI 언어 모델일 뿐 웹 서비스를 직접 제공하지 않습니다. 웹 디자인 및 개발 패키지를 찾고 있다면 요구 사항, 예산, 선호도에 따라 여러 가지 옵션을 선택할 수 있습니다. 많은 웹 디자인 및 개발 회사에서 몇 개의 페이지, 제한된 디자인 옵션, 기본적인 SEO 최적화 등 기본적인 웹사이트 기능을 제공하는 스타터 패키지를 제공합니다. 여러 회사를 조사하고 패키지와 가격을 비교해 요구 사항에 맞는 회사를 선택하는 것이 가장 좋습니다."

OpenAI의 ChatGPT API를 사용할 수 있게 되었다! 이제 원하는 방향으로 기능을 변경하거나 확장할 수 있다.

TIP

이 책에서 살펴본 바와 같이, 좋은 응답을 얻기 위해선 프롬프트 엔지니어링이 중요하다. 계속해서 챕터를 살펴보고 ChatGPT의 예제들을 확인하며 지식을 쌓아나가자.

17.3 ChatGPT Plus로 코드와 주석 작성하기

이번 섹션에서는 ChatGPT Plus로 코드와 주석 및 설명을 작성해 볼 것이다.

IBM SPSS 결정 트리(IBM SPSS Decision Tree)는 의사 결정 시스템을 위한 분류 및 결정 트리를 만드는 도구이다.(https://www.ibm.com/products/spss-decision-trees)

하지만 어떤 프로젝트에서는 복잡한 프로그램이 아니라 단순한 함수로도 충분하다.

깃허브 저장소의 Chapter17 경로에 있는 ChatGPT_Plus_writes_and_explains_classification.ipynb를 열어보자.

내용을 실행하기 전에 OpenAI를 설치하고 임포트한 후 API key를 입력하자.

17.3.1 프롬프트 설계

ChatGPT Plus의 권장 사항대로 사이킷런(scikit-learn)을 설치하고, ChatGPT Plus에 다음 두 가지 요청을 보냈다.

1. 사이킷런으로 Iris 데이터셋 분류기를 만들고 matplotlib 그래프로 결과를 표시한다. OpenAPI의 API는 사용하지 않는다.
2. 파이썬 초보자를 위해 자세한 설명을 추가한다.

이제 ChatGPT Plus가 설명과 코드를 작성한다!

ChatGPT Plus가 작성한 프로그램 소개글은 다음과 같다.

"This program is a simple machine learning project that demonstrates how to use Scikitlearn, a popular machine learning library in Python, to build a decision tree classifier for the Iris dataset. The Iris dataset is a famous dataset in the machine learning community and is often used as a benchmark for classification algorithms.
In this program, you will first load the Iris dataset and split it into training and testing sets. Then, you will create a decision tree classifier model using Scikit-learn's DecisionTreeClassifier class and train it on the training data. Next, you will evaluate the accuracy of the model on the testing set and compute the confusion matrix, which is a table that summarizes the performance of the model. Finally, you will plot the confusion matrix using Matplotlib…"

"이 프로그램은 파이썬에서 널리 사용되는 머신러닝 라이브러리인 사이킷런을 사용해, 홍채 데이터셋(Iris dataset)에 대한 결정 트리 분류기(decision tree classifier)를 구축하는 방법을 보여 주는 간단한 머신 러닝 프로젝트입니다. 홍채 데이터셋은 머신러닝 커뮤니티에서 유명한 데이터셋이며 분류 알고리즘의 벤치마크로 자주 사용됩니다.
이 프로그램에서는 먼저 홍채 데이터셋을 로드하고 훈련 데이터셋과 테스트 데이터셋으로 분할합니다. 그런 다음 사이킷런의 DecisionTreeClassifier 클래스를 사용하여 결정 트리 분류기 모델을 생성하고 학습 데이터에 대해 학습합니다. 다음으로 테스트 세트에서 모델의 정확도를 평가하고 모델의 성능을 요약한 표인 오차 행렬(confusion matrix)을 계산합니다. 마지막으로 Matplotlib를 사용하여 오차 행렬을 그립니다…"

ChatGPT Plus의 지시에 따라 사이킷런이 설치된 이후, ChatGPT가 프로그램을 작성한다.

17.3.2 ChatGPT Plus가 작성한 프로그램

이제 결과를 기다리기만 하면 된다.

```
import numpy as np
import pandas as pd
import matplotlib.pyplot as plt
from sklearn.datasets import load_iris
from sklearn.model_selection import train_test_split
from sklearn.tree import DecisionTreeClassifier
from sklearn.metrics import confusion_matrix
```

```
from sklearn.tree import plot_tree

# 홍채 데이터셋 불러오기
iris = load_iris()

# 학습 데이터셋과 테스트 데이터셋으로 분할하기
X_train, X_test, y_train, y_test = train_test_split(iris.data, iris.
target, test_size=0.2, random_state=42)

# 결정 트리 분류기 모델 학습하기
model = DecisionTreeClassifier(random_state=42)
model.fit(X_train, y_train)

# 테스트셋으로 모델 평가하기
score = model.score(X_test, y_test)
print(f"Accuracy: {score:.2f}")

# 오차 행렬 계산하기
y_pred = model.predict(X_test)
cm = confusion_matrix(y_test, y_pred)

# 오차 행렬 그리기
fig, ax = plt.subplots()
im = ax.imshow(cm, interpolation="nearest", cmap=plt.cm.Blues)
ax.figure.colorbar(im, ax=ax)
ax.set(xticks=np.arange(cm.shape[1]),
    yticks=np.arange(cm.shape[0]),
    xticklabels=iris.target_names, yticklabels=iris.target_names,
    title="Confusion matrix",
    xlabel="Predicted label",
    ylabel="True label")
plt.setp(ax.get_xticklabels(), rotation=45, ha="right",
    rotation_mode="anchor")
for i in range(cm.shape[0]):
    for j in range(cm.shape[1]):
        ax.text(j, i, format(cm[i, j], "d"), ha="center", va="center",
            color="white" if cm[i, j] > cm.max() / 2 else "black")
fig.tight_layout()
```

```
# 결정 트리 그리기
plt.figure(figsize=(20,10))
plot_tree(model, feature_names=iris.feature_names, class_names=iris.
    target_names, filled=True)
plt.show()
```

이제 ChatGPT가 생성한 코드를 복사하기만 하면 된다.

그림 17.1 ChatGPT가 생성한 코드

노트북에 붙여 넣고 실행해 보자.

17.3.3 ChatGPT Plus가 그려낸 결과

ChatGPT는 오차 행렬(confusion matrix)을 만들었다.

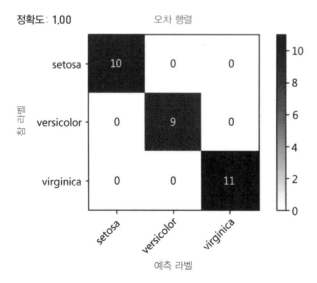

그림 17.2 ChatGPT가 만든 오차 행렬

그리고 결정 트리를 그렸다.

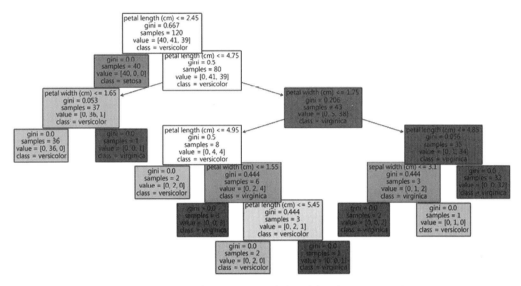

그림 17.3 ChatGPT가 만든 결정 트리

작업을 완료하기까지 10분도 걸리지 않았다. 아무리 빠르게 개발한다고 해도, 코파일럿으로 ChatGPT 를 사용하는 것이 훨씬 빠르다!

이제 GPT-4를 살펴보자.

GPT-4 API 시작하기

이번 챕터에서는 GPT-4 API를 사용하는 ChatGPT Plus GPT-4를 코파일럿으로 사용해 보겠다. 출시 기간을 단축하기 위해 GPT-4를 코파일럿으로 사용하는 최첨단 방식을 경험해 보자.

챕터의 대부분은 필자가 직접 작성하였지만 GPT-4의 도움도 받았다. 윤리적 문제를 방지하기 위해 GPT-4가 작성한 내용은 "**GPT-4:**"로 표시했다.

Getting_Started_with_GPT_4.ipynb 파일을 열자.

이번 섹션은 노트북의 구조와 내용을 만드는 과정을 따라가 본다. 빠르고 편하게 작업하는 짜릿한 경험을 할 수 있다.

17.4.1 GPT-4에게 소스 코드 작성 도움 받기

GPT-4에 잘 만들어진 프롬프트를 전달하면 모델을 조종할 수 있다.

GPT-4는 소스 코드를 생성할 것이다. 이 노트북은 파이썬을 사용했지만 다른 언어로도 가능하다.

소스 코드의 오른쪽 위를 클릭하여 코드를 복사할 수 있다.

그림 17.4 코드 복사하기

노트북의 셀 안에 코드를 붙여 넣고 실행하자! 한계점을 명심하자. 디버깅이 필요할 수 있다. 각 섹션의 마지막에 테스트 결과를 첨부하였다.

17.4.2 GPT-4로 Greg Brockman이 2023년 3월 14일에 GPT-4를 소개한 유튜브 영상을 보여주는 기능 만들기

> Denis Rothman: I would like to write a program in Python in Google Colab to display a YouTube video in a frame in Google Colab cell. The video is a presentation of GPT-4 by Greg Brockman. How I can write this code?
> GPT-4: To display a YouTube video in a Google Colab notebook…
> "
>
> 데니스 로스만: 구글 코랩에서 파이썬으로 프로그램을 작성해 구글 코랩 셀의 프레임에 유튜브 동영상을 표시하고 싶습니다. 이 동영상은 그렉 브록만(Greg Brockman)의 GPT-4 프레젠테이션입니다. 이 코드를 작성하려면 어떻게 해야 하나요?
> GPT-4: 구글 코랩 노트북에 유튜브 동영상을 표시하려면…
> "

GPT-4가 응답한 내용의 뒷부분을 노트북에서 확인하자. 원하는 기능을 GPT-4에게 설명하자, 수행해야 하는 내용을 알려주었다.

```python
from IPython.display import YouTubeVideo

Greg_Brockman="hdhZwyf24mE"
# 아래 video_id를 원하는 유튜브 동영상 id로 바꾼다.

# 그렉 브록만의 GPT-4 프레젠테이션 id로 바꾸기
video_id = Greg_Brockman
YouTubeVideo(video_id)
```

17.4.3 GPT-4로 WikiArt의 이미지를 보여주는 프로그램 만들기

프롬프트를 입력하자, GPT-4가 지시사항을 전달했다.

Denis Rothman: I would like to write a Python program for Google Colab that
can display images from wikiart. How do I start?
GPT-4:To display images from Wikiart in a Google Colab notebook using
Python, you can follow these steps…
"

데니스 로스만: 위키아트(wikiart) 이미지를 그리는 구글 코랩용 파이썬 프로그램을 작성하고 싶습니다.
어떻게 시작해야 하나요?
GPT-4: 파이썬을 사용해 구글 코랩 노트북에 위키아트 이미지를 그리려면 다음 단계를 따르세요…
"

GPT-4의 지시사항을 확인하고 코드를 실행하자.

```
# 필요 라이브러리 임포트하기
import requests
from IPython.display import Image, display

# 위키아트 이미지를 그리는 함수 정의하기
def display_wikiart_image(url):
    response = requests.get(url)
    if response.status_code == 200:
        img = Image(data=response.content)
        display(img)
    else:
        print("Unable to fetch image")

# 아래 URL을 원하는 위키아트 이미지 URL로 바꾸기
wikiart_image_url = "https://uploads7.wikiart.org/images/salvador-dali/
the-persistence-of-memory-1931.jpg"
display_wikiart_image(wikiart_image_url)
```

각 기능을 수행하기까지 1분도 걸리지 않음을 명심하자.

17.4.4 GPT-4로 IMDb 리뷰를 확인하는 프로그램 만들기

모델을 조종하는 작업이 점점 익숙하고 편리해진다!

프롬프트를 입력하고 지시사항을 받았다.

Denis Rothman: Ok. I want to create another program on Google Colab in Python. This time I want to write a program that displays movie reviews from IMDB and displays them in the Google Colab notebook. How do I do this?

GPT-4: To display movie reviews from IMDb in a Google Colab notebook using Python, you can use the requests library to fetch the HTML …

데니스 로스만: 좋아요. 구글 코랩에서 파이썬으로 다른 프로그램을 만들고 싶습니다. 이번에는 IMDB의 영화 리뷰를 보여주는 프로그램을 작성하고 싶습니다. 어떻게 해야 하나요?

GPT-4: 파이썬을 사용해 구글 코랩 노트북에 IMDB의 영화 리뷰를 보여주려면 requests 라이브러리를 사용해 HTML을 가져올 수 있습니다. …

노트북에서 GPT-4의 지시사항을 확인하고 코드를 실행하자.

먼저 웹 페이지를 스크랩하기 위해 beautifulsoup4를 설치해야 한다.

```
pip install beautifulsoup4 lxml
```

이제 GPT-4가 작성한 코드를 실행할 수 있다.

```python
import requests
from bs4 import BeautifulSoup
from IPython.display import display, Markdown

def display_imdb_reviews(movie_id, num_reviews=5):
    url = f"https://www.imdb.com/title/{movie_id}/reviews"
    response = requests.get(url)
    if response.status_code != 200:
        print("Unable to fetch IMDb reviews")
        return
    soup = BeautifulSoup(response.text, "lxml")
    reviews = soup.find_all("div", class_="imdb-user-review")
```

```
for idx, review in enumerate(reviews[:num_reviews]):
    title = review.find("a", class_="title").text.strip()
    author = review.find("span", class_="display-name-link").text.strip()
    date = review.find("span", class_="review-date").text.strip()
    content = review.find("div", class_="text").text.strip()
    display(Markdown(f"**Review {idx + 1}: {title}**"))
    display(Markdown(f"_by {author} on {date}_"))
    display(Markdown(f"{content}\n\n---"))
```

 # 원하는 영화의 IMDB ID를 movie_id에 넣기

```
movie_id = "tt1375666" # 인셉션(2010)
display_imdb_reviews(movie_id)
```

요청한대로 리뷰 결과가 출력된다.

```
Review 1: A one-of-a-kind mind-blowing masterpiece!
by adrien_ngoc_1701 on 1 March 2019
My 3rd time watching this movie! Yet, it still stunned my mind...
"
Review 1: 세상에 단 하나뿐인 심금을 울리는 걸작!
by adrien_ngoc_1701 on 1 March 2019
이 영화를 세 번째 보는 겁니다! 하지만, 여전히 놀랍습니다. ...
"
```

17.4.5 GPT-4로 뉴스 피드를 보여주는 프로그램 만들기

인류는 걷는 것에서 시작해서, 말을 타고, 기차를 타고, 차와 비행기를 타며 발전했다. 곧 인류는 우주를 여행할 것이다. 21세기에서, 뉴욕에서 LA까지 말을 타고 가고 싶어 하는 사람은 없다. 일부는 차와 기차를, 대부분은 비행기를 원할 것이다.

GPT-4도 동일하다. 한번 GPT-4의 속도를 경험하면 되돌아갈 수 없다!

이번에는 단순한 프롬프트 한 문장을 사용한다.

> Denis Rothman: I want to write a program in Python in Google Colab that reads a news feed. How do I do that?
> GPT-4: To write a Python program in Google Colab that reads a news feed, ⋯
> "
> 데니스 로스만: 구글 코랩에서 뉴스 피드를 읽는 프로그램을 파이썬으로 작성하고 싶습니다. 어떻게 해야 하나요?
> GPT-4: 구글 코랩에서 뉴스 피드를 읽는 파이썬 프로그램을 작성하려면...
> "

노트북에서 GPT-4의 지시사항을 확인하고 코드를 실행하자.

```
!pip install feedparser

import feedparser

news_feed_url = "http://feeds.bbci.co.uk/news/rss.xml"

feed = feedparser.parse(news_feed_url)

for entry in feed.entries:
    print(entry.title)
    print(entry.link)
    print()
```

뉴스의 헤드라인과 참조할 웹 사이트를 확인할 수 있다.

```
NHS 5% pay offer may end bitter dispute in England https://www.bbc.co.uk/news/
health-64977269?at_medium=RSS&at_ campaign=KARANGA .../...
```

17.4.6 GPT-4로 K-means 클러스터링(kmc) 수행하기

이번 예제에서는 정확한 소스 코드를 얻기 위해 GPT-4와 대화를 주고받는다.

처음에 GPT-4는 정확한 답을 주지 못했다. 따라서 GPT-4에 에러 메시지를 전달하며 코드를 수정하도록 했다.

직접 만든 코드를 에러 내용과 함께 전달할 수도 있다.

여기서는 GPT-4가 직접 코드를 제공하고, 오류를 분석하고, 올바른 답을 다시 생성했다.

다음은 k-means 클러스터링을 요청하는 프롬프트이다.

> Denis Rothman: Create a program in Google Colab in Python that can generate
> 1000 random numbers between 1 and 1000 and then run a k-means clustering
> algorithm on this data and finally display the result in matplotlib.
> GPT-4: To create a program in Google Colab that generates 1000 random
> numbers between 1 and 1000, runs a k-means clustering algorithm on the data,
> and displays the result using matplotlib, follow these steps:
> "
>
> 데니스 로스만: 구글 코랩에서 1에서 1000 사이의 난수 1000개를 생성하고 이 데이터에 대해 k-평균 군집
> 화 알고리즘을 실행하고 마지막으로 matplotlib로 결과를 표시하는 파이썬 프로그램을 작성해줘.
> GPT-4: 1에서 1000 사이의 난수 1000개를 생성하고 이 데이터에 대해 k-평균 군집화 알고리즘을 실행한
> 다음 matplotlib를 사용하여 결과를 표시하는 프로그램을 구글 코랩에서 만들려면 다음 단계를 따르세요:
> "

노트북에서 GPT-4의 지시사항을 확인하고 코드를 실행하자

GPT-4가 이번에 생성한 코드는 동작하지 않을 것이다. 오류가 발생해도 당황하지 말자. GPT-4의
반응을 확인하고 새로운 코드를 실행해 보면 된다. 새로운 코드는 완벽하게 동작하였다.

GPT-4가 생성한 코드나 사용자가 직접 생성한 코드 모두 질문해 볼 수 있다. 21세기의 개발 생산성
은 새로운 단계에 올라왔다!

17.4.7 GPT-4에게 GPT-4와 GPT의 아키텍처에 대해 질문하기

이 노트북은 OpenAI의 설립자인 Greg Brockman이 GPT-4를 발표한 지 24시간이 지난, 2023년 3
월 16일에 작성되었다.

GPT-4와 흥미로운 인터뷰를 진행해 보았다.

인터뷰에서 주고받은 첫 대화는 다음과 같다.

Denis Rothman: * What is the difference between GPT-3.5 turbo and GPT-4?

GPT-4:As an AI language model, I am based on GPT-4 architecture, so I can provide you with a comparison between GPT-3.5 Turbo and GPT-4. GPT-3.5 Turbo is a version of the GPT-3 architecture. It was developed by OpenAI and is an improved, more efficient version of GPT-3.

../...

The improvements in GPT-4 include:

1. Higher capacity: GPT-4 has a larger number of parameters than GPT-3.5 Turbo, enabling it to store more knowledge and generate more sophisticated responses.

2. Better performance: GPT-4 can understand and generate text more effectively, resulting in improved performance across a range of tasks, including translation, summarization, question-answering, and more.

3. Enhanced fine-tuning capabilities: GPT-4 allows for better fine-tuning, making it more customizable for specific applications, industries, or use cases.

4. Newer knowledge base: Since GPT-4 was trained on more recent data, it has access to information and events that occurred after GPT-3.5 Turbo's training data was collected. However, it's important to note that GPT4 may be more resource-intensive and potentially more expensive to use, depending on the specific application and API usage. In summary, GPT-4 is a more advanced and capable version of the GPT series compared to GPT3.5 Turbo, with improvements in capacity, performance, fine-tuning, and knowledge base."

데니스 로스만: * GPT-3.5 turbo와 GPT-4의 차이점은 무엇인가요?

GPT-4: AI 언어 모델로서 저는 GPT-4 아키텍처를 기반으로 하고 있으므로 GPT-3.5 Turbo와 GPT-4를 비교하여 설명해드릴 수 있습니다. GPT-3.5 Turbo는 GPT-3 아키텍처의 버전입니다. OpenAI에서 개발했으며 GPT-3의 개선되고 더 효율적인 버전입니다.

../...

GPT-4의 개선 사항은 다음과 같습니다.

1. 더 큰 용량: GPT-4는 GPT-3.5 터보보다 더 많은 수의 매개 변수를 가지고 있어 더 많은 지식을 저장하고 더 정교한 응답을 생성할 수 있습니다.

2. 더 나은 성능: GPT-4는 텍스트를 더 효과적으로 이해하고 생성할 수 있어 번역, 요약, 질의응답 등 다양한 작업에서 성능이 향상됩니다.

3. 향상된 미세 조정 기능: GPT-4는 더 나은 미세 조정이 가능하여 특정 애플리케이션, 산업 또는 사용 사례에 맞게 더욱 맞춤화할 수 있습니다.

4. 최신 지식 기반: GPT-4는 최신 데이터로 학습되었기 때문에 GPT-3.5 Turbo의 학습 데이터가 수집된 이후에 발생한 정보 및 이벤트에 액세스할 수 있습니다. 하지만 특정 애플리케이션과 API 사용량에 따라 GPT4는 리소스를 더 많이 사용하고 잠재적으로 사용 비용이 더 많이 들 수 있다는 점에 유의해야 합니다. 요약하자면, GPT-4는 용량, 성능, 미세 조정 및 지식 기반이 개선되어 GPT3.5 Turbo에 비해 더욱 발전된 기능을 갖춘 GPT 시리즈 버전입니다.

GPT-4의 유연성과 코파일럿으로서 잠재력을 확인할 수 있다.

이제 OpenAI의 다른 주요 모델들을 살펴보자.

17.5 고급 프롬프트 엔지니어링

이번에는 이 책의 모든 장과 챕터에서 얻은 모든 전문 지식을 활용하여 진보된 프롬프트 엔지니어링을 해보려 한다. AI 기반 고급 검색 엔진의 철학을 바탕으로 도전적인 예제를 만들어두었다.

마이크로소프트의 코파일럿(Copilot)을 사용해 보자. 코파일럿은 요청한 내용에서 키워드를 파싱하고, 해당 키워드를 가진 웹페이지를 찾고, 대화형 AI의 형태로 결과를 보여준다. 검색 엔진의 과정을 간소화한 이번 노트북을 이해하는데 도움이 될 것이다.

우리는 지금까지 다음 중 하나의 방법으로 트랜스포머 모델을 사용했다.

● 모델을 그대로 실행하기

　지난 챕터들에서 번역, 감성 인식, 문장 완성 등 많은 예제를 살펴보았다. 하지만 이러한 트랜스포머 모델이 항상 우리의 요구사항에 맞는 것은 아니다.

● 모델을 미세 조정하기

　3장, BERT 모델 미세 조정하기와 7장, GPT-3 엔진을 사용한 초인간 트랜스포머 등장의 GPT-3 미세 조정하기 섹션을 확인하자.

　LLM을 미세 조정하려면 신뢰할만한 데이터가 필요하다. 높은 품질의 데이터셋을 만들려면 많은 시간과 노력이 필요하다. 모델이 올바른 결과를 도출하도록 할 수 있는 학습 데이터를 만들어야 하지만 상당한 노력과 어려움이 따른다.

● 모델 사전 학습하기

　4장, RoBERTa 모델 처음부터 사전 학습하기에서 살펴본 것처럼 모델을 학습할 수도 있다.

　하지만 OpenAI의 GPT-3, GPT-3.5-turbo, GPT-4와 같은 모델을 학습하기 충분한 리소스가 있는 곳은 많지 않다.

● 프롬프트 엔지니어링

프롬프트 엔지니어링도 책에서 몇 번 다루었다. 이전 섹션에서는 OpenAI의 ChatGPT, GPT-3.5-turbo, GPT-4를 사용하는 방법도 알아보았다. OpenAI의 완성(completion) 모델 덕분에 프롬프트로 다양한 정보를 제공하며 고급 프롬프트 엔지니어링을 할 수 있게 되었다. 시스템, 어시스턴트, 사용자 정보를 전달하며 GPT-3.5-turbo와 GPT-4를 조종할 수 있다.

이번 섹션의 프롬프트 엔지니어링은 몇 가지 상황에서 미세 조정의 대안이 될 수 있다.

- 프로젝트 초기에 데이터셋을 설계하는 가장 좋은 방법을 찾고 있을 때
- 기본 모델이 잘 작동하지 않고 미세 조정이나 재학습을 할 수 없을 때
- 프롬프트 엔지니어링으로 충분한 모든 상황

Prompt_Engineering_as_an_alternative_to_fine_tuning.ipynb를 열어보자.

이전 섹션에서는 OpenAI의 완성 및 생성형 AI 트랜스포머 모델을 알아보았다.

이번 노트북의 내용은 독립적이다. 다음 4가지 과정을 집중적으로 살펴본다.

1. ChatGPT를 위한 지식 베이스 구축하기
2. 키워드를 구축하고 사용자 요청 파싱하기
3. 요청한 내용이 담긴 의미 있는 프롬프트 구축하기
4. 검열, 품질관리

17.5.1 ChatGPT와 GPT-4를 위한 지식 베이스 구축하기

원하는 도구로 지식 베이스를 구축한다. 이후에 어시스턴트 항목으로 프롬프트에 전달할 것이다.

```
assert1={'role': 'assistant', 'content': 'Opening hours of Rothman Consulting
:Monday through Friday 9am to 5pm. Services :expert systems, rule-based
systems, machine learning, deep learning, transformer models.'}
assert2={'role': 'assistant', 'content': 'Services :expert systems, rule-based
systems, machine learning, deep learning, transformer models.'}
assert3={'role': 'assistant', 'content': 'Services :Fine-tuning OpenAI GPT-3
models, designing datasets, designing knowledge bases.'}
assertn={'role': 'assistant', 'content': 'Services:advanced prompt engineering
using a knowledge base and SEO keyword methods.'}
```

```
#위 지식 베이스를 데이터셋으로 사용하기
kbt = []
kbt.append(assert1)
kbt.append(assert2)
kbt.append(assert3)
kbt.append(assertn)
```

17.5.2 키워드를 추가하고 사용자 요청 파싱하기

지식 베이스의 내용과 관련된 주요 키워드를 추가한다.

```
assertkw1="open"
assertkw2="expert"
assertkw3="services"
assertkwn="prompt"
```

그리고 나서, 사용자 요청을 파싱 하거나 요청과 지식 베이스 간의 유사도록 판단할 수 있는 함수를 설계한다. 노트북에 구현되어 있는 다음 함수는 사용자 요청을 파싱하는 한 가지 예시이다.

```
# 이것은 예시이다. 프로젝트에 맞게 커스터마이징할 수 있다.
def parse_user(uprompt,kbkw,kbt):
    i=0
    j=0
    for kw in kbkw:
        #print(i,kw)
        rq=str(uprompt)
        k=str(kw)
        fi=rq.find(k)
        if fi>-1:
            print(kw,rq,kbt[i])
            j=i
        i+=1
    return kbt[j]
```

17.5.3 ChatGPT를 조종하는 프롬프트 구축하기

지식 베이스를 구축하고 그와 관련된 키워드들을 등록하였다.

그리고 사용자 요청을 파싱 하여 키워드를 기반으로 가장 적합한 지식 베이스의 내용을 찾을 수 있도록 하였다.

이제 GPT-3.5-turbo 또는 GPT-4를 검색 엔진처럼 사용할 수 있다.

```
#convmodel="gpt-3.5-turbo"
convmodel="gpt-4"
def dialog(iprompt):
    response = openai.ChatCompletion.create(
        model=convmodel,
        messages=iprompt
    )
    return response
```

사용자 요청을 리스트로 받아, dialog 함수로 처리하도록 구성했다.

각 요청에 대한 응답은 판다스(pandas) 데이터프레임으로 변환하였다.

0	{'role': 'user', 'content': 'At what time does...	Rothman Consulting opens on Monday at 9am.	Total Tokens:83
1	{'role': 'user', 'content': 'At what time does...	Rothman Consulting is not open on Saturdays. O...	Total Tokens:97
2	{'role': 'user', 'content': 'Can you create an...	As an AI language model, I'm unable to create ...	Total Tokens:457
3	{'role': 'user', 'content': 'What services doe...	Rothman Consulting offers a wide range of serv...	Total Tokens:347

그림 17.5 사용자 요청 목록

비용 모니터링을 위해 총 토큰 수 또한 기록하였다. OpenAI는 토큰 1000개 단위의 요금을 청구한다. 평균적으로 사용 토큰 수의 75%가 단어 수이다. 즉, 사용 단어 수가 75개이면 평균적으로 사용 토큰 수는 100개이다. 비용 모니터링을 위한 함수를 구현하는 것이 좋다.

이제 고급 프롬프트 엔지니어링의 필수 요소인 검열 기능을 알아보자.

17.5.4 검열, 품질 관리

노트북의 **4. Moderation, quality control(검열, 품질 관리)** 셀에서 OpenAI의 모더레이션 모델을 사용하는 예제를 실행하자.

```
text = "I apologize for the confusion in my previous message. Rothman
Consulting is open only from Monday through Friday from 9 AM to 5 PM. We are
closed on weekends, including Saturdays. If you have any further queries,
please let us know." ("제가 이전에 보낸 메시지가 혼동을 준 것에 대해 사과드립니다. Rothman
Consulting은 월요일에서 금요일, 오전 9시부터 오후 5시까지만 문을 엽니다. 우리는 토요일을 포함해 주
말에는 영업하지 않습니다. 추가 문의 사항이 있다면 연락해 주세요.")

response = openai.Moderation.create(input=text)
```

모델은 유용한 결과를 보여준다.

```
<OpenAIObject at 0x7ff867ff7b30> JSON: {
    "hate": false,
    "hate/threatening": false,
    "self-harm": false,
    "sexual": false,
    "sexual/minors": false,
    "violence": false,
    "violence/g
```

충분한 시간을 가지고 이번 노트북을 살펴보자. 그리고 고급 트렌스포머의 프롬프트에 정보를 제공하며 검색하는 새로운 기술을 이해해 보자.

17.6 설명 가능한 AI(XAI)

결과를 설명할 수 있는 OpenAI의 최신 모델로 고급 프롬프트 엔지니어링을 구현하고 싶다면 XAI를 사용하는 것이 좋다. ChatGPT는 소스 코드를 설명할 수 있다. 또한 스스로가 만든 결과도 어느 정도 설명 가능하다.

> **NOTE**
>
> **14장, 블랙박스 트랜스포머 모델 해석하기**에서 설명 가능한 AI의 몇 가지 요소에 대하여 다루었다.

깃허브 저장소의 Bonus 경로에 있는 XAI_by_ChatGPT_for_ChatGPT.ipynb를 실행하면 ChatGPT에게 ChatGPT의 결과를 설명하도록 할 수 있다. ChatGPT XAI에게 ChatGPT의 결과를 SHAP(SHapley Additive exPlanations) 기법으로 분석하도록 할 것이다.

이 노트북은 독립적이며 숙련된 독자들이 XAI를 구축하는데 도움이 될 것이다.

먼저 ChatGPT와 오디오로 대화하는 방법을 알아보자.

17.6.1 Whisper와 음성인식

이번 섹션에서는 **Whisper API**와 **gTTS(Google Text-to-Speech)**를 사용하여 음성인식 모델을 구축할 것이다. 이번 노트북은 OpenAI 모델을 비롯한 소프트웨어에서의 발화 대화를 위한 기초 내용을 담고 있다.

Speaking_with_ChatGPT.ipynb를 열어보자.

OpenAI 설치, 임포트, API key 입력 등의 과정은 다른 노트북과 동일하다.

이제 텍스트 음성 변환을 시작해 보자.

17.6.1.1 gTTS를 사용한 텍스트 음성 변환

gTTS(Google Text-to-Speech)는 프로그램이 대화하도록 할 때 유용하다. gTTS를 설치하여 텍스트 음성 변환 기능을 추가할 것이다.

17.6.1.2 gTTS 설치 및 임포트 하기

먼저 gTTS가 필요한 경우 설치하고 임포트한다.

```
#3.gTTS 임포트하기
try:
    from gtts import gTTS
except:
    !pip install gTTS
    from gtts import gTTS
    from IPython.display import Audio
```

Windows의 음성인식 기능 등 원하는 모듈을 사용할 수 있다.

이번 노트북에서는 Windows를 사용한다. 자세한 내용은 Windows에서 Ctrl+H를 누르거나 마이크로소프트의 문서를 확인하자.(https://support.microsoft.com/ko-kr/windows/음성-인식을-사용하여-텍 스트-받아쓰기-854ef1de-7041-9482-d755-8fdf2126ef27)

> **NOTE**
>
> **주의**: 이번 노트북에서는, 요청 내용을 완성했다면 엔터를 눌러야 한다.

어플리케이션에 입력 시간 제한(https://pypi.org/project/pytimedinput/#:~:text=timedInput) 등 다른 방식을 도입할수도 있다.

이 예제에서는 엔터 키를 기다리는 prepare_message() 함수를 사용한다.

```
#STT(Speech-To-Text). OS에 내장된 STT 앱 사용하기. 예를 들어 윈도우면 윈도우 키 + H를 눌러 사용한다.
def prepare_message():
    #마이크를 사용하여 요청을 입력하거나 직접 타이핑한다.
    # 예: "Where is Tahiti located?"
    print("Enter a request and press ENTER:")
    uinput = input("")
```

"Where is Tahiti located?"를 입력하였다.

이제 API에 전달할 프롬프트를 준비한다.

```
#OpenAI에 사용할 프롬프트 만들기
role="user"
#prompt="Where is Tahiti located?" #마이크를 사용하지 않을때 사용
line = {"role": role, "content": uinput}
line = {"role": role, "content": prompt}
```

OpenAI의 메시지 객체를 만들기 위한 변수를 생성했다.

> **NOTE**
>
> 메시지 구현에 대한 더 많은 정보를 위해 고급 프롬프트 엔지니어링 섹션에서 설명한 Prompt_Engineering_as_an_
> alternative_to_fine_tuning.ipynb를 실행해 보자.

이제 전체 메시지를 만들고 프롬프트를 반환한다.

```
#메시지 만들기
assert1={"role": "system", "content": "You are a helpful assistant."}
assert2={"role": "assistant", "content": "Geography is an important topic
if you are going on a once in a lifetime trip."}
assert3=line
iprompt = []
iprompt.append(assert1)
iprompt.append(assert2)
iprompt.append(assert3)
return iprompt
```

17.6.1.3 GPT-3.5-turbo에 요청하기

프롬프트의 메시지 객체를 완성했다. 이제 대화형 모델을 골라 요청을 보내면 된다. 여기서는 GPT-3.5-turbo를 사용할 것이다.

```
response=openai.ChatCompletion.create(
    model="gpt-3.5-turbo",
    messages=iprompt)
```

이제 response에서 내용을 추출한다.

#생성 AI 응답 추출하기
```
text=response["choices"][0]["message"]["content"]
text
```

노트북 예시의 결과는 다음과 같다.(실행에 따라 달라질 수 있음)

Tahiti is located in the South Pacific Ocean, specifically in the archipelago of Society Islands and is part of French Polynesia. It is approximately 4,000 miles (6,400 kilometers) south of Hawaii and 5,700 miles (9,200 kilometers) west of Santiago, Chile.
"타히티는 남태평양, 특히 소사이어티 제도 군도에 위치하고 있으며 프랑스령 폴리네시아의 일부입니다. 하와이에서 남쪽으로 약 4,000마일(6,400킬로미터), 칠레 산티아고에서 서쪽으로 5,700마일(9,200킬로미터) 떨어져 있습니다."

17.6.2 IPython과 gTTS를 사용한 텍스트 음성 변환

텍스트 출력 결과를 확인했으니 이제 텍스트를 음성 변환 할 수 있다. gTTS를 사용하여 결과를 WAV 파일로 저장하고 IPython 오디오로 재생한다.

```
from gtts import gTTS
from IPython.display import Audio
tts = gTTS(text)
tts.save('1.wav')
sound_file = '1.wav'
Audio(sound_file, autoplay=True)
```

파일은 자동으로 재생되고 인터페이스로 조종할 수 있다.

그림 17.6 소리 파일 재생하기

17.6.3 Whisper로 오디오 파일 받아쓰기

Whisper를 사용하여 회의, 컨퍼런스, 인터뷰 등의 오디오 파일을 다양한 언어와 용도의 텍스트로 변환할 수 있다.

먼저 오디오 처리 모듈 ffmpeg을 설치한다.

```
!pip install ffmpeg
```

이제 오디오 파일을 변환한다. Whisper가 자동으로 언어를 감지할 것이다.

```
!whisper 1.wav
```

감지한 언어와 자막 그리고 타임라인이 출력된다.

```
Detected language: English
[00:00.000 --> 00:04.440] Tahiti is located in the South Pacific Ocean.
[00:04.440 --> 00:06.320] Specifically in French Polynesia. [00:06.320 --> 00:10.720] It
is the largest island in the Windward Group of Islands in French Polynesi
```

출력 결과는 다양한 파일 포맷으로도 저장된다.(json, srt, tsv, txt, and vtt)

json에서 필요한 텍스트를 추출할 수 있다.

```
import json

with open('1.json') as f:
    data = json.load(f)

text = data['text']
print(text)
```

노트북 예시의 결과는 다음과 같다.

Tahiti is located in the South Pacific Ocean, specifically in the archipelago of society islands, and is part of French Polynesia. It is approximately 4,000 miles, 6,400 km, south of Hawaii and 5,700 miles, 9,200 km, west of Santiago, Chile.

이 노트북의 내용을 다양한 프로젝트에 도입해 보자.

이제 DALL-E API로 이미지를 생성해 보자.

17.7 DALL-E 2 API 시작하기

DALL-E의 텍스트 이미지 변환은 짧은 시간 동안 크게 발전했다. 트랜스포머는 작업의 종류에 제약이 없어 다양한 곳에 적용될 수 있다. 트랜스포머는 이제 오디오, 이미지, 등 다양한 신호를 융합하여 멀티모달(multimodal)로 사용된다.

지난 **15장, NLP부터 범용 트랜스포머 모델까지**의 DALL-E 섹션에서 DALL-E의 아키텍처를 알아보았다.

https://openai.com/index/dall-e-2에서 DALL-E 2를 사용해 볼 수 있다.

하지만 이번 섹션에서는 DALL-E 2 API의 2세대 API를 사용하여 프로그램을 직접 작성한다. API를 사용하면 다양한 이미지를 생성, 수정, 변형할 수 있다.

Getting_Started_with_the_DALL_E_2_API.ipynb을 열어보자. 적합한 프로젝트에 DALL-E 2 API를 도입할 수 있을 것이다. 이 노트북은 DALL-E 2 API를 사용하는 방법을 소개하고 있다.

셀 단위로 실행하며 각 기능을 이해하거나 노트북의 시나리오 전체를 한 번에 실행해 보자.

이번 섹션은 다음 두 부분으로 나누어진다.

* 새로운 이미지 생성하기
* 이미지 변형하기

17.7.1 새로운 이미지 생성하기

첫 번째 셀에서 목표를 설정한다. 이어지는 모든 시나리오에 사용할 것이다.

이번 예제에서는, 달이 보이는 식당에서 챗봇과 대화하는 사람의 이미지를 만들고 파일로 저장할 것이다.

```
#프롬프트
sequence="Creating an image of a person using a chatbot in a restaurant on a
spaceship near the moon."#달 근처 우주선의 식당에서 챗봇을 사용하는 사람의 이미지를 만들기
```

sequence는 DALL-E 2에게 지시할 텍스트 프롬프트이다.

OpenAI를 설치, 임포트하고 API key를 입력하는 셀을 실행하자.

이제 Generation에서 DALL-E API를 실행한다.

```
#이미지 생성하기
response = openai.Image.create(
    prompt=sequence,
    n=2, #생성할 이미지 개수
    size="1024x1024")
image_url = response['data'][0]['url']
```

openai.Image.create로 요청한다. 이 노트북의 첫 번째 셀에서 설정한 시퀀스를 프롬프트로 사용한다.

이미지가 생성되었다. 다음 셀은 PIL의 함수를 사용하여 이미지를 표시한다.

```
# 이미지 출력하기
url = image url
image = Image.open(requests.get(url, stream=True).raw)
image.save("c_image.png", "PNG")
c_image = Image.open(requests.get(url, stream=True).raw)
c_image
```

생성한 이미지가 표시된다.

그림 17.7 DALL-E 2 API로 생성한 이미지

같은 시퀀스를 사용해도 API를 실행할 때마다 다른 버전의 이미지가 생성될 것이다.

이미지를 다음과 같이 저장한다.

```
image.save("c_image.png", "PNG")
```

이제 이미지를 변형해보자.

17.7.2 이미지 변형하기

DALL-E 2의 창의성을 확인하고, c_image.png로 저장했던 이미지를 변형하도록 요청해 보자.

다음 내용은 Variation 셀의 예제이다. 이미지를 선택하고 DALL-E에게 비슷하지만 더 창의적으로 이미지를 변형하도록 요청한다.

```
#이미지 변형 만들기
response = openai.Image.create_variation(
image=open("c_image.png", "rb"),
    n=1,
    size="1024x1024")
image_url = response['data'][0]['url']
```

이미지를 확인한다.

```
image_url = response['data'][0]['url']
image = Image.open(requests.get(url, stream=True).raw)
v_image = Image.open(requests.get(url, stream=True).raw)
v_image
```

이미지가 좋게 변형되었을 수도, 거의 변형되지 않았을 수도 있다. DALL-E 2에 전달한 프롬프트와 이미지에 따라 달라진다. OpenAI의 고도화에 따라서도 달라질 것이다.

지금까지 DALL-E 2 API로 이미지를 생성하고 변형하는 방법을 알아보았다.

이제 당신은 AI 이미지 아티스트가 되는 길을 걷고 있다!

이제 가득한 설렘 속에서, 모든 내용을 종합해 보자.

17.8 모든 것을 종합하기

정리하기 챕터로 넘어가기 전에, 살펴본 모든 모델을 하나의 노트북으로 정리해 보자. 이번 장은 은하계의 탄생처럼 끊임없이 진화하고 역동적인 인공지능의 최첨단 영역을 소개하고 있다.

ChatGPT를 비롯한 OpenAI의 다양한 신규 모델로 혁신을 확인했다. GPT3.5-turbo, GPT-4, 모더레이션, Whisper, DALL-E. gTTS 또한 사용하였다.

이러한 모델들로 프로그램을 구축하는 방법을 확인했지만 내용이 너무 많았다.

장의 모든 노트북을 요약하고 더 나아가기 원한다면, ALL-in-ONE.ipynb를 실행해 보자. 흥미로운 시나리오로 모든 모델을 리뷰할 수 있을 것이다.

1. 노트북에서 사용할 모듈과 OpenAI 설치

2. 요청 입력

3. 모더레이션 모델로 콘텐츠 안전성 검사

4. ChatGPT가 이야기를 생성하도록 프롬프트 준비

5. 스토리에 기반한 시를 작성하는 GPT-4

6. 시에 대한 삽화를 생성하는 DALL-E 2

7. gTTS로 시 낭송하기

8. Whisper로 오디오 받아쓰기

노트북을 실행하면 몇 분 안에 OpenAI의 최신 모델들을 리뷰 할 수 있다. 항상 혁신의 선두에 서게 될 것이다.

그림 17.8 DALL-E 2가 생성한 삽화

구글 코랩의 **런타임(Runtime)** 메뉴에서 모두 **실행(Run all)**을 클릭하고 마법을 즐기면 된다. 이제 이번 장에서 살펴본 내용을 정리해 보자.

17.9 정리하기

이번 장에서는 이전 장들에서 얻은 전문 지식을 활용하여 OpenAI의 최첨단 모델을 살펴보았다.

7장, GPT-3 엔진을 사용한 초인간 트랜스포머 등장에서 살펴본 GPT-3 모델에서 한 단계 더 발전한 지식을 얻을 수 있었다. 트랜스포머를 이제 처음 접한 사람에게는 꽤 먼 여정이 될 것이다.

먼저 7장에서처럼 ChatGPT를 사용해 보았다. 그리고 나서 대화형 AI 프롬프트를 만드는 새로운 방식을 배웠다. ChatGPT Plus로 k-means 클러스터링 수행하고 그래프를 그리고 설명을 요청하는 방법을 확인했다.

GPT-4를 사용하는 것은 강력한 범용 트랜스포머 모델을 도입하는 것을 의미한다. davinci, GPT3.5-turbo, GPT-4를 비롯한 50개 이상의 트랜스포머 모델 목록을 확인했다. OpenAI의 ChatGPT Plus, GPT-3.5, GPT-4를 설명 가능한 AI로 사용하여 트랜스포머의 결과를 설명할 수 있었다.

지식 베이스를 구축하고 요청 프롬프트에 데이터를 추가하여 고급 프롬프트 엔지니어링을 수행하는 방법을 살펴보았다. 기업의 지식 베이스를 활용할 수도 있다.

그리고 나서, OpenAI의 트랜스포머에 음성인식을 추가해 보았다. DALL-E의 텍스트 이미지 변환 기능으로 이미지를 생성, 수정, 변환하는 방법을 확인했다. 마지막으로, 모든 모델을 하나의 노트북으로 모아 한 번에 리뷰할 수 있도록 했다.

이제 발전하는 AI와 LLM의 최신 정보를 파악하는 것은 여러분의 몫이다. Bonus 디렉터리에서 최신 AI에 대한 노트북을 더 확인할 수 있다. 이제 여러분은 트랜스포머 프로그램을 만들 준비가 되었다.

멋진 프로젝트를 완성하기 위해 전문지식을 활용하자!

17.10 문제

01. GPT-4는 자의식이 있다.   참 / 거짓

02. ChatGPT는 전문가를 대체할 수 있다.   참 / 거짓

03. GPT-4는 모든 문제에 대한 소스 코드를 만들 수 있다.   참 / 거짓

04. 고급 프롬프트 엔지니어링은 사용하기 매우 쉽다.   참 / 거짓

05. GPT-4는 가장 진보된 트랜스포머이며 항상 최고의 선택이다.   참 / 거짓

06. GPT-4를 코파일럿으로 사용하면 별다른 학습 없이도 애플리케이션을 만들 수 있다.   참 / 거짓

07. AI는 한계에 도달했으므로 GPT-4는 OpenAI의 마지막 트랜스포머 모델이 될 것이다. 참 / 거짓

17.11 참고 문헌

- **OpenAI의 ChatGPT 블로그**: https://openai.com/blog/chatgpt
- **ChatGPT와 Whisper API를 소개하는 OpenAI 블로그**: https://openai.com/blog/ introducing-chatgpt-and-whisper-apis
- **ChatGPT Plus를 소개하는 OpenAI 블로그**: https://openai.com/blog/chatgpt-plus
- **OpenAI 모델**: https://platform.openai.com/docs/models/
- **OpenAI GPT-4**: https://openai.com/product/gpt-4
- **OpenAI의 코덱스 지원 중단**: https://openai.com/blog/openai-codex
- **코덱스를 사용하는 마이크로소프트 깃허브 코파일럿 (2023년 3월)**: https://github.com/features/copilot
- **구글의 텍스트 음성 변환**: https://pypi.org/project/gTTS/

트랜스포머
용어 설명

지난 수십 년 동안 **CNNs(Convolutional Neural Network), RNNs(Recurrent Neural Networks)**를 비롯한 다양한 **인공신경망(Artificial Neural Networks, ANNs)**이 개발되었다. 이들을 설명할 땐 공통적인 어휘들이 사용된다.

트랜스포머는 새로운 용어들을 도입하고 기존의 용어들을 다르게 사용한다. 이 부록은 트랜스포머를 간단히 살펴보며 트랜스포머의 용어를 설명한다.

트랜스포머 아키텍처는 딥러닝의 산업적인 활용을 고려하여 설계되었다. 트랜스포머는 병렬 처리에 적합한 구조를 가지고 있으며, 하드웨어를 최적화하기 위한 조건을 충족한다. 일례로 구글은 트랜스포머의 스택(stack) 구조를 활용하여 부동 소수점 정밀도를 적게 요구하는 도메인 특화 하드웨어를 설계했다.

트랜스포머 모델을 설계한다는 것은 하드웨어를 고려하는 것을 의미한다. 트랜스포머 아키텍처는 소프트웨어와 하드웨어를 최적화를 동시에 고려했다.

이 부록에서는 몇몇 신경망 용어를 새롭게 정의한다.

I.1 스택

그림 I.1처럼, 스택(stack)은 기존 딥러닝 모델과 다른 동일한 크기의 층(layer)을 쌓아 올린 형태이다. 스택은 아래에서 위로(bottom to top) 연결되어 있으며 인코더(encoder)나 디코더(decoder)가 될 수 있다.

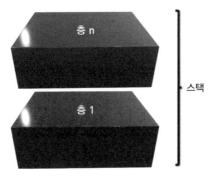

그림 I.1 층이 쌓인 스택

트랜스포머의 스택은 위 층으로 갈수록 더 많은 것을 학습한다. 사람의 기억처럼 각 층은 다음 층으로 학습한 내용을 전달한다.

스택이 뉴욕의 엠파이어 스테이트 빌딩이라고 상상해 보자. 아래 층에서는 볼 수 있는 것이 많지 않다. 하지만 더 높은 층으로 올라갈수록 더 많이 더 멀리 볼 수 있다. 꼭대기에 도착하면 맨해튼의 환상적인 경치를 볼 수 있다!

I.2 서브 층

각 층에는 그림 I.2와 같은 서브 층(sublayer)이 있다. 서로 다른 층에 있는 각 서브 층은 동일한 구조를 가지고 있어, 하드웨어를 최적화하기 유리하다.

오리지널 트랜스포머에는 아래에서 위로 연결된 두 서브 층이 있다.

- NLP와 하드웨어 최적화를 위해 설계된 셀프-어텐션(self-attention) 서브 층
- 전통적인 순방향 네트워크(feedforward network)를 약간 변경한 서브 층

그림 I.2 두 서브 층

I.3 어텐션 헤드

셀프-어텐션 서브 층은 헤드(head)라고 불리는 n개의 독립적이고 동일한 층으로 나눠진다. 오리지널 트랜스포머의 헤드는 8개이다.

그림 I.3은 트랜스포머의 산업화된 구조와 하드웨어 적합성을 보여주기 위해 헤드를 프로세서(processor)로 표현했다.

그림 I.3 셀프-어텐션 서브 층의 헤드

그림 I.3은 병렬처리에 대한 트랜스포머의 강점을 나타내기 위해 어텐션 헤드를 마이크로프로세서(microprocessor)로 표현했다.

트랜스포머의 아키텍처는 NLP와 하드웨어 최적화에 모두 적합하다.

부록 II

트랜스포머 모델의
하드웨어 제약사항

최적화된 하드웨어가 없다면 트랜스포머는 존재하지 못했다. 메모리와 디스크 관리 역시 중요하지만, 컴퓨팅 성능은 가장 중요한 전제 조건이다. GPU가 없었다면 **2장, 트랜스포머 모델 아키텍처 살펴보기**에서 살펴본 오리지널 트랜스포머를 학습할 수 없었을 것이다. GPU는 트랜스포머를 효율적으로 만드는 가장 중요한 요소이다.

이 부록은 **3장, BERT 모델 미세 조정하기**와 연관하여 GPU의 중요성을 다음 세 가지 단계로 설명한다.

- 트랜스포머의 아키텍처와 규모
- CPU vs GPU
- 파이토치를 예시로 GPU 사용 방법 알아보기

트랜스포머의 아키텍처와 규모

Ⅱ.1

2장, 트랜스포머 모델 아키텍처 살펴보기의 멀티-헤드 어텐션 아키텍처 섹션에서 발췌한 다음 내용으로, 하드웨어 기반 설계를 확인할 수 있다.

그런데 하나의 d_{model} 차원 블록만 사용하면 한 번에 하나의 관점으로만 시퀀스를 분석하게 된다. 만약 다양한 관점으로 분석하려면 상당한 계산 시간이 필요하다.

대신, 시퀀스 내 단어 집합 x의 각 단어 x_n을 표현하는 d_{model}=512 차원을 여덟 개로 나누어 d_k=64 차원으로 만들면 더 효과적이다.

"헤드" 여덟 개를 병렬로 연산하면 학습 속도를 높이면서 단어 간의 관계를 표현하는 서로 다른 여덟 개의 표현 공간(representation subspace)을 얻게 된다.

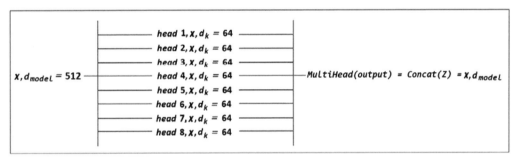

그림 Ⅱ.1 멀티-헤드에 대한 표현

이제 헤드 여덟 개를 병렬로 실행할 수 있다.

이 부분은 서로 다른 관점을 학습하기 위해 어텐션 헤드를 여덟 개로 나누었다고 설명하고 있다. 그런데 조금 더 깊이 생각해 보면 여기에는 병렬 처리를 활용하여 하드웨어를 최적화하려는 의도가 포함되어 있다.

브라운은 「Language Models are Few-Shot Learners」(https://arxiv.org/abs/2005.14165)에서 GPT의 구조를 묘사하며 트랜스포머가 하드웨어를 고려한 아키텍처를 가졌음을 언급했다.

모델은 데이터 전송을 최소화하기 위해 깊이와 차원을 고려하여 GPU에 맞게 분할된다. 계산 효율성과 GPU 및 모델 구조의 부하 분산을 고려하여 모델 아키텍처의 파라미터를 선택해야 한다.

트랜스포머의 구조(인코더 및 디코더)와 크기는 다양하다. 하지만 모두 병렬처리를 위한 하드웨어 제약 사항을 가지고 있다. 한 단계 더 나아가서 GPU가 특별한 이유를 알아보자.

II.2 GPU가 특별한 이유

2장, 트랜스포머 모델 아키텍처 살펴보기의 멀티-헤드 어텐션 아키텍처 섹션에서 GPU와 관련한 힌트를 더 찾을 수 있다.

"스케일드 내적 어텐션(Scaled Dot-Product Attention)"이라고도 불리는 이 어텐션 메커니즘은 다음과 같이 Q, K, V로 표현할 수 있다.

$$\text{Attention}(Q, K, V) = \text{softmax}(\frac{QK^T}{\sqrt{d_k}})V$$

여기서 얻을 수 있는 결론은 다음과 같다.

- 어텐션 헤드는 병렬 연산을 고려하여 설계되었다
- 어텐션 헤드는 행렬 곱셈에 기반하여 설계되었다

II.3 GPU는 병렬 연산을 위해 설계되었다

CPU(central processing unit)는 직렬 연산(serial processing)에 최적화 되어있다. 트랜스포머의 어텐션 헤드를 직렬로 학습한다면 시간이 너무 오래 걸릴 것이다. 연습을 위해 매우 작은 트랜스포머를 학습한다면 CPU도 문제 없겠지만, 최고수준의 모델을 학습하기는 불가능하다.

GPU(graphics processing unit)는 병렬 연산(parallel processing)에 최적화 되어있다. 트랜스포머 모델은 직렬 연산(CPU)이 아니라 병렬 연산(GPU)을 위해 설계되었다.

II.4 GPU는 또한 행렬 곱셈을 위해 설계되었다

엔비디아(NVIDIA)의 GPU는 행렬 연산을 빠르게 수행할 수 있는 텐서 코어(tensor core)를 가지고 있다. 트랜스포머를 포함한 대부분의 인공지능 알고리즘은 행렬 연산을 사용한다. 엔비디아의 GPU는 행렬 연산을 위해 고도로 최적화 되어있다. 다음 링크에서 더 많은 내용을 확인할 수 있다.

- https://blogs.nvidia.com/blog/2009/12/16/whats-the-difference-between-a-cpu-and-a-gpu/
- https://www.nvidia.com/ko-kr/data-center/tesla-p100/

구글의 TPU(Tensor Processing Unit)도 엔비디아의 GPU와 유사하다. 텐서플로우를 사용하면 TPU에서 텐서(tensor) 최적화가 가능하다.

- https://cloud.google.com/tpu/docs/tpus에서 TPU에 대한 정보를 확인할 수 있다.
- https://www.tensorflow.org/guide/tensor에서 텐서플로우의 텐서에 대한 정보를 확인할 수 있다.

파라미터 110M개를 가진 $BERT_{BASE}$는 TPU 16개, 340M 파라미터의 $BERT_{LARGE}$는 TPU 64개로 학습되었다. https://arxiv.org/abs/1810.04805에서 BERT 학습에 대한 더 많은 정보를 확인할 수 있다.

트랜스포머의 아키텍처가 병렬 하드웨어에 적합함을 확인했다. 이제 GPU를 사용할 소스 코드의 구현 관점에서 좀 더 살펴보자.

GPU를 사용하는 코드

파이토치는 GPU를 관리할 수 있으며, 넘파이의 np.arrays()와 비슷한 텐서를 사용한다. 하지만 넘파이와 달리 텐서는 GPU에서 병렬처리를 지원한다.

텐서는 파이토치의 데이터가 GPU에서 분산될수 있도록 한다.

https://pytorch.org/tutorials/intermediate/ddp_tutorial.html

3장의 노트북, BERT_Fine_Tuning_Sentence_Classification_GPU.ipynb에서 CUDA(Compute Unified Device Architecture)를 사용하여 엔비디아 GPU와 통신했다. CUDA는 GPU에서의 연산을 위한 엔비디아의 플랫폼이다. 이를 사용하여 소스 코드에 구체적인 명령어를 추가할 수 있다. https://developer.nvidia.com/cuda-zone에서 구체적인 내용을 확인할 수 있다.

BERT_Fine_Tuning_Sentence_Classification_GPU.ipynb에서는 CUDA 명령어를 사용하여 모델과 데이터를 엔비디아 GPU에 전송했다. 이 때 파이토치의 torch.device로 특정 디바이스(장치)를 지정할 수 있다.

https://pytorch.org/docs/stable/notes/cuda.html에서 더 많은 내용을 확인할 수 있다.

이제 파이토치에서 GPU 디바이스를 사용하는 방법을 알아보자. 디바이스를 선택하고, 데이터를 병렬화하고, 모델을 디바이스로 불러오고, 배치(batch) 데이터를 전송할 것이다. 각 항목은 디바이스를 사용하는 과정을 BERT_Fine_Tuning_Sentence_Classification_GPU.ipynb의 셀 번호와 함께 보여준다.

● 디바이스 선택(셀 3)

엔비디아 GPU의 CUDA를 사용할 수 있는지 확인한다. 사용할 수 없다면, CPU를 사용한다.

```
device = torch.device("cuda" if torch.cuda.is_available() else "cpu")
!nvidia-smi
```

● 데이터 병렬화(셀 16)

여러 개의 GPU를 사용한다면 병렬 컴퓨팅으로 모델을 분산할 수 있다.

```
model = BertForSequenceClassification.from_pretrained("bert-base-
uncased", num_labels=2)
model = nn.DataParallel(model)
```

● 모델을 디바이스로 불러오기(셀 16)

모델을 디바이스로 전송한다.

```
model.to(device)
```

● 디바이스에 학습과 검증(validation)을 위한 배치 전송하기(셀 20)

GPU에 배치 데이터를 전송한다. (1번부터 n번까지)

```
# GPU에 배치 데이터를 전송한다.
batch = tuple(t.to(device) for t in batch)
```

이어지는 섹션에서는, 서로 다른 세 가지 환경에서 노트북을 실행하며 트랜스포머가 GPU를 활용하는 모습을 살펴볼 것이다.

| II.6 | 구글 코랩으로 GPU 테스트하기 |

이번 섹션은 GPU의 잠재력을 알아보기 위한 비공식 테스트를 진행한다. 계속해서 3장의 노트북, BERT_Fine_Tuning_Sentence_Classification_GPU.ipynb를 사용할 것이다.

코랩(Colab)에서 다음 세 가지 환경으로 노트북을 실행해 보았다.

- 구글 코랩의 무료 CPU
- 구글 코랩의 무료 GPU
- 구글 코랩 프로(pro)

<table>
<tr>
<td>II.7</td>
<td># 구글 코랩의 무료 CPU</td>
</tr>
</table>

수백만에서 수십억 파라미터로 이루어진 트랜스포머 모델을 CPU로 미세 조정하기란 불가능하다. 트랜스포머는 병렬로 설계되었지만 CPU는 순차적으로 연산한다.

런타임(Runtime)-런타임 유형 변경(Change runtime type) 메뉴에서 하드웨어 가속기(hardware accelerator)를 설정할 수 있다. None (CPU), GPU, TPU

이번에는 그림 II.2처럼 None (CPU)를 선택한다.

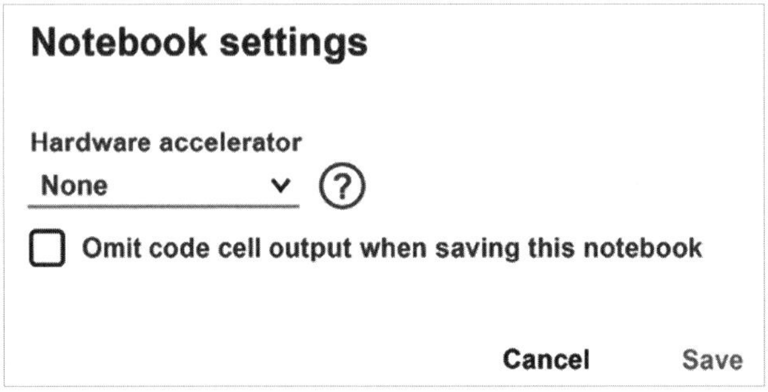

Notebook settings

Hardware accelerator
None ⌄ (?)

☐ Omit code cell output when saving this notebook

Cancel   Save

그림 II.2 하드웨어 가속기 설정

노트북의 학습 루프 단계를 실행하면 매우 느린 것을 볼 수 있다.

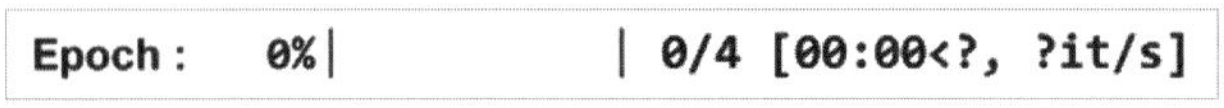

Epoch :   0%| | 0/4 [00:00<?, ?it/s]

그림 II.3 학습 루프

15분이 지나도 변화가 없다.

CPU는 병렬처리에 적합하지 않다. 하지만 트랜스포머는 병렬로 설계되었기 때문에 연습용 모델이라도 GPU가 적합하다.

592 트랜스포머로 시작하는 자연어 처리

II.7.1 구글 코랩의 무료 GPU

설정으로 돌아가서, 이번에는 GPU를 선택해보자.

Notebook settings

Hardware accelerator

GPU ⓥ ⑦

To get the most out of Colab, avoid using a GPU unless you need one. Learn more

그림 II.4 GPU 선택

책이 쓰여진 시점에서는 NVIDIA K80과 CUDA 11.2가 할당된다.

```
+-----------------------------------------------------------------------------+
| NVIDIA-SMI 495.44       Driver Version: 460.32.03    CUDA Version: 11.2      |
|-------------------------------+----------------------+----------------------+
| GPU  Name        Persistence-M| Bus-Id        Disp.A | Volatile Uncorr. ECC |
| Fan  Temp  Perf  Pwr:Usage/Cap|         Memory-Usage | GPU-Util  Compute M. |
|                               |                      |               MIG M. |
|===============================+======================+======================|
|   0  Tesla K80           Off  | 00000000:00:04.0 Off |                    0 |
| N/A   39C    P8    27W / 149W |      0MiB / 11441MiB |      0%      Default |
|                               |                      |                  N/A |
+-------------------------------+----------------------+----------------------+

+-----------------------------------------------------------------------------+
| Processes:                                                                  |
|  GPU   GI   CI        PID   Type   Process name                  GPU Memory |
|        ID   ID                                                   Usage      |
|=============================================================================|
|  No running processes found                                                 |
+-----------------------------------------------------------------------------+
```

그림 II.5 활성화된 NVIDIA K80 GPU

학습 루프가 빨라졌으며 총 20분이 소요되었다. GPU는 비싼 자원이므로 구글 코랩은 하나의 GPU만 제공한다. 그림 II.6처럼 학습 루프는 적당한 속도로 수행된다.

```
Epoch:   0%|            | 0/4 [00:00<?, ?it/s]Train los
Epoch:  25%|██          | 1/4 [04:58<14:56, 299.00s/it]
Train loss: 0.30048875815208026
Epoch:  50%|████        | 2/4 [09:58<09:58, 299.42s/it]
Train loss: 0.1783793037950498
Epoch:  75%|██████      | 3/4 [14:58<04:59, 299.55s/it]
Train loss: 0.11217724044973425
Epoch: 100%|████████    | 4/4 [19:58<00:00, 299.57s/it]
```

그림 II.6 K80 GPU로 수행한 학습 루프

다음으로, 구글 코랩 프로를 사용하면 더 빠른 GPU가 제공되는지 확인해보자.

II.8 구글 코랩의 유료 GPU

다음 그림 II.7처럼, 이번에는 NVIDIA P100 GPU가 제공되었다. 바스와니의 「Attention is All You Need」에 의하면, 오리지널 트랜스포머는 8개의 NVIDIA P100으로 학습되었다. $10^6 \times 65$개의 파라미터를 가진 기본 모델을 GPU 8개로 학습하는데 12시간이 걸린 것이다.

```
+-----------------------------------------------------------------------------+
| NVIDIA-SMI 495.44       Driver Version: 460.32.03    CUDA Version: 11.2      |
|-------------------------------+----------------------+----------------------+
| GPU  Name        Persistence-M| Bus-Id        Disp.A | Volatile Uncorr. ECC |
| Fan  Temp  Perf  Pwr:Usage/Cap| Memory-Usage         | GPU-Util  Compute M. |
|                               |                      |               MIG M. |
|===============================+======================+======================|
|   0  Tesla P100-PCIE...  Off  | 00000000:00:04.0 Off |                    0 |
| N/A  41C    P0    28W / 250W  |    2MiB / 16280MiB   |      0%      Default |
|                               |                      |                  N/A |
+-------------------------------+----------------------+----------------------+
```

그림 II.7 P100 GPU를 제공하는 구글 코랩 프로의 가상머신

그림 II.8에서 보듯, 학습 시간이 매우 감소하여 10분 정도가 소요된다.

```
Epoch:    0%|           | 0/4 [00:00<?, ?it/s]Train lo
Epoch:   25%|           | 1/4 [01:35<04:47, 95.71s/it]
Train loss: 0.3125095507168671
Epoch:   50%|           | 2/4 [03:11<03:11, 95.57s/it]
Train loss: 0.18029312002646478
Epoch:   75%|           | 3/4 [04:46<01:35, 95.51s/it]
Train loss: 0.11255507657296678
Epoch:  100%|           | 4/4 [06:22<00:00, 95.53s/it]
```

그림 II.8 P100 GPU로 수행한 학습 루프

부록 III

GPT-2를 사용한 일반 텍스트 완성

이 부록은 **7장, GPT-3 엔진을 사용한 초인간 트랜스포머 등장**에 있는 GPT-2 를 사용한 일반 텍스트 완성 섹션을 자세하게 다룬다. 이 섹션에서는 일반 텍스트 완성(generic text completion)을 위한 GPT-2 트랜스포머 모델을 구현하는 방법을 설명한다.

이 노트북의 사용법을 7장에서 직접 읽거나 이번 부록에서 프로그램을 빌드하고 실행하여 GPT 모델의 작동 방식에 대한 보다 심도 있는 지식을 얻을 수 있다.

OpenAI_GPT_2 저장소를 복제(clone)하고 345M-파라미터 GPT-2 트랜스포머 모델을 다운로드한 후 이 모델과 상호 작용해 본다. 컨텍스트 문장을 입력하고 트랜스포머가 생성한 텍스트를 분석해 본다. 목표는 새로운 콘텐츠를 어떻게 생성하는지 확인하는 것이다.

이 섹션은 9단계로 나뉜다. 구글 코랩에서 OpenAI_GPT_2.ipynb를 연다. 노트북은 이 책의 깃허브 저장소에서 부록 III 디렉터리에 있다. 노트북도 이 섹션과 동일한 9단계로 나뉜다.

셀을 순서대로 실행해 보자. 이 과정은 지루하지만, 결과는 만족스럽다. 코드 몇 줄로 GPT-3 엔진을 실행할 수 있다는 것을 확인했었다. 이 부록은 OpenAI가 제공하는 GPT-2를 가공 없이 사용해 GPT-2 모델의 동작을 확인한다.

허깅페이스에는 GPT-2 모델을 캡슐화하는 래퍼(wrapper)가 있다. 이 래퍼는 OpenAI API의 대안으로 유용하다. 그러나 이 부록의 목표는 GPT-2 모델의 기본 구성 요소의 복잡성을 피하는 것이 아니라 이를 탐구하는 것이다!

마지막으로, 결과를 얻기 위해 코드 한 줄로 호출하는 대신, 저수준의 GPT-2 를 직접 실행할 것이다. 따라서 이미 구성되어 있는 패키지(OpenAI GPT-3 API, 허깅페이스 래퍼 등)는 사용하지 않는다. 우리는 GPT-2의 아키텍처를 이해하기 위해 직접 코드를 작성한다. 그 결과 일부 사용 중단 메시지가 표시될 수 있다. 이런 노력은 4차 산업 시대에 전문가가 되는 데에 충분한 가치가 있다.

GPU를 활성화하는 것부터 시작해 보자.

III.1 1단계: GPU 활성화

GPT-2 345M 파라미터 트랜스포머 모델을 학습하려면 GPU를 활성화해야 한다.

GPU를 활성화하려면 노트 설정(Notebook settings) 메뉴로 이동하여 VM(가상 머신)을 최대한 활용한다.

그림 III.1 GPU 하드웨어 가속기

GPU를 활성화하는 것이 더 나은 성능을 위한 전제 조건이며, 이를 통해 GPT 트랜스포머의 세계에 접근할 수 있다. 이제 OpenAI GPT-2 저장소를 복제해 보자.

III.2 2단계: OpenAI GPT-2 저장소 복제하기

현재 OpenAI를 통해 GPT-2를 다운로드할 수 있다. 다운로드가 중단되거나, 어쩌면 더 많은 리소스를 다운로드할 수 있을지도 모른다. 현재로서는 트랜스포머의 사용법이 매우 빠르게 변화하고 있기 때문에 주요 연구소를 포함해 그 누구도 시장이 어떻게 진화할지 예측할 수 없다.

VM에 OpenAI의 깃허브 디렉터리를 복제한다.

```
#@title 2단계: OpenAI GPT-2 저장소 복제하기
!git clone https://github.com/nshepperd/gpt-2
```

복제가 끝나면 파일 관리자에 저장소가 표시된다.

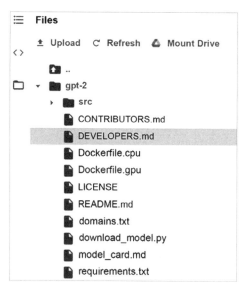

그림 III.2 복제된 GPT-2 저장소

src를 클릭하면 모델을 실행하는 데 필요한 OpenAI의 파이썬 파일이 설치되어 있는 것을 확인할 수 있다.

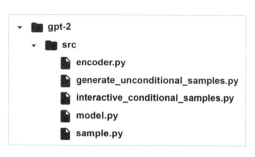

그림 III.3 모델 실행을 위한 GPT-2 파이썬 파일

학습 파일은 포함되어 있지 않은 것을 알 수 있다. 학습 파일은 **부록 IV, GPT-2를 사용해 커스텀 텍스트 완성하기**의 GPT-2 언어 모델 학습하기 섹션에서 GPT-2 모델을 학습할 때 설치할 것이다.

이제 요구 사항(requirements)을 설치해 보자.

III.3 | 3단계: 요구 사항 설치하기

다음 코드를 실행하면 요구 사항이 자동으로 설치된다.

```
#@title 3단계: 요구 사항 설치하기
import os # VM이 재시작할 때 필요하다면 os를 임포트한다
os.chdir("/content/gpt-2")
!pip3 install -r requirements.txt
```

셀 단위로 실행할 때는 VM을 다시 시작해야 하므로 os를 다시 임포트해야 할 수 있다. 이 노트북의
요구 사항은 다음과 같다.

- **명령줄 인터페이스(CLI)** 생성을 위한 Fire 0.1.3
- 정규식 사용을 위한 regex 2017.4.5
- HTTP 라이브러리인 Requests 2.21.0
- 루프 진행률 표시를 위한 tqdm 4.31.1

노트북을 재시작하라는 메시지가 표시될 수 있다.

지금 재시작하지 말고, 텐서플로우의 버전을 확인할 때까지 기다리자.

III.4 | 4단계: 텐서플로우 버전 확인하기

2020년대에 들어서는 GPT 모델의 파라미터 수가 1,750억 개에 달해 슈퍼컴퓨터의 도움 없이는 자체
적으로 학습하는 것이 불가능해졌다. 파라미터의 수는 계속 늘어날 것이다.

페이스북 AI, OpenAI, 구글 브레인과 같은 거대 기업의 연구소는 슈퍼트랜스포머를 향해 속도를 내
고 있으며, 우리가 배우고 이해해야 하는 것들이 많아지고 있다. 하지만 안타깝게도 그들은 그들이 공
유하는 모든 모델을 최신 버전에 맞게 업데이트할 시간이 없다.

이 노트북에서는 텐서플로우 1.x로 개발된 코드를 텐서플로우 2.x에서 실행할 수 있게 수정하였으며, 트랜스포머 모델을 직접 학습할 때 몇 가지 경고가 표시될 수 있다.

```
#@title 4단계: 텐서플로우 버전 확인하기
#코랩은 tf 2.x가 설치되어 있다.
#'런타임(Runtime)' → '런타임 다시 시작(Restart runtime)' 메뉴를 사용해 런타임을 재시작한다.
import tensorflow as tf
print(tf.__version__)
```

출력은 다음과 같아야 한다.

```
TensorFlow 1.x selected.
1.15.2
```

tf 2.x 버전이 표시되는지 여부에 관계없이 셀을 다시 실행하여 확인한 다음 VM을 다시 시작한다. 계속하기 전에 이 셀을 다시 실행했는지 잘 확인한다.

TIP

프로세스 중에 텐서플로우 오류가 발생하면(경고는 무시), 이 셀을 다시 실행하고, VM을 다시 시작한 후 다시 실행하여 확인한다.

VM을 다시 시작할 때마다 이 작업을 수행한다. VM의 기본 버전은 tf.2이다.

이제 GPT-2 모델을 다운로드할 준비가 되었다.

III.5 5단계: 345M 파라미터 GPT-2 모델 다운로드하기

이제 학습된 345M 파라미터 GPT-2 모델을 다운로드한다.

```
#@title 5단계 345M 파라미터 GPT-2 모델 다운로드하기
# 코드를 실행하고 논항를 전달한다.
import os # 런타임이 재시작한 이후 실행한다.
os.chdir("/content/gpt-2")
!python3 download_model.py '345M'
```

모델 디렉터리의 경로는 다음과 같다.

/content/gpt-2/models/345M

여기에는 모델을 실행하는 데 필요한 정보가 있다.

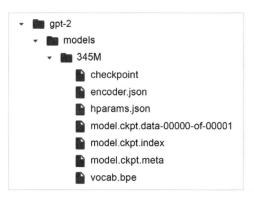

그림 III.4 345M 파라미터 모델의 GPT-2 파이썬 파일

hparams.json 파일에는 GPT-2 모델의 정의가 있다.

- **"n_vocab"**: 50257, 모델의 어휘 크기
- **"n_ctx"**: 1024, 컨텍스트 크기
- **"n_embd"**: 1024, 임베딩 크기
- **"n_head"**: 16, 헤드 수
- **"n_layer"**: 24, 층 수

encoder.json과 vacab.bpe에는 토큰화된 어휘와 BPE 단어 쌍이 포함되어 있다. 필요한 경우 잠시 시간을 내어 **4장, RoBERTa 모델 처음부터 사전 학습하기**에서 3단계: 토크나이저 학습하기 하위 챕터를 다시 읽어보자.

checkpoint 파일에는 학습된 파라미터가 포함되어 있다. 예를 들어, **부록 IV, GPT-2를 사용해 커스텀 텍스트 완성하기**의 9단계: GPT-2 모델 학습하기 섹션에서 설명하는 것처럼 1,000 단계 동안 학습된 파라미터를 포함할 수 있다.

checkpoint 파일은 다른 세 개의 중요한 파일과 함께 저장된다.

- model.ckpt.meta는 모델의 그래프 구조를 설명한다. 여기에는 GraphDef, SaverDef 등이 포함되어 있다. tf.train.import_meta_graph([path]+'model.ckpt.meta')로 정보를 검색할 수 있다.
- model.ckpt.index는 문자열 테이블이다. 키는 텐서(tensor)의 이름이며, 값은 텐서의 메타데이터를 담고 있는 BundleEntryProto이다.
- model.ckpt.data에는 TensorBundle collection에 있는 모든 변수의 값이 포함되어 있다.

모델을 다운로드했다. 이제 모델을 활성화하기 전에 몇 가지 중간 단계를 거친다.

III.6 6~7단계: 중간 지침

이 섹션에서는 모델을 정의하고 활성화하는 8단계로 이어지는 중간 단계인 6단계, 7단계 및 7a단계를 진행한다.

모델과 상호 작용할 때 UTF로 인코딩된 텍스트를 콘솔에 출력한다.

```
#@title 6단계: UTF로 인코딩된 텍스트를 콘솔에 출력하기
!export PYTHONIOENCODING=UTF-8
```

src 디렉터리로 이동한다.

```
#@title 7단계: 프로젝트 소스 코드
import os # 런타임이 재시작한 이후 임포트한다.
os.chdir("/content/gpt-2/src")
```

이제 GPT-2 모델과 상호 작용할 준비가 되었다. **부록 IV. GPT-2를 사용해 커스텀 텍스트 완성하기**의 GPT-2 언어 모델 학습하기 섹션에서 설명하는 것처럼 명령어를 사용하여 직접 실행할 수 있다. 하지만 이 섹션에서는 코드의 주요 측면을 살펴보도록 한다.

interactive_conditional_samples.py는 먼저 모델과 상호 작용하는 데 필요한 모듈을 임포트한다.

```
#@title 7a 단계: 상호 작용 가능한 조건부 샘플(src)
#상호 작용 가능한 조건부 샘플을 실행하는 프로젝트 소스 코드
# 파일명 – /content/gpt-2/src/interactive_conditional_samples.py
import json
import os
import numpy as np
#import tensorflow as tf
import tensorflow.compat.v1 as tf
```

모델 활성화로 이어지는 중간 단계를 거쳤다.

7b~8단계: 모델 가져오기 및 정의하기

이제 interactive_conditional_samples.py를 사용하여 모델과의 상호 작용을 활성화한다.

/content/gpt-2/src에 있는 세 개의 모듈을 임포트한다.

```
import model, sample, encoder
```

세 가지 모듈은 다음과 같다.

- model.py는 모델의 구조를 정의한다. 하이퍼파라미터, 다중 어텐션 tf.matmul 연산, 활성화 함수 및 기타 모든 속성을 정의한다.

- sample.py는 상호 작용을 처리하고 생성될 샘플을 제어하여, 더욱 의미 있는 토큰을 선택하도록 한다.

  저화질로 이미지를 보는 것처럼 소프트맥스 값은 때때로 흐릿할 수 있다. sample.py에는 값을 더 선명하게 만들어 높은 확률을 높이고 낮은 확률을 부드럽게 만드는 temperature라는 변수가 포함되어 있다. sample.py는 Top-k 샘플링을 활성화할 수 있다. Top-k 샘플링은 예측된 시퀀스의 확률 분포를 정렬한다. 그리고 가장 높은 확률의 토큰부터 k 번째까지의 토큰을 선택한다. 낮은 확률의 토큰은 제외되어 모델이 품질이 낮은 토큰을 예측하는 것을 방지한다.

  sample.py는 언어 모델링을 위해 Top-p 샘플링을 활성화할 수도 있다. Top-p 샘플링은 확률 분포를 정렬하지 않는다. 대신, 이 하위 집합의 확률 또는 가능한 시퀀스의 핵심(nucleus)의 합이 p를 초과할 때까지 높은 확률을 가진 단어를 선택한다.

- encoder.py는 정의된 모델, encoder.json 및 vocab.bpe를 사용하여 샘플 시퀀스를 인코딩한다. 여기에는 BPE 인코더와 텍스트 디코더가 모두 포함되어 있다.

각 모듈 파일을 더블클릭하여 열어 자세히 살펴볼 수 있다.

interactive_conditional_samples.py는 모델과 상호 작용하는 데 필요한 함수를 호출하여 model.py에서 모델을 정의하는 하이퍼파라미터와 sample.py에서 샘플 시퀀스 파라미터 등의 정보를 초기화한다. encode.py로 시퀀스를 인코딩하고 디코딩한다.

그런 다음 interactive_conditional_samples.py는 이 섹션의 5단계: 345M 파라미터 GPT-2 모델 다운로드 하기 하위 섹션에서 정의한 체크포인트 데이터를 복원한다.

interactive_conditional_samples.py를 두 번 클릭하여 탐색하고 파라미터를 실험해 볼 수 있다.

- model_name은 모델 이름(예: "124M" 또는 "345M")이며, models_dir에 의존한다.
- models_dir은 모델이 있는 디렉터리를 정의한다.
- seed는 무작위 생성기를 위한 임의의 정수를 설정한다. 시드는 결과를 재현하도록 설정할 수 있다.
- nsamples는 반환할 샘플 수이다. 0으로 설정하면 셀의 run 버튼을 두 번 클릭하거나 Ctrl+M을 누를 때까지 샘플을 계속 생성한다.
- batch_size는 배치의 크기를 결정하며 메모리와 속도에 영향을 준다.
- length는 생성된 텍스트의 토큰 수이다. none으로 설정하면 모델의 하이퍼파라미터에 의존한다.
- temperature는 볼츠만 분포의 수준을 결정한다. 값이 높으면 완성이 더 무작위로 이루어진다. 값이 낮으면 결과가 더 결정론적이게 된다.

- top_k는 각 단계에서 Top-k가 고려하는 토큰 수를 제어한다. 0은 제한이 없음을 의미한다. 40이 권장 값이다.
- top_p는 Top-p를 제어한다.

이 챕터의 프로그램에서 파라미터 시나리오는 다음과 같다.

- model_name = "345M"
- seed = None
- nsamples = 1
- batch_size = 1
- length = 300
- temperature = 1
- top_k = 0
- models_dir = '/content/gpt-2/models'

이러한 파라미터는 모델의 동작, 컨텍스트 입력에 의해 조절되는 방식, 텍스트 완성 시퀀스 생성에 영향을 미친다. 먼저 기본값으로 노트북을 실행한다. 그런 다음 프로그램을 두 번 클릭하고 편집한 다음 저장하여 코드의 파라미터를 변경할 수 있다. 변경 사항은 VM을 다시 시작할 때마다 삭제된다. 상호 작용 시나리오를 만들려면 프로그램을 저장하고 다시 불러온다.

이제 프로그램과 상호 작용할 준비가 되었다.

III.8 9단계: GPT-2와 상호 작용하기

이번에는 GPT-2 345M 모델과 상호 작용해 본다.

시스템이 실행될 때 더 많은 메시지가 표시될 수 있지만 이 노트북으로 모델을 실행할 것이다. 언젠가 이 노트북이 더 이상 동작하지 않는다면 GPT-3 엔진을 사용해야 할 수도 있고, 향후에 더 이상 사용되지 않을 수도 있는 허깅페이스 GPT-2 래퍼를 사용해야 할 수도 있다.

그렇지 않다면 GPT-2를 여전히 사용할 수 있으므로 모델과 상호 작용해 보자!

모델과 상호 작용하려면 interact_model 셀을 실행한다.

#@title 9단계: GPT-2와 상호 작용하기

```
interact_model('345M',None,1,1,300,1,0,'/content/gpt-2/models')
```

몇 가지 컨텍스트를 입력하라는 메시지가 표시된다.

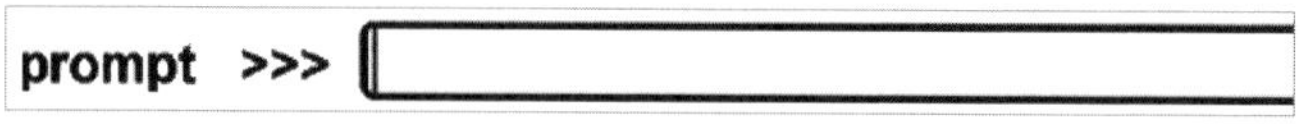

그림 III.5 텍스트 완성을 위한 컨텍스트 입력

표준 GPT-2 모델이므로 원하는 모든 유형의 컨텍스트를 사용해 볼 수 있다.

임마누엘 칸트가 쓴 문장을 사용해 볼 수 있다.

> Human reason, in one sphere of its cognition, is called upon to consider questions, which it cannot decline, as they are presented by its own nature, but which it cannot answer, as they transcend every faculty of the mind.
> (인간의 이성은, 그 인식의 한 영역에서, 그것이 거절할 수 없는 질문들을 고려하도록 요구된다.)

Enter↵를 눌러 텍스트를 생성한다. GPT-2 모델은 데이터셋에 대해 학습되지 않았고 어쨌든 확률 모델을 실행하고 있기 때문에 출력은 무작위적이다.

GPT 모델이 생성한 처음 몇 줄을 살펴보자.

"We may grant to this conception the peculiarity that it is the only causal logic.(우리는 이 개념에 유일한 인과 논리라는 특이성을 부여할 수 있다.)
In the second law of logic as in the third, experience is measured at its end: apprehension is afterwards closed in consciousness.(논리의 두 번째 법칙이나 세 번째 법칙에서처럼, 경험은 그 끝에서 측정된다. 인식은 그 후 의식 속에서 닫힌다.)
The solution of scholastic perplexities, whether moral or religious, is not only impossible, but your own existence is blasphemous."(도덕적이든 종교적이든 학문적인 혼란을 해결하는 것은 불가능할 뿐만 아니라, 당신 자신의 존재 자체가 신성모독이다.)

셀을 중지하려면 셀의 실행 버튼을 두 번 클릭한다.

Ctrl+M을 눌러 텍스트 생성을 중지할 수도 있지만 코드가 텍스트로 변환될 수 있으므로 프로그램 셀에 다시 복사해야 한다.

출력에서 몇 가지 사실을 관찰할 수 있다.

- 우리가 입력한 컨텍스트가 모델에서 생성된 출력에 조건을 지정했다.
- 컨텍스트는 일종의 시연이다. 컨텍스트를 입력하면 모델은 파라미터 수정 없이도 무엇을 말해야 할 지를 익힌다.
- 텍스트 완성은 컨텍스트에 의해 조절된다. 이를 통해 미세 조정이 필요 없는 트랜스포머 모델의 문을 열었다.
- 의미론적 관점에서 볼 때 결과물은 더 흥미로울 수 있다.
- 문법적인 관점에서는 출력 결과가 설득력이 있다.

부록 IV, GPT-2를 사용해 커스텀 텍스트 완성하기에서 사용자 지정 데이터셋으로 모델을 학습하면 더 인상적인 결과를 얻을 수 있는지 확인할 수 있다.

 ## 참고 문헌

- **OpenAI GPT-2 깃허브 저장소**: https://github.com/openai/gpt-2
- **N Shepperd 깃허브 저장소**: https://github.com/nshepperd/gpt-2

부록 IV

GPT-2를 사용해 커스텀 텍스트 완성하기

이 부록은 **7장, GPT-3 엔진을 사용한 초인간 트랜스포머 등장**과 관련되어 있으며, GPT-2 모델을 사용한 텍스트 완성 기능을 커스터마이즈하는 방법을 설명한다.

이 부록은 12 단계로 나눠 GPT-2 모델을 구축하고 학습시키며 상호 작용하는 방법을 보여준다.

이 부록의 깃허브 저장소에 있는 Training_OpenAI_GPT_2.ipynb를 실행해 보자. 노트북도 이 부록과 동일한 12 단계와 셀로 나누어져 있음을 확인할 수 있다.

셀 단위로 노트북을 실행해 보자. 과정은 지루할 수 있지만, 복제된 OpenAI GPT-2 저장소에서 생성된 결과는 만족스러울 것이다. GPT-3 API나 허깅페이스는 사용하지 않을 것이다.

모델을 직접 구축, 학습하는 과정은 번거로울 수 있다. 일부 오류 메시지가 표시될 수 있지만, 래퍼나 API가 아닌 모델 내부를 들여다봐야만 한다. 이러한 노력은 가치가 있을 것이다.

우선 GPU를 활성화하는 것부터 시작해 보자.

[설명 추가]

Training_OpenAI_GPT_2.ipynb은 텐서플로우 1.x 버전에 작동한다. 하지만 2024년 5월 현재, 구글 코랩은 텐서플로우 1.x 버전을 지원하지 않는다. 두 가지 해결책이 있다.

(1) Training_OpenAI_GPT_2.ipynb을 텐서플로우 1.x가 설치된 로컬 머신에 받아 실행하기

(2) 구글 코랩에서 깃허브 내에 BONUS 디렉터리에 존재하는 GPT_2_and_ChatGPT_the_Origins.ipynb을 실행하기

GPT_2_and_ChatGPT_the_Origins.ipynb은 다음 내용을 다룬다.

- GPT-2의 소스 코드 가이드
- GPT-2를 사용한 텍스트 생성의 허깅페이스 구현
- OpenAI ChatGPT의 배경 엔진인 OpenAI davinci-instruct 시리즈(GPT-3)를 사용한 텍스트 생성. 대화 예제를 실행해 davinci-instruct-beta 엔진의 출력과 ChatGPT의 출력을 비교해 볼 수 있다.
- 커스텀 챗봇 미세 조정 방법

이 부록의 내용은 tf 1.x가 설치된 로컬 머신에서 실행하는 것으로 가정한다.

GPT-2 모델 학습하기

이 섹션에서는 커스텀 데이터셋을 사용해 GPT-2 모델을 학습시킬 것이다. 그런 다음 학습된 모델을 직접 사용해 볼 것이다. 데이터는 **4장, RoBERTa 모델 처음부터 사전 학습하기**에서 사용한 것과 동일한 kant.txt를 사용할 것이다.

노트북을 열고 셀을 하나씩 실행해 보자.

IV.1.1 1단계: 사전 준비 사항

이 섹션에서 참조하는 파일들은 이 책의 깃허브 저장소의 Appendix IV 디렉터리에 있다.

- 구글 코랩에서 실행 중이라면 구글 코랩 노트북의 런타임(Runtime) 메뉴에서 GPU를 활성화한다. 이 과정은 **부록 III, GPT-2를 사용한 일반 텍스트 완성**의 1단계 GPU 활성화에 설명된 내용과 같은 내용이다.
- 다음 파이썬 파일을 구글 코랩에 업로드한다. train.py, load_dataset.py, encode.py, accumulate. py, memory_saving_gradients.py
- 이 파일들은 원래 N Shepperd의 깃허브 저장소(https://github.com/nshepperd/gpt-2)에서 가져온 것이다. 이 책의 깃허브 저장소의 AppendixIV/gpt-2-train_files 경로에서 또한 다운로드 할 수 있다.
- N Shepperd의 깃허브 저장소에서는 GPT-2 모델을 학습하기 위해 필요한 파일들을 제공한다. N Shepperd의 깃허브 저장소를 복제하는 것 대신에 OpenAI의 저장소를 복제할 것이다. 그리고 N Shepperd의 깃허브 저장소에서 필요한 다섯 개의 학습 파일을 추가할 것이다.
- dset.txt를 구글 코랩에 업로드한다. 데이터셋의 이름은 dset.txt이다. 따라서, 이 파일의 내용만 교체하면 별도의 프로그램 수정 없이 커스텀 데이터셋을 사용할 수 있다.
- 위 데이터셋은 이 부록에서 사용하는 깃허브 저장소의 gpt-2-train_files 디렉터리에 있는 데이터셋이다. **4장, RoBERTa 모델 처음부터 사전 학습하기**에서 사용한 것과 동일한 kant.txt 파일이다.

이제 학습 과정 시작 단계를 하나씩 실행해 보자.

IV.1.2 2단계 ~ 6단계: 학습 과정 시작 단계

이번 하위 섹션에서는 앞서 **부록 III, GPT-2를 사용한 일반 텍스트 완성**에서 상세히 설명한 단계 2에서 단계 6을 간단하게 훑어볼 것이다. 그런 다음 데이터셋과 모델을 프로젝트 디렉터리로 복사할 것이다.

이번에는 N Shepperd의 저장소가 아닌 OpenAI의 GPT-2 저장소를 복제할 것이다.

```
#@title 2단계: OpenAI GPT-2 저장소 복제하기
#!git clone https://github.com/nshepperd/gpt-2.git
!git clone https://github.com/openai/gpt-2.git
```

앞서 이미 N Shepperd의 디렉터리에서 GPT-2 모델을 학습하는 데 필요한 파일들을 업로드했다.

이제 프로그램 실행에 필요한 패키지들을 설치하도록 한다.

```
#@title 3단계: 필요 패키지 설치하기
import os #VM이 재시작할 때 import os가 필요하다
os.chdir("/content/gpt-2")
!pip3 install -r requirements.txt
```

이 노트북에는 토폴로지 정렬 알고리즘인 toposort가 필요하다.

```
!pip install toposort
```

TIP

노트북에 요구 사항을 설치한 후에는 노트북을 다시 시작하면 안된다. 세션 중에 VM 재시작을 한 번만 수행하기 위해서 텐서플로우 버전을 확인할 때까지 기다리도록 한다. 확인 후에, 필요하다면 재시작을 하도록 한다. 번거로운 일이지만, 래퍼(wrapper)와 API 이상의 코드 내부로 들어가는 것은 가치가 있는 일이다.

지금은 텐서플로우 버전을 확인하여 1.x 버전을 실행 중인지 확인한다.

```
#@제목 4단계: 텐서플로우 버전 확인하기
#코랩에는 tf 2.x 버전이 설치되어 있다.
#'런타임(Runtime)' → '런타임 다시 시작(Restart runtime)...'을 사용해 런타임을 재시작한다.
%tensorflow_version 1.x
import tensorflow as tf
print(tf.__version__)
```

텐서플로우 1.x 버전이 실행중인지 분명하게 확인하고 이후 내용을 진행하도록 한다.

이제 학습시킬 117M 파라미터 GPT-2 모델을 다운로드한다.

```
#@title 5단계: 117M 파라미터 사이즈의 GPT-2 모델 다운로드하기
# 코드를 실행시키고 인수를 전달한다.
import os # 런타임이 재시작한 이후 실행한다.
os.chdir("/content/gpt-2")
!python3 download_model.py '117M' #모델 디렉터리를 생성한다.
```

그리고 데이터셋과 117M 파라미터의 GPT-2 모델을 src 디렉터리에 복사한다.

```
#@title 6단계: 프로젝트 리소스를 src로 복사하기
!cp /content/dset.txt /content/gpt-2/src/
!cp -r /content/gpt-2/models/ /content/gpt-2/src/
```

앞으로는 모델을 학습시키는 데 필요한 모든 자료들을 src 프로젝트 디렉터리에 그룹화하는 것이 목표다. 이제 N Shepperd 학습 데이터를 확인해본다.

IV.1.3 7단계: N shepperd 학습 데이터

학습 데이터는 N Shepperd의 깃허브 저장소에서 가져왔다. 본 부록의 1단계 "사전 준비 사항"에서 이 파일들을 업로드했었다. 이제 프로젝트 디렉터리로 데이터를 복사할 것이다.

```
#@title 7단계: N Shepperd 학습 데이터 복사하기
#참조 깃허브 저장소: https://github.com/nshepperd/gpt-2
import os # 런타임 재시작 이후에 임포트한다
!cp /content/train.py /content/gpt-2/src/
!cp /content/load_dataset.py /content/gpt-2/src/
!cp /content/encode.py /content/gpt-2/src/
!cp /content/accumulate.py /content/gpt-2/src/
!cp /content/memory_saving_gradients.py /content/gpt-2/src/
```

학습 데이터를 사용할 준비가 되었다. 이제 encode.py부터 시작하여 데이터를 탐색해 보겠다.

IV.1.4 8단계: 데이터셋 인코딩하기

학습 전에 데이터셋을 인코딩해야 한다. 구글 코랩에서 encode.py 파일을 더블클릭하여 내용을 확인해 볼 수 있다.

encode.py는 load_dataset.py에 있는 load_dataset 함수를 호출하여 dset.txt를 불러온다.

```
from load_dataset import load_dataset
.../...
chunks = load_dataset(enc, args.in_text, args.combine, encoding=args.
encoding)
```

또한 encode.py는 데이터셋을 인코딩하기 위해 OpenAI의 인코딩 프로그램을 로드한다.

```
import encoder
.../...
enc = encoder.get_encoder(args.model_name,models_dir)
```

인코딩된 데이터셋을 넘파이 배열 형태로 out.npz에 저장한다. npz는 인코더에 의해 생성된 배열의 넘파이 압축 파일이다.

```
import numpy as np
np.savez_compressed(args.out_npz, *chunks)
```

다음 셀을 실행하면 데이터셋이 로드되고 인코딩 되며 out.npz에 저장될 것이다.

```
#@title 8단계: 데이터셋 인코딩하기
import os # 런타임 재시작 이후에 임포트한다
os.chdir("/content/gpt-2/src/")
model_name="117M"
!python /content/gpt-2/src/encode.py dset.txt out.npz
```

이제 GPT-2 117M 모델을 학습시킬 준비가 되었다.

IV.1.5 9단계: GPT-2 모델 학습하기

우리의 데이터셋을 사용해 GPT-2 117M 모델을 학습할 것이다. 인코딩된 데이터셋의 파일명을 프로그램에 전달한다.

```
#@title 9단계: 모델 학습하기
#모델은 1000 스텝 이후 저장된다.
import os # 런타임 재시작 이후에 임포트한다
os.chdir("/content/gpt-2/src/")
!python train.py --dataset out.npz
```

셀을 실행하면 직접 멈추기 전까지 학습된다. 모델은 1,000 스텝 후에 저장된다. 학습이 1,000 스텝을 초과하면 멈추도록 한다. 저장된 모델 체크포인트는 /content/gpt-2/src/checkpoint/run1에 있다. 이 파일들의 목록은 노트북의 "10A단계: 학습 파일 복사" 셀에서 확인할 수 있다.

셀의 실행 버튼을 두 번 클릭해 학습을 중지할 수도 있다. 학습이 중지되면 학습된 파라미터가 함께 저장될 것이다.

또한 Ctrl+M을 눌러 1,000 스텝 후에 모델 학습을 중지할 수 있다. 프로그램이 멈추고 학습된 파라미터가 저장될 것이다. 이후 아래와 같은 메시지가 출력될 것이다.

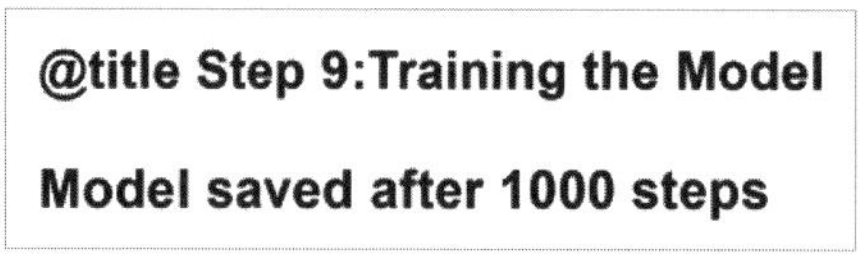

> **@title Step 9:Training the Model**
>
> **Model saved after 1000 steps**

그림 IV.1 학습된 GPT-2 모델을 자동으로 저장하기

/content/gpt-2/src/memory_saving_gradients.py와 /content/gpt-2/src/accumulate.py를 사용해 옵티마이저와 기울기(gradients)를 관리한다.

train.py에는 학습 프로세스를 수정할 수 있는 파라미터가 포함되어 있다. 일단 그대로 노트북을 실행해 본다. 그런 다음 원한다면 학습 파라미터를 수정해 실험해 보고 더 나은 결과를 얻을 수 있는지 확인해 볼 수 있다.

GPT-2 모델이 학습 과정에서 생성한 샘플들을 확인해 볼 수 있다. 학습 중 생성된 샘플에서 깨달음을 얻을 수 있었다.

```
The world is not a thing in itself, but is a representation of the world
  in itself.
```
(이 세상은 그 자체로 존재하는 것이 아니라 그 자체로 세상의 표상이다.)

인간이 만든 이 세계의 표상을 AI가 학습한다는 점이 흥미롭다!

실험을 계속해보자. 학습 모델을 위한 디렉터리를 만들어볼 차례다.

IV.1.6 10단계: 학습 모델 디렉터리 생성하기

이 섹션에서는 모델을 위한 임시 디렉터리를 생성하고 필요한 정보를 저장한 다음, 다운로드한 GPT-2 117M 모델의 디렉터리를 대체하기 위해 이름을 바꿀 것이다.

먼저 tgmodel이라는 임시 디렉터리를 생성한다.

```
#@title 10단계: 학습 모델 디렉터리 생성하기
#'tgmodel'이라는 이름으로 학습 모델 디렉터리를 생성한다
import os
run_dir = '/content/gpt-2/models/tgmodel'
if not os.path.exists(run_dir):
  os.makedirs(run_dir)
```

그런 다음 이 9단계: GPT-2 모델 학습하기에서 모델을 학습할 때 저장한 체크포인트 파일들을 복사한다.

```
#@title Step 10A: 학습 파일 복사하기
!cp /content/gpt-2/src/checkpoint/run1/model-1000.data-00000-of-00001 /
content/gpt-2/models/tgmodel
!cp /content/gpt-2/src/checkpoint/run1/checkpoint /content/gpt-2/models/
tgmodel
!cp /content/gpt-2/src/checkpoint/run1/model-1000.index /content/gpt-2/
models/tgmodel
!cp /content/gpt-2/src/checkpoint/run1/model-1000.meta /content/gpt-2/
models/tgmodel
```

tgmodel 디렉터리에는 이제 GPT-2 모델의 학습된 파라미터가 들어있다.

이러한 파일들의 내용에 대해서는 **부록 III, GPT-2를 사용한 일반 텍스트 완성**의 5단계: 345M 파라미터 GPT-2 모델 다운로드하기에서 설명한 바 있다.

이제 다운로드한 GPT-2 117M 모델로부터 하이퍼파라미터와 사전 파일을 가져올 것이다.

```
#@title 10B 단계: OpenAI GPT-2 117M 모델 파일 복사하기
!cp /content/gpt-2/models/117M/encoder.json /content/gpt-2/models/tgmodel
!cp /content/gpt-2/models/117M/hparams.json /content/gpt-2/models/tgmodel
!cp /content/gpt-2/models/117M/vocab.bpe /content/gpt-2/models/tgmodel
```

이제 tgmodel 디렉터리에는 커스터마이즈된 GPT-2 117M 모델이 들어있다.

마지막 단계는 다운로드한 원래의 GPT-2 모델의 이름을 바꾸고 커스터마이즈된 모델의 이름을 117M으로 설정하는 것이다.

#@title 10C 단계: 모델 디렉터리 이름 바꾸기

```
import os
!mv /content/gpt-2/models/117M  /content/gpt-2/models/117M_OpenAI
!mv /content/gpt-2/models/tgmodel  /content/gpt-2/models/117M
```

학습한 모델은 복제된 OpenAI GPT-2 저장소에서 동작할 것이다. 그럼, 모델과 상호 작용해 보자.

IV.1.7 11단계: 조건 없는 샘플 생성하기

이 섹션에서는 우리의 데이터셋으로 학습된 GPT-2 117M 모델과 상호 작용해 볼 것이다. 먼저 조건 없는 샘플을 생성해 보겠다. 그런 다음 조건이 주어졌을 때의 텍스트 완성 응답을 얻기 위해 단락을 입력해 볼 것이다.

먼저 조건 없는 샘플을 실행해 보자.

#@title 11단계: 조건 없는 샘플 생성하기

```
import os # 런타임 재시작 이후에 임포트한다.
os.chdir("/content/gpt-2/src")
!python generate_unconditional_samples.py --model_name '117M'
```

조건 없는 샘플 생성하기 때문에 컨텍스트 문장을 입력할 필요는 없다.

셀을 중지하려면 셀의 실행 버튼을 두 번 클릭하거나 Ctrl+M을 누르면 된다.

결과는 무작위이지만 문법적인 관점에서 의미가 있다. 의미적인 측면에서는 컨텍스트를 제공하지 않았기 때문에 그다지 흥미로운 결과는 아니다. 그래도 주목할만한 내용들이 있다. 모델은 게시물을 생성하고 있다. 제목을 작성하고, 날짜를 지정하며, 조직과 주소를 작성하고 주제를 생성하고 있다. 심지어 웹 링크를 상상하기도 한다.

처음 몇 줄의 내용은 정말 놀랍다.

제목: total_authority

카테고리:

스타일: 인쇄 가능

인용문:

가입일: 2013년 7월 17일

게시물 수: 0

오프토픽(Offtopic) 링크: "필수 연구, 동료 평가되는 논문을 지지하는 연구, 주장을 뒷받침하는 연구, 과학적 불확실성을 부당하게 수용하는 연구, 과학과 과학 참여에 대한 문을 여는 설득력 있는 연구".

링크: https://groups.google.com/search?q=Author%3APj&src=ieKZP4CSg4GVWDSJtwQczgTWQhAWBO7+tKWn0jzz7o6rP4lEy&ssl=cTheory%20issue1&fastSource=posts&very=device

오프라인

가입일: 2014년 5월 11일

게시물 수: 1729

위치: 몬태나 지역   **가입일**: 2014년 5월 11일   **게시물 수**: 1729 위치: 몬태나

게시일: 2017년 12월 26일 금요일 오후 9:18   **게시물 제목**: 클릭

I. 확립된 검토 그룹의 개요

"A New Research Paradigm"과 선호 대안(BREPG) 그룹 주저자 존 오비(호주, 미국 및 열대 및 기후 변화 연구소 소속), 마르코 샤오(중국, 사회학과/ 아약스, 열대 및 기후 변화 국제 연구소, 상하이 대학) 및 재키 구(미국/퍼시픽 대학교, NASA Interselicitas 및 Frozen Planet Research Center, 오크 리지 국립 연구소). 오비 박사는 "우리의 결론은 새로운 아산–루비 연구가 나온 이후로 저널 출판사들이 과학적 내용을 더 자주 찾아보고 특정 전문가들과 더 많이 연결되려 한다는 것이다. 특정 전문가들이 우세한 상황에서 다른 전문가들의 연구를 검토하는 동료 평가 방식으로 책을 출판하는 관행이 조직의 여러 부분으로 확산하고 있다. 이것은 연구 결과나 데이터에 대한 주목도를 높이고, 연구의 신뢰성을 향상하는 데 도움이 된다."

조건 없는 임의의 텍스트 생성기 결과는 흥미로우나 설득력은 없다.

IV.1.8 12단계: 대화형 컨텍스트와 텍스트 완성 예제

이제 컨텍스트를 사용하는 샘플을 실행해 보자. 컨텍스트를 제공해 모델이 생각하는 방향을 유도하고 원하는 텍스트를 생성하도록 할 수 있다.

셀을 실행하고 결과를 확인해 보자.

```
#@title 12단계: 상호 작용 컨텍스트와 텍스트 완성 예제
import os # 런타임 재시작 이후에 임포트한다
os.chdir("/content/gpt-2/src")
!python interactive_conditional_samples.py --temperature 0.8 --top_k 40
--model_name '117M'
```

필요한 경우 잠시 시간을 내어 **부록 III, GPT-2를 사용한 일반 텍스트 완성**의 9단계, GPT-2와 상호 작용하기에서 파라미터에 대해 다시 살펴보도록 한다. 이제 프로그램에서 컨텍스트를 입력하라는 메시지를 표시할 것이다.

그림 IV.2 텍스트 완성을 위한 컨텍스트 입력

부록 III, GPT-2를 사용한 일반 텍스트 완성의 9단계, GPT-2와 상호 작용하기에서 했던 것처럼 임마누엘 칸트가 작성한 것과 동일한 단락을 입력해 보겠다.

> 인간의 이성은 인식의 한 영역에서 본성상 피할 수 없는 질문을 요청받는 운명을 지니고 있지만, 자신의 모든 능력을 넘어서 있어 스스로 답할 수도 없는 운명을 겪게 된다.

이전에 했던 것처럼 Enter↲ 를 눌러 텍스트를 생성한다. 실행할 때마다 내용은 다르지만 구조적이고 논리적인 글을 생성할 것이다. 이것이 트랜스포머가 매력적인 이유다. 이번에 생성된 결과는 인상적이다.

GPT-2 모델이 생성한 처음 몇 줄을 살펴보자.

> "그렇다면, 생각하고 이해하도록 하는 마음의 힘이라는 것 외에는 이성의 본질이란 무엇인가? 이성은 마음의 대상을 파악하고 이해하는, 자기 자신의 대상을 파악하는 것이다. 인간 이성에 대한 이해와 그 이해 없이는 아무도 이성에 대해 말할 수 없다. 그러나 인간 이성에 의해 이해되기 때문에 모든 능력 중 가장 자연스러운 능력인 지식과 이해는 이성이 없는 것이 아니라 이해가 없기 때문에 가장 자연스럽다. 자연적 감각으로 이해하지 못할지라도 자연적인 감각으로 보고 인식하는 인간의 이성은 우리가 이해하는 다른 모든 지식의 원천이다. 이성은 이해하지 못하지만 우리가 인식하는 것은 이해하기 때문에 이해할 수 있는 것이 아니다. 이성은 이해하지 않는 것이 아니라 우리가 이해하는 것만 이해하는 것이다."

셀을 중지하려면 셀의 실행 버튼을 두 번 클릭하거나 Ctrl+M을 입력한다.

학습된 GPT-2 모델이 만들어내는 텍스트와 사람이 만들어내는 텍스트의 완성도 차이가 없어 보인다. 또한 각 실행 시마다 다른 출력을 생성할 수도 있다. 예를 들어 다음과 같은 출력을 생성할 수 있을 것이다.

> 이 첫 번째 질문은, 어떤 주장의 진실을 전혀 모르는 정신이 어떻게 그 주장을 받아들일 수 있는지, 또는 받아들여야 하는지에 대한 것이다. 이 질문에 대한 답변은 명확하게 제시되었는데, 어떠한 정보도 받지 않은 마음이 존재한다고 믿는 것은 불가능하다는 것이다.
> "우리가 볼 수 있는 한, 어떤 사람의 마음 자체가 철학적 탐구의 주제는 아니다. 오히려 철학은 사람들이 중요하게 생각하는 것, 즉 그들이 가장 중요하다고 여기는 견해와 생각을 탐구한다. 그리고 사람들이 이러한 견해와 생각을 깊이 이해하고 통찰한다면, 그들은 그것을 보고, 더 깊이 이해하게 될 것이다."

필자는 학습한 모델이 철학, 이성, 논리에 대한 추상적인 문제를 다루는 것에 있어 많은 인간을 능가할 수 있다고 생각한다.

한계는 텍스트가 실행할 때마다 달라진다는 것이다. 따라서 훌륭해 보이지만 일상 생활에서 필요로 하는 모든 것을 충족시키지는 못한다.

- 지금까지의 실험을 통해 몇 가지 결론을 도출할 수 있다.
- 잘 학습된 트랜스포머 모델은 사람 수준의 완성도를 가진 텍스트를 생성할 수 있다.
- GPT-2 모델은 복잡하고 추상적인 추론에 관한 텍스트 생성에서 거의 인간 수준에 도달할 수 있다.
- 텍스트 컨텍스트(text context)는 모델에 기대하는 것을 제시함으로써 모델에 조건을 입력하는 효과적인 방법이다.
- 텍스트 완성은 주어진 컨텍스트 문장에 기반해 텍스트를 생성하는 것을 말한다.
- 출력 결과물이 인간의 눈높이에 맞춰져 있지만, 모든 요구를 충족시킬 수 있다는 것을 의미하지는 않는다. 흥미롭지만 아직 모든 곳에 활용할 수는 없다.

조건이 되는 텍스트 컨텍스트를 입력해 텍스트 완성을 실험해 볼 수 있을 것이다. 또한 자체 데이터로 자신만의 모델을 학습시켜 볼 수도 있을 것이다. dset.txt의 내용을 교체하고 결과를 확인해 보도록 하자.

학습시킨 GPT-2 모델이 사람처럼 행동할 것임을 명심하자. 짧거나 불완전하고 흥미롭지 않거나 까다로운 컨텍스트를 입력하면 좋지 않은 결과를 얻을 수 있다. 이는 GPT-2가 실제 생활에서와 마찬가지로 우리에게 최선을 기대하기 때문이다.

IV.9 참고 문헌

- **OpenAI GPT-2 깃허브 저장소**: https://github.com/openai/gpt-2
- **N Shepperd의 깃허브 저장소**: https://github.com/nshepperd/gpt-2

부록 V

문제 정답

01. 우리는 3차 산업혁명 시대에 살고 있다.   참 / 거짓

거짓. 역사 속 시대는 겹치기 마련이다. 하지만 3차 산업혁명은 세상을 디지털화하는 것에만 집중한 반면 4차 산업혁명은 시스템, 기계, 로봇 등 모든 것을 연결하는 것에 집중한다.

02. 4차 산업혁명은 모든 것을 연결한다.   참 / 거짓

참. 이로 인해 사람의 개입이 필요했던 많은 의사 결정이 자동화되었다.

03. 4차 산업혁명 개발자는 때로는 해야 할 AI 개발이 없다.   참 / 거짓

참. 일부 프로젝트는 별다른 개발이 필요 없는 온라인 AI 서비스를 사용한다.

04. 4차 산업혁명 개발자는 트랜스포머 구현을 처음부터 해야 할 수도 있다.   참 / 거짓

참. 일부 프로젝트는 일반적인 온라인 서비스나 API가 충분하지 않을 수 있다. 프로젝트에 적합한 솔루션이 없는 것이다. 이때 개발자는 요구사항에 맞추어 모델을 처음부터 만들어야 한다.

05. 허깅페이스와 같은 트랜스포머 생태계를 두 개 이상 익힐 필요가 없다.   참 / 거짓

거짓. 회사의 정책에 따라 구글 클라우드 AI를 사용할 수도 마이크로소프트 애져(Azure)를 사용할 수도 있다. 허깅페이스를 사용하게 될 수도 있지만 우리는 미리 알 수 없으며 결정권도 없을 것이다.

06. 바로 사용할 수 있는 트랜스포머 API는 모든 요구 사항을 충족한다.   참 / 거짓

잘 학습된 경우라면 참. 트랜스포머가 충분히 학습되지 못했다면 거짓.

07. 회사는 개발자가 가장 잘 알고 있는 트랜스포머 생태계를 채택할 것이다.   참 / 거짓

거짓. 회사가 꼭 개발자의 의견을 수용하는 것은 아니다. 따라서 최대한 다양한 생태계를 경험해 보는 것이 좋다.

08. 클라우드 트랜스포머는 주류가 되고 있다.   참 / 거짓

참.

09. 트랜스포머 프로젝트는 노트북(laptop)에서 실행될 수 있다.　　　　참 / 거짓

　　프로토타입이라면 참. 수천 명의 사용자가 있는 프로젝트라면 거짓.

10. 4차 산업혁명 인공지능 전문가는 좀 더 유연해질 것이다.　　　　참 / 거짓

　　참.

V.2　2장, 트랜스포머 모델 아키텍처 살펴보기

01. NLP 트랜스덕션은 텍스트 표현을 인코딩 또는 디코딩할 수 있다.　　　　참 / 거짓

　　참. NLP는 글 또는 발화 형태의 시퀀스를 숫자로 인코딩하고 텍스트로 디코딩하는 트랜스덕션 작업이다.

02. 자연어 이해는 자연어 처리의 하위 분야이다.　　　　참 / 거짓

　　참.

03. 언어 모델링 알고리즘은 입력 시퀀스에 기반하여 단어를 생성한다.　　　　참 / 거짓

　　참.

04. 트랜스포머는 LSTM에 CNN을 추가한 모델이다.　　　　참 / 거짓

　　거짓. 트랜스포머에는 LSTM이나 CNN이 없다.

05. 트랜스포머에는 LSTM 층 또는 CNN 층이 없다.　　　　참 / 거짓

　　참.

06. 어텐션은 시퀀스의 마지막 토큰뿐만 아니라 모든 토큰을 검사한다.　　　　참 / 거짓

　　참.

07. 트랜스포머는 위치 인코딩 대신 고정된 위치 벡터를 사용한다.   참 / 거짓

거짓. 트랜스포머는 위치 인코딩을 사용한다.

08. 트랜스포머에는 순방향 네트워크를 가지고 있다.   참 / 거짓

참.

09. 트랜스포머 디코더의 마스크드 멀티-헤드 어텐션은 처리중인 시퀀스의   참 / 거짓
나머지 뒷 부분을 알고리즘이 볼 수 없도록 한다.

참.

10. 트랜스포머는 멀리 떨어진 단어간의 관계를 LSTM보다 잘 파악한다.   참 / 거짓

참.

V.3 3장, BERT 모델 미세 조정하기

01. BERT는 Bidirectional Encoder Representations from Transformers를   참 / 거짓
축약한 단어이다.

참.

02. BERT는 두 단계 프레임워크이다. 첫 번째 단계는 사전 학습이고   참 / 거짓
두 번째 단계는 미세 조정이다.

참.

03. BERT 모델 미세 조정은 파라미터를 처음부터 학습하는 것을 의미한다.   참 / 거짓

거짓. BERT 미세 조정은 사전 학습된 파라미터로 시작한다.

04. BERT는 모든 다운스트림 작업을 사전 학습한다.   참 / 거짓

거짓.

05. BERT는 **Masked Language Modeling (MLM, 마스크드 언어 모델링)**을   참 / 거짓
사용하여 사전 학습한다.

참.

06. BERT는 **Next Sentence Predictions (NSP, 다음 문장 예측하기)**을   참 / 거짓
사용하여 사전 학습한다.

참.

07. BERT는 수학적인 함수를 사전 학습한다.   참 / 거짓

거짓.

08. 질문-답변(question-answer) 작업은 다운스트림 작업이다.   참 / 거짓

참.

09. BERT 사전 학습 모델에는 토큰화가 필요하지 않다.   참 / 거짓

거짓.

10. BERT 모델 미세 조정은 사전 학습보다 시간이 덜 걸린다.   참 / 거짓

참.

V.4 4장, RoBERTa 모델 처음부터 사전 학습하기

01. RoBERTa 는 바이트 단위 바이트 쌍 인코딩 토크나이저를 사용한다.   참 / 거짓

참.

02. 학습된 허깅페이스 토크나이저는 merges.txt 와 vocab.json을 생성한다.   참 / 거짓

참.

03. RoBERTa는 토큰 타입 ID를 사용하지 않는다.   참 / 거짓

참.

04. DistillBERT 는 6개 층과 12개 헤드를 가진다.   참 / 거짓

참.

05. 8천만 개 파라미터를 가진 트랜스포머 모델은 거대한 축에 속한다.   참 / 거짓

거짓. 8천만 개의 파라미터는 작은 모델이다.

06. 토크나이저는 학습할 수 없다.   참 / 거짓

거짓. 토크나이저도 학습할 수 있다.

07. BERT 류(BERT-like)의 모델은 6개의 디코더 층을 가진다.   참 / 거짓

거짓. BERT는 디코더가 아니라 인코더 층으로 이루어져 있다.

08. 마스크드 언어 모델(Masked Language Model, MLM)은 문장 내의
    마스크된 토큰을 예측한다.   참 / 거짓

참.

09. BERT 류의 모델은 셀프–어텐션 서브 층을 가지고 있지 않다.   참 / 거짓

거짓. BERT는 셀프–어텐션 층을 가지고 있다.

10. 데이터 콜레이터는 역전파에 도움이 된다.   참 / 거짓

참.

V.5 — 5장, 트랜스포머를 사용한 다운스트림 NLP 작업

01. 기계 지능은 인간과 동일한 데이터를 사용해 예측을 수행한다.   참 / 거짓

참 또는 거짓.
참. 방대한 양의 데이터에서 의미를 추출하거나 인간에게 수 세기가 걸리는 작업을 수행하는 경우에는 기계 지능은 인간 지능을 능가한다
거짓. 자연어 이해에 있어서 인간은 감각을 사용하여 더 많은 정보를 얻는다. 기계 지능은 인간이 제공해준 정보만을 사용한다.

02. SuperGLUE는 GLUE보다 더 어려운 NLP 과제이다.   참 / 거짓

참.

03. BoolQ는 예–아니오를 답하는 작업이다.   참 / 거짓

참.

04. WiC는 "Words in Context"의 약자이다.   참 / 거짓

참.

05. **텍스트 함의 인식(RTE)**은 하나의 시퀀스가 다른 한 시퀀스를 함의하는지   참 / 거짓
   판단하는 과제이다.

참.

06. 위노그라드 스키마는 동사의 철자가 올바른지 판단하는 과제이다.   참 / 거짓

   거짓. 위노그라드 스키마는 대명사의 대상을 구분하는 과제이다.

07. 트랜스포머 모델은 현재 GLUE와 SuperGLUE의 최상위 순위를 차지했다.   참 / 거짓

   참.

08. 인간 기준값은 변할 수 있다. SuperGLUE에 의해 더 어려운 기준으로 바뀌었다.   참 / 거짓

   참.

09. 트랜스포머 모델은 SuperGLUE의 인간 기준값을 절대 넘지 못할 것이다.   참 / 거짓

   참 또는 거짓.
   거짓. GLUE에서 트랜스포머는 인간 기준값을 뛰어넘었다. 시간이 지나면 SuperGLUE에서도 뛰어넘을 것이다.
   참. NLU가 발전함에 따라 기준값도 점점 더 높게 설정될 것이다.

10. 트랜스포머를 응용한 다양한 모델이 RNN과 CNN을 뛰어넘었다.   참 / 거짓

   참. 하지만 미래에 어떻게 될지는 아무도 모른다!

V.6 6장, 트랜스포머를 사용한 기계 번역

01. 기계 번역은 이제 인간의 수준을 넘어섰다.   참 / 거짓

   거짓. 기계 번역은 NLP에서 가장 어려운 작업 중 하나이다.

02. 기계 번역에는 대규모 데이터셋이 필요하다.   참 / 거짓

   참.

03. 동일한 데이터셋을 사용하여 트랜스포머 모델을 비교할 필요가 없다.   참 / 거짓

거짓. 모델을 비교하는 유일한 방법은 동일한 데이터셋을 사용하는 것이다.

04. BLEU는 파란색을 뜻하는 프랑스어이며 NLP 성능(metric)의 약어이다.   참 / 거짓

참. **BLEU**가 **Bilingual Evaluation Understudy Score**의 약자임을 생각하면 쉽게 맞출 수 있다.

05. 스무딩 기법은 BERT의 성능을 향상한다.   참 / 거짓

참.

06. 영어-독일어 기계 번역은 독일어-영어와 동일하다.   참 / 거짓

거짓. 독일어를 다른 언어로 번역하는 과정은 영어를 번역하는 과정과 다르다. 언어의 구조가 다르기 때문이다.

07. 오리지널 트랜스포머의 다중 헤드 어텐션 서브 층의 헤드는 2개다.   참 / 거짓

거짓. 각 어텐션 서브 층의 헤드는 8개다.

08. 오리지널 트랜스포머 인코더는 층이 6개다.   참 / 거짓

참.

09. 오리지널 트랜스포머 인코더는 층이 6개가 있지만 디코더에는 2개뿐이다.   참 / 거짓

거짓. 디코더 또한 6개 층이다.

10. 디코더 없이 트랜스포머를 학습할 수 있다.   참 / 거짓

참. BERT는 인코더로만 이루어져있다.

7장, GPT-3 엔진을 사용한 초인간 트랜스포머 등장

01. 제로샷 방식은 파라미터를 한 번만 학습한다. 참 / 거짓

거짓. 파라미터가 학습되지 않는다.

02. 제로샷 모델을 실행할 때 기울기(gradient) 업데이트가 수행된다. 참 / 거짓

거짓.

03. GPT 모델은 디코더 스택만 갖는다. 참 / 거짓

참.

04. 117M GPT 모델을 로컬 머신에서 학습은 불가능하다. 참 / 거짓

거짓. 이번 7장에서 학습하였다.

05. GPT-2 모델을 특정 데이터셋에 학습하는 것은 불가능하다. 참 / 거짓

거짓. 이번 7장에서 학습하였다.

06. GPT-2 모델은 텍스트 생성 시 조건문 사용이 불가능하다. 참 / 거짓

거짓. 이번 7장에서 구현하였다.

07. GPT-2 모델은 입력 컨텍스트를 분석해 콘텐츠 완성 결과를 반환할 수 있다. 참 / 거짓

참.

08. GPU 8개 미만인 머신에서 345M 파라미터 GPT 모델과 상호 작용할 수 없다. 참 / 거짓

거짓. 이번 7장에서 이 크기의 모델과 상호 작용하였다.

09. 285,000 CPU를 가진 슈퍼컴퓨터는 존재하지 않는다. 참 / 거짓

거짓.

10. 수천 개 GPU를 가진 슈퍼컴퓨터는 AI의 판도를 바꾸고 있다. 참 / 거짓

참. 덕분에 점점 더 큰 크기의 모델을 학습하고있다.

V.8 8장, 법률 및 금융 문서에 트랜스포머를 적용하여 요약하기

01. T5 모델은 BERT 모델과 같이 인코더 스택만 가지고 있다. 참 / 거짓

거짓.

02. T5 모델은 인코더 스택과 디코더 스택을 모두 가지고 있다. 참 / 거짓

참.

03. T5 모델은 절대적인 위치 인코딩이 아닌 상대적인 위치 인코딩을 사용한다. 참 / 거짓

참.

04. 텍스트-투-텍스트 모델은 요약을 위해서만 디자인되었다. 참 / 거짓

거짓.

05. 텍스트-투-텍스트 모델은 입력 시퀀스에 NLP 작업을 결정하는 접두사를 적용한다. 참 / 거짓

참.

06. T5 모델은 각 작업마다 특정 하이퍼파라미터를 필요로 한다. 참 / 거짓

거짓.

07. 텍스트-투-텍스트 모델의 장점 중 하나는 모든 NLP 작업에 대해 동일한 참 / 거짓
하이퍼파라미터를 사용한다는 것이다.

참.

08. T5 트랜스포머는 순방향 네트워크를 가지고 있지 않다. 참 / 거짓

거짓.

09. 허깅페이스는 트랜스포머를 보다 쉽게 구현할 수 있도록 하는 프레임워크이다. 참 / 거짓

참.

10. OpenAI의 트랜스포머 엔진은 게임 체인저이다. 참 / 거짓

참. OpenAI는 범용 모델인 Davinci와 코드를 생성해주는 코덱스(Codex) 등 바로 사용할 수 있는 다양한 모델을
만들었다.

V.9   9장, 데이터셋에 적합한 토크나이저

01. 토큰화 사전은 언어에 존재하는 모든 단어가 들어있다. 참 / 거짓

거짓.

02. 학습된 토크나이저는 어떤 데이터셋도 인코딩할 수 있다. 참 / 거짓

거짓.

03. 데이터셋을 사용하기 전에 미리 검토하는 것이 좋다. 참 / 거짓

참.

04. 데이터셋에서 외설적인 데이터를 제거하는 것이 좋다.   참 / 거짓

　　참.

05. 차별적인 주장을 하는 데이터를 제거하는 것이 좋다.   참 / 거짓

　　참.

06. 원시 데이터셋을 그대로 사용하면 노이즈 데이터와 유용한   참 / 거짓
　　데이터 사이에 연관성이 생길 수 있다.

　　참.

07. 일반적인 사전 학습된 토크나이저에는 700년 전 어휘가 들어있다.   참 / 거짓

　　거짓.

08. 현대 영어를 학습한 토크나이저로 오래된 영어를 인코딩하면 문제가 발생할 수 있다.   참 / 거짓

　　참.

09. 현대 영어를 학습한 토크나이저로 의학 등 전문 분야 데이터를 인코딩하면   참 / 거짓
　　문제가 발생할 수 있다.

　　참.

10. 학습된 토크나이저의 인코딩 결과를 직접 확인하는 것이 좋다.   참 / 거짓

　　참.

V.10 10장, BERT 기반 트랜스포머를 사용한 SRL

01. 의미역 결정(SRL)은 텍스트 생성 작업이다.   참 / 거짓

   거짓.

02. 서술어는 명사이다.   참 / 거짓

   거짓.

03. 동사는 서술어이다.   참 / 거짓

   참.

04. 논항은 누가, 무엇을 하고 있는지를 설명할 수 있다.   참 / 거짓

   참.

05. 수식어는 부사가 될 수 있다.   참 / 거짓

   참.

06. 수식어는 위치가 될 수 있다.   참 / 거짓

   참.

07. BERT 기반 모델은 인코더 및 디코더 스택으로 이루어져있다. 참 / 거짓

   거짓.

08. BERT 기반 SRL 모델에는 표준 입력 형식이 있다.   참 / 거짓

   참.

09. 트랜스포머는 모든 SRL 작업을 해결할 수 있다.   참 / 거짓

   거짓.

11장, 데이터가 말하게 하기: 스토리, 질문, 답변

01. 학습된 트랜스포머 모델은 어떤 질문에도 답할 수 있다.   참 / 거짓

거짓.

02. 질문–답변은 더 이상 연구가 필요하지 않다.   참 / 거짓

거짓.

03. **NER**은 의미 있는 질문을 찾을 때 유용한 정보를 제공할 수 있다.   참 / 거짓

참.

04. **SRL**은 질문을 생성할 때 필요 없다.   참 / 거짓

거짓.

05. 질문 생성기는 질문을 생성하는 훌륭한 방법이다.   참 / 거짓

참.

06. 질문–답변에는 신중한 프로젝트 관리가 필요하다.   참 / 거짓

참.

07. ELECTRA 모델은 GPT–2와 동일한 아키텍처를 가지고 있다.   참 / 거짓

거짓.

08. ELECTRA 모델은 BERT와 동일한 아키텍처를 가지고 있지만 판별자로 학습했다.   참 / 거짓

참.

09. NER은 위치를 인식하여 I–LOC로 라벨을 지정할 수 있다.   참 / 거짓

참.

10. NER은 사람을 인식하여 I-PER로 라벨을 지정할 수 있다.   참 / 거짓

참.

V.12 12장, 고객 감정을 감지해 예측하기

01. 감성 분석을 위해 트랜스포머를 사전 학습할 필요는 없다.   참 / 거짓

거짓.

02. 문장은 항상 긍정적이거나 부정적이다. 중립적일 수는 없다.   참 / 거짓

거짓.

03. 합성성의 원리는 트랜스포머가 문장의 모든 부분을 이해해야 한다는 것을 의미한다.   참 / 거짓

참.

04. RoBERTa-large는 트랜스포머의 사전 학습 과정을 개선하기 위해 설계됐다.   참 / 거짓

참.

05. 트랜스포머는 고객이 만족하는지 여부를 알려줄 수 있다.   참 / 거짓

참.

06. 제품이나 서비스의 감성 분석 결과가 지속적으로 부정적이라면, 분석 결과는   참 / 거짓
    제품이나 서비스를 개선하기 위한 적절한 결정을 내리는 데 도움이 된다.

참.

07. 모델 결과가 좋지 않다면, 모델을 바꾸기 전에 더 학습해야 한다.   참 / 거짓

참.

13장, 트랜스포머로 가짜 뉴스 분석하기

01. 가짜 뉴스로 라벨링된 뉴스는 항상 가짜이다. 참 / 거짓

거짓.

02. 모두가 동의하는 뉴스는 항상 정확하다. 참 / 거짓

거짓.

03. 트랜스포머를 트윗 감성 분석에 사용할 수 있다. 참 / 거짓

참.

04. 페이스북 메시지에서 DistilBERT 모델을 사용해 주요 개체명을 추출할 수 있다. 참 / 거짓

참.

05. 유튜브 채팅에서 주요 동사는 BERT 기반 모델을 사용하여 의미역 결정을 참 / 거짓
수행함으로써 식별할 수 있다.

참.

06. 감정적 반응은 가짜 뉴스에 대한 자연스러운 첫 번째 반응이다. 참 / 거짓

참.

07. 가짜 뉴스에 대한 합리적인 접근은 자신의 입장을 명확히 하는 데 도움이 된다. 참 / 거짓

참.

08. 신뢰할 수 있는 웹사이트와 트랜스포머를 연결하면 어떤 뉴스가 가짜인지 참 / 거짓
이해하는 데 도움이 된다.

참.

09. 트랜스포머를 사용해 신뢰할만한 웹사이트들을 요약해 가짜 뉴스라고 알려진   참 / 거짓
주제들을 이해할 수 있다.

참.

10. 모두의 이익을 위해 인공지능을 사용한다면 세상을 바꿀 수 있다.   참 / 거짓

참.

V.14 14장, 블랙박스 트랜스포머 모델 해석하기

01. BertViz는 BERT의 마지막 층만 보여준다.   참 / 거짓

거짓. BertViz는 모든 층의 결과를 보여준다.

02. BertViz로 BERT의 각 층에 있는 어텐션 헤드를 시각화할 수 있다.   참 / 거짓

참.

03. BertViz로 토큰 간의 관계를 시각화할 수 있다.   참 / 거짓

참.

04. LIT는 BertViz처럼 어텐션 헤드 내부의 모습을 시각화한다.   참 / 거짓

거짓. LIT는 논-프로빙(non-probing) 방식이다.

05. 프로빙(probing)은 모델이 내부적으로 언어를 어떻게 표현하는지 분석하는 방법이다.   참 / 거짓

참.

06. NER은 프로빙 방식의 작업이다.   참 / 거짓

참.

07. PCA와 UMAP은 논-프로빙(non-probing) 방식의 작업이다. 참 / 거짓

참.

08. LIME은 모델에 독립적(agnostic)이다. 참 / 거짓

참.

09. 트랜스포머의 층을 지날수록 토큰간 관계가 심화된다. 참 / 거짓

참.

10. 트랜스포머의 시각화는 AI를 설명하는 새로운 축을 제공했다. 참 / 거짓

참.

V.15 15장, NLP부터 범용 트랜스포머 모델까지

01. 리포머 트랜스포머 모델에는 인코더가 포함되지 않는다. 참 / 거짓

거짓. 리포머는 인코더를 포함한다.

02. 리포머 트랜스포머 모델에는 디코더가 포함되지 않는다. 참 / 거짓

거짓. 리포머는 인코더와 디코더를 포함한다.

03. 리포머 모델에서 입력은 층별로 저장된다. 참 / 거짓

거짓. 리포머는 정보를 저장하고 있는 대신 각 층의 입력을 재계산하여 메모리는 절약한다.

04. DeBERTa 트랜스포머 모델은 콘텐츠와 위치 정보에 풀기(disentangle)를 적용했다. 참 / 거짓

참.

05. 프로젝트에 사용할 트랜스포머 모델을 선택하기 전에 사전 학습된   참 / 거짓
    트랜스포머 모델 수백 개를 테스트해야 한다.

  참 또는 거짓. 모든 모델을 테스트할 수도, 하나를 선택하여 필요에 맞게 수정할 수도 있다.

06. 최신 트랜스포머 모델이 항상 가장 좋다.   참 / 거짓

  참 또는 거짓. 트랜스포머에 대한 많은 연구가 진행되고 있지만, 실험적인 모델들은 수명이 짧다. 하지만 일부는 이
  전보다 확실히 좋은 성능을 보인다.

07. 멀티태스크 트랜스포머 모델 한 개 보다 NLP 작업마다 하나의   참 / 거짓
    트랜스포머 모델을 사용하는 것이 좋다.

  참 또는 거짓. 프로젝트의 목표와 비용, 리스크 관리에 따른 선택의 문제이다.

08. 트랜스포머 모델은 항상 미세 조정해야 한다.   참 / 거짓

  거짓. GPT-3는 제로-샷(zero-shot) 모델이다

09. OpenAI GPT-3 엔진은 미세 조정 없이도 광범위한 NLP 작업을 수행할 수 있다.   참 / 거짓

  참.

10. AI 알고리즘은 항상 로컬 서버에서 구현하는 것이 좋다.   참 / 거짓

  거짓. 프로젝트에 따라 다르다. 리스크 관리 차원에서 선택해야 한다.

V.16   16장, 트랜스포머 기반 코파일럿의 등장

01. 코드를 자동으로 생성하는 AI 코파일럿은 존재하지 않는다.   참 / 거짓

  거짓. 깃허브 코파일럿이 이미 운영 중이다.

02. AI 코파일럿은 결코 인간을 대체하지 못할 것이다. 참 / 거짓

참 혹은 거짓. AI가 영업, 지원, 유지보수 등 많은 분야를 대체할 것이다. 하지만 여러 복잡한 분야는 계속 인간의 개입이 필요할 것이다.

03. GPT-3 엔진은 한 가지 작업만 수행할 수 있다. 참 / 거짓

거짓. GPT-3는 다양한 작업을 수행할 수 있다.

04. 트랜스포머를 학습해 추천 엔진으로 사용할 수 있다. 참 / 거짓

참. 트랜스포머는 언어 시퀀스 이외의 도메인에도 적용된다.

05. 트랜스포머는 언어만 처리할 수 있다. 참 / 거짓

거짓. 트랜스포머는 다양한 유형의 시퀀스를 분석할 수 있다.

06. 트랜스포머에는 오직 단어시퀀스만 사용할 수 있다. 참 / 거짓

거짓. 트랜스포머 내부는 숫자로 동작한다. 숫자로 표현되는 시퀀스는 모두 사용 가능하다.

07. 비전 트랜스포머는 CNN과 필적할 수 없다. 참 / 거짓

거짓. 트랜스포머는 컴퓨터 비전 분야에서 CNN에 필적한다.

08. 컴퓨터 비전을 갖춘 AI 로봇은 존재하지 않는다. 참 / 거짓

거짓. 군사 분야에서 컴퓨터 비전을 갖춘 로봇이 등장하기 시작했다.

09. 파이썬 소스 코드를 자동으로 생성하는 것은 불가능하다. 참 / 거짓

거짓. 마이크로소프트와 OpenAI가 파이썬 코드를 생성하는 코파일럿을 만들었다.

10. 사람이 로봇의 코파일럿이 되는 날이 올 수 있다. 참 / 거짓

참 또는 거짓. 발전하는 AI 생태계 속 인간과 로봇의 도전과제이다.

17장, 초인간 트랜스포머를 사용한 OpenAI의 ChatGPT와 GPT-4

01. GPT-4는 자의식이 있다. 참 / 거짓

거짓. GPT-4는 수학적 알고리즘이다. 통계적 패턴을 배우고 다양한 작업을 하기 위해 자각능력을 사용하지는 않는다.

02. ChatGPT는 전문가를 대체할 수 있다. 참 / 거짓

거짓. ChatGPT는 데이터에 기반한 결과를 만들지만, 전문가 수준의 결정을 내리지는 못한다.

03. GPT-4는 모든 문제에 대한 소스 코드를 만들 수 있다. 참 / 거짓

거짓. GPT-4는 다양한 소스 코드를 만들 수 있다. 하지만 복잡한 문제에서는 인간의 개입이 필요하다.

04. 고급 프롬프트 엔지니어링은 사용하기 매우 쉽다. 참 / 거짓

거짓. 고급 프롬프트 엔지니어링은 트랜스포머에 대한 심도 있는 지식을 기반으로 한다. 고급 프롬프트 엔지니어링은 지식 기반 구축 및 API와 다양한 모델에 대한 이해를 바탕으로 한다.

05. GPT-4는 가장 진보된 트랜스포머이며 항상 최고의 선택이다. 참 / 거짓

거짓. 차를 고르는 것과 같다. 가장 비싸고 빠른 차가 가장 필요한 차는 아니다. 프로젝트에 따라, 가장 강력한 트랜스포머가 아니어도 충분하다.

06. GPT-4를 코파일럿으로 사용하면 별다른 학습 없이도 애플리케이션을 만들 수 있다. 참 / 거짓

거짓. 코파일럿은 도움을 줄 뿐이다. 트랜스포머가 프로그램을 개발할 수 있지만 복잡한 프로그램은 사람의 개입이 필요하다.

07. AI는 한계에 도달했으므로 GPT-4는 OpenAI의 마지막 트랜스포머 모델이 될 것이다. 참 / 거짓

거짓. OpenAI와 경쟁사들은 더 나은 모델을 만들 것이다.

찾아보기

자연어 처리 기초부터 BERT, RoBERTa, 코파일럿, GPT-4 모델까지

트랜스포머로 시작하는 자연어 처리

1판 1쇄 발행 2024년 7월 2일

저   자 | Denis Rothman
역   자 | 김윤기 , 박지성 , 임창대 , 하헌규
발 행 인 | 김길수
발 행 처 | (주)영진닷컴
주   소 | (우)08507 서울특별시 금천구 가산디지털 1로 128
            STX-V 타워 4층 401호
등   록 | 2007. 4. 27. 제 16-4189호

©2024. (주)영진닷컴

ISBN | 978-89-314-7586-9